교육

한 교육학자가 들려주는
열아홉 가지 교육이야기

교육

백형찬 지음

서현사

머리말

책을 다시 찍는다는 것은 저자에게는 무척이나 행복한 일입니다. 더구나 책이 전문서적일 경우는 더욱 그러합니다.

2012년에 ≪교육이야기≫라는 제목으로 발간한 책을 제목도 다듬고 표지도 달리 했습니다. 재판 제목은 단순하게 ≪교육≫이라고 했습니다. 이유는 책 제목을 ≪교육이야기≫라고 하니까 적지 않은 사람들이 에세이집으로 생각했기 때문입니다. 딱딱한 사회과학 책을 좀 더 부드럽게 풀어보려고 그렇게 했는데 의도가 그만 빗나가고 말았습니다. 그래서 책 제목을 직설적으로 ≪교육≫이라고 바꿨습니다.

표지도 교육 냄새가 물씬 풍기도록 변화를 주었습니다. 표지 그림은 프랑스 화가인 장 조프루아가 1889년에 그린 'The Children's Class'라는 작품입니다. 이 그림은 프랑스 교육부가 의뢰하여 제작된 것으로서 현재 프랑스 교육부 건물 안에 걸려 있다고 합니다. 활발한 교실분위기가 마치 교육의 본질을 말해주는 것처럼 보입니다. 학생들은 제각기 무엇인가를 골똘히 생각하며 공책에 적고 있고 선생님은 웃음 띤 얼굴로 학생 질문에 정성을 다해 설명하는 듯합니다. 제목과 표지를 바꾼 것만으로도 책 전체가 다 바뀐 것 같습니다. 책 내용도 약간 수정하였는데, 좀 더 공부하여 추후 개정판에서는 더욱 알찬 내용을 담겠습니다.

책 내용은 이렇게 구성했습니다. 교육을 중심에 두고 교육과 인접한 열아홉 개의 영역을 펼쳤습니다. 우선 교육의 본질부터 파헤쳤습니다.

교육의 의미를 비롯해서 한국철학, 동양철학, 서양철학을 교육과 연결시켜 풀어나갔습니다. 그리고 교육에서 중요하게 다루는 심리 영역으로 뇌, 학습, 발달과 지능 그리고 영성까지도 살펴보았습니다. 또한 교육은 가정과 학교 그리고 사회에서 어떻게 작용해야 올바른 것인지 교육과정, 교사, 정치, 법, 직업, 예술, 생명 등과 연결시켜보았습니다. 마지막으로 미래학자들의 눈을 빌어 교육의 미래 모습도 전망해보았습니다.

이 책이 가정과 학교 그리고 사회교육 현장에서 교육적 평화가 이루어지는 데 조금이라도 기여할 수 있다면 글쓴이로서 큰 보람이며 기쁨이겠습니다. 그리고 이 책은 대학에서 교육 관련 교과목을 배우는 학생들이 쉽게 접근할 수 있도록 쓴 책이므로 가까이 즐겨 읽으며 교육적인 자극을 받길 원합니다.

끝으로 출판시장이 무척이나 어려운데 재판을 결심해주신 서현사 조재성 사장님과 세련되게 책을 편집해주신 배성분 과장에게 고마운 마음을 전합니다.

2016년 2월

백형찬

차 례

교육
01

교육의 의미

첫 번째 이야기

교육의 의미

교육의 의미를 어원語源을 중심으로 한글, 한자어 그리고 서양어 순으로 살펴보고, 교육과 비슷한 뜻을 지니는 말도 찾아보며 그 말이 함축하고 있는 가르침과 배움의 의미도 함께 음미해본다.

한글 '가르치다'

교육을 뜻하는 대표적인 한글은 '가르치다'를 들 수 있다. '가르치다'는 '갈다'와 '치다'가 합쳐진 말이다. '가르치다'는 '알도록 하다, 지식을 가지게 하다, 그릇된 것을 고쳐 올바르게 잡아 주다, 할 수 있도록 지도하다'라는 뜻을 담고 있다.[1]

'갈다'는 '전부터 있던 사람이나 물건을 다른 사람이나 물건으로 대신하여 바꾸다, 칼날이나 물건의 끝을 숫돌 같은 단단한 물체에 대고 날을 세우기 위해 문지르다, 낟알이나 덩이를 잘게 부수거나 가루로 만들려고 단단한 두 물체 사이에 넣어 맞비비다, 돌이나 옥 같은 것을 광을 내거나 매끄럽게 하기 위하여 단단한 다른 물체로 세게 문지르다, 윗니와 아랫니 따위를 세게 맞대고 소리가 나도록 문지르다, 땅을 파 뒤집다, 밭에 씨앗을 뿌리어 심다' 등 다양한 의미를 지니고 있다.[2]

'치다'에는 무척 많은 뜻이 담겨 있다. '세차게 움직이다, 목적물에 세게 부딪치다, 소리가 나게 두드리다, 두드리어 박다, 시간을 알리려고 종소리나 기타 신호 소리를 내다, 긋거나 찍다, 날개·꼬리·손발 등을 세차게 움직이다, 체질을 하여 고운 가루를 뽑아내다, 쇠붙이를 달구어 두드려 연장을 만들다, 안반에 놓고 떡메로 두드려 짓이기다, 가늘게 썰다, 액체나 가루 따위를 골고루 흩어지게 뿌리거나 끼얹다, 없애 고치다, 벽을 만들거나 담을 쌓아 가리거나 막다, 줄을 가로 늘이거나 매다, 거미가 거미줄을 늘이다, 땅이나 나무 등을 파내어 논이나 물길 또는 홈 등을 만들다, 걸레 따위로 닦거나 문지르다, 번식시키다, 기르다, 식물의 가지나 뿌리를 여러 갈래로 내돋게 하다, 꿀을 빚다, 치르거나 겪

다, 치우다, 냅다 소리를 지르다' 등으로 그 의미가 무척이나 다양하다.[3)]

또한 교육을 뜻하는 다른 한글로 '기르다'와 '배우다'를 들 수 있다. '기르다'는 '생물을 보살피어 자라게 하다, 육체나 정신을 단련하여 더 강하게 하다, 익히다, 가르치다, 깎지 않고 길게 자라도록 하다, 등의 뜻이 담겨 있다.[4)] '배우다'에는 '남의 가르침을 받다, 남의 행동이나 태도 등을 본받아 그와 같이 닮다, 지식이니 기술 따위를 익히기 위하여 힘쓰다'의 뜻이 들어 있다.[5)]

한자어 '教育'

한자는 상형문자象形文字라서 해당 글자의 모양을 잘 살펴보면 글자가 지니고 있는 본래의 의미를 알 수 있다. 敎(교)는 셈에 쓰이는 나뭇가지를 엇갈리게 놓은 모양인 爻(효), '어린아이'의 상형 子(자), '막대기를 오른손에 든 모양'을 본뜬 攵(복)을 합한 글자로, 아이들에게 매를 때리며 셈을 가르친다는 의미로 만들어졌다. '가르치다'라는 본뜻은 여기에서 나왔다.[6)] 育(육)은 기를 毓(육)의 약자이다. 毓(육)에서 每(매)의 아랫부분 母(모)는 '앉아 있는 여자'의 상형 女(녀)에 '유방'을 가리키는 두 점을 찍은 글자이며 그 위의 것은 '머리 장식'이다. 每(매)의 본뜻은 '성장盛裝한 여자'이지만 여기에서는 '산모產母'의 뜻으로 쓰였다. 㐬(류)의 윗부분은 산모의 자궁에서 갓 태어난 아기 ['子(자)'를 거꾸로 놓은 글자] 이며 아래의 세 획은 출산 시 흘리는 양수羊水를 형상화한 것이다. 이와 같이 毓(육)은 '아기를 낳고 있는 산모의 모습'을 상형한 글자이다. 결국 育(육)의 윗부분은 태어나고 있는 아기의 모습을 뜻하고, 아랫부분은 사람의 몸을 의미하는 月(육)이다.[7)]

서양어 'education'

교육을 뜻하는 서양어에는 pedagogy와 education이 있다. pedagogy의 어원은 그리스어의 paidagōgos인데, 이것은 paidos(어린이)와 agōgos(이끈다)가 결합된 말로 '어린이를 이끈다'라는 뜻이다. pedagogy는 귀족가정의 자녀들을 학교나 체육관, 기타 공공의 장소로 데리고 다니면서 교육을 시키는 가정교사인 paidagōgos

에서 유래한다. 그리고 education의 어원은 라틴어의 educo로서 e(밖으로)와 duco(꺼내다)가 결합된 말이며, 속에 지니고 있는 것을 밖으로 꺼내어 키워준다는 뜻이다. 즉 인간이 선천적으로 지니고 태어난다고 생각되는 여러 자질을 잘 길러주는 것을 의미한다.[8)]

교육과 관련 있는 말들

교육教育

국어사전에서는 교육에 대해 '가르치어 기름, 지식과 기술 따위를 가르쳐서 개인의 능력을 신장시키고 바람직한 인간성을 갖추도록 지도함, 그 교육의 장場에 따라서 가정교육·학교교육·사회교육 등으로 구분함'이라고 설명하고 있다. 서울대 교육학과 장상호 교수는 교육을 본질론적으로 설명했는데, 이를 '교육본위론'이라고 한다. 장교수는 인간의 삶을 정치, 경제, 사회, 문화, 종교, 교육으로 분류하면서 마지막 항의 교육은 다른 항들과 구분되는 고유한 내실을 갖춘 것으로 입증되어야 한다고 주장했다. 또한 정치, 경제, 사회현상을 '세속계'로 지칭하고, 문화와 종교 가운데 특정 측면을 추출하여 '수도계'라고 지칭했다. 장교수는 인간의 생활은 세속계, 수도계, 교육계 등 여러 세계의 교차점에서 진행된다고 설명하면서 교육은 수도계의 품위를 전제로 한다고 주장했다. 그가 말하는 품위란 수도계에 대한 내부의 통합된 체험을 대변하며, 품위는 육체 안에 내재하는 것으로 보았다. 체득體得이나 체인體認이라는 표현에서 몸체體를 사용하는 것도 그러한 이유라고 설명했다. 학자의 두뇌, 미술가의 눈, 음악가의 귀, 시인의 가슴, 장인의 손끝, 포도주 감별사의 혀끝은 육체 안에 품위가 들어 있음을 비유한 것이다. 장교수는 교육은 크게 상구교육上求教育과 하화교육下化教育의 두 가지 날개를 갖는다고 했다. 상구교육은 그 주체가 자신의 현품을 한 단계 더 끌어올리는 과정에 해당하며, 하화교육은 그 주체가 타인의 품위를 한 단계 더 끌어올리는 과정에 해당한다. 따라서 서로 다른 이 두 가지 교육의 요소들이 협동교육을 이루는 것이다.[9)]

장상호 교수의 '교육본위론'에 대해 서강대 김재웅 교수는 이를 부언하여 설명했다. 김교수는 장교수가 전통적인 관점으로는 보이지 않던 교육의 세계를 교육답게 볼 수 있도록 새로운 개념 틀을 제시해주었다고 했다. 장교수는 교육을 학교라는 생활세계에 가두지 않았을 뿐만 아니라 교육의 소재도 학교에서 다루고 있는 교과과정에 한정하지 않고 그 자체로 추구할 만한 가치가 있는 인간의 모든 활동 즉 학문, 예술, 스포츠, 취미활동을 포함하는 수도계 전체로 확장했다는 것이나. 그러면서 배우는 사람의 체험 수준과 연계되지 않으면 아무리 그것이 학문적·문화적·사회적으로 가치 있는 것일지라도 그 사람에게는 '교육적으로' 전혀 의미가 없음을 강조했다. 한편 '공부 못하는 사람' 또는 수도계의 품위가 낮은 사람도 얼마든지 배움의 기쁨을 맛볼 수 있다고 했다. 또한 가르치는 기쁨의 경우에도 박사과정 학생을 지도하는 교수와 초등학교 학생을 가르치는 교사 사이에 차이가 없다고 보았다. 어쩌면 가르치는 품위와 수준에서는 오히려 초등학교 교사가 더 높을 수도 있다는 것이다. 김교수는 장교수가 교육계의 품위는 수도계의 품위와 독립적임을 보여줌으로써 교육계와 수도계는 그 구조와 특징이 다른 별개의 세계 또는 현상임을 강조했다고 말했다.[10)]

공부工夫

국어사전에 '공부工夫'는 '학문이나 기술 등을 배우고 익힘'으로 풀이되어 있다.[11)] 한자를 보면 '工(공)'은 하늘과 땅을 잇는 모양이며, '夫(부)'란 하늘과 땅을 관통하는 사람의 모습이다. 즉, '工'은 하늘과 땅의 이치를 궁구窮究하는 것, 혹은 땅의 이치를 궁구하며 하늘의 이치에 도달하는 것을 말하고, '夫'는 곧 '군자君子'라는 뜻으로 오늘날 賢者(현자: 선생)를 의미한다.[12)]

공부工夫는 불교에서 말하는 주공부做工夫에서 유래했다. 주공부란 '불도佛道를 열심히 닦는다'라는 뜻이다. 그중에서도 특히 공부는 참선參禪에 진력하는 것을 가리킨다. 불가에서 공부에 관한 기록은 선어록禪語錄에 많이 나오는데 "공부는 간절하게 해야 하며, 공부할 때는 딴생각을 하지 말아야 하고, 오로지 앉으나 서나 의심하던 것에 집중해야 한다"라고 적혀 있다.[13)]

불교를 가리켜 '수행의 종교' 혹은 '깨달음의 종교'라고도 한다. 왜냐하면

불교는 수행을 통해 스스로 깨닫는 길을 제시하기 때문이다. 그 깨달음은 바로 진리에 대한 깨달음이다. 누구라도 진리를 깨치면 부처가 될 수 있다. 불교에서 수행이란 자신을 닦는 것이다. 구체적으로 말하면 마음을 닦는 것이다. 마음을 닦는 이유는 깨끗한 본래의 마음이 탐욕, 화, 어리석음의 삼독三毒에 의해 오염되었기 때문이다. 청정한 마음이 번뇌의 티끌에 덮여 있기 때문이다. 그 번뇌를 걷어내어 마음속에 본래부터 자리 잡고 있는 부처의 모습을 찾기 위해 마음을 닦는 것이다.[14] 그래서 불교에서는 공부를 '정진精進'이라는 말로 표현하기도 한다. 법정 스님은 휴정 선사의 '선가귀감禪家龜鑑'에 나와 있는 '수본진심 제일정진守本眞心 第一精進'이라는 말을 인용하며 정진을 풀이했다. 즉 자기 자신의 천진스러운 본래 마음을 지키는 것을 으뜸가는 정진이라고 했다. 법정은 '사람은 저마다 자기 빛깔과 특성을 지니고 있으므로 자기 자신답게 살려면 그 빛깔과 특성을 마음껏 드러내야 한다'라고 생각했다. 그래야 사회적인 존재로서 그 조화를 이루게 된다는 것이다. 그러나 대부분의 사람들은 자신의 특성은 묵혀둔 채 자꾸 남을 닮으려고 한다. 이것은 오늘의 교육제도와 사회적인 인습에도 문제가 있지만, 자신을 망각한 그 사람 자신에게 보다 큰 허물이 있다고 지적했다.[15]

우리나라 초대 문화부장관을 역임한 이어령 교수는 동양 삼국에서 사용하는 '공부工夫'라는 말에 대해 설명하면서 공부의 본질과 관련하여 색다른 주장을 펼쳤다. 이교수는 "중국어에서 '工夫'는 '시간의 여유'와 '틈'을 뜻하는 말로 쓰인다. 그리고 또 일본어에서는 무엇을 '궁리'(아이디어)하고 '생각한다'라는 뜻이 된다. 스터디의 뜻으로 사용되는 우리나라의 공부와는 아주 다른 말이다. 시간 여유가 있어야 공부를 할 수 있고, 공부를 해야만 생각을 할 수 있다. 또 생각을 기르기 위해서는 공부를 해야 하고, 공부를 하기 위해서는 한가로운 시간의 틈이 있어야 한다. 그 인과 관계가 둥그런 원처럼 돈다. 학교를 뜻하는 영어의 'school'도 희랍어로 시간적인 틈이나 여가를 가리키는 말에서 나온 것이다. 이것은 중국어의 공부와 같은 뜻이다"라고 설명했다.[16]

고려대 철학과에서 교편을 잡았던 철학자 김용옥 교수는 한국방송 특강(도올논어 제13강, '공부工夫란 무엇인가')에서 공부에 담긴 의미를 설명했다. 우선 공부를 설명하기 위해 영어의 'to study'를 인용했다. 'to study'를 일본에서는 '면강勉强'으로 '억지로 시키다(노력하다)' 또는 '요리조리 궁리하다'라는 의미로 쓰이며, 중국에서는 '염서念書'로 '책을 읽는다'라는 뜻으로 쓰이고, 한국에서는 '공부工夫한다'로 쓰고 있다. 즉 동양 삼국이 '工夫'라는 말을 각기 다르게 사용하고 있다. 공부工夫는 잘못하면 공장에서 일하는 인부人夫의 뜻으로 생각할 수도 있다. 工夫라는 말은 중국 당唐나라 문헌에서 처음으로 나왔는데, 불교 선승禪僧들의 어록에서 발견되었다. 그 뒤 송宋나라 때 공부라는 말이 제대로 정착되어 사용되었다. 工夫라는 말이 가장 많이 사용된 곳은 ≪근사록近思錄≫이다. 工夫는 원래 '工扶'에서 '扌'이 떨어져 나간 것이다. 工은 '물건을 만드는 일을 업으로 하는 사람'을 뜻하고, 扶는 '돕다'를 의미한다. 현재 중국어에서 工夫는 'Kung-fu'로 표기된다. 쿵푸는 무술에서만 쓰이는 것이 아니라 신체적 단련을 통해 도달하는 경지를 모두 일컫는다. 工夫에는 두 가지 의미가 있다. 하나는 몸의 단련을 통해 달성되는 모든 달인達人의 경지를 뜻하고, 다른 하나는 시간時間의 의미이다. 주자학에서는 모든 工夫에는 시간이 걸린다고 한다. 工夫는 그 경지에서는 다 통한다. 工夫의 본질적 의미는 '몸의 단련'이다. 영어·수학 공부를 잘한다는 것은 몸의 일부인 뇌를 단련한 결과이다. 뇌를 단련한다는 것은 개념적 조작 행위인데, 이에 대한 결과는 사회적 영향력이 매우 크기 때문에 사람들은 순수한 몸의 단련보다 뇌의 단련에 치중하게 된다. 工夫를 '욕欲'과 관련시켜 보자. 욕은 '몸의 관성'이다. 주자학에서 공부는 욕의 제어와 관련이 깊다. 예를 들면 담배를 끊는 것이 이성적으로는 가능하지만 몸으로는 불가능한 경우가 많다. 몸이 담배를 계속 원하기 때문에 담배를 찾게 된다. 즉, 몸이 정신과 마음을 지배하고 있는 것이다. 몸의 단련을 통해 사회적 악을 근절시키는 것이 필요하다. 공자는 "행行하고 여력이 있을 때 비로소 공부를 하라(≪논어≫)"고 하였다. 이런 의미에서 몸의 단련은 도道라고 할 수 있다. 예전에는 운동만 제대로 해도 인격은 함양되었다. 독일어에서 공부라는 말은 'bildung'으로 이는 '만든다'라는 뜻이 담겨 있다. 우리의 인생목표는 박사나 사장처럼 결과물로서가 아니라 삶의 과정이 되어야 한다. 미국 교육학자인 듀이(J. Dewey)는 그의 저서 ≪민주주의와 교육≫에서 "삶의 목표는 것(thing)이 아니라 함(doing)이다"라고 했다. 결국 수단과 목적은 분리될 수 없으므로 공부의 본래 의미를 회복시켜야 한다.[17)]

공부의 즐거움

공부는 원래 즐거운 것이었습니다. 그래서 공자는 "아침에 도를 듣고 깨달으면 저녁에 죽어도 좋다朝聞道夕死可矣"라고 했지요. 그 즐겁던 공부가 어느새 고통스러운 것으로 바뀌었습니다. 서양에서도 공부는 본래 재밌게 노는 것이었습니다.

얼마 전 '블랙'이라는 영화를 보았습니다. 볼 수도 없고 들을 수도 없는 암흑 속에서 짐승처럼 살아가는 소녀를, 한 선생님이 갖은 노력을 다해 세상과 소통할 수 있는 인간으로 만든다는 매우 감동적인 내용이었습니다. 영화를 보는 동안 얼마나 눈물이 흐르던지요. 공부의 위대함을 새삼 깨닫게 해주었습니다. 영화 주인공과 비슷한 운명의 길을 걸었던 헬렌 켈러가 생각납니다. 그가 쓴 〈3일만 눈을 뜰 수 있다면〉이라는 글이 있습니다.

"나의 유일한 소망은 죽기 전에 꼭 3일만 눈을 뜨고 보는 것이다. 눈을 뜨는 첫날, 나의 선생님 설리번을 찾아가겠다. 손끝으로 만져서 알던 인자한 모습을 마음속 깊이 간직해두겠다. 그리고 친구들을 찾아가 그들의 모습과 웃음을 기억하고, 들로 산보를 나가 아름다운 노을을 바라볼 것이다. 다음 날에는 먼동이 트는 모습을 보고, 메트로폴리탄 미술관에서 예술작품을 보고, 저녁에는 밤하늘의 별들을 바라보겠다. 마지막 날에는 아침에 출근하는 사람들의 활기찬 모습을 보고, 영화관에서 영화를 보며, 저녁에는 네온사인이 번쩍이는 거리를 걷고, 쇼윈도 안에 진열된 상품을 보면서 집으로 돌아와 3일 동안 볼 수 있게 해준 하느님께 감사 기도를 드리고 또다시 영원한 암흑세계로 들어갈 것이다."

이 글을 읽으면 우리같이 온전한 사람들에게는 감사해야 할 것이 너무도 많음을 그리고 우리에게 주어진 시간이 매우 값진 것임을 깨닫게 됩니다. 온전하게 볼 수 있고 들을 수 있을 때 해야 할 것, 그것은 무엇보다 공부입니다.

그런데 우리나라 어른들은 거의 공부를 하지 않는 것으로 나타났습니다. 성인의 평생 공부 비율이 경제협력개발기구(OECD) 평균에 한참 못 미칩니다. 연령대별 1주간 공부시간이 10대에는 48시간이나 되다가 20대 5시간, 30대 14분, 40대 7분으로 급격히 줄고, 50대 이상의 어른들은 거의 공부를 하지 않습니다(통계청 조사 결과). 공부를 많이 하는 사람일수록 알찬 삶을 산다는 것을 이미 경험해서 알고 있는 데도 말입니다.

공자는 "배우고 때로 익히면 또한 기쁘지 아니한가學而時習之, 不亦說乎"라고 했습니다. 공자는 남에게 인정받고 출세하기 위한 공부(爲人之學, 위인지학)보다는 자신의 인격을 갈고 닦는 공부(爲己之學, 위기지학)가 진정한 공부라고 했습니다. 공부는 태어나서 죽을 때까지 즐거운 마음으로 해나가는 '삶의 과정'이라고도 했습니다. 우리가 나이를 말할 때 흔히 쓰는 지학(志學 : 열다섯 살, 학문에 뜻을 둠), 이립(而立 : 서른 살, 배움의 성과를 이룸), 불혹(不惑 : 마흔 살, 세상사에 미혹되지 않음), 지천명(知天命 : 쉰 살, 하늘의 뜻을 앎), 이순(耳順 : 예순 살, 어떤 말에도 화내지 않음), 종심(從心 : 일흔 살, 뜻대로 해도 법도를 거스르지 않음) 등이 그것입니다.

일본의 가난한 집안에서 태어나서 미국 하버드대에서 박사학위를 받고 수학의 노벨상이라고 불리는 필드상까지 수상한 히로나카 헤이스케라는 사람이 있습니다. 그는 《학문의 즐거움》이라는 책에서 공부의 기쁨과 즐거움을 이렇게 이야기합니다. "창조(공부)하는 인생이야말로 최고의 인생이다. 창조(공부)는 결코 학자나 예술가의 전매특허가 아니다. 우리의 일상생활 속에서 부단히 쌓아올려야 하는 것이다. 창조(공부)하는 즐거움, 기쁨, 그것은 자기 자신 속에 잠자는, 전혀 알지 못했던 재능이나 자질을 찾아내는 기쁨, 자기 자신을 보다 깊이 인식하고 이해하는 기쁨이다."

그런데 공부를 얼마나 해야 이처럼 '자신의 재능과 자질을 찾아내는 기쁨'을 느낄 수 있을까요. 이에 대해서는 미국의 신경과학자 대니얼 레비틴이 밝혀낸 '1만 시간의 법칙'이 답이 될 듯합니다. 어떤 분야에서든지 최고 전문가로 인정받으려면 1만 시간은 쏟아 부어야 한다는 이론이지요. 성공한 사람들은 모두 하루도 빠짐없이 3시간 이상 10년을 투자하며 쉼 없는 공부를 했다는 것입니다. 1만 시간의 법칙은 우리가 그동안 바삐 살아오면서 이룰 수 없었던 꿈을 다시 이룰 수 있는 이론적 근거를 제시해줍니다. 이를 적용하면 지금 40대인 사람은 50대에, 50대인 사람은 60대에 그 분야의 최고 전문가가 될 수 있습니다. 우주과학자가 꿈이었다면 우주과학자가 될 수 있고, 예술가가 꿈이었다면 예술가가 될 수 있습니다.

프랑스의 시인 폴 발레리는 "생각하는 대로 살지 않으면 사는 대로 생각하게 된다"라는 유명한 말을 남겼습니다. 살아갈 날이 적지 않은 우리들에게 '공부하면서 살라'는 메시지를 보내는 말입니다. 여러분은 이 메시지를 받을 준비가 되어 있는지요.[18] 〈백형찬〉

학습學習

국어사전에는 '학습學習'을 '본떠서 배워 익힘, 후천적으로 일정한 지식·기술·인식·행동능력을 얻는 일, 학생이 일정한 계획에 따라 교사의 의도적·의식적인 지도 아래 지식·능력을 얻는 과정, 유기체가 일정한 활동·훈련·관찰 등의 경험을 통하여 영속적·진보적인 변용變容을 이루어가는 것'으로 풀이하고 있다.[19]

學習(학습)에 대한 어원을 살펴보자. 學(학)의 모양은 '새끼줄'의 상형인 '爻(효)' 아래에 지붕 宀(면)의 원형으로 이루어져 있고, 그 뒤에 깍지를 낀 두 손의 상형이 들어간다. 학學은 짚이나 억새 등으로 덮은 초가지붕이 바람에 날아가지 않도록 새끼줄로 묶어놓는 일이 중요한 행사였으며, 이 일을 배우지 않으면 안 되었던 시대적 상황을 반영한 글자이다. 따라서 '배우다'가 본뜻이고, '깨우침'은 파생된 뜻이다. 아이를 의미하는 子(자)가 들어간 것은 아이 때부터 배움에 힘써야 한다는 당위를 담은 것이다.[20] 習(습)은 날개 우羽와 흰 백白이 합쳐진 글자로 어린 새가 날기 위해 날개羽 짓을 반복 연습할 때 양 날개 속에 보이는 작고 흰白 깃털을 형상화한 것이다.

배우는 것이 얼마나 즐거운 일인지 ≪논어論語≫의 첫머리에 잘 나타나 있다. 이어령 교수는 "배움의 문제가 풀리지 않을 경우 공자로 돌아가라고 할 사람이 많다. 논어의 첫머리에 등장하는 것은 '배움'에 관한 〈학이學而〉 편이다. 당唐나라의 유덕명劉德明도 ≪경전석문經典釋文≫에서 밝혔던 것처럼 논어의 첫 장에 배우는 것이 등장한 이유는 사람은 곧 배워야만 사람이 될 수 있는 존재라는 사실 때문일 것이다"라고 했다.[21)]

學而時習之 不亦說乎.
有朋自遠方來 不亦樂乎.
人不知而不慍 不亦君子乎.

배우고 때때로 그것을 익힌다면 그 어찌 기쁘지 않겠는가.
내 뜻을 아는 벗이 먼 곳에서 찾아온다면 그 어찌 즐겁지 않겠는가.
남들이 알아주지 않는다고 해도 섭섭해 하지 않는다면 그 어찌 군자라고 하지 않겠는가.

이어령 교수는 논어의 첫머리에 대해 "분명 오늘날의 학교교육과는 달리, 가르치는 자가 아니라 배우는 자의 마음을 기술했다. 그리고 교육의 효과를 유용성이 이니라 기쁨과 즐거움을 주는 유의성에 두었다. 배우는 자의 기쁨(說, joy)과 선비의 즐거움(樂, pleasure), 그리고 군자(君子, gentleman)의 마음이 강조되면서 배움이 업그레이드되는 과정이 선명하게 드러난다"라고 풀이했다.[22)]

김용옥 교수는 ≪중용 인간의 맛≫에서 ≪논어≫ 〈애공문정장哀公問政章〉의 '배움' 내용에 대해 다음과 같이 풀이했다.[23)]

好學近乎知, 力行近乎仁, 知恥近乎勇. 知斯三者, 則知所以脩身 ; 知所以脩身, 則知所以治人 ; 知所以治人, 則知所以治天下國家矣

배우기를 좋아하는 것은 지知에 가깝고, 힘써 행하는 것은 인仁에 가깝고, 부끄러움을 아는 것은 용勇에 가깝다. 이 세 가지를 알면 과연 내 몸을 어떻게 닦을 것인가를 알게 될 것이다. 내 몸을 어떻게 닦을 것인가를 알게 되면 타인을 어떻게 다스릴 것인가를 알게 될 것이다. 타인을 어떻게 다스릴 것인가를 알게 되면 천하국가를 어떻게 다스릴 것인가를 알게 될 것이다.

博學之, 審問之, 愼思之, 明辯之, 篤行之, 有弗學, 學之弗能弗措也 ; 有弗問, 問之弗知弗措也 ; 有弗思, 思之弗得弗措也 ; 有弗辨, 辨之弗明弗措也 ; 有弗行, 行之弗篤弗措也. 人一能之, 己百之 ; 人十能之, 己千之. 果能此道矣, 雖愚必明, 雖柔必强

널리 배우라. 자세히 물어라. 신중히 생각하라. 분명하게 사리를 분변하라. 돈독히 행하라. 배우지 않음이 있을지언정, 배울진대 능하지 못하면 도중에 포기하지 마라. 묻지 않음이 있을지언정, 물을진대 알지 못하면 도중에 포기하지 마라. 생각하지 않음이 있을지언정, 생각할진대 결말을 얻지 못하면 도중에 포기하지 마라. 분변하지 않음이 있을지언정, 분변할진대 분명하지 못하면 도중에 포기하지 마라. 행하지 않음이 있을지언정, 행할진대 독실하지 못하거든 도중에 포기하지 마라. 남이 한 번에 능하거든 나는 백 번을 하며, 남이 열 번에 능하거든 나는 천 번을 하라. 과연 이 호학역행好學力行의 도道에 능하게만 되면, 비록 어리석은 자라도 반드시 현명해지며, 비록 유약한 자라도 반드시 강건하게 될 것이다.[24)]

김용옥 교수는 "인人은 끊임없이 박학博學, 심문審問, 신사愼思, 명변明辯, 독행篤行하면 천天의 경지로 나아갈 수 있다"라고 하면서 "박학과 심문을 합쳐서 우리가 쓰는 학문學問이라는 단어가 생겨났고, 신사와 명변을 합쳐서 우리가 쓰는 사변思辨이라는 단어가 생겨났다"라고 설명했다. 또한 "학문과 사변은 지知의 세계이고 독행은 행行의 세계이다. 지행합일의 노력하는 과정 그 자체가 결국 인간을 하느님으로 만든다"라는 것이다. 따라서 "남이 한 번에 능하다고 하면 백 번을 하고, 남이 열 번에 능하다고 하면 천 번을 하라"고 했다.[25)]

사람들은 보통 교육과 배움을 비슷한 뜻으로 사용하고 있다. 그런데 이를 전면 부정하는 사람이 있다. 철학자이며 음악가인 팰벌(Aaron Falbel)이다. 그는 교육을 '강제로 부추기고 강요하는 배움'으로 보았다. 그에 따르면 '배움'과 '교육'을 거의 같은 뜻으로 쓰는 사람들이 많지만 두 단어는 전혀 같지 않다. 배움은 숨 쉬는 것과 같이 사람의 자연스러운 활동이라는 것이다. 따라서 배우는 능력은 숨 쉬는 능력과 같아서, 뜯어고치거나 간섭할 필요가 없다. 배우는 방법과 생각하는 방법을 가르쳐야 한다는 말은 사람들을 모욕하는 말이라고 주장했다. 사람은 태어나면서부터 어떻게 해야 하는지 이미 알고 있다는 것이다. 펠벌은 오늘날 교육은 사회환경 때문에 몹시 더러워졌다고 한다. 교육이란 어떤 사람들(교육자를 비롯해 사람을 길러내는 사람들)이 다른 사람들(교육을 받는 사람들)에게 뭔가를 가르치는 일인데, 그들(교육자들) 생각에 교육을 받는 사람에게 좋은 일이라고 생각되어 동의를 구하지도 않고 가르친다는 것이다. 따라서 교육은 강제로 부추기고 강요하는 배움이다.[26)]

학문學問

묻는 사람에게 대답해주고, 되묻고 대답을 듣는 방식을 중국에서는 학문學問이라고 한다. 배울 학學, 물을 문問이다. '묻기를 배운다, 모르는 것을 물어서 배운다'라는 뜻이다. 배움은 묻는 데서 시작하고, 또 다른 물음으로 나아가기에 끝이 없다. 그래서 학문에는 길만 있고 끝이 없다.[27)]

장상호 교수는 학문하는 태도를 지식을 얻는 두 가지 방법(지득과 증득)으로 설명했다. "군자의 학문은 귀로 들어와 마음을 밝혀서 온몸으로 퍼져 행동으로 나타난다. (그러나) 소인의 학문은 귀로 들어와 입으로 나온다"라는 순자의 주장에서 구이지학口耳之學이라는 옛말이 유래했다. 이 부분에서 특별히 유의할 것은 지득知得과 증득證得의 구분이다. 구이지학의 경우처럼 남의 지식을 있는 그대로 모방하여 내면화하는 것이 지득이다. 지식을 자신의 힘으로 만들어서 굳어지면 증득이다. 결국 지득은 남의 것을 받아들인 것이고, 증득은 자기 스스로 닦아서 체득하는 것이다. 교육에서 소재로 삼는 학문적 지식이나 혹은 그 기능으로 평가될 부분은 오로지 증득한 지식에 한정된다.[28)]

학문學文

학문學問과 음은 같지만 뜻이 다른 말인 학문學文이 있다. 학문學文은 '주역을 비롯해서 서경·시경·춘추·예·악 등의 시서육예詩書六藝를 배우는 일'을 의미한다. ≪고문진보古文眞寶≫에 '학문學文'을 권하는 글이 실려 있다. ≪고문진보≫는 주周나라부터 송宋나라에 이르는 고시古詩, 고문古文의 주옥편珠玉

篇을 모아 엮은 책이다. 전집前集 10권, 후집後集 10권으로 되어 있으며, 편자는 송宋나라 말기 사람으로 추정되는 황견黃堅으로 알려져 있다. 고문진보 맨 앞부분에는 권학문勸學文이 자리 잡고 있는데, 이는 배움을 권하는 글로 당唐나라 백거이白居易의 권학문, 송宋나라 진종眞宗 황제의 권학문, 인종仁宗 황제의 권학문, 사마광司馬光의 권학문, 유영柳永·왕안석王安石·주희朱熹의 권학문이 각각 수록되어 있다.

본 글에서는 유영의 권학문을 살펴본다. 한문 번역문은 이장우·우재호·장세후가 공역한 ≪고문진보≫(을유문화사, 2007)에서 인용했다.

학문을 권하는 글 - 유영柳永

父母養其子而不教
是不愛其子也
雖教而不嚴
是亦不愛其子也

부모가 자식을 기르면서 가르치지 않는 것,
이는 부모가 자식을 사랑하지 않는 것이요,
가르친다 하더라도 엄하게 가르치지 않는 것,
이 또한 부모가 자식을 사랑하지 않는 것이다.

父母教而不學
是子不愛其身也
雖學而不勤
是亦不愛其身也

부모가 가르치는 데 자식이 배우려 하지 않는 것,
이는 자식이 그 자신을 사랑하지 않는 것이요,
배우기는 하되 힘써 노력하지 않는 것,
이 역시 자기 자신을 사랑하지 않는 것이다.

是故養子必教
教則必嚴
嚴則必勤
勤則必成

이 까닭에 자식을 기르면 반드시 가르쳐야 하고,
가르친다면 반드시 엄하게 해야 하며,
부모가 엄하면 자식은 틀림없이 힘쓸 것이고,
힘써 노력한다면 배움은 반드시 이루어진다.

學則庶人之子爲公卿
不學則公卿之子爲庶人

배우면 평민의 자식이라도 공경이 될 수 있고,
배우지 않으면 공경의 자식이라도 평민이 되는 것이다.

유영은 부모가 자식을 기르면서 가르치지 않는 것은 사랑하지 않는 것이며, 가르치더라도 엄하게 가르쳐야 진정으로 사랑하는 것이라고 했다. 또한 자식이 배우더라도 힘써 노력해야만 배움이 이루어질 수 있다고 했다. 공경(公卿 : 중국 고대 봉건사회의 높은 벼슬)의 자식도 배우지 않으면 평민이 된다고 했다.

유영柳永은 북송의 인종 때 사람으로 진사에 올라 둔전원외랑屯田員外郎 벼슬을 지냈기 때문에 '유둔전'이라고도 불렸다. 그는 사(詞 : 운문과 노래가 결합된 장르)의 작가로 널리 알려졌다.[29)]

교수敎授

국어사전에는 '교수敎授'에 대하여 '대학에서 학생을 가르치고, 학문 연구를 지도하는 사람 가운데 급수가 가장 높은 교원, 학술이나 기예를 가르침, 사학四學의 유생儒生들을 가르치던 선생, 조선시대에 지방 향교의 유생들을 가르치던 벼슬 또는 그 사람'이라고 설명하고 있다.[30)]

敎授(교수)의 어원을 살펴보자. 교수는 가르칠 '敎'와 줄 '授'로 이루어졌다. 敎(교)는 爻(효)와, 어린아이를 본뜬 子(자), 막대기를 오른 손에 들고 있는 모양을 본뜬 攵(복)을 합한 글자로 '매로 때려 가르치다'에서 추출한 '가르침'이 본뜻이다. 授(수)의 본 글자는 受(수)이다. 受(수)의 아래·위 부분은 주고받는 손을 본뜬 것이고, 가운데의 모양은 '반盤'의 상형임을 알 수 있다. 이 반은 고대 사회에서 여러 용도로 쓰이던 것인데 주로 제사에 쓰던 제수祭需를 담는 용도로 만들어지기 시작하여 차츰 일상생활에서 음식 담는 그릇으로 쓰였다. '반을 주고받음'이 본뜻이다. 뒷날 손 扌(수)를 더한 '授(수)'를 만들어 줌授과 받음受을 구분하였다.[31)]

교수敎授가 지니고 있는 뜻은 불교에서 깨달음의 방식으로 사용하고 있는 줄탁동시啐啄同時의 개념과 비슷하다. 이어령 교수는 한자어 줄탁동시가 갖고 있는 의미를 다음과 같이 설명한 바 있다. 선禪에서는 깨달음의 방식으로 '줄탁동시'란 개념을 사용하고 있다. 즉 병아리가 알에서 깨어날 때 밖에서는 어미닭이 껍질을 쪼고 안에서는 병아리가 껍질을 깬다. 어느 한 쪽의 힘만으로는 결코 알을 깰 수 없기 때문에 안과 밖이 시기를 맞춰 동시에 작용해야 알을 깰 수 있다. 이를 교육의 원리에 적용하면 학생과 선생이 선후 없이 타이밍을 맞춰서 가르치고 배우는 호흡이 일치해야 진정한 의미의 교육이 이루어진다는 것이다.[32)]

줄탁동시는 또한 '만남'으로도 설명이 가능하다. 법정 스님은 "인간은 만남에 의해서만 성장하고 또 형성된다. 그것이 사람이든 책이든 혹은 사상이든 간에 만남에 의해서 거듭 형성되어간다. 만난다는 것은 곧 눈뜸을 의미한다"라고 했다. 또한 "만남에 의해 지금까지 보이지 않던 세계가 새롭게 열리고 생명의 줄기가 파랗게 용솟음치고, 산다는 것이 무엇인가를 비로소 인식한다"라고 말했다.[33)]

계발啓發

계발啓發은 국어사전에서 '슬기와 재능, 사상 따위를 널리 일깨워 줌'이라고 설명하고 있다. 啓發의 어원에 대하여 살펴보면, 啓發은 열 '啓'와 펼 '發'로 이루어졌다. ≪논어≫의 〈술이述而〉 편에 "(배우는 자가) 알고자 힘쓰지 않으면 가르쳐주지 않으며, 알고자 애태우지 않으면 깨우쳐주지 않는다不憤不啓, 不悱不發"라는 말이 있다. 계발啓發이라는 말은 여기서 근원한다. 啓(계)는 손으로 쪽문戶을 여는 것이다. 잠긴 문을 열 때는 소리쳐 불러서 연다는 뜻으로 넣었다. 그러므로 啓(계)의 본뜻은 '열다'인데, 파생된 뜻인 '가르치다'를 본뜻으로 여겼다. 發(발)은 癶(발)과 활의 상형 弓(궁)으로 구성된 형성자이다. 癹(발)의 원형은 '손에 쥔 막대기를 앞에 걸어가는 사람의 다리 사이에 끼워 걷기에 불편을 주는 모양'의 상형이다. '막대기를 옆으로 밀어 움직이다'가 본뜻이다. '펴다' '일어나다' '드날리다' 등은 파생된 뜻이다.[34)]

지식과 지혜

지식과 지혜는 교육의 과정이면서 동시에 교육의 결과물이라고 할 수 있다. 지식과 지혜는 비슷한 말 같지만 전혀 다른 의미이다. 국어사전에서 지식은 '배우거나 실천하여 알게 된 명확한 인식이나 이해, 알고 있는 내용, 인식에 의해 얻어진 성과, 넓은 뜻으로는 사물에 관한 개개의 단편적인 사실적·경험적 인식, 엄밀한 뜻으로는 원리적·통일적으로 조직되어 객관적 타당성을 요구할 수 있는 판단의 체계'라고 설명하고 있다. 그리고 지혜는 '슬기, 미혹迷惑을 절멸하고 보리菩提를 성취하는 힘'이라고 풀이하고 있다.

한양대 국문학과 윤재근 교수는 지식과 지혜의 성격을 ≪맹자≫에 있는 말을 비유 삼아 간단하면서도 명료하게 설명하였다. 윤교수는 "기술을 닦는 학문學問에 앞서 나 자신을 닦는 학문學文이 필요하다"라고 하면서 "학문學文은 인간을 배우는 방법으로, 기술을 추구하는 학문은 지식을 낳지만 인간을 추구하는 학문은 지혜를 낳는다"라고 주장했다. 또한 그는 "지식은 삶의 방법을 가르쳐주고, 지혜는 삶의 목적을 터득하기 때문에 슬기로운 사람은 자신의 삶 앞에 현명할 수 있지만, 지식만 앞세우는 사람은 자신의 삶을 무모하게 만들기 쉽다"라고도 했다. 그러면서 "지식은 물려줄 수 있으므로 가르쳐줄 수도 있지만, 지혜는 전해줄 수는 있어도 그것을 자신의 것으로 터득하려는 노력이 없다면 아무런 효험을 내지 못한다"라고 했다. 윤교수는 ≪맹자≫에 "남에게 연장을 빌려줄 수는 있어도 솜씨마저 빌려줄 수는 없다能與人規矩 不能使

人巧"라는 말로 지식과 지혜를 간단명료하게 설명했다.[35)]

법정 스님 또한 지식과 지혜에 대해 설명한 바 있다. 스님은 지식을 분별지로 지혜는 무분별지로 구분했는데, 현대생활에서 "지나친 지식이 인간을 그 속에 파묻어 버린다"라는 사실을 지적하면서, 지식이 갖고 있는 본질적 의미는 '아는 것을 쪼갠 것'이라고 하고, 지혜가 갖고 있는 본질적 뜻은 '아는 것을 통합하는 것'이라고 했다. 스님은 "용기 있고 바람직한 행동은 분별의 지식에서가 아니라 무분별의 지혜에서 저절로 우러나는데, 지식이 지식 본래의 기능을 다하려면 지혜로까지 깊어지고 승화되지 않으면 안 된다"라고 주장했다. 결국 지식은 '지혜가 되기 위한 과정'이며 지혜는 '지식의 결과'라고 할 수 있다. 다음 글은 스님의 수필집 ≪맑고 향기롭게≫에 담겨 있는 지식과 지혜에 대한 내용이다.

> 산스크리트 어의 지식은 인식을 가리키는 말이다. 어원으로 보면 아는 것을 쪼갠 것, 즉 분별의 지식이다. 그래서 이것을 '분별지'라고도 표현한다. 그런데 이 분별지는 인격과 직접 관계가 없다. 그저 아는 것만을 뜻할 뿐이다. 지혜는 아는 것을 '가설한다', '통합한다'라는 뜻이다. 그래서 지혜를 '무분별지'라고도 한다. 이 지혜는 인격과 직결된 것이므로 거기에는 행동과 책임이 따른다. 우리가 의지해야 할 것은 사변적인 지식이 아니라 끝없는 빛, 지혜라고 불교 경전에서는 누누이 강조하고 있다. 따지고 쪼개는 분별에서는 지혜로운 행동이 나올 수 없다. 용기가 있고 바람직한 행동은 이론에서 나오지 않는다. 이러한 작용은 신념에서만 나올 수 있다. 그럼 신념은 어디에서 나오는가. 분별의 지식에서가 아니라 무분별의 지혜에서 저절로 우러난다. 그렇다면 인격을 이루는 근원적인 요소는 회색의 이론인 지식이 아니라 계속해서 퍼내도 샘솟듯 솟아나는 지혜다. 그러므로 지식이 지식 본래의 기능을 다하려면 지혜로까지 깊어지고 승화되지 않으면 안 된다. 교육의 중심은 지식을 전달하는 데 있지 않고 지혜를 이끌어내는 데 있다.[36)]

교육 02

한국철학과 교육

한국철학과 교육

한국철학과 교육에 대해 살펴본다. 한국의 철학자로는 교육에 대해 깊은 관심을 갖고 이를 몸소 실천한 이황, 이이, 정약용을 선택했다. 그들이 추구한 교육목적과 교육방법 그리고 교육내용에 대하여 살펴본다. 이와 함께 우리나라 교육이념인 '홍익인간弘益人間'에 대해서 탐색한다.

퇴계 이황

이황(李滉, 1501-1570)은 조선 성리학을 대표하는 인물이다. 자는 경호景浩, 호는 퇴계退溪 혹은 청량산인淸凉山人 등으로 불린다. 그는 성균관 전적典籍, 사헌부 지평持平, 홍문관 교리校理, 충청도 어사, 사헌부 장령掌令, 성균관 사성司成 등의 관직을 두루 거쳤다. 그 후에도 상호군上護軍, 형조·병조 참의, 홍문관 부제학, 춘추관 수찬관, 공조 판서, 홍문관 대제학, 예조 판서, 의정부 우찬성, 이조 판서 등 수많은 관직이 주어졌다. 그럼에도 불구하고 이황은 학문과 교육에 전념하였던 학자였고 교육자였다.[1)]

퇴계는 남인파에 의해 조선의 '해동공자海東孔子'라고 불리는 유가의 대종大宗이었다. 그러나 '해동공자'라기보다는 '해동주자海東朱子'라는 칭호가 적당할 것이다. 그가 평생에 걸쳐 실천한 것은 세계 일류 학자에게도 지지 않는 훌륭한 학구적 생활이었고 그는 세계 어느 교육가에게도 지지 않는 교육가의 전형이었다. 그의 교수법, 학습법, 교과목의 요지 연구 등에 대한 자세한 고찰은 우리 교육사에 찬란히 빛나고 있다.[2)]

교육목적

퇴계는 교육의 목적을 성인聖人에 두었다. 그에게 성인이란 인간의 본성을 완전히 실현함으로써 천리天理와 합일되는 경지에 이르는 사람을 의미한다. 즉, 자연의 이법에 따라 행하여도 법도에 어긋나지 않는 '종심소욕불유구從心所慾不踰矩'의 경지에 이른 천리자연 그대로의 인간인 것이다. 그래서 퇴계에게 인격수양의 목적은 성인을 본받고 또 성인이 되는 데 있다.[3] 그는 "사람이 뜻을 세우고立志, 마음으로 경의 자세를 갖춘居敬 후, 사물의 참된 법칙을 궁구하고窮究, 이 정신을 바탕으로 성의誠意·정심正心·수신修身을 하며, 나아가 제가齊家·치국治國·평천하平天下에까지 도달하면 성인이 될 수 있다"라고 했다.[4]

퇴계는 성현의 길을 배우는 학문을 '성학聖學' 혹은 자신을 위한 학문爲己之學이라고 지칭하고, 과거科擧를 목적으로 하는 학문을 '속학俗學' 혹은 남을 위한 학문爲人之學이라고 했다. 그리하여 그는 자신을 위한 학문은 도리로써 마땅히 알아야 할, 바로 삼고 덕행으로써 마땅히 행해야 할, 그리고 바로 삼아 가까운 곳에서부터 공부를 시작하여 마음으로 체득한 뒤 몸소 그것을 실행해야 한다고 했다. 하지만, 남을 위한 학문은 마음으로 체득하여 몸소 실천하는 것이 아니라 겉으로만 그렇게 하는 척하면서 명성을 내고 칭찬 들으려고 한다는 것이다.[5]

퇴계는 "인간이 이理와 기氣를 받고 태어나는 것은 누구나 동일하다"라고 보았다. 그는 아무리 어리석은 사람下愚이라도 노력에 의해 천리의 본연으로 향할 수 있고, 지혜가 출중한 인물上知이라도 타고난 기질에 후천적 노력을 가하지 않으면 인간의 길을 벗어나게 된다고 했다.[6]

교육방법

퇴계는 교육의 첫 단계를 입지立志에 두었다. 이것은 공자가 "나는 열다섯 살에 학문에 뜻을 두었고 서른 살에 확립되었다"라고 한 데서 연유한다. 퇴계는 성학십도차聖學十圖箚에서 "먼저 반드시 뜻을 세워서, 순舜은 어떤 인물이며 나는 어떤 인물인가를 생각해야 한다"라고 했다. 이를 보면 입지는 교육과 학문의 출발점임을 알 수 있다.[7]

퇴계는 진리를 탐구하는 방법으로 독서讀書와 궁리窮理라는 두 가지 과정을 들었다. 독서는 사물의 이치를 탐구하고 선악을 구별하기 위해서 하고, 이치를 탐구할 때는 독단이나 편견에 빠지지 않기 위해서 여러 관점에서 사물을 고찰해야 하고 철저하게 분석해야 한다고 했다. 그래서 퇴계는 학자들이 분석을 싫어하고 종합에만 힘쓰는 것을, 대추를 씨까지 통째로 삼켜서 그 단맛도 알지 못하는 '골륜鶻圇'이라는 새에 비유하여, 뜻도 모르면서 사물의 이치를 파악했다고 착각하는 행위라고 꾸짖었다. 그리고 분석한 것은 다시 종합해야 한다고 했다. 분석은 부분의 이해를 가능케 하는 반면, 종합은 부분의 전체적 연관성을 알게 하기 때문이다. 이처럼 '사물의 이치를 궁구함窮理'에 있어서 퇴계는 두루두루 다하여 치우침이 없었다.[8)]

도덕적 수양의 과정은 두 단계를 밟는다. 선과 악을 엄격히 구분하여 선한 마음을 붙잡아두고操存 기르며涵養, 악한 사욕에 빠지지 않도록 반성하고 살피는省察 것이다. 퇴계는 선한 마음이 사라지지 않도록 잡아두고操存 기르며涵養 사욕에 빠지지 않도록 하기 위해 평생 동안 공경스런 마음가짐으로 생활하였다居敬. 거경居敬이란 마음을 가다듬어 언제나 선량한 마음을 가지고 타고난 품성을 기름을 뜻한다. 퇴계는 공경스런 마음가짐居敬을 네 가지로 풀이했다. '첫째, 글씨를 쓰거나 활을 쏠 때처럼 마음을 한곳에 집중하여 흩어지지 않게 해야 한다主一無適, 둘째, 평상시의 편안한 마음을 거둬들여서 한 가지 잡념이라도 그 사이에 끼어들지 못하도록 해야 한다其心收斂, 不容一物. 셋째, 마음이 언제나 평온하고 또릿또릿하게 깨어 있어야 한다常惺惺. 넷째, 몸과 마음가짐을 가지런히 하고 엄숙하게 해야 한다整齊嚴肅.[9)]

성학聖學을 배우기 위해서는 고요한 곳에서 혼자서만 공부해서는 안 된다. 왜냐하면 세속의 많은 일들이 성학을 배우는 데 방해가 되는 것은 사실이지만, 그 모든 일이 성학의 목적 밖에 있는 것은 아니기 때문이다. 그러므로 퇴계는 고요한 곳에서뿐만 아니라 시끄러운 곳에서도 언제나 공부하였고, 또한 혼자서만 공부하기보다는 친구, 제자, 동학들과 함께 공부하기를 즐겼다. 만약 이렇게 하지 않고 혼자서만 공부한다면 편견과 독단, 고루함, 병통에 빠져 공명정대한 학문의 길로 나아가지 못한다고 보았다.[10)]

퇴계는 학생을 가르칠 때 벗처럼 대했고, 게을리하지 않았으며 자기 자신도 배우기를 즐겼다. 또한 학생의 특성에 따라 가르쳤으며 논리를 밝게 하고 뜻을 정연하게 하였다. 뿐만 아니라 사제 간의 예의를 중요시하되 엄격과 친절로 가르쳤다.[11)]

학생을 벗과 같이 대하였고 스승으로 자처하지 않았다.
자신이 배우기를 싫어하지 않았다.
남을 가르치기를 게을리하지 않았다.
재질에 따라 가르쳤다.
반복 설명하여 계발시켰다.
좀처럼 해서는 가르치기를 그만두지 아니 하였다.
낯빛을 온화하게 하고 말을 유창하게 하였다.
논리를 밝게 하고 뜻을 정연하게 하였다.
의문을 반성 고증하여 진실하게 하였다.
질의응답을 신중하게 하였다.
학자들의 논변의 착오를 반박하지 아니하였다.
엄격과 친절로 가르치고 이끌었다.
스승과 학생 간의 예의를 중요시하였다.
과실 교정을 효과 있게 하였다.

교육내용

퇴계는 인간이 바람직한 인격을 형성하기 위해서는 학습의 과정이 체계적으로 구성되어야 한다고 주장했다. 즉, 다양한 수양서와 경전을 체계적으로 공부할 때 성인이 갖추어야 할 적합한 품덕을 갖출 수 있다는 것이다. 그의 도덕교육의 주된 내용은 소학, 대학, 중용, 논어, 맹자, 시경, 주역, 예기, 춘추 등을 포함한다. 이들은 윤리, 철학, 정치, 역사, 문학 등 다양한 영역을 포괄하고 있다. 퇴계는 성인聖人이 되기 위해 배워야 할 구체적 교육내용으로 특히 소학과 대학을 강조했다.[12)]

비록 소학小學은 소자小子의 학문이라고 하지만 대학大學에 들어간 뒤에라도 이것을 버리고 오로지 대학만을 일삼아서는 안 된다. 그러므로 성인聖人의 학문은 처음과 끝을 이루는 것인데, 소학은 처음을 이루고 대학은 끝을 이룬다는 것이다. 이를 집 짓는 데 비유하면, 소학은 그 터를 닦고 그 재목을 갖추는 것과 같고, 대학은 큰 집 천만 칸을 그 터에 세우는 것과 같다(≪퇴계전서≫).

즉, '소학'은 '대학' 공부를 가능하게 하는 기초가 되고 '대학'은 '소학' 공부에서 한층 발전한 것이지만, 어느 한쪽만으로는 불완전하며, 상호 보완하여 하나의 통일적인 학문의 체계를 이루고 있음을 알 수 있다.

율곡 이이

이이(李珥, 1536-1584)의 호는 율곡栗谷, 석담石潭, 우재愚齋이다. 율곡은 강원도 강릉 오죽헌에서 시문과 그림에 뛰어난 솜씨를 보인 신사임당의 아들로 태어났다. 그는 어머니의 영향을 받아 책읽기를 좋아했다. 열세 살에 진사초시進士初試에 합격하여 시험관들을 놀라게 했고 스물아홉 살까지 아홉 차례에 걸쳐 장원을 했으므로 사람들은 그를 '구도장원공九度壯元公'이라고 부르며 칭송했다. 율곡은 대사간, 대사헌, 판서 등의 관직에 올랐지만 그의 주된 관심은 학문이었다. 그는 관직생활을 하는 가운데 여러 저작을 남겼다. ≪성학집요聖學輯要≫, ≪격몽요결擊蒙要訣≫, ≪학교모범學校模範≫ 등이 그의 대표적인 저작이다. ≪격몽요결≫은 율곡이 향리에 내려와 학생들을 가르치기 위해 만든 교육원리들인데, '몽매함을 크게 깨우치는 원리들'로 구성되어 있다. ≪학교모범≫은 왕의 명령을 받아 저술한 것으로서, 조선시대의 교육에 영향을 미치려는 원대한 의도가 담겨 있다.[13)]

교육목적

율곡은 교육의 목적을 성인聖人에 두었으며, 누구든지 최대한 노력만 하면 성인이 될 수 있다고 했다. 본래 성인이란 지혜와 덕을 갖춘 비범한 사람을 말한다. 그는 "성인은 천리天理에 순수하고 성誠의 온전함을 얻은 사람이다"라고 말했다. 또한 "성인은 기품이 청명하고 인의예지仁義禮智의 사덕四德을 체득한 자이며, 사욕이 없어서 하고 싶은 바가 모두 규구規矩를 어기지 않아 인심人心과 도심道心이 일치하는 사람"이라고 했다.[14)]

율곡은 ≪격몽요결≫에서 "인간은 학문이 아니면 인간이 될 수 없다人生斯世非學問 無以爲人"라고 주장했다. 그는 인간의 조건으로 학문을 제시했고, 학문은 반드시 일상생활 속에서 찾아야 한다고 말했다. 그는 문제를 파악하고 해결하는 데 현실을 기반으로 삼았으며, 교육을 생활현장에서 찾아야 한다고 했다.[15)]

> 이른바 학문은 이상하고 특별한 사물이 아니다. 다만 부모로서 사랑하고, 자식으로서 효도하며, 신하로서 충성하고, 부부가 되어서는 구별이 있어야 하며, 형제로서 우애가 있어야 하고, 젊은이로서 어른을 공경하며, 친구로서 신의를 지키는 일이다. 이들은 모두 일상생활 속에서 각각 그 당연함을 얻으면 될 뿐이다.

율곡은 ≪격몽요결≫에서 성인의 가능성을 두 가지 면에서 설명했다. 하나는 맹자가 말한 인간의 성선聖善 가능성이다. 대개 중인衆人과 성인은 그 본성이 마찬가지다. 비록 기질은 맑고 탁한 점에서는 다름이 없지 않으나 진실로 능히 바르게 알고 실천하여 그 구습을 버리고 본성을 회복한다면 온갖 착함이 고루 갖추어질 수 있을 것이라고 했다. 다른 하나는 기질 변화의 가능성이다. 사람의 기품은 맑고 흐리나 노력하면 본연지성本然之性이 회복될 수 있다는 것이다. 이러한 배움을 통해 율곡은 성인이라는 이상적 인간을 만들고자 했다.[16)]

교육방법

입지立志

율곡은 교육의 목표를 세우고 이를 달성하기 위해서는 입지를 분명히 해야 한다고 주장했다. 즉, 인간이 올바르게 되려면 학문이 있어야 하고, 학문의 최고 목표를 성인에 두었다면 입지를 통하여 도덕적 방향이 세워져야 한다는 것이다. 율곡은 입지의 중요성을 다음과 같이 설명했다.[17)]

> 처음으로 배우는 사람은 먼저 뜻을 확립하는 것을 필요로 한다. 반드시 성인되기를 스스로 포기하거나 물러서고 미루려는 생각을 가져서는 안 된다(≪격몽요결≫).

거경居敬

성인이 되겠다는 뜻이 분명하게 섰다면, 이에 대한 구체적인 실현방법은

거경이라고 했다. 특히 율곡은 경敬의 중요성을 다음과 같이 설명했다.[18)]

경敬이라는 것은 학문의 시작이요 끝이다. 그러므로 주자가 말하기를 "경을 가지는 것은 궁리하는 근본이므로 아직 깨닫지 못한 이는 경이 아니면 알 수 없다"라고 하였고, 정자는 말하기를 "도에 들어가는 데는 경만한 것이 없으니 치지致知를 하면서 경에 있지 않은 이는 없다"라고 하였으므로, 이것은 경이 학문의 시작이 됨을 말한 것이다(≪성학집요≫).

궁리窮理

율곡은 천리天理를 격물치지格物致知하기 위해서는 궁리가 필요하다고 했다. 즉, "도에 들어가려면 먼저 이치를 궁리하여야 하고, 이 이치를 궁리하려면 먼저 책을 읽어야 한다. 왜냐하면 성현들의 마음 쓴 자취와 착한 일을 본받는 것과 악한 일을 경계하는 것들이 모두 책 속에 있기 때문이다"(≪격몽요결≫)라고 말했다. 또한 율곡은 책을 읽을 때의 요령을 다음과 같이 설명했다.[19)]

무릇 책을 읽는 자는 반드시 단정하게 손을 모으고 반듯하게 앉아서 공손히 책을 펴 놓고 마음을 오로지 하고 뜻을 모아 정밀하게 생각하고 오래 읽어 그 행할 일을 깊이 생각하여야 한다. 이렇게 해서 그 글의 의미와 뜻을 깊이 터득하고 글 구절마다 반드시 자기가 실천할 방법을 구하여 본다. 만일 이렇게 하지 않고 입으로만 읽어서 마음에 체득하지 않고 몸으로 실행하지 않는다면 책은 책대로 있고 나는 나대로 따로 있을 뿐이니 무슨 유익함이 있겠는가?(≪격몽요결≫)

역행力行

율곡은 오직 역행에 의해서만 기질을 변화시켜 인간 본연의 성性을 회복할 수 있다고 믿었다. 율곡에게 역행은 인성교육의 가장 구체적인 방법론인데, 그는 역행을 다음과 같이 설명했다.[20)]

역행은 자기를 극복하여 기질의 병을 다스리는 데 있으니, 유약한 사람을 강하게 만들고, 무능한 사람을 스스로 일어서게 만들며, 엄한 사람은 인화로써 조절하고, 성격이 급한 사람은 관용으로써 조화하며, 욕심이 많은 사람은 절제하게 하여 반드시 청정에 이르게 하고, 사사로운 데 치우치면 이를 바로 잡아 반드시 대공大公에 이르게 하니, 스스로 힘을 써서 아침저녁으로 게을리 하지 않는 것이 역행의 요점이다(≪만언봉사≫).

≪학교모범≫은 성인교육에 적용할 규범을 기록한 책이다. 율곡은 아동교육에도 세밀한 주의를 기울여 '소아수지小兒須知'라는 17조의 소학 학규를 제정하여 적용했다. 다음의 규칙을 위반한 것이 무거우면 한 번의 위반이라도 벌을 주고, 가벼우면 세 번의 위반에 벌을 주었다.[21]

교훈을 좇지 않고 다른 일에 마음을 쏟거나
부모가 명령한 바를 곧 시행하지 않거나
손윗사람에게 불경하여 발언을 거칠게 하거나
형제가 우애하지 않아 서로 다투거나
음식을 서로 다투어 서로 양보하지 않거나
다른 아이를 침해하고 입신여겨 서로 싸우거나
서로 경계를 받지 아니하고 화를 갑자기 내거나
손놀림이 단정치 못하여 소매를 흩트리고 한쪽 발로 기대서거나
걸음걸이가 경솔하여 도약하며 건너뛰거나
실없는 농담을 좋아하고 웃고 잡담하거나
무익하고 관계없는 일을 지어 내기 좋아하거나
일찍 자고 늦게 일어나고 나태하여 독서를 아니 하거나
독서를 할 때에 서로 돌아보며 잡담하거나
방심하고 정신이 없고 낮에도 앉아 졸거나
한가한 사람을 대하여 잡담으로 일 벌리기를 좋아하거나
단점을 숨기고 허물을 감추고 언어가 부실하거나
초서草書를 좋아하고 어지러운 글씨로 종이를 더럽히거나

교육내용

율곡은 ≪격몽요결≫의 독서장讀書章에서 교과과정을 다음과 같이 제시했다.[22]

처음에 ≪소학≫을 읽어 부모를 섬기고, 형을 공경하며, 임금께 충성하고, 어른께 순종하며, 스승을 받들고, 벗을 친근히 하는 도리를 하나하나 자세히 익혀서 힘써 실행한다. 다음은 ≪대학≫과 혹문或問을 읽어 이치를 궁리하고 마음을 바르게 하여 몸을 닦고 사람을 다스리는 도리를 하나하나 참되게 알아 실천한다.

율곡은 소학과 대학 다음으로 논어, 맹자, 시경, 예기, 서경, 역경, 춘추 등을 순서대로 읽어야 한다고 했다. 또 근사록, 심경心經, 이정전서二程全書, 주자대전 등과 어류語類, 성리학설 등도 읽으라고 권유했다.

율곡은 ≪격몽요결擊蒙要訣≫에서 몸가짐에는 아홉 가지 태도九容보다 더 중요한 것이 없고, 배움에 나아가고 지혜를 더하는 데는 아홉 가지 생각九思보다 더 중요한 것은 없다고 했다.[23)]

'아홉 가지 태도'는 "걸음걸이는 무겁게 하고足容重, 손은 공손하게 가지며手容恭, 눈은 바르게 뜨고目容端, 입은 다물고 있으며口容止, 말소리는 조용히 하고聲容靜, 머리는 곧게 들며頭容直, 숨소리는 정숙하게 하고氣容肅, 서 있는 모습은 의젓해야 하며立容德, 얼굴빛은 위엄 있게 한다色容莊"라는 것이다.

'아홉 가지 생각'은 "볼 때는 환히 볼 것을 생각하고視思明, 들을 때는 똑똑하게 들을 것을 생각하며聽思聰, 안색은 온화하게 가질 것을 생각하고色思溫, 태도는 공손할 것을 생각하며貌思恭, 말은 진실될 것을 생각하고言思忠, 일할 때는 조심할 것을 생각하며事思敬, 의심날 때는 물어볼 것을 생각하고疑思問, 화가 날 때는 곤란하게 될 것을 생각하며忿思難, 이득이 생기면 의리를 생각해야 한다見得思義"라는 것이다.

다산 정약용

정약용(丁若鏞, 1762-1836)은 조선조 18세기 실학사상의 집대성자로 호는 다산茶山이다. 실학에의 관심은 처음엔 이익李瀷의 저서나 박지원朴趾源과의 접촉을 통하여, 후에는 기독교를 매개로 한 서양의 근대 과학기술과의 접촉을 통하여 자랐다. 스물여덟 살에 관리가 되자 이용후생利用厚生 사업에 자신의 과학지식과 재능을 발휘했으며 한강교 가설설계, 기중기 제작 등의 성과를 거두었다.[24] 다산은 공맹의 원시유학의 인격론을 재발견하고, 성리학적 인격론을 비판적으로 극복하면서 실학적 인격론을 추구하였다.[25] 다산은 1801년 강진에 귀양 와서 1818년 여유당與猶堂으로 돌아갔다. 마흔 살에서 쉰일곱 살에 이르는 시기였다. 개인에게는 불행이었지만, 조선의 학문을 위해서는 축복의 시간이었다. 강진에서 다산은 훗날 다산학단茶山學團으로 일컬어지는 제자들을 양성하고, 500권에 달하는 방대한 저술을 함께 완성했다.[26]

인격론

세명대 장승구 교수는 〈정약용의 인격론〉이라는 글에서 "다산은 그 시대의 진보적인 학문을 폭넓게 섭렵하면서 주자학과는 다르게 인간과 세계를 새롭게 해석하고자 하였다"라고 말하면서 "다산의 학문적 탐구는 단순히 지적 관심에 그치는 것이 아니라, 새로운 사회와 인간을 향한 진보의 기초 작업이었다"라고 했다. 장교수는 다산의 인격론은 주자의 인격론에 대한 철저한 반성으로부터 시작된다고 보았다. 다산은 주자의 이기론의 철학이 인간을 포함한 모든 존재를 하나의 공통된 원리로 설명하는 것을 문제 삼았다는 것이다. 다산에 의하면 존재는 인간·동물·식물 등으로 위계적 질서를 이루고 있는데, 그중 인간은 가장 우월하고 특별한 지위를 점한다고 했다. 즉, 다산은 "무릇 천하의 죽고 사는 생명을 가진 만물은 세 가지 등급이 있을 뿐이다. 초목은 생명은 있으나 지각이 없고, 금수는 지각은 있으나 영명성이 없다. 사람의 대체大體는 생명과 지각과 또 거기에 영명신묘靈明神妙의 용用을 지니고 있으므로 만물을 포함하여 빠뜨림이 없고, 만 가지 이치萬理를 미루어 모두 깨달을 수 있으며, 양지良知로 인해 덕을 좋아하고 악을 부끄럽게 여기니 이것이 금수와 근본적으로 구별되는 까닭이다"(≪논어고금주≫ 9권, 11쪽)라고 주장했다. 계속해서 장교수는 다산에게 있어서 인간의 인격성의 중요한 특성에 대해 "인간은 선과 악 사이에서 자유로운 의지를 가지고 있기 때문에 인간은 어떤 경우에도 선한 행동과 악한 행동 사이에서 자율적인 결단을 할 수 있다"라고 주장했다. 장교수는 유학에 있어서 인격의 핵심은 인간다움仁으로서 곧 사랑인데, 주자학에서는 인을 '마음의 덕이고, 사랑의 이치心之德, 愛之理', '천지가 만물을 낳고 살리는 마음天地生物之心' 등 추상적인 철학적 개념으로 정의한 반면, 다산은 인을 사람과 사람 사이에서 각자가 상대에 대해 마땅한 본분과 도리를 다하는 것으로 해석했다. 또한 다산은 인이란 선험적인 덕이 아니라 실천을 통해 경험적으로 획득되는 것임을 주장했다. 다산은 인격 수양이 사회적 현실과 유리되어 주관적인 세계 속에서 이루어지는 것에 대해 반대했는데, 이는 인간이 사회적 존재이기 때문에 사회적 관계 속에서 자기의 사회적 역할을 수행하는 가운데 일하면서 자기를 수양해야 함을 역설한 것이다.[27]

공부에 대한 마음가짐

한양대 국문학과 정민 교수는 다산에 대해 오랫동안 연구를 해왔다. 그는 ≪다산의 재발견≫이라는 저서에서 다산이 제자들을 가르친 교육방법에 대해 구체적으로 설명했다. 정교수의 연구 결과에 따르면, '공부에 대한 마음가짐'은 다산이 제자인 초의에게 준 글이 담긴 ≪금당기주琴堂記珠≫에 실려 있다고 보았다.[28] 이 글에서 다산은 "배우는 사람은 반드시 혜慧와 근勤과 적寂 세 가지를 갖추어야만 성취할 수 있다"라고 했다. 이어서 "지혜롭지 않으면 굳센 것을 뚫지 못하고, 부지런하지 않으면 힘을 쌓을 수가 없으며, 고요하지 않으면 온전히 정밀하게 하지 못한다"라고 하면서 "이 세 가지가 학문을 하는 요체다"라고 말했다. 정교수는 "다산은 위학삼요爲學三要로 혜慧・근勤・적寂을 설정하고, 다시 찬견鑽堅・적력積力・전정顓精의 단계를 제시했다. 지혜로 난관을 돌파하고, 근면으로 힘을 축적하며, 침묵으로 정밀함을 더할 것을 주문했다"라고 하였다. 다산은 주역에 있는 말을 인용하며 공부하는 자세를 다음과 같이 구체적으로 제자들에게 일러주었다. "≪주역≫에서는 '아름다운 바탕을 간직하여 곧게 하되 때에 맞춰 발휘한다'라고 했다. 산사람이 꽃을 심는 일을 하다가 매번 꽃봉오리가 처음 맺힌 것을 보면 안으로 머금어 기르면서 아주 비밀스레 단단히 봉하고 있다. 이를 일러 함장含章, 즉 아름다운 바탕을 간직한다고 한다. 식견이 얕고 공부가 부족한 사람이 겨우 새로운 뜻을 몇 구절 익힌 후에 말로 펼치려고 하는 것은 어찌된 일인가." 정교수는 다산의 공부에 대한 마음가짐은 '온축의 과정'임을 강조하며, "얕은 식견으로 경솔하게 뽐내려 들면 천박한 바탕이 그대로 드러나 남의 손가락질만 받고 만다"라고 풀이했다.

교학방식

정교수는 다산이 제자들을 가르친 교학방식을 단계별 교육, 전공별 교육, 맞춤형 교육, 실전형 교육, 토론형 교육, 집체형 교육 이렇게 여섯 가지로 구분했다. 그에 따르면, 다산은 제자를 가르칠 때 '단계별 학습'을 매우 중요시했다. 즉, 글자를 익힐 때는 종류별로 접촉해서 곁으로 통하게 하는 촉류방통觸類旁通의 방법으로 계열화된 정보를 습득하고, 글을 읽는 것은 '경전을 먼저 배워 중심을 세운 뒤에 역사를 익혀 적용을 배우는' 선경후사先經後史로 수기修己를 앞세워 치인治人의 단계로 나갈 것을 주문했다. 이렇듯 공부는 무작정 하는 것이 아니라 차례와 절차가 필요하다는 것이다.[29] 또한 다산은 제자들의 성품과 특장特長을 두루 살펴 전공별로 가르쳤다고 한다. 전공은 문학과 이학, 즉 문예와 학술로 구분했다. 처음 단계에서는 제자의 역량과 취미가 어디에 있는지 잘 살펴서 장점이 있는 곳에 집중적으로 힘을 쏟게 했다. 전공에 따라 학습내용도 차별화했다. 정교수는 '전공별 교육'은 개인의 역량을 살펴 전공을 정해 특정 분야에 집중하게 하는 다산의 독특한 교학방식이라고 했다.[30] 그리고 '맞춤형 교육'의 방식은 제자의 개성과 특성, 놓인 상황에 따라 알맞은 가르침을 내려 제자들을 분발시킨 프로그램으로 칭찬과 나무람을 효과적으로 활용하여 이탈 없이 공부에만 몰두할 수 있도록 고무시킨 방식이라고 했다. 정교수는 다산의 맞춤형 교육을 가리켜 제자의 개성을 고려한 '눈높이 교육'이었다고 말했다.[31] 또한 다산의 '실전형 교육'은 평소 초서를 통해 공부의 바탕을 다진 후, 구체적인 작업 매뉴얼을 제시하여 실전연습을 시키는 독특한 교학방법이라고 했다. 다산은 제자들에게 오늘날 카드 작업이나 초록에 해당하는 초서공부를 특별히 강조했다. 그 이유는 정보를 장악하는 힘이 여기서 나온다고 믿었기 때문이었다. 따라서 제자들은 평소에 초서와 편집 실전연습을 바탕으로 스승의 지시에 따라 역할을 분담했다고 한다.[32]

정교수는 다산의 '토론형 교육'은 문답과 토론을 통한 쌍방향 교육이라고 했다. 다산은 문답을 통한 강학講學을 채택했는데, 이는 질문을 통해 제자들의 사고 수준을 점검하고 다시 교육에 반영하는 눈높이 교육을 가능케 한 방법이다. 토론형 교육은 다산이 일찍부터 실천해온 학습법이었다. 떠오른 생각을 그 즉시 메모하는 질서疾書와 붕우 간의 토론으로 부족한 점을 상호 보완하는 이택麗澤의 학습법은 다산의 강진교학에도 그대로 적용되어 큰 위력을 발휘했다.[33] 마지막으로 정교수는 다산의 '집체형 교육'은 전체 작업 공정에서 역량에 따라 작업을 안배하되 개성을 고려하여 역할을 분담하고, 과제에 따라 전담 책임을 두어 공동 작업으로 진행하는 방식이라고 설명했다. 정교수에 의하면 다산의 위대한 점은 역할분담 방식의 팀 제도를 도입함으로써 작업의 효율을 극대화시키는 한편, 이를 제자양성 프로그램화해서 자신의 성과를 제출하는 동시에 제자들의 학문적 성장을 도왔다는 것이다.[34]

'홍익인간' – 우리나라의 교육이념

우리나라의 교육기본법 제2조(교육이념)은 "교육은 홍익인간의 이념 아래 모든 국민으로 하여금 인격을 도야하고 자주적 생활능력과 민주시민으로서 필요한 자질을 갖추게 하여 인간다운 삶을 영위하게 하고 민주국가의 발전과 인류공영의 이상을 실현하는 데 이바지함을 목적으로 한다"라고 명시되어 있다. 따라서 우리나라의 교육이념은 '홍익인간'에 두고 있다고 할 수 있다.

서울대 교육연구소에서 편찬한 ≪한국교육사≫에는 홍익인간을 한국인의 원초적인 정신적 유산으로 보았다. 홍익인간의 이념은 단군신화에서나 건국강령에서나 교육이념인 동시에 정치이념인 것이다. 홍익인간의 원초적 사상은 한민족이 후에 토속적인 무속신앙을 지키거나 인도의 불교, 중국의 유교와 도교 등을 수용하여 그들의 일상적 삶을 영위하는 과정에서, 그리고 나라를 세우고 지키는 정치적 제도의 운영에서 사상적 통합의 핵을 제공했다는 것이다. 그 이념과 더불어 한민족은 민족적 일체감을 지니고자 했으며, 그 이념과 더불어 외침과 위기를 이기고자 했고, 그 이념과 더불어 나라를 이루고 평화로운 삶을 추구하고 후세를 교육하고자 했다는 것이다. 결국 '홍익인간'이라는 말은 한국인의 원초적인 정신적 유산을 함축한 것이라고 했다.[35)]

교육부장관을 지낸 오천석(吳天錫, 1901-1987) 박사는 교육이념의 의미에 대해 "교육이념은 교육적 행위 전체를 지휘하는 근본 원리"라고 정의하면서, 이는 다른 말로 표현하면 '기본적 교육철학', '최고의 교육개념'이라고 했다. 오 박사는 교육이념은 여섯 가지 특징을 갖는다고 주장했다. 즉, 모든 교육행위를 일관되게 설명할 수 있는 '포괄성', 교육활동 전체에 적용될 수 있는 '보편성', 모든 교육행위의 바탕을 이루는 '기본성', 교육적 가치의 내용을 모순 없이 통합하는 '일관성', 시간적 · 공간적 상황을 초월하여 적용할 수 있는 '지속성', 적극적으로 추구되어야 하는 가치체계를 의미하는 '긍정성'이 교육이념의 특징이라고 했다.[36)]

'홍익인간'이라는 말은 ≪제왕운기帝王韻紀≫와 ≪삼국유사三國遺事≫에 나오는 말이다. ≪삼국유사≫에 보면 "천제天帝 환인桓因은 서자 환웅桓雄이 천하를 다스릴 뜻이 있음을 알고, 하계下界를 내려다보니 삼위태백三危太白이 가히 '홍익인간弘益人間' 할 만한 땅이므로 천부인天符印 세 개를 주어 내려가 다스리게 하였다"라고 적혀 있다. 즉 '홍익인간'이라는 말은 단군신화檀君神話에서 가져온 말이라고 할 수 있다. 홍익인간을 교육이념으로 제안한 사람은 2대 교육부장관을 지낸 백낙준(白樂濬, 1895-1985) 박사로 그는 '홍익인간'의 의의에 대해 다음과 같이 설명한 바 있다.[37)]

> '홍익인간'이란 널리 인간을 유익하게 한다는 뜻입니다. 어떻게든지 교육에 문제되는 것은 우리가 어떻게 해야 다른 사람에게 이익을 줄 수 있을까 하는 것입니다. 남에게 이익을 주려면 적어도 남에게 폐를 끼치지 않는, 또한 해가 되지 아니할 만한 사람이 되어야 할 것입니다. 남에게 해를 주지 않을 뿐만 아니라, 이익을 주는 사람이 되는 것이 제1조건이 될 것입니다. 그러므로 홍익인간을 교육이념으로 할 때에 우선 우리가 다 각각 완전한 인간이 됨에 있습니다. 완전한 인간으로 사람 노릇을 하려면, 근대교육이론에 따라서 지知 · 덕德 · 체體 · 정情의 원만한 교육을 받음에 있을 것입니다. 이러한 완인주의完人主義의 교육을 위하는 것이 홍익인간 이념의 일단입니다.

한국교육개발원은 창립 27주년을 기념하기 위하여 학술토론회를 개최한 바 있다. 주제는 '교육이념, 홍익인간의 재음미'였으며, 주제발표자로는 민족정신회복시민운동연합 대표인 김지하 시인으로, 그는 '홍익인간도 죽었는가'라는 내용을 발표하였다. 다음은 그의 발표 내용의 핵심부분을 정리한 것이다.[38)]

> 홍익인간은 인간관의 문제이다. 홍익인간은 민족 담론이면서 동시에 전인류적 새 인간관을 정립하려고 하는 인류 전체의 철학적 노력, 교육학적 노력의 연장선상에서 이야기해야 한다. 홍익인간의 사상적 기초는 천부경天符經의 절정, '인중천지일人中天地一'에 있다. 사람 안에 천지, 우주가 하나로 통일되어 있다는 천부경의 절정은 홍익인간의 사상적 기초이다. 니체는 신이 죽었다고 선언했다. 푸코는 인간 내지 인간주의 휴머니즘은 죽었다고 선포했다. 데카르트적 인간도 죽었다고 했다. 서양과 유럽에서 죽었던 신이 바로 현대의 신인간과 신인합일의 네오 휴먼, 신인간상에서 다시 살아난다. 죽었던 인간, 휴머니즘이 신령한 인간 속에서 따뜻한 사랑의 창조적 소통능력으로서 다시 살아날 수 있다. 서양에서 죽은 신과 인간이 홍익인간 속에서 다시 살아난다는 것은 홍익인간 사상이 전 세계 인류의 부활, 신령하면서도 사회적이고 신체적 신인류의 탄생을 예고한 것이다. 이런 점에서 문화나 교육학적 자부심을 가져야 한다. 최치원 선생의 난랑비서문鸞郞碑序文에는 '접화군생接化群生'이라는 말이 있다. 풍류를 말할 때 "포함삼교包含三敎하고 접화군생했다"라고 한다. 접화군생은 풍류의 핵심이고, 풍류를 할 수 있는 인간주체가 바로 홍익인간이다. 동식물이나 무기물의 마음까지도 인정하고 그 마음과 소통함으로써 그들을 유익하게 하려는 자가 바로 접화군생적 인간이다. 오늘날 세계는 그런 인간을 요구한다. 홍익인간은 바로 접화군생적 인간을 뜻한다.

서울대 교육학과에서 학생들을 가르쳤던 한기언 교수는 "홍익인간은 한민족, 한국인의 정신적 보물이다"라고 했다. 또한 홍익인간의 이념을 '멋'이라고 했다. 이유는 교육적 인간상으로 보거나 이상적 사회상으로 보거나 홍익인간의 정신은 멋이기 때문이다. 그는 멋의 교육철학적 특성을 일곱 가지로 들었다. "교육원리로서의 멋, 창조의 논리로서의 멋, 한민족의 정신적 결정체(얼)

로서의 멋, 홍익인간의 이념으로서의 멋, 한국인의 마음으로서의 멋, 인물평가의 기준으로서의 멋, 최고 가치체로서의 멋"이 그것이다. 또한 한교수는 홍익인간에 들어 있는 교육이념의 특성을 여섯 가지의 멋으로 설명했다. 첫째는 원리성原理性이다. 교육이념은 인간형성의 기본원리를 제시한다는 특징을 지니고 있다. 둘째는 정향성定向性이다. 교육이념은 교육의 지표가 된다는 점에서 무정향성의 것이 아니라, 어떤 방향을 제시한다는 정향성을 지니게 마련이다. 셋째, 가치성價値性이다. 교육이념의 특성의 하나는 인간형성에 있어 낮은 가치나 몰가치적인 것보다 높은 가치를 지향케 한다는 점에서 가치성을 지녀야 한다. 넷째, 보편성普遍性이다. 교육이념의 특성은 시時·처處·위位를 묻지 않고 어디서나 인간 형성의 원리로서 보편타당성을 지닌 것이어야 한다. 다섯째, 이상성理想性이다. 본래 교육이념은 끝없이 인간이 추구해야 할 궁극적 가치체와 관련이 있으므로 당연히 현실보다는 이상을 추구해야 한다. 여섯째, 평가성評價性이다. 교육의 최종단계는 평가라는 점에서 교육이념은 평가성을 또 하나의 특성으로 꼽아야 한다고 했다.[39)]

또한 한교수는 홍익인간弘益人間을 두 가지로 해석할 수 있다고 하였다. 하나는 이상적 인간상(교육적 인간상)이고, 또 하나는 이상적 사회상(교육체제상)이다. 이상적 인간상은 '멋있는 사람'으로 이를 '역사적 의식인'으로 규정할 수 있으며, 이상적 사회상은 '멋있는 사회'로, 이를 '교육국가'의 건설이라고 할 수 있다. 교육적 인간상인 홍익인간은 시대에 따라 호칭의 변화가 있었다. 단군으로 대표되는 '무巫'를 비롯해서 '미륵', '화랑', '선비'이다. 이러한 호칭에 보편성을 보태서 한교수는 '역사적 의식인'이라고 칭했다. 또한 한교수는 "홍익인간을 불교적 감각에서 '홍익인간세弘益人間世'라고 할 때, 홍익인간은 이상적 사회상의 측면을 가지고 있다"라고 전제하고, "널리 남을 이롭게 하는 사회가 홍익인간(세)이고 보면, 그것은 바로 현대적 개념인 복지사회라고 할 수 있는데, 이러한 이상적 사회를 교육국가"라고 하였다. 교육국가는 세계가 '교육국가'가 되어야 한다는 말이다. 이 경우에 가장 주력하는 사회기능은 '교육'이며, 교육으로 말미암아 구성원 모두가 충실해지고 행복한 삶을 누릴 수 있다는 것이다. 한교수는 '인류공영의 이상'이 실현된 이상적 사회, 이상적 세계,

즉, 교육국가를 건설하는 것이 바로 '홍익인간(세)'의 구현이라고 보았다.[40]

연세대 교육학과 김인회 교수는 위의 학술토론회에서 토론자로 참석하여 홍익인간 이념 구현을 위해서는 네 가지 교육적 과제가 해결되어야 한다고 주장했다.[41] 첫째, 교육의 이념에서 사람과 자연을 함께 보는 홍익인간 이념의 본래적 의미를 회복하고 확인해야 한다. 구체적으로는 학습과 놀이를, 학교교육과 학교 외 교육을 음양론적으로 이해하는 교육관의 전환이 필요하다. 둘째, 앞 다투기 경쟁 대신, 더불어 어울리면서 살아가는 능력을 중시하는 교육을 강화해야 한다. 공존을 위한 교육으로 교육이념의 방향 정립이 필요하다. 초등교육에서부터 나는 누구이고 너는 누구이며 우리는 누구인가를 생각하고 경험하게 하는 일이 중시되어야 한다. 셋째, 다른 문화, 다른 민족들에 대한 이해와 관용적 정서를 기르는 교육을 확산·강화해야 한다. 넷째, 민족통일의 역사를 밝고 아름답게 만들어가기 위한 교육의 구상과 실천이 필요하다. 김교수는 진정한 의미의 홍익인간 교육이념은 네 번째 단계에서 비로소 아름답게 꽃필 수 있을 것으로 내다보았다.

'참여정부' 시절에 대통령 직속기관인 교육혁신위원회 위원장을 맡았고, 샛별초등학교, 샛별중학교, 거창고등학교에서 교편을 잡았던 전성은 교장은 '홍익인간의 교육이념은 세계에 내놓아도 자랑스러운 건국이념'이라고 다음과 같이 말했다.[42]

> 우리나라도 일제강점기에서 벗어나 새로운 나라를 세우면서 국호를 대한민국이라고 하지 않았는가. 조선을 재건하지 않고 대한민국을 세워 그 존재 이유를 홍익인간이라고 했다. 이씨 가문에 속한 왕조가 아니라 모든 국민을 위한, 나아가 온 인류를 위한 나라이니 참으로 따뜻하고 아름다운 목표라고 할 수 있다. 세계에 내놓아도 자랑스러운 건국이념이다. 학교의 교육이념이 학교의 실질적 주인이듯이, 이 이념이야말로 우리나라의 실질적 주인이다. 세계 모든 국가가 본받을 만한 건국이념이다.

교육
03

동양철학과 교육

세 번째 이야기

동양철학과 교육

동양철학과 교육에 대해 살펴본다. 철학자로는 중국의 공자, 맹자, 노자, 주자, 왕양명 그리고 인도의 간디와 비노바 바브를 택했다. 그들의 교육철학과 교육목표, 교육방법, 교육내용 등에 대해 알아본다.

공자

공자(孔子, BC 551-479)는 제자백가 중 유가儒家의 시조이다. 이름은 구丘, 자는 중니仲尼, 노魯나라에서 태어나 처음에는 그곳에서 자리 잡고 정치를 하였지만, 실권자와 충돌한 후 여러 나라를 돌아다니며 제후들에게 자기의 사상을 설파했다. 그러나 뜻을 얻지 못하자 만년에는 노魯나라에서 제자 교육과 고전 편찬에 임했다. 공자가 중국 철학사에서 차지하는 위치와 공헌은 최초의 민간사상가로서 주대周代의 관학官學으로부터 학문을 해방하고 처음으로 사학私學을 창시하여 중국사상사의 기초를 이룬 점과 동시에, 그 후 오랫동안 중국의 지배사상이 된 유교의 골격을 쌓은 점에 있다. 춘추 말기에 공자는 '예禮'를 '인仁'과 관련시켜 규범화하고 군주에게 내재화시켜 예를 국가사회 질서의 계속적인 기본 원리로 존속하게 했다.[1] 공자는 교육 방면에서 대업을 성취했다. 동서고금을 통해 세계교육사상世界教育史上 공자를 능가할 사람은 없다. 그는 인류 최초 그리고 인류 최대의 교육자였다. 공자의 언행을 기록한 ≪논어≫는 교육학의 고전이다. '논어'라는 말에는 공자의 말씀語을 제자들이 토론論하여 집성한 것, 또는 제자들이 논의論議하여 결정한 공자의 말씀語이라는 뜻이 담겨 있다.[2]

교육목적

철학자 안병욱 교수는 "≪논어≫의 첫 문장은 군자에서 시작하고 마지막 문장은 군자로 끝난다"라고 하였다. 안교수는 ≪논어 인생론≫에서 공자의 교육철학에 대해 소상하게 풀어 놓았다. "≪논어≫에는 '군자君子'라는 말이 66번 나온다. 숫자만 보더라도 군자는 ≪논어≫의 중심 사상의 하나임을 알 수 있다. 공자는 도덕적으로 정신적·문화적으로 뛰어난 덕성과 교양을 구비한 훌륭한 인격자를 군자라고 했다. 군자는 가장 바람직한 인간이다. 군자는 공자가 제창한 새로운 이상적 인간형이다. 공자가 일생 동안 추구한 교육목표 역시 군자이다. 도를 배우고 덕을 쌓기 위해 공부하고 수도하는 사람이 군자이다."[3)]

안병욱 교수는 "≪논어≫에 인仁이라는 글자가 100회가 나온다"라고 하면서 "인의 빈도수가 제일 높은 것은 그만큼 중요하기 때문"이라고 주장했다. 안교수는 "공자는 인간의 도덕과 윤리의 근본이 되는 내면적 원리를 인으로 삼았다"라고 설명했다. 제자인 번지樊遲가 공자에게 "선생님, 인이 무엇입니까"라고 물었을 때, 공자는 "사람을 사랑하는 것이다"라고 대답했다. 다른 사람을 사랑하는 것이 인의 기초이다. 맹자는 인을 측은지심惻隱之心이라고 했다. 불쌍히 여기는 마음, 측은하게 생각하는 마음이 인의 시작이고, 인의 근본이라는 것이다. 안교수는 "물이 산소와 수소로 결합되듯이 인은 진실이 결합된 덕이다. 인은 사람의 사람다운 근본이고, 인간을 인간답게 하는 속성이고, 인은 인간다움의 극치이다"라고 했다.[4)]

안교수는 학學의 목적을 지知와 각覺이라고 했다. 지知는 아는 것이고, 각은 깨닫는 것으로 각은 지보다 차원이 높다. 각覺은 학學과 견見이 합한 글자이다. 배울 학學 안에 볼 견見이 들어 있는데, 이는 많이 보고 많이 배워야만 바로 깨닫는다는 뜻이다. 그리고 지知는 사람을 바로 아는 것이라고 했다. 지에는 두 가지가 있는데 하나는 지식이고, 다른 하나는 지혜이다. 지식은 어떤 사물에 관하여 우리가 알고 있는 명료한 의식이고 알고 있는 인식과 판단이며, 지혜는 총명한 슬기이고 사물의 본질을 바로 알고 바로 판단하며 바로 처리하는 고차원적 능력이라고 했다. 안교수는 지혜는 지식을 옳게 쓸 줄 아는 슬기이기 때문에 지식보다 차원이 높다고 보았다.[5)]

교육내용

강원대 조무남 교수는 공자는 문행충신文行忠信의 네 가지를 가르쳤다고 했다. "子以四教, 文行忠信(〈述而篇〉)" 이것이 공자의 교육내용이다. '문'의 목표를 성취하기 위한 교육과정을 '육경六經'이라고 했다. 육경은 시경詩經, 서경書經, 역경易經, 예禮, 악樂, 춘추春秋이다. 공자는 육경을 가르치면 인간의 성정과 생각에 질서가 이루어진다고 믿었다. 육경의 교육효과에 대해서는 ≪예기禮記≫에 다음과 같이 적혀 있다.[6)]

> 공자께서 말씀하셨다. 어느 나라에 들어가면 그 나라의 교육을 알 수 있다. 그곳의 사람들이 온유하고 돈후敦厚한 것은 시詩의 교육효과이다. 마음이 소통되고 먼 옛일을 아는 것은 서書의 교육효과이다. 마음이 넓고 선량한 것은 악樂의 교육효과이다. 마음이 깨끗하고 고요하며 가지런한 것은 역易의 교육효과이다. 공손하고 겸손하며 점잖고 중후한 것은 예禮의 교육효과이다. 말에 조리 있고 사리를 따라 분별력을 잘 드러냄은 춘추春秋의 교육효과이다.

문文은 독서와 학문을 말한다. 공자는 그 당시 최고의 고전인 시경과 서경을 가르쳤다. 행行은 실천궁행實踐躬行으로 예절과 음악을 포함한다. 충忠은 마음 중심에 거짓이 없는 것이며, 진실무망眞實無妄한 것이다. 신信은 말에 거짓이 없는 것이요, 언행이 일치하는 것을 뜻한다. 안병욱 교수는 공자가 가르친 교과목의 문행文行은 인재교육 교양교육이고, 충신忠信은 도덕교육이며 인격교육이라고 했다.[7)]

중국의 역사가인 사마천司馬遷의 ≪공자세가孔子世家≫에 의하면 공자는 시서예악詩書禮樂을 가르쳤다. 제자는 3000명이고, 육예六藝에 통달한 문하생이 72명이었다. 육예는 그 당시 선비들이 배워야 할 기본 교양과목이다. 예禮는 사람으로서 마땅히 지켜야 할 예의범절과 생활규범이고, 악樂은 음악이며, 사射는 활을 쏘는 것이고, 어御는 말을 타는 기술이며, 서書는 글씨를 쓰는 것이고, 수數는 계산하는 기술이다. 안병욱 교수는 육예는 중국 고대의 전인교육全人敎育으로 예악禮樂은 예술과 도덕교육이고, 사어射御는 신체적 훈련교육이며, 서수書數는 실용적 기술교육이라고 했다.[8)]

교육방법

안병욱 교수는 공자의 교육방법은 네 가지 특색을 지닌다고 했다. 첫째, 계발교육啓發敎育이다. 공자는 간절히 구하는 제자에게는 계발교육으로 열심히 가르쳤지만, 간절히 구하려고 하지 않은 제자에게는 가르치려고 하지 않았다. 둘째, 개성교육個性敎育이다. 사람마다 그릇이 다르고 재능이 틀리며 개성은 천차만별이다. 공자는 주입식 교육, 획일주의 교육을 버리고 제자의 개성에 맞게 교육했다. 셋째, 문답교육問答敎育이다. 논어는 공자와 제자와의 많은 문답을 기록한 책이다. 제자는 열심히 묻고 공자는 열심히 대답했다. 사람은 자문자답自問自答하는 존재이므로 묻되 절실하게 물어야 하는데 이것을 절문切問이라고 했다. 절실한 마음을 가지고 진지하게 물어야 깊은 지혜가 생기고 올바른 대답을 얻을 수 있다는 것이다. 넷째, 인격교육人格敎育, 도덕교육이다. 교육의 근본 목적은 사람을 사람답게 만드는 것이기 때문에 인격다운 인격을 형성하는 것을 교육의 중심 목표에 두어야 한다고 생각했다. 지식이나 기술만 가르치는 것은 교육의 일부에 지나지 않는다고 보았다.[9)]

공자는 공부를 하는 데는 순시에 따라 점진적으로 해야 한다고 하였다. "배우기만 하고 생각하지 않으면 어둡고, 생각만 하고 배우지를 않으면 위태롭다學而不思, 則罔, 思而不學, 則殆"라고 했다. 이는 사고思考 없는 학습은 도리에 어둡고 학습 없는 사고는 위험하다는 뜻으로, 이를 위해 공자는 학學·사思의 병용을 주장했다.[10)]

공자는 "默而識之, 學而不厭, 誨人不倦, 何有於我哉(공부한 것을 묵묵히 마음에 새기고, 배우는 데 싫증을 느끼지 않고 가르치는 데 권태를 느끼지 않는다. 이런 정도의 일은 내가 능히 할 수 있는 일이다〈述而篇〉)"이라고 말했다. 공자의 이 말에서 '학불염 교불권學不厭, 敎不倦'이라는 유명한 말이 나왔다. 안병욱 교수는 인간은 교학敎學의 산물이기 때문에 부지런히 배우고 열심히 가르쳐야 한다고 했다.[11)]

공자는 또한 사람을 '아는 자'와 '좋아하는 자' 그리고 '즐기는 자'의 세 그룹으로 나누었는데, 이 중에서 '아는 자'를 가장 아랫자리에 두고 '즐기는 자'를 제일 높은 자리에 올려놓았다.[12)]

知之者不如好之者
好之者不如樂之者

아는 자는 좋아하는 자만 못하고
좋아하는 자는 즐기는 자만 못하다.

교육효과

공자는 "子曰, 有敎無類(사람은 교육에 의해서 선해지기도 하고 악해지기도 한다. 처음부터 선인, 악인의 종류가 있는 것은 아니다)"라고 했다. 유類는 종류를 말한다. 안병욱 교수는 이를 해석하기를 사람은 귀천이 있고 현우賢愚가 있으며 기질의 차이가 있고 습관의 차이가 있으며 성격의 차이가 있지만, 교육으로 어떠한 종류의 인간도 변화시킬 수 있다고 보았다. 교육은 인간을 변화시킬 수 있는 강한 힘이며, 교육은 인간의 힘 중에서 가장 큰 힘이라는 것이 안교수의 설명이다.[13)]

맹자

맹자(孟子, BC 372-289)는 중국 전국시대의 철학자로 이름은 가軻, 자는 자여子輿, 자차子車이다. 공자의 제자인 자사子思의 문하에서 학문을 배우고 곳곳을 돌아다니며 제후들을 설득했지만 받아들여지지 않자, 고향에 돌아와 강학과 저술로 일생을 마쳤다. 공자의 사상을 계승 발전시켜, 인간의 도덕적 기초로서 인의仁義를 중시하고 도덕의 성립근거로는 성선설性善說을 주장했다. 또한 도덕에 뿌리를 둔 정치 즉 덕치주의德治主義를 논하고, 민주주의적인 요소를 가미한 왕도정치王道政治 사상을 역설했다. 공자와 더불어 공맹孔孟으로 불리며 이후의 사상계, 특히 유가儒家에 커다란 영향을 미쳤다.[14)]

교육목적

맹자 역시 인仁을 가장 중요하게 생각했다. 맹자는 인仁에 의義를 더하여 '인의仁義'를 주된 덕목으로 보았다. 즉, 인간 내면의 덕성인 '인仁'에 사회정의의 관념인 '의義'를 추가하여 인의仁義의 덕목을 정한 것이다. 맹자는 "인仁은 사람의 마음이고 의義는 사람의 길이다. 그 길을 버리고 가지 아니하며, 그 마음을 버려두고 찾을 줄을 모르니 슬프다仁人心也 義人路也 舍其路而不由 放其心而不知求 哀哉"라고 했다. 즉 인仁은 인간이 선천적으로 지닌 선성善性의 바탕이기 때문에 그 마음을 버리지 말아야 하고 비록 흐트러지더라도 이를 바로잡아야 하며, 의義는 사람이 가야 할 바른 길이기 때문에 그 길을 바로 따라가야 한다는 것이다.[15)]

맹자는 "학문의 도는 다른 것이 아니라 잃어버린 마음을 되찾는 것일 뿐이다學問之道無他, 求其放心而已矣"라고 했다. 여기서 '學(학)'은 공부를, '問(문)'은 가르침을 청하는 것이다. 공부와 가르침을 청하는 원칙에 있어서 유가는 이처럼 마음을 특히 중시했다.[16)] 맹자는 공부는 잃어버린 인간의 본성을 찾는 것이라고 여겼는데, 그 까닭은 인의仁義의 생활을 하기 위한 근본자세가 바로 '공부'이기 때문이다.[17)]

"사람이 배우지 않고도 능히 할 수 있는 것 그것이 양능良能이고, 생각을 않고도 아는 것 그것이 양지良知다. 두세 살의 어린이도 그 어버이를 사랑할 줄 모름이 없고, 그가 자라면 그 형을 공경할 줄 모름이 없다. 부모를 사랑함이 인仁이요, 어른을 공경함이 의義다. 다름이 아니라 이는 천하에 통달함이다." 양능은 사람이 본래 갖추고 있는 능력이고, 양지는 사람이 본래 갖추고 있는 지능이다. 맹자는 양지와 양능은 사람이 태어날 때부터 갖추고 있는 지식과 능력으로 이것이 바로 인의仁義의 기본이 된다고 생각했다. 맹자는 이를 온 천하인天下人에게 다 같이 통용되는 원리요 법칙이라고 보았다.[18)]

맹자는 군자의 즐거움을 세 가지로 말했다. 그리고 이 세 가지 즐거움 가운데 가르침의 즐거움이 가장 큰 즐거움이라고 했다. 맹자는 "군자는 세 가지 즐거움이 있지만, 천하에 왕이 되는 것은 여기에 함께 있지 않다. 부모가 함께 살아 계시고 형제가 사고가 없으면, 첫째의 즐거움이다. 하늘을 우러러 부끄러움이 없고, 구부려 사람에게 부끄러움이 없음이 두 번째 즐거움이다. 천하의 영재를 얻어 그들을 교육하는 것이 세 번째 즐거움이다. 군자는 세 가지 즐거움이 있지만, 천하에 왕이 되는 것은 여기에 함께 있지 않다君子有三樂

而王天下不與存焉 父母俱存 兄弟無故 一樂也 仰不愧於天 俯不怍於人 二樂也 得天下英才而敎育之 三樂也 君子有三樂, 而王天下不與存焉"라고 말했다.[19)]

맹자가 등滕나라 문공에게 말했다.

"상서庠序와 학교學校세워 백성을 가르칠 것입니다. 상庠은 기른다庠者養也는 뜻이고, 교校는 가르친다校者敎也는 뜻이며, 서序는 활을 쏜다序者射也는 뜻입니다. 하夏나라에서는 교校라고 했고 은殷나라에서는 서序라고 했으며 주周나라에서는 상庠이라고 불렀을 뿐, 삼대에 걸쳐 배운다는 것은 다 같습니다. 그 모두가 인륜을 밝히기 위한 것입니다."

맹자의 이 말에 기초하여 한양대 윤재근 교수는 현대의 학교와 교육을 비판했다. 그는 "학교는 서로 어울려 사는 방법을 가르치는 곳이다"라고 하면서, "그런데 지금은 학교라는 말만 있지 진실된 학교는 없으며, 인륜은 팽개쳐 두고 물질적으로 사는 방법만 가르쳐 주는 곳이 학교라는 이름으로 있을 뿐"이라고 했다. 윤교수는 "인륜은 지식으로 무장한다고 해서 살아나는 것이 아니고, 어떻게 사는 것이 현명하게 사는 것이고 어떻게 사는 것이 우둔하게 사는 것인지를 가르치는 곳이 바로 진정한 학교"라고 보았다.[20)]

교육방법

맹자는 군자가 사람을 교육시키는 방법에는 다섯 가지가 있다고 했다. "단비가 내려 일시에 만물을 소생시키는 듯이 하는 것이 있고, 덕을 이룩하는 것이 있으며, 재질을 통달하게 하는 것이 있고, 물음에 답하는 것이 있으며, 직접 가르치지 않고 사적으로 잘 도야하게 하는 것이 있다有如時雨化之者 有成德者 有達財者 有答問者 有私淑艾者 此五者 君子之所以敎也."[21)]

대만대 철학과 부패영傅佩榮 교수는 맹자의 다섯 가지 교육방법에 대해 자세히 설명했다.[22)] 첫째, '때맞춰 내리는 비'처럼 사람을 교화하는 방법으로 학생이 어떤 쪽에 의문을 갖고 있는지 살펴서 시간과 장소와 사례에 맞게 가르치는 것을 말한다. 공자는 "마음속으로 애태우지 않으면 깨우쳐주지 않고, 애써 더듬거리며 말하지 않으면 틔워주지 않는다"라고 했다. 둘째, 덕을 이루어주는 방법으로 스승이 학생의 품성을 길러주는 유가의 대표적인 교육방법을 말한 것이다. 셋째, 재능을 끝까지 길러주는 방법이다. 교육목적 중 하나가 학생의 재능을 찾고 길러 사회의 큰 재목으로 만드는 것이다. 넷째, 물음에 답해주는 방법으로 학생이 공부를 하면서 의문에 부딪히면 스승이 그 의문을 잘 파악해 알기 쉽게 설명해주는 것이다. 다섯째, 여운을 남겨 스스로 느끼도록 하는 방법으로 타인의 모습을 보고 스스로 배울 수 있도록 하는 것이다. 맹자는 "내가 가르치기를 탐탁히 여기지 않는 것, 이 또한 가르침이다"라고 말했다. 이것은 가르치지 않은 것을 가르침으로 여긴다는 뜻이다.

교육내용

맹자는 교육내용으로 인륜人倫을 강조했다. 맹자는 "계契로 하여금 사도로 삼아 인륜으로서 가르쳤으니 부자 간에는 친함이 있고, 군신 간에는 의로움이 있으며, 부부 간에는 구별함이 있고, 장유 간에는 차례가 있으며, 붕우 간에는 믿음이 있다使契爲司徒 敎以人倫 父子有親 君臣有義 夫婦有別 長幼有序 朋友有信" 라고 하면서, 오륜五倫의 구체적인 내용을 밝혔다. 맹자가 오륜교육을 강조한 것은 가정의 종족 질서를 확립히고 이를 확내하여 사회질서를 재건하고자 했기 때문이다.[23]

교육환경

맹자는 '맹모삼천孟母三遷'이라는 고사로 유명하다. 일찍 남편을 잃고 혼자 맹자를 키운 어머니는 행여 맹자가 잘못된 길로 나갈까 걱정하여 인자한 어머니보다 엄한 어머니로써 대했다. 어린 맹자를 데리고 처음 살았던 곳은 무덤 근처였다. 맹자가 매일 보고 배우는 것은 장례를 치르는 것뿐이었다. 그래서 시장 부근으로 이사를 갔는데 그곳에서도 맹자는 장사꾼의 흉내만 냈다. 이를 보다 못한 맹자의 어머니는 서당 근처로 이사를 갔다. 비로소 그곳에서 맹자는 공부하는 것을 배우기 시작했다. 이 일화는 한漢나라 시대에 나온 책인 ≪열녀전≫에 실려 있다.[24] 맹자의 어머니는 아이의 교육에 영향을 줄 수 있는 주변 환경에 무척 신경을 썼다. 어머니의 이런 노력이 맹자가 뛰어난 인재로 성공하는 데 결정적 역할을 했다.[25]

교육효과

맹자는 이런 말을 했다. "어진 말은 어진 노래가 사람의 마음속을 스며들게 함만은 같지 못하다. 올바른 정치는 올바른 교육이 백성의 마음을 얻는 것만 못하다. 올바른 정치는 백성들이 두려워하나, 올바른 교육은 백성들이 좋아한다. 올바른 정치는 백성의 재산을 얻으나, 올바른 교육은 백성의 마음을 얻는다."[26]

노자

노자(老子, 생몰 연대 미상)는 중국 고대의 사상가이며 도가道家의 시조이다. 성은 이李, 이름은 이耳, 자는 담聃이다. 초楚나라에서 태어나 주周왕실의 신하가 되었고, 공자에게 예禮를 가르친 것으로도 알려져 있지만, 실재의 인물은 아니다. 전국시대 말기인 기원전 3세기 전반에 도가 사상가들이 자가自家의 권위를 세워 다른 사상가들(특히 유가儒家)에 대항하기 위해 만들어낸 가공의 인물이다. ≪노자도덕경≫이라고도 불리는 ≪노자≫는 제자백가諸子百家가 상당히 발전한 무렵부터 한漢대까지의 도가 사상의 소산所産이다.[27]

교육철학

충남대 조현규 교수는 노자의 철학은 도道에 대한 이해에서 출발한다고 했다. 노자에게 도는 만사만물의 근원으로 인간을 포함한 세상 만물은 도에서 나왔다는 것이다. 노자가 말하는 위爲란 좋든지 나쁘든지 간에 인간이 어떤 의도를 가지고 무엇인가 해보려고 하는 것을 뜻한다고 했다. 노자는 바로 이러한 인간의 위爲가 도道에 어긋나고 자연의 질서를 어지럽히는 것으로 여겼다. 노자는 인간을 부정적으로 보면서도 바람직한 인간상을 제시했는데, 성인聖人과 영아嬰兒가 이에 해당된다. 성인聖人은 도의 관점에서 현상을 바라보고 생을 영위하며 인위적인 가치판단이나 이기심과 집착으로부터 벗어난 사람이라고 할 수 있는데, 현실적으로 성인의 경지에 도달하는 것은 매우 어렵다. 그래서 현실적으로 바람직한 인간상이 바로 '영아嬰兒'이다. 영아는 과욕을 부리지 않고 만족하여 그칠 줄 아는 사람이며 도에 가까운 사람이라고 할 수 있다. 조교수는 노자에게 교육은 '사욕에 사로잡혀 도道로부터 멀어진 범인凡人을 이상적 인간으로 끌어올리는 과정'이라고 했다.[28)]

노자는 '배움을 끊으면 근심이 없다絶學無憂'라고 하여 인간은 배움을 끊어버려야 근심이 사라진다고 보았다. 잘못된 배움은 자기중심적 가치관을 갖게 만드는데, 잘못된 배움을 부정하는 것이 바로 무지無知이다. 조현규 교수는 노자가 생각한 올바른 배움을 세 가지로 제시했다. 첫째, 만족함을 아는 것이다. 노자는 '만족함을 아는 자는 부유하다知足者富'라고 했다. 인간의 욕심은 끝이 없는데 이것이 결국 인간을 도道에서 멀어지게 만든다는 것이다. 둘째, 겸손함을 아는 것이다. 노자는 '아는 사람은 말이 없고 말하는 사람은 알지 못한다知者不言 言者不知'라고 하고, '아는 자는 박식하지 못하지만 박식한 자는 알지 못한다知者不博 博者不知'라고 했다. 셋째, 명明의 개념을 아는 것이다. 명明이란 '도道로 복귀해야 함을 아는 것'이다. 결국 올바른 배움이란 무엇이 도道에 합당한지를 아는 것이다. 도를 깨닫지 못하는 지식, 도의 질서를 알지 못하는 지식은 결코 아는 것이 아니며, 여전히 어두운 가운데 제대로 알지 못하는 것이라고 조교수는 주장했다.[29)]

도덕경과 앎

캐나다 리자이나대학 비교종교학과 오강남 교수는 그의 저서인 ≪도덕경≫을 통해 노자의 도덕경을 풀이했다. 오교수에 따르면 도덕경은 "여러 가지 이설異說이 있지만 전통적으로 기원전 6세기에 살았다는 노자老子가 남긴 글이라고 알려져 있다. 전체 글이 한문으로 겨우 5000자 남짓, 200자 원고지로 25매 정도이다. 짤막짤막하게 81장으로 나누어져 있다"라고 하면서 "임어당林語堂이 동양문헌 가운데 어느 책보다도 먼저 읽어야 할 책이 바로 노자의 도덕경이다"라고 했다. 또한 가장 많은 도덕경 번역서를 낸 진영첩陳榮捷은 "도덕경이 쓰이지 않았다면 중국 문명이나 중국인의 성격이 완전히 달라졌을 것이다"라고 했다.[30)] 도덕경의 내용 중에 교육과 관련이 있는 구절들을 찾아서 그 뜻을 살펴보았다. 물론 필자가 구절을 선택했고 오강남 교수가 풀이와 해설을 했다.

是以聖人之治, 虛其心, 實其腹, 弱其志, 强其骨, 常使民無知無欲
使夫智者不敢爲也, 爲無爲則無不治

그러므로 성인이 다스리게 되면 사람들로
마음은 비우고 배는 든든하게 하며,
뜻은 약하게 하고 뼈는 튼튼하게 합니다.
사람들로 지식도 없애고 욕망도 없애고,
영리하다는 자들 함부로 하겠다는 짓도 못하게 합니다.
억지로 하는 함이 없으면
다스려지지 않는 것이 하나도 없습니다.

성인의 다스림은 무엇보다 백성들로 '간교한 마음心'이나 그 마음에서 나오는 '허망한 야심志'을 없애도록 도와주고, 그들로 '배와 뼈'로 대표되는 인간의 기본적인 필요를 채우도록 해주는 일을 우선으로 삼는다는 것이다. 성인은 나아가 사람들로 '무지無知', '무욕無欲', 그리고 '무위無爲'의 상태로 돌아가게 한다는 것이다. 이런 무위의 다스림이 최고의 다스림으로, 이렇게만 되면 만사가 저절로 풀려 갈 것이라고 한다. 여기서 무지를 강조한 것은 일상적인 지식, 도의 입장에서 보지 못한 데서 나온 지식을 버려야 함을 강조하는 것으로 볼 수 있다. 잘못된 배움을 '없애 가는(unlearning)' 과정을 설명하고 있다. 새로운 것을 깨달아 간다고 하는 것은 이전에 가지고 있던 지식을 버리는(unlearning하는) 것이다.[31)]

知人者智, 自知者明

남을 이기는 것이 지혜智라면,
자기를 아는 것은 밝음明입니다.

사람을 아는 것이 '지智'인데, 이때의 '지智'는 '지략智略'이나 '지모智謀'와 같은 말에서 보듯이 훌륭한 지혜가 아니고 '꾀'와 같다. 인간 전체의 외적, 객관적 사실만 아는 앎은 피상적인 '지智'에 불과하므로 불충분하다는 것이다 더욱 중요한 것은 자신을 아는 것이다. 이렇게 스스로를 아는 것이 '명明'이라고 했는데, '명明'은 사물의 깊은 이치를 깨닫는 깨우침으로서 '관觀'보다 한 단계 더 깊은 체험적 인식 능력이다.[32)]

爲學日益, 爲道日損

학문의 길은 하루하루 쌓아가는 것,
도의 길은 하루하루 없애가는 것.

상식적 의미의 학문이란 매일 새로운 것을 배우고 익혀 '박학다식博學多識'한 사람이 되는 것을 목표로 하는 작업이다. 그런데 도를 추구하는 길이 하루하루 없애가는 작업이라는 것은 우리가 가지고 있는 단견, 이분법적 사고방식, 일상적인 의식을 초월해서 '특수한 인식 능력의 활성화'를 이룩함으로써 도를 꿰뚫어보라는 것이다. 장자가 말하는 '마음 굶기기心齋'와 같은 생각이다.[33)]

知者不言, 言者不知

아는 사람은 말하지 않고,
말하는 사람은 알지 못합니다.

도의 깊이, 그 신비스러움에 대하여 조금이라도 아는 사람은 함부로 도가 이렇다 저렇다 말할 수 없다. 도는 말로 표현할 수 없는 그 무엇이라는 것을 절감하기 때문이다. "도라고 말할 수 있는 것은 영원한 도가 아니기道可道非常道" 때문이다.[34)]

知不知上, 不知知病

알지 못하는 것을 아는 것이 가장 훌륭합니다.
알지 못하면서도 안다고 하는 것은 병입니다.

'知不知'를 어떻게 번역하느냐에 따라 '不知知'에 대한 해석도 달라진다. 첫째, "자기가 알지 못하고 있다는 사실을 아는 것"으로 풀면 이것은 공자가 말한 '무지의 자각'과 궤를 같이하는 셈이 된다. 공자는 "아는 것은 안다고 하고, 알지 못하는 것은 알지 못한다고 하라. 그것이 곧 아는 것이다"(논어 2:17)라고 했다. 둘째, "알면서도 알지 못한다고 생각하는 것"은 자기가 안다는 사실을 모르는 것이다. 첫째와는 정반대인 경우이다. 셋째, "알면서도 아는 체하지 않는 것"은 자기가 안다는 것을 알면서도 아는 기색을 드러내지 않는다는 좋은 뜻으로도 볼 수 있고, 모르는 체하는 나쁜 뜻으로도 볼 수 있다. 넷째, "알 수 없는 것을 아는 것"은 신비주의적인 풀이로 이분법적 의식을 초월한 상태에서 진정으로 알게 되는 것이야말로 더할 나위 없이 훌륭한 일임을 뜻한다. 다섯째, "아는 상태에서 알지 못하는 상태로 되는 것"은 보통의 앎, 이분법적인 앎을 초월해서 비보통의 앎, 앎이 아닌 앎으로 바뀌는 것을 뜻한다.[35)]

주자

주자(朱子, 1130-1200)는 중국 남송시대의 유학자로서 이름은 희熹, 자는 원회元晦, 호는 회암晦庵이며, 주자는 존칭이다. 그는 안휘성 사람으로 주자학을 집대성했다. 열아홉 살에 진사에 합격하여 관계官界에 들어갔으며 그 전후에 도학 외에 불교와 도교도 공부했다. 스물네 살에 이연평李延平과 만나 그의 영향하에 정씨학程氏學에 몰두했고, 그다음 주염계, 장횡거張橫渠, 이정자二程子의 설을 종합·정리하여 주자학으로 집대성하였다.

주자의 학문은 이기설(理氣說 : 존재론), 성즉리性卽理의 설(윤리학), 격물규리格物窺理와 거경居敬의 설(방법론), 경전의 주석이나 역사서의 저술, 구체적인 정책론으로 되어 있다.[36)] 주자는 융흥隆興 원년(1163)에 처음으로 효종孝宗의 부름을 받아 ≪대학≫의 치지격물致知格物을 강의·해설을 했다. 또 만년인 소희紹熙 5년(1194)에는 시강侍講으로 광종光宗에게 가서 ≪대학≫을 강의했다.[37)] 주자는 관료이고 사상가이기 전에 한 사람의 뛰어난 교육자였다. 실제로 주자의 철학 전반에서 교육이 차지하는 의미는 매우 중요하다. 주자의 철학과 교육을 따로 떼어 내서 논하는 것 자체가 불가능하다.[38)]

교육목적

주자의 교육목표는 성인聖人이 되는 데 있다. 성인은 인仁을 체득하여 인의예지仁義禮智의 본성을 실현하는 사람을 말한다. 또한 천지天地의 뜻을 받들어 그 도道를 전하고 헤아려서 도움을 줄 수 있는 사람을 가리킨다고 했다. 주자는 성인과 범인凡人의 인성은 모두 같다고 주장했다. 또한 범인도 수양하면 인仁의 마음을 가진 성인의 경지에 도달할 수 있다고 했다. 인간의 본성은 본래 착하지만 사욕을 탐하기 때문에 본래의 성품이 욕심에 가려지게 되는데, 이익과 욕심에 가려진 마음을 다스리는 것이 본성을 회복하는 길이라고 믿었다.[39)]

주자는 과거시험의 합격으로 시작된 관료생활이 막바지에 이를 무렵, 옥산서원玉山書院을 방문했다. 이 시기는 그의 학문이 정통에서 벗어난 불온한 학문이라고 공식적으로 규탄받기 직전이었다. 이 서원에서 그가 행한 강의는 철학적인 문제들과 교육문제에 관한 그의 성숙된 사상을 잘 보여준다. "나는 다음과 같이 들었다. '배움의 길을 걸었던 옛 사람들은 자기 자신을 위해 배움의 길爲己之學을 걸었다. 그런데 요즈음 배움의 길을 걷는다는 사람들은 남들을 위해 배움의 길爲人之學을 걷는다' 그래서 성인과 현인들은 사람들을 배움의 길로 인도하면서, 과거에 급제해서 높은 지위와 봉록을 얻기 위한 목적으로 말과 문장을 그럴듯하게 꾸미는 배움을 가르치지 않았다. 다만 '온갖 사물과 일들의 이치를 탐구하여 지식의 확충에 힘쓰고格物致知, 뜻을 참되게 하며誠意, 마음을 바르게 추스르고正心, 제 몸을 바르게 닦아修身, 가정을 화목하게 잘 꾸려 나가며齊家, 나라를 올바른 길로 이끌고治國, 나아가 온 세상을 평안케 하는平天下' 것이야말로 바른 배움이라고 보았다." 주자는 이 짧은 문장 안에서 그의 시대 특유의 이념들과 그가 평생에 걸쳐서 발전시킨 교육철학을 집약적으로 보여준다.[40)]

학문의 목표

서울대 김학주 교수는 '대학'이라는 말에는 세 가지 뜻이 담겨있다고 주장했다. 책이름으로서의 '대학'에는 '제왕지학'이라는 고전적인 개념이 있고, 또 국가 최고 학부로서의 '태학'의 교육이념이라는 뜻과 함께, 위대한 사람이 되

기 위한 학문의 방법이 쓰인 책이라는 '대인지학'의 의미도 아울러 지니고 있다는 것이다.[41)]

김교수는 '위대한 사람이 되려는 학문의 이상, 삼강령三綱領'을 다음과 같이 번역하고 풀이했다.[42)]

> 大學之道 在明明德 在親民 在止於至善
>
> 위대한 사람이 되려는 학문의 이상은 자신의 올바르고 밝은 덕을 밝히는 데 있고, 사람들을 올바로 이끌어 새롭게 함에 있으며, 이러한 노력이 지극히 훌륭한 경지에 놓이도록 처신함에 있다.

여기서 '밝은 덕'이라는 것은 개인이 학문을 통하여 계발한 사람들이 본시부터 지니고 있던 예지叡智를 뜻한다. 그리고 이러한 예지는 오직 개인에 머물러 있어서는 안 되고, 온 사회로 확충·발전되어 인류에 기여해야 한다. 그래서 옛날부터 대학을 흔히 자신을 닦고 남을 잘 다스리는 수기치인修己治人의 학문이라고 했다.

성균관대 동양철학과 이기동 교수는 삼강령三綱領을 다음과 같이 번역하고 '본래의 나'를 찾아가는 길로 풀이했다.[43)]

> 큰 학문의 길은 밝았던 덕을 밝히는 데 있고 백성과 하나가 되는 데 있으며 지극히 좋은 상태에서 머무는 데 있다.

이교수는 공자나 퇴계가 말하는 학문의 길은 방황하는 삶에서 시작된다고 했다. 즉, '나는 무엇 때문에 살며, 참으로 가치 있는 삶이란 어떤 것이며, 앞으로는 어떻게 살아가야 할 것인가'라는 근본적인 물음에 봉착함으로써 지금까지 살아온 삶의 궤도에서 벗어나 방황하게 된다는 것이다. 이 물음의 해답을 찾기 위하여 그들의 관심은 결국 삶을 영위하는 주체인 '나'의 존재를 해명하는 문제로 발전했다고 한다. 공자나 맹자에 의하면, 인간의 존재는 육체와 마음의 이중구조로 되어 있는데, 이 중에서 육체보다 마음이 더 본질적이라는 것이다. 본질 세계에서의 나의 존재가 곧 나의 본래 모습이라고 한다면, 나의 육체를 위하여 필요한 것을 추구해오고 있는 현재의 나는 본래의 나를 잃고 있다는 것이다. 따라서 공자나 퇴계가 말하는 학문의 길은 현재의 내가 잃어버린 '본래의 나'를 찾아가는 길이 된다. 그러므로 학문의 길은 인생 최내의 즐거움의 길이 될 수밖에 없다. 나와 타인이 모두 본래의 모습을 회복하여 실천하게 되면, 인간의 사회는 사랑과 조화로 충만된 지극히 좋은 상태가 될 수 있다. 이교수는 큰 학문의 목적은 이러한 이상적인 사회를 만들어 그 곳에 머물러 사는 것으로 귀결된다고 보았다.

주자학에서 학문의 궁극은 궁리窮理이다. 그것은 ≪대학≫에서 격물치지를 중요한 실천 개념으로 제기한 데서 잘 드러나는데, 여기서 말하는 격물이 바로 궁리를 말한다. 격格, 물物, 치致, 지知의 뜻을 살펴보면 格은 이른다至는 것이고, 物은 일事과 같다. 사물의 이치를 끝까지 궁구하여, 그 지극한 곳에 이르지 못함이 없도록 하려는 것이다. 致는 끝까지 밀고 나간다推極는 뜻이고 知는 깨닫는나識는 늣과 같다. 나의 지식을 끝까지 밀고 나감으로써, 그 앎을 다하지 않음이 없도록 하려는 것이다.[44)]

교육방법

조현규 교수는 주자가 생각한 가장 이상적인 교육방법은 '단계적 교육'이라고 했다. 단계적 교육은 소학小學교육과 대학大學교육을 순차적으로 실시하는 것이다. 소학교육은 보통교육으로 대학교육의 기초가 되는데, 보통 여섯 살에서 일곱 살 즈음에 시작하여 예禮, 악樂, 사射, 어御, 서書, 수數 등의 육예六藝를 가르쳤고, ≪소학≫이 중심 내용이었다. 대학교육은 소학교육을 마친 뒤 약 열여섯 살에서 열일곱 살쯤부터 시작하는데, 주로 이치理致를 가르쳤다. 대학교육의 중심 내용은 ≪대학≫을 중심으로 하여 격물치지格物致知와 효제충신孝悌忠臣의 리理였다.[45)]

≪소학≫은 자기의 바른 의미와 자기 도야의 방법을 정통 신유학의 입장에

서 기술하고 있는 전형적인 신유학의 고전이다. 주자의 주관 아래 편찬된 이 책은 아동들이 장차 ≪대학≫에 제시되어 있는 보다 수준 높은 가르침들을 배우기에 앞서, 유교 고전에서 가려 뽑은 구절들을 엮은 것이다. ≪소학≫은 내편과 외편으로 구성되어 있는데, 내편에서는 유교 경전에서 인용한 기본적인 원칙들을 기술하고, 외편에서는 역대 사서史書와 문학작품들에서 가려 뽑은 구체적인 예들을 제시하였다. 내편은 '가르침을 세움立教', '바람직한 인간관계를 밝힘明倫', 그리고 '몸가짐을 경건하게 추스림敬身'이라는 세 부분으로 구분된다.[46)]

왕양명

왕양명(王陽明, 1472-1528)은 중국 명明나라 중기의 대표적 철학자, 정치가, 주관적 관념론자로 이름은 수인守仁이다. 명 초기에는 주자학이 지배적이었는데, 이에 대해 그는 독자적인 유학사상을 내세우고 특히 육상산陸象山의 사상을 계승했다. 그의 사상은 '지행합일知行合一', '정좌법靜座法', '치량지致良知' 등을 그 원리로 하는데, 이것들은 또한 그의 사상의 발전단계를 가리키기도 한다. 그의 사상을 통해 일관하고 있는 것은 '물物의 이理, 바로 우리의 마음이며 우리의 마음 이외의 곳에서는 그것을 찾을 수 없다'라고 하는 말에서 보는 것처럼, '심즉리心卽理'라는 주관적 관념론의 입장이다. 지행합일은 지知와 행行이 모두 마음의 활용으로 하나라는 것인데, 주자가 지知에 중점을 두어 이야기한 '선지후행先知後行'에 대립하는 것이다. 그의 저작은 후세 사람들에 의해 ≪왕문성공전서王文成公全書≫로서 편찬되었는데, 그중에서 제자와의 문답기록 등을 종합한 〈전습록傳習錄〉이 널리 읽힌다.[47)]

교육목적

왕양명의 교육목적은 최고의 인격자인 성인聖人에 있다. 왕양명은 전습록에서 "사람은 가슴속에 각기 하나의 성인을 지니고 있다. 다만 스스로 믿지 못하기 때문에 모두 스스로 묻어 버리고 말았을 뿐이다人胸中各有箇聖人 只自信不及 都自埋倒了"

라고 하여 모든 사람이 성인을 가지고 있으며 성인이 될 수 있다고 보았다.[48)]

왕양명은 교육받는 것에 대하여 무엇보다 먼저 '성인이 되겠다'라는 뜻을 분명히 세우라고 했다. 왕양명은 '뜻 세움'의 중요성을 "다만 한 생각 한 생각마다 천리天理를 보존하고자 하는 것이 바로 뜻을 세우는 것立志이다. 이것을 잊지 않고 오랫동안 유지한다면 자연히 마음 가운데 응취凝聚하는 것이 있게 된다. 마치 성인이 되는 씨앗을 맺는다는 말과 같다(≪傳習錄≫)"라고 주장했다. 즉, 뜻을 세우는 것은 천리를 보존하고자 하는 것이며, 그 뜻을 잊지 않고 오랫동안 공부하면 자연히 성인의 경지에 이르게 된다는 것이다.[49)]

타이완臺灣의 대표적인 양명학자인 장기적(張其的, 1901-1985)은 〈모든 진리와 하나 된 양명학〉이라는 제하의 글을 썼다. 그는 양명의 '양지良知'에 대해 다음과 같이 자신의 생각을 풀어냈다.[50)]

> 양명이 말하는 '지知'는 인간의 근본에서부터 나오는 것이다. 사람이라면 누구나 다 하늘로부터 받은 지이다. 깨달아야 나타나는 것이다. 이것은 사람을 사람되게 하는 그런 지이다. 이것이 바로 근본지根本知이다. 그래서 양지良知라고 한다. 달리 말하면 지혜知慧라고나 할까. 수많은 세상의 잡다하고 번거로운 여러 가지 지식과는 다른 것이다. 사람을 사람되게 할 수 있는 것은 어디에서 오는가, 일체가 이 양지라고 하는 이 지에서부터 유래하는 것이다.

교육방법

> 지와 행은 본래 두 글자로써 하나의 공부工夫를 말한다. 하나의 공부는 반드시 이 두 글자에서 드러나게 되니 바야흐로 병폐가 완전히 없어지게 된다(≪傳習錄≫).

왕양명은 "참되게 아는 것은 곧 행하게 되는 까닭이 되니, 행하지 않으면 안다고 말하기에 부족하다"라고 말했다. 중국인민대학 철학과 방립천方立天 교수는 이에 대해 앎은 참된 앎眞知과 참되지 않은 앎非眞知으로 구별되는데, '참된 앎'은 반드시 행동으로 표현되어야 하며 실행되지 않으면 참된 앎이라고 부를 수 없다는 것이다. 왕양명은 행을 떠나서는 진지眞知가 없다고 믿었다.[51)]

미국 하버드대에서 동양학을 가르치고 있는 두유명杜維明 교수는 "왕양명은 학생들에게 그들의 사상을 행동화하기 위해 외적 상황의 근본적 변화를 기다리기보다는 삶에서 공부의 의미를 구현하라고 가르쳤다"라고 주장한다. 두유명 교수는 양명이 진정으로 옹호한 것은 성인의 가르침을 체험적으로 이해함으로써 자기실현에 이르는 것이라고 했다. 관직에 이르는 길은 그러한 정신적 수양의 과정과 관련해서만 의미가 있었다는 것이다.[52] 또한 왕양명은 지식과 행동의 일치知行合一를 유가교육의 참된 정신을 나타내는 결정적인 특징이며, 학문의 진정한 의미라고 생각했다.[53]

교육내용

왕양명은 교육내용으로 효孝, 제弟, 충忠, 신信, 예禮, 의義, 염廉, 치恥를 중점으로 삼아야 한다고 주장했다. 즉, 부모를 섬기는 법, 형제와 우애 있게 지내는 법, 나라를 섬기는 법, 사람을 섬기는 법, 그리고 예의와 염치 같은 것을 가르쳐야 한다는 것이다. 바로 인륜을 가르쳐야 한다는 것이다. 그는 인륜을 가르치지 않고 외우는 일記誦이나 글짓기詞章만을 가르치는 것은 앞뒤가 맞지 않는다고 보았다. 그래서 시가詩歌, 습례習禮, 독서讀書를 가르쳐야 한다고 했다. 즉, "시詩를 읊조리도록 하여 그 정의情意를 펴도록 하고, 예禮를 가르쳐서 태도를 바르게 하며, 책 읽는 것讀書을 가르쳐서 지능을 계발해야 한다"라는 것이다. 왕양명은 시를 노래하고 예를 익히고 글을 읽게 해야만 도덕적 품성을 배양시킬 수 있다고 생각했다. 조현규 교수에 따르면 이러한 교육은 학생의 기운을 억제하는 것이 아니라 발산하게 하며, 기운을 막는 것이 아니라 흐르게 한다는 것이다.[54]

간디

간디(Mohandas K. Gandhi, 1869-1948)는 인도의 민족해방운동 지도자로서 영국에서 변호사 자격을 얻고 남아프리카로 건너가 인도인에 대한 인종차별에 충격을 받아 반대운동을 일으켰다. 인도로 귀국한 뒤에는 반영反英 독립운동을 개시했다. 철학적 견해로는 객관적 관념론자로서 신과 진리를 동일시하고, 도덕적 자기개선을 통해 그러한 진리를 포착할 수 있다고 보았다. '불상해不傷害', '극기', '금욕' 등이 그의 도덕적 원리를 이루고 있다. 그는 제국주의자에 대한 비폭력 불복종 운동을 전개했으며, 제2차 세계대전 후 인도가 독립할 수 있는 기반을 만들어냈다. 간디는 마하트마(mahatma, 위대한 정신)로 경칭되며 인류정신사에 커다란 영향을 미쳤다.[55)]

≪간디, 나의 교육철학≫은 간디의 제자인 힌고라니(Ananda T. Hingorani)가 간디가 발표한 글 가운데 그의 교육철학을 엿볼 수 있는 글을 모아서 ≪My Views on Education≫이라는 제목으로 1970년에 출간되었다. 이 책은 교육에 대한 간디의 '관념적 사색'을 모아 놓은 것이 아니라, 간디 자신의 삶의 기록이라고 할 수 있다. 교육에 대한 단상 하나하나마다 삶에 대한 간디의 '이론과 실천'이 담겨 있기 때문이다. 이 책은 바로 삶의 '프락시스(praxis, 이론과 실천의 통합)'를 교육의 프락시스로 연결시킬 때 교육이 개인과 사회의 변화에 매우 핵심적인 동력이 될 수 있다는 사실을 보여줌으로써 우리 교육에 주는 시사점이 매우 크다.[56)]

전통적인 기준에서 본다면 간디를 교육자라고 할 수 없을지도 모른다. 그러나 실천적인 삶에서 강하게 발산되는 그의 교육실천과 교육사상은 간디야말로 의심할 나위 없이 타고난 교육자요, 참으로 인류의 큰 스승임을 웅변해준다.[57)]

교육목적

교육이란 무엇이며, 교육의 목적과 목표는 또 무엇이어야 하는가? 간디는 많은 사람들이 생각하듯이 '읽고 쓰기'처럼 단순히 문자에 대한 지식을 쌓는 것이 교육은 아니라고 말한다. 생활하는 데 글을 이해하는 능력이 필요하다고 해서 그것을 가르치는 것이 교육이라고 혼동해서는 안 되며, 문해文解 능력은 결코 교육 그 자체도, 교육의 시작도 끝도 아닌, 단지 교육하는 수단 혹은 도구에 불과할 뿐이라는 것이 간디의 생각이다.[58)]

나는 교육이란 어린이를 포함하여 모든 사람의 육체와 정신(또는 마음) 그리고 영혼 속에서 최고의 것을 이끌어내는 일체의 노력이라고 생각한다. 읽고 쓸 수 있는 능력은 교육의 끝도 시작도 아니며, 그저 교육방법 중의 하나일 뿐이다. 읽고 쓸 수 있는 능력 그 자체로는 교육이 아니다. 나는 어린이교육은 어린이에게 실생활에 유용한 수작업을 가르쳐서 교육이 시작되는 그 순간부터 무언가 생산할 수 있는 능력을 길러주는 것에서부터 시작해야 한다고 생각한다. 나는 수작업에 기초한 교육을 통해서만 정신과 영혼이 가장 잘 발달할 수 있다고 생각한다. 나는 수작업의 교육적 효과에 대한 신념에 기초해서 신발을 만드는 기술이나 물레질도 가르쳤는데, 거의 언제나 만족할 만한 교육적 결실을 거두었다.[59)]

간디는 교육의 목적이 인격을 형성하는 것이라는 헉슬리(Huxley)의 생각에 동의한다. 건전한 인격 형성에 도움이 되고 자기 계발을 증진시키는 교육이야말로 '참교육'이라고 할 수 있다는 것이다. 따라서 교육의 목적이 재산을 많이 모으고 사회적으로 높은 지위에 오르며 편안하고 안락한 생활을 하는 것 등이 되어서는 안 된다는 것이 간디의 생각이다.[60)]

교육방법

간디는 '지성인을 기르는 참교육은 적절한 운동과 손, 발, 귀, 코 등 신체기관을 잘 활용할 수 있게 하는 교육을 통해서만 가능하다'라는 자신의 신념에 기초하여 지식교육과 노작勞作 교육을 적절하게 조화시켰다. 그는 바로 이러한 교육만이 '역설적'으로 어린이의 지능을 가장 빠르게 발달시킬 수 있다고 보았다. '몸과 마음의 발달 그리고 영혼의 깨우침이 함께 일어나지 않는 지식교육은 이미 한쪽으로 기울어진 것이다. 몸과 마음, 영혼을 골고루 발달시키는 것이야말로 어린이와 성인 모두에게 최선의 교육'이라고 간디는 말했다.[61)]

간디는 외국어로 교육하는 것을 당시 인도의 교육체제 가운데 가장 비극적인 것으로 여겼다. 간디는 외국어로 교육하는 것은 "어린이를 신경 쇠약과 과도한 스트레스에 시달리게 만들며, 벼락공부하는 학생 혹은 기껏해야 남의 것을 모방할 줄 밖에 모르는 사람으로 만들 것이고, 인도 고유의 사고방식이나 일에 대해서 무지하게 만듦으로써 자신이 배운 것을 가족이나 국민들을 위해서 써먹지 못하게 만들고, 인도 어린이를 인도 땅에서 교육하면서 결국 '외국인'으로 만드는 오류를 낳을 것"이라고 교육적 경고를 했다.[62]

비노바 바브

비노바 바브(Vinova Bhave, 1895-1982)는 간디의 정신을 이어받은 인도의 비폭력주의 사회운동가이자 현인賢人이다. '토지공여운동'을 시작으로 하여 가난한 사람들에게 무상으로 땅을 나눠주도록 지주들을 설득하기 위해 인도 전역을 몇 십 년 동안 돌아다녔고, 그리하여 수백만 에이커의 땅이 실제로 농민들의 손에 들어갔다. 그의 교육목적과 교육방법은 그의 저서 ≪참다운 교사는 가르치지 않는다≫를 통해 잘 드러나 있다.

교육목적

비노바 바브의 교육목적은 '두려움으로부터 자유로워지는 것'이다. ≪우파니샤드≫에서 제자들을 가르칠 때 스승은 이렇게 말한다. "너희가 나한테서 무엇이든지 좋은 것을 발견하면 따르고, 무엇이라도 좋은 것이 아니면 따르지 말라." 다시 말해, 스승은 학생들에게 자유를 주고, 옳고 그름을 결정할 때 스스로 판단내릴 것을 일러주고 있다. 스승이 말하는 것은 모두 옳다고 생각해서는 안 된다. 물론 스승은 진리에 따라 살고자 노력한다. 그렇지 않으면 스승이 아니었을 것이다. 두려움이 없다는 것은 우리가 무엇을 두려워해서도 안 되지만 다른 존재에게 두려움을 느끼게 해서도 안 된다는 것을 뜻한다. 호랑이를 두려움이 없는 존재라고 말할 수는 없다. 호랑이는 다른 동물에 대한 두려움이 없을지 모르지만 총을 겁낸다. 그리고 호랑이는 다른 생물들에게 두려움을 불러일으킨다. 참다운 '두려움 없음'은 노예처럼 다른 누구에게 복종하는 것도 아니고, 누구를 노예로 만드는 것도 아니다. 그러한 '두려움 없음'을 위한 충분하고도 유일한 기초는 자기인식이다. 자기인식은 교육의 근본 토대이다. 그러나 오늘날 아이들이 받는 교육은 이와 정반대이다. 아이가 잘못을 저지르면 우리는 그 아이를 때린다. 그러면 아이는 두렵기 때문에 우리에게 복종하기 시작한다. 비노바 바브는 교육이 진실로 '두려움이 없음'에 기초하지 않는다면 어떠한 사회변혁의 희망도 없다고 했다. 아이들이 자기를 때리는 사람들에게 복종하지 않도록 가르쳐야 한다는 것이다.[63]

교육방법

비노바 바브는 교육을 차와 설탕과의 관계로 풀어나갔다. 우리가 다른 사람에게 지금 마시고 있는 것이 무엇이냐고 물으면 '차'라고 대답할지 모른다. 그 속에 설탕도 들어 있을 수 있지만 사람들은 설탕에 대해서는 말하지 않고, 또 차와 설탕을 마신다고 말하지 않는다. 설탕의 단맛이 차 속에 퍼져 있지만 그것을 마시면서 설탕에 대해서는 한마디도 하지 않는다. 교육이란 이 설탕과 같은 것이어야 한다. 교육은 은밀히 작용하는 것이다. 우리는 손과 발, 귀와 혀가 활동하는 것을 볼 수 있지만, 아무도 영혼이 무엇을 하는지는 보지 못한다. 우리의 귀는 귀 기울이는 것과 같고, 혀는 말하는 것과 같다. 그러나 어떻게 보이든지 말하는 것은 혀 혼자가 아니다. 겉으로 보기에는 어떻든 듣는 것도 귀 혼자가 아니다. 말하고 듣는 것은 우리 안에 있는 영혼이다. 영혼은 보이지 않는다. 비노바 바브는 가장 좋은 교육은 이처럼 보이지 않는다고 했다. 많이 보이면 보일수록 그 교육은 그만큼 완전하지 못하다는 것이다.[64]

교육 04

서양철학과 교육

네 번째 이야기

서양철학과 교육

서양철학과 교육에 대해 살펴본다. 서양철학자로는 플라톤, 루소, 슈타이너, 듀이, 화이트헤드를 택했다. 이들의 철학 속에 담겨진 교육목적과 교육방법 그리고 교육내용에 대해 탐색해본다.

플라톤

플라톤(Plato, BC 428-328)은 고대 그리스의 철학자로 객관적 관념론의 창시자이며, 소크라테스의 제자였다. 마흔 살 즈음 아테네 교외의 아카데미아에 학교를 열어 교육에 임했으며, 많은 저작(30권이 넘는 대화편)을 남겼다. 플라톤은 유명한 이데아설을 제창했다. 이데아는 비물질적, 영원, 초세계적인 절대적 참실재이며 물질적·감각적인 존재는 잠정적·상대적이고, 이 감각에 호소하는 경험적 사물의 세계는 이데아의 그림자라는 이원론적 세계관을 내세웠다. 즉 세계의 중심을 이루는 것은 세계영혼이며, 인간의 영혼은 세계영혼이 주재하는 이데아계에 있던 것으로서 이 영혼은 불멸不滅이며 이데아를 상기하는 것에서 진정한 인식이 얻어진다고 주장했다. 인간에게는 육체에 임시로 머물고 있는 영혼에 의해 이데아계를 인식하는 것에 최고의 기쁨이 있으며, 철학자는 현실세계를 이 이상에 근접시키는 역할을 한다고 보았다. 플라톤은 아테네 귀족의 대표로서 이상적 귀족국가의 구상을 내놓고 철학자에 의한 지배를 제창했다.[1)]

교육목적

플라톤은 철학의 가장 궁극적인 목표를 '훌륭한 삶'이라고 생각했다. 플라톤은 소크라테스를 통해 유명해진 델포이 신탁의 명제 '너 자신을 알라'를 출발점으로 삼는다. 한국외국어대 장영란 교수는 "플라톤은 우리 자신에 대한 인식의 가장 중요한 계기를 '교육'에 둔다"라고 하였다. 진정한 교육은 우리 스스로가 자기 자신을 조절하고 통제할 수 있는 힘을 길러주기 때문이다. 그는 플라톤의 교육에 관한 주요 논의가 ≪국가론*The Republic*≫에 나오는 동굴의 비유를 통해 가장 잘 드러난다고 했다. 동굴의 비유에서 동굴 안의 세계와 동굴 밖의 세계로 구분되는데, 동굴 안의 어둠은 인간이 처해있는 무지의 상태를 가리킨다. 교육은 동굴 안의 세계에서 동굴 밖의 세계로 고개를 돌리게 하는 것처럼, 생성·소멸하는 현상의 세계에서 영원불멸하는 실재의 세계로 관심을 돌리게 한다는 것이다.[2)]

플라톤은 영혼은 가능한 한 육체나 육체적인 것과 멀어지도록 노력해야 한다고 말한다. 그는 이것을 '죽음에의 연습'이라고 했다. 왜냐하면 죽음은 영혼이 육체로부터 분리되는 것이기 때문이다. 플라톤은 영혼이 육체와 결합된 상태를 '술에 취한 상태'나 '감옥에 갇힌 상태' 혹은 '못에 박힌 상태'에 비유하며 영혼이 육체로 인해 자유롭지 못하다고 했다. 그는 살아 있는 동안에 영혼이 육체와 너무 밀접하게 결합되어 있다면, 죽은 이후에도 육체를 벗어나기 힘들다고 말한다. 하지만 영혼이 살아 있을 때 가능한 한 육체에서 벗어나려고 했다면 육체를 떠날 때 아무런 육체의 흔적을 남기지 않을 것이라고 주장했다.[3)] 따라서 살아 있을 때 교육을 통해 영혼이 육체와 멀어질 수 있도록 해야 한다.

미국 스탠퍼드대의 워커(D. F. Walker)와 솔티스(J. F. Soltis)는 ≪교육과정과 목적*Curriculum and Aims*≫에서 플라톤의 교육목적에 대해 설명했다. 이들은 '플라톤이 그리는 궁극의 이상은 교육을 통하여 질서 있고 균형 잡힌 정의로운 사회를 이룩하는 일이다'라고 주장했다. 플라톤에 의하면 교육의 이상적인 목적은 정의로운 국가의 건설에 있다는 것이다. 그에게 있어서 정의로운 사회는 서로 다른 집단 간에 균형과 조화가 이루어진 상태이며, 사람들이 자신의 본성에 따라 공정하게 대우받는 사회라고 할 수 있다. 플라톤은 인간의 몸을 크게 세 가지 영혼의 부분으로 나누었다. 개인의 욕구와 필요를 표출하고 그 충족을 추구하는 '욕망의 부분(appetitive)'과 자기 보호와 생존을 위하여 불필요한 욕구를 억제하는 '기개의 부분(spirited)' 그리고 이러한 욕망과 육체적 행위에 대해 이성적 사고를 통한 현명한 판단을 제공해주는 '이지적 부분(rational)'으로 나누었다. 플라톤이 생각하는 행복한 사람은 이러한 세 가지 영혼의 부분을 조화롭게 소유하고 있는 사람이며, 정의로운 국가는 이 세 가지 종류의 기능을 갖춘 시민들이 균형을 이루고 있는 사회이다. 그러나 모든 사람이 다 이 세 가지 성질을 균형 있게 갖추고 있기는 어려우며, 사람마다 서로 다른 특성과 능력 및 재능을 갖고 태어난다. 그에게 있어서 교육체제란 바로 이러한 개인적 차이를 가려내고, 그들이 갖는 지배적인 영혼의 부분을 잘 훈련시켜서 균형 있는 질서를 갖춘 정의로운 사회의 건설을 돕는 일이다.[4)]

교육내용

강원대 조무남 교수에 의하면 플라톤은 이성의 힘을 기르기 위해서 가장 먼저 배워야 할 교과는 '대수학(代數學, algebra)'이라고 했다. 플라톤은 소크라테스의 입을 빌어서 "대수학은 엄청난 힘을 갖고 있다. 정신이 추상적인 수를 논하게 되는 이유가 여기에 있다. 대수학을 추구하게 되면 육안의 세계에 관한 것, 변화되기 쉬운 사물에 대하여 왈가불가하는 것을 즐기지 않게 된다"라고 했다. 이성의 힘을 기르기 위해 두 번째로 중요한 교과는 '기하학'이다. 기하학은 선善의 이데아를 직관하는 데 도움이 되기 때문이다. 기하학 공부는 기하학이 그려내는 것의 실재를 오직 이성의 힘에 의해서 파악할 때 가치가 있다는 것이다. 세 번째로 중요한 교과는 '천문학'이다. 플라톤은 천체의 아름다움은 '육신의 눈'이 아니라 '마음의 눈'으로 바라볼 때에 드러난다고 했다. 플라톤은 하늘의 아름다운 모습을 포착하는 일은 이성의 세계로 더욱 높이 올라가는 단계라고 생각했다. 네 번째로 중요한 교과는 '화성학和聲學'이다. 화성학의 가치는 단순히 감각을 통해 소리를 듣고 즐거워하는 데 있는 것이 아니라, 음에서 수의 조화와 비례와 균형의 아름다움을 인식하는 데 있다. 마지막으로 중요한 교과는 '변증법'이다. 그것은 논리적 추리능력을 통하여 참된 지식이 어떤 것인지를 확인하는 데 필요하다고 했다. 변증법은 감각의 도움을 전혀 빌리지 않고 오직 순수한 사유에 의해 절대적인 것에 이르는 특성을 가졌다. 조무남 교수는 대수학과 기하학과 천문학과 화성학과 변증법은 플라톤의 교육과정이며, 선의 이데아에 오르는 '사다리'라고 했다.[5)]

장영란 교수는 플라톤은 소크라테스의 '염색의 비유'를 통해 기초교육의 중요성을 강조했다고 보았다. 만약 우리가 염색을 하려면 사전에 철저하게 여러 가지 준비를 해야 한다. 이러한 준비과정을 통해 염색을 하게 되면 어떤 세제를 써도 물이 쉽게 빠지지 않는다. 마찬가지로 교육을 할 때에도 사전에 철저히 준비를 하면, 적절한 교육이 잘 물들여져 어떠한 강력한 고통이나 공포 또는 욕망도 이것을 탈색시키지 못한다는 것이다.[6)]

참된 교육자

플라톤은 '철학자란 누구인가'를 정의하면서 참된 교사상을 제시했다. 여기서 참된 교사란 진정으로 지혜를 사랑하는 사람이어야 한다. 왜냐하면 이런 사람이야말로 진정으로 지혜를 가르칠 수 있기 때문이다. 동굴의 비유에서 지혜를 향해 끊임없이 나아가기 위해 노력하는 모습과 지혜를 인식한 후에 다른 사람들을 가르치려 노력하는 철학자의 모습을 모두 찾아볼 수 있다는 것이다. 단지 이론에서 끝나지 않고 실천하는 자로서 진정한 철학자, 즉 '지혜를 사랑하는 사람'에게서 배우는 자와 가르치는 자의 모습이 하나로 통합되어 있는 것을 알 수 있다. 플라톤은 진리를 인식한 사람은 단지 자신뿐만 아니라 다른 사람들의 행복을 위해서 자신이 인식한 것을 가르쳐야 하는 의무가 있다고 했다.[7)]

장영란 교수에 따르면 플라톤은 참된 교사와 거짓 교사를 구분했다고 한다. 거짓 교사는 보수를 요구하며 대중의 신념과 다른 것은 가르치지 않는다. 거짓 교사와 대중과의 관계는 '짐승의 비유'에서 잘 드러난다고 보았다. 가령 거짓 교사는 크고 힘센 짐승(대중)의 기분이나 욕구에 대해 잘 알고 있는 사람처럼 어떻게 접근해야 하고, 어떻게 붙잡아야 하는지, 언제 그리고 무엇 때문에 사나워지는지 혹은 온순해지는지를 오랜 세월 동안 그 짐승과 함께 살면서 터득한다고 했다. 그들은 짐승이 기뻐하는 것을 '좋은 것'이라고 부르고, 짜증내는 것은 '나쁜 것'이라고 부른다. 반면에 참된 교사는 대중에게 수많은 아름다운 것들과 대조되는 아름다움 자체를 가르친다고 했다. 참된 교사는 영원히 실재하는 것을 마음에 두고 있기 때문에 인간의 사소한 상황들과 싸우면서 질투와 증오로 가득 찰 여유가 없다는 것이다. 플라톤은 진정한 교사는 진리를 사랑하는 사람이며 진리만을 가르치는 사람이라고 했다.[8)]

루소

루소(Jean Jacques Rousseau, 1712-1788)는 프랑스의 계몽사상가이며, 철학자, 사회학자, 미학자, 교육론자이다. 그의 철학적 입장은 물질과 정신은 함께 영원히 존재하는 원리라고 보는 이원론과 영혼은 불멸하다는 또 다른 이신론理神論이다. 루소는 도덕적 관념을 생득적이라고 보았다. 그는 사회계약론을 주장했지만, 홉스와는 달리 인간의 자연의 상태는 만인의 만인에 대한 투쟁이 아니라, 우정과 조화가 지배하고 있다고 설명하고, 이 자연 상태를 회복할 것을 주장했다. 그의 사상은 프랑스의 부르주아 혁명을 준비하는 과정에서 큰 영향을 미쳤다.[9)] 루소의 종교관의 근본은 성선설性善說에 입각한 것으로서, 전통적인 기독교의 원죄설原罪說과는 대립되는 것이다. 이와 같은 주장은 당시에 가톨릭의 분노를 사게 되었고, 이로 인해 그의 저서인 ≪에밀*Emile*≫은 종교재판을 받아 유죄로 인정되어 분서焚書 처분을 받게 되고 그 저자인 루소까지 체포령이 내려졌다.[10)]

루소는 "인간은 본래가 자유로운 존재로 태어나지만 사회 속에서 수많은 쇠사슬에 묶이게 된다"라고 말했다. 여기서 '쇠사슬(chains)'이란 개인들로부터 그들의 참된 자아를 격리시키고 일정한 모습으로 조형해가는 그 사회의 지배적인 인습의 제약을 의미한다. 루소는 18세기 그가 살고 있던 당시 사회의 부패상을 보면서, 그의 저서 ≪에밀≫의 첫머리에 다음과 같이 적었다.[11)]

> 조물주의 손을 떠날 때 모든 것이 선했으나 인간의 손에 넘어오면서 그것은 악해지고 만다. 인간은 무엇이든 바꿔놓기를 좋아해서 어느 것 하나 자연이 만들어 놓은 상태 그대로 내버려두려고 하지 않는다. 인간 그 자체도 마찬가지이다. 그들은 자기 자녀를 마치 길들려진 말처럼 자기에게 복종하도록 훈련시키고자 하고, 정원에 있는 나무처럼 자기가 원하는 모양으로 자라나도록 만들고 싶어 한다.

루소는 인간성장의 자연적 단계에 따라 《에밀》을 5부로 구성하였다. 에밀이라는 이름을 가진 한 남자아이의 성장발달 단계에 따라 유아기, 아동기, 소년기, 청년기 그리고 결혼하기까지의 다섯 단계로 나누고, 각 단계에 적합한 교육이론을 제시했다.[12] 제1단계에서는 신체의 발육을 중요시했다. 이 시기의 양육방법은 '자연 질서'에 따라야 함을 강조했다. 만약 어린이가 오류를 범하였다면 사물 그 사체가 벌을 준다고 했다. 이와 같은 사물의 필연적 질서에 복종하는 것은 인간 질서에 복종하는 것과는 달리 노예가 되는 것이 아니라 오히려 자유로워진다고 보았다. 제2단계의 교육 역시 '자연에 의한 교육'이다. 루소는 이 시기에 발달하는 감각기관의 훈련이 신체적 발달에 중요한 역할을 한다는 이론을 구체적으로 제시했다. 이때 어린이를 둘러싼 환경은 자연에 접할 수 있는 전원 풍경이어야 하고, 이 자연환경을 유일한 교육의 장소로 삼아야 한다는 것이다. 따라서 이 시기에 책을 통해서 감각훈련을 하거나 지식을 얻는다는 것은 무의미할 뿐 아니라 오히려 해롭다고 했다. 제3단계의 교육은 《에밀》에서 제3부와 제4부에 해당되는 시기의 교육이다. 열두 살에서 열다섯 살까지는 신체적·감각적 발달에 기초를 두고 지적 발달을 도모하는 시기이다. 즉, 이성의 힘에 의지하여 자연과 사회·인간에 대한 유용한 지식을 학습할 수 있는 시기로 보고 지금까지의 소극적 교육에서 적극적 교육으로 전환하는 기점이 된다. 제5부에서는 에밀과 결혼하게 될 소피라는 이름의 가상적인 여자를 위한 교육론이 전개된다.

루소의 자연주의 교육사상이 들어난 예를 《에밀》에서 살펴보자. 사람의 힘으로 다루기 힘든 어린이를 자연스러운 방법으로 교육하여 스스로 깨닫게 하는 과정이 잘 그려져 있다.[13]

> 다루기 힘든 아이가 무엇이든지 닥치는 대로 부순다고 하자. 그렇다고 화를 내서는 안 된다. 자기 방의 유리창을 깨뜨려도 그대로 내버려 둬라. 아이가 저지른 일에 대해 불평하지 말고, 먼저 아이에게 그 불편함을 깨닫도록 하는 것이 좋다. 그러다가 나중에 아무 말도 하지 말고 유리를 갈아 끼워라. 그가 또 유리창을 깬다면? 그때는 방법을 바꿔야 한다. 아이에게 화는 내지 말

고 냉정하게 말하라. '그 유리창은 내 것이다. 내가 애써서 갈아 끼운 것이니 유리가 깨지는 일이 없었으면 좋겠다.' 그러고는 아이를 창이 없는 어두운 곳에 가두어 놓는다. 이 뜻밖의 조치에 아이는 큰 소리로 울고 법석을 떨 것이다. 그래도 모른 척한다. 지치면 아이는 태도를 바꿀 것이다. 신음소리도 내고 부탁도 한다. 그때 하인이 나타나면 그는 내보내 달라고 호소할 것이다. 하인은 구실을 늘어놓지 말고, '나 역시 유리창을 잘 보존해야 해요'라고 말하고 그냥 가버린다. 결국 아이는 그 일을 기억에 새길 만큼 그곳에 오래 있게 된다. 그때 사람을 보내 용서를 빌면 내보내 주겠다는 암시를 준다. 그것은 바로 아이가 바라는 것이다. 그러면 아이는 내보내 달라고 요청할 것이다. 당신은 제안을 받아들이며 다음과 같이 말한다. "좋은 생각이구나. 그렇게 하면 우리 둘 다 좋을 거야. 왜 진작 그런 좋은 생각을 하지 않았니?"라고 말이다. 그러고는 아이에게 약속이나 서약을 받으려고 하지 말고, 다만 반갑게 아이를 껴안아 주고 그의 방으로 데려온다.

루소의 교육사상은 두 가지로 요약할 수 있다. 첫째, 루소는 사람의 교육은 세 가지 다른 교사에 의하여 교육된다는 것이다. 세 가지 교육이란 자연에 의한 교육, 사물에 의한 교육, 인간에 의한 교육을 말한다. '자연에 의한 교육'이란 인간 내부에 천성으로 갖추어진 각 기관과 능력의 자연스러운 내면적 발달을 의미한다. '사물에 의한 교육'은 사람이 외부세계의 사물과 접촉하여 감각과 경험에 의하여 획득되는 것이다. '인간에 의한 교육'은 완전한 인위적인 교육이다. 루소는 이 인위적인 교육이 그동안 많은 폐단을 초래했다고 지적했다. 교육 조화의 길은 자연에 의한 교육이 핵심이 되고 다른 두 교육은 이 자연의 원리를 존중하면서 이루어져야 한다는 것이다. 둘째, 루소의 자연에 의한 교육은 습관형성과 노작勞作과 연습에 의한 능력 계발, 즉 육체적 훈련을 통한 정신적·육체적 성장을 강조했다.[14)]

슈타이너

슈타이너(Rudolf Steiner, 1861-1925)는 오스트리아 태생의 독일 사상가이다.

슈타이너는 독일 신지학(神智學, Theosophy) 협회 회장을 지낸 후 인지학(人智學, Anthroposophy) 협회를 창설하여 예술·교육·의학에 이르는 광범한 문화운동을 전개했다. 그는 오스트리아 비엔나 공과대학에서 공부한 후 괴테 전집 편찬에 종사했다. 스위스 바젤 근교에 유기체의 메타모르포제를 공간적으로 표현한 괴테아눔을 세워 고대의 비의秘儀를 현대에 살리는 종합적인 문화운동의 거점으로 삼았다. 슈타이너는 세계 최초로 정신과학을 학문적으로 제시했다. 20세기 초반 폭넓은 저술활동과 수많은 강연회에서 정신세계에 관한 연구결과를 구체적이며 과학적으로 설명했다. 철학자, 괴테연구가, 교육사상가, 예술가, 인지학자 등으로 활약했던 그의 사상과 업적은 오늘날 교육분야는 물론이고, 철학·예술·과학·의학·농학·사회학·종교학 분야에 이르기까지 두루 지대한 영향을 미치고 있다. 특히 그는 예술교육을 중시하여 수업의 예술적 형성을 통한 창의적 교육방법론인 교육예술(Erziehungskunst)을 창안하여 실천했다.[15)]

슈타이너는 20세기 초반, 독일의 사회적 현실 속에 엉켜 있는 매우 복합적인 문제를 해결할 열쇠가 바로 '창의적인 인간교육'에 있다고 진단했다. 이러한 진단은 그의 인지학적 토대에서 비롯된 것이었다. 괴테의 세계관에 가장 많은 영향을 받은 슈타이너는 인간의 교육을 특히 삶의 과정 속에서 파악하고 있다. "다른 동물과 비교하여 가장 불완전한 모습으로 태어난 인간 생명체는 가시적으로 눈에 나타나는 것만을 담고 있는 것이 아니라, 숨겨져 있는 깊은 내면 속에 미래의 모습을 감추고 있다"라는 그의 견해는 시사하는 바가 크다. 슈타이너의 인생 여정에서 자주 엿볼 수 있는 것은 우주의 이치를 이해하고 인간의 본질을 육체, 영혼, 정신까지 총체적이며 과학적으로 이해하려는 그의 진지한 노력이다.[16)]

슈타이너는 인간은 네 가지 본성으로 성립되었다고 했다. 네 가지는 육체와 에테르체, 아스트랄체, 자아인데 이에 대해 살펴보자.[17)] 에테르체(etheric body)는 생명체(life body)라고 부르며, 눈에 보이지 않는 생명력의 작용을 말한다. 동양의 기氣에 해당하는 신지학의 용어이다. 아스트랄체(astral body)는 인간이나 동물에 있어 지각, 정동靜動, 의식, 충동, 열망, 열정 등을 생기게 하는 눈에 보이지 않는 염念의 작용으로서, 감각 및 감정의 전달자로 감정체(sentient body)라고도 부른다. 자아(The ego)는 '나' 또는 'self'라고도 한다. 자아는 개체로서의 의식을 갖게 하며, 혼魂의 여러 가지 경험을 총괄한다. 자아에 의해 에테르체와 아스트랄체가 순화·고양되며, 육체에도 영향을 준다.[18] 슈타이너는 "우리들이 그 사람의 육체와 에테르체에서, 아스트랄체와 자아로 눈을 돌릴 수 있다면 그가 누구이며 왜 그런 생활방식을 하는지 이해하게 될 것이다"라고 말했다.[19]

육체를 발달시키기 위해서는 에테르체(생명체)의 활동이 필요하고, 에테르체를 발달시키기 위해서는 아스트랄체(감정체)의 활동이 필요하며, 아스트랄체를 발달시키기 위해서는 자아의 활동이 필요하다. 그리고 자아를 위해서는 영아靈我의 활동이 유효하게 작용해야 한다. 영아靈我는 영화한 생명체인 생명령生命靈과 함께 인간에 있어서 영적 본성의 상태를 말한다. 예를 들면 교육자의 에테르체는 어린이의 육체에 유효한 작용을 할 수 있는 상태여야 하며, 이 일을 할 수 있도록 교원양성학교에서 충분한 준비가 이루어져야 한다. 교육자 자신의 아스트랄체는 어린이의 에테르체에, 그리고 교육자의 자아는 어린이의 아스트랄체에 유효한 작용을 할 수 있어야 한다. 슈타이너는 이것을 교육의 원칙이라고 했다.[20]

슈타이너는 어린이에 대한 보다 깊은 이해를 위하여 어린이의 기질을 다혈질(기분이 가벼워 잘 변한다. 왕성한 호기심을 가지고 있으나 흥미를 갖는 간격이 짧다), 담즙질(기분이 강하고 뜨거우며 격하기 쉽다. 감정이 세밀하지 않다. 행동적이고 실제적이다), 점액질(기분의 움직임이 적다. 침착하고 마음을 평안하게 간직하고 있다), 그리고 우울질(기분이 자기 안쪽으로 향하여 깊게 움직인다)로 구분하였다. 김희동 선생은 슈타이너의 기질론에 기본을 두고 네 가지 상황에서의 어린이의 기질을 살펴보았다.[21]

여러 아이들과 대화하는 상황에서 우리 아이는

· 언제나 먼저 말을 꺼내며 가장 발언이 많다. - 다혈질

• 뻔한 결론을 놔두고 빙빙 돌리며 말하면 답답해한다. - 담즙질
• 이 말도 맞고 저 말도 맞지만 특별한 게 있겠나 생각하며 가만히 있는다. - 점액질
• 곰곰이 생각하다가 마지막에 가서 자기 생각을 차분하게 말한다. - 우울질

여럿이 청소할 때 우리 아이는

• 청소하자는 말이 떨어지기 전에 무섭게 빗자루를 들고 온다. 다혈질
• 여럿이 청소를 하려면 어떻게 하는 것이 좋을까 의논하고 싶어 한다. - 담즙질
• 청소는 왜 하자는 거야. 저 친구는 쓸 것도 없는데 눈치보고 있군. - 점액질
• 어떤 상황에도 조용히 청소한다. 가끔 '너 그렇게 하면 되겠니?' 하기도 한다. - 우울질

자리를 고를 때 우리 아이는

• 여기 앉았다 저기 앉았다 하면서 마음에 들 때까지 옮겨 다닌다. - 다혈질
• 모두 일어서서 자리를 다시 정돈해 앉자고 하거나 그렇게 한다. - 담즙질
• 이 자리 배열이 마음에 들지 않지만 별 수 없지. 됐어. - 점액질
• 자리에 앉지 못하고, 누가 앉으라고 할 때까지 계속 망설인다. - 우울질

친구들의 잘못된 행동을 보았을 때 우리 아이는

• 그렇게 하면 왜 안 되는지 자세하게 또 실제로 보여주면서 설명한다. - 다혈질
• 속으로 화가 먼저 나고 한번에 지적해서 고치도록 따끔하게 말한다. - 담즙질
• 어쩔 수 없지. 누구나 다 그래. 하지만 고칠 점은 고쳐야겠지. - 점액질
• 어떻게 하면 저 아이의 행동을 고칠 수 있을까 곰곰이 생각한다. - 우울질

발도르프학교(슈타이너학교)는 1919년 가을, 슈타이너의 지도하에 독일 슈투트가르트의 '발도르프 아스토리아' 담배공장의 경영자인 에밀 몰트부처에 의해 창설되었다. 교사의 재량에 따라 주요 교과를 매일 아침 2시간씩 연속해서 돌아가며 수업하는 '에포크 수업'이 교수법의 주요한 방법론이다. 슈타이너가 제창하는 에포크(Epochenunterricht) 수업의 교육적 효과는 '망각과 능률의 밸런스'라고 할 수 있다. 즉 어린이들의 잠재의식하의 교육작용까지 고려한 무의식의 교육, 잊어버리는 교육의 성과를 입증해주는 독자적인 교육방법으로 평가된다. 에포크 수업이란 중심이 되는 중요한 수업시간(예를 들면 8시부

터 10시까지)에 하나의 교과내용만을 수 주간에 걸쳐서 계속하는 것이다.[22)]

우리나라에서 발도르프 교육은 주로 사교육(특히 아동교육)에서 이루어져왔다. 그러다가 2011년에 공교육에서는 처음으로 발도르프 교육이 시도되었다. 강원도 고성군에 있는 한 초등학교에서 공교육 사상 처음으로 발도르프 교육을 시도한 것이다. 다음은 한 일간지에 게재된 발도르프 교육 관련 기사내용이다.

책걸상, 컴퓨터 없는 교실

아이들의 발달단계에 맞춘 교육을 지향하는 '발도르프 교육'이 국내 최초로 공교육에 도입됐다. 강원 고성군 소재 공현진초등학교에 따르면 이 학교는 새 학기부터 전 학년을 대상으로 발도르프 교육을 시행 중이다. 발도르프 교육은 루돌프 슈타이너 박사에 의해 탄생한 교육 모델이다.

발도르프 교육을 적용한 공현진초등학교는 교실 모습부터 남다르다. 흑칠판은 보이지 않고 교사들이 직접 그림을 그리며 수업할 수 있는 '4차원 칠판'이 배치됐다. TV나 컴퓨터는 전원을 끄거나 아예 가려 놨다. 디지털 기기가 아이들을 수동적으로 만든다고 보기 때문이다. 1~2학년 교실에는 아이들의 척추에 부담을 주는 의자와 책상을 빼고 '움직임 책상'을 들였다. 움직임 책상은 걸터앉는 의자가 되기도 하고 놀이기구로 쓰이기도 한다.

수업 내용과 방식도 차별화된다. '감성'을 강조하는 발도르프 교육에서 빼놓을 수 없는 게 바로 예술 수업. 아이들은 아침마다 학년에 맞는 시를 낭송한다. 이 밖에도 습식 수채화 그리기, 조소 만들기, 음악 수업 등 다양한 예술 수업이 어린이들의 감수성을 자극한다.

학생들과 학부모들의 반응도 뜨겁다. 서울에서도 전학 문의가 이어지고 있다. 조정현(1학년) 군은 속초 시내에 살지만 집 근처 학교 대신 차로 30분이나 떨어진 이 학교에 입학했다. 조 군은 "오늘은 학교에서 철썩이는 파도를 그리고 달팽이집 게임을 했다. 유치원 다닐 때보다 훨씬 재미있다"며 즐거워했다.[23)]

〈조선일보〉

교육이 단지 제도와 정책만은 아니며, 그 근본은 인간이라는 존재를 어떻게 이해하는가의 문제라고 보는 사람들이 있다. 슈타이너가 정립한 인지학에 기반하여 인간과 삶과 교육을 이해하고자 모인 '한국 루돌프 슈타이너 인지학 연구센터'이다. 이 센터에서는 인간을 이해하는 기본 관점은 육체와 영혼과 정신을 지닌 존재라는 것이다. 따라서 이들은 육체를 중심으로 인간을 바라보기는 하나, 육체의 탄생과 소멸을 삶의 전부라고 보는 견해에는 반대한다. 이들이 말하는 진정한 교육이란 "인간을 내면에 고귀한 신성神性을 품고 있는 존재, 윤회하는 삶을 통해 의식을 진화시키고 마침내는 내면의 신성과 일치되는 존재라고 한다면, 교육의 역할은 그 진화의 전 과정을 돕는 것"이다.[24)]

'인지학 연구센터'의 사람들은 아이를 꾸짖기보다는 자기 자신을 먼저 돌아보고, 단순히 세상에 적응하는 아이로 키우기보다는 세상을 변화시키는 아이로 자라기를 소망한다. 아이의 온전한 발달을 존중하는 것이 바로 진정한 교육이라고 본 센터 사람들은 다음과 같이 말한다. "어른이 그러하듯 아이 또한 움직이는 팔다리와 피가 도는 따뜻한 가슴과 이성적으로 사고할 줄 아는 머리를 지니고 있습니다. 그런데도 현 제도교육은 아이의 머리만 중시하고 또 그것만 발달시키기를 원하지요. 실은 머리의 발달이 시기적으로 가장 늦어야 정상인데 말이죠." "인간이 식물도 동물도 아닌 고귀한 혼과 정신을 지닌 영성적 존재이며, 아이 역시 그러한 인간이라는 것을 인식한다면 문제의 반은 해결되었다고 봐요. 그렇게 되면 자기 자신은 물론 타인과 어린이를 함부로 대하지도 않을 테니까요."[25)]

듀이

듀이(John Dewey, 1859-1952)는 미국의 철학자로 프래그머티즘의 시카고 학파의 창시자이다. 그의 사상은 철학·사회학·교육학·미학 등에 커다란 영향을 미쳤다. 버몬드대에서 수학하고 존스홉킨스대의 대학원을 졸업했다. 시카고와 콜롬비아 등 미국 각지의 대학에서 교수로 지냈으며 중국·영국·일본 및 각 지역으로 강연여행을 다녔다. 그의 프래그머티즘은 도구주의(道具主

義, instrumentalism)라고도 하고, 휴머니스트 자연주의(humanist naturalism)라고도 불린다. 그의 철학적 입장은 주관적 관념론 또는 불가지론으로 '경험'을 중시했다. 교육학에서는 개인적 숙달·창의·기획을 철저히 가르치는 교육방법으로 '실험방법'을 강조했으며 프래그머티즘적인 입장을 견지했다.[26)]

듀이는 다윈(Charles Robert Darwin)의 생물학으로부터 많은 영향을 받았다. 그는 자연은 물론이지만, 사회와 인간의 발달은 예정되어 있는 것이 아니라고 생각했다. 생명을 가진 것은 그 생명의 필요에 의해서 점차 변화된다는 것이다. 사회도 유기적인 특성을 가진 것이기 때문에 생명을 가진 것으로 이해되었다. 이러한 생각이 바로 자연주의에 바탕을 둔 듀이의 사상이다. 그의 저서 ≪민주주의와 교육*Democracy and Education*≫ 첫 장은 이런 생각들로 가득 차 있다.[27)]

삶과 교육

조무남 교수는 듀이는 삶을 결코 무엇을 위한 수단으로 보지 않았다고 했다. 듀이에게 있어서 삶의 궁극적 목적은 오로지 삶의 과정 그 자체에 있다는 것이다. 그렇기 때문에 삶과 삶의 과정으로서 교육은 어느 하나가 다른 하나의 수단이 아니었다. 이 둘은 같은 것의 다른 이름일 뿐이다. 그렇기 때문에 듀이에게 있어서 교육은 삶뿐만 아니라 경험으로 설명될 수밖에 없다. 조교수는 듀이에게 있어서 교육과 삶과 경험은 논리적으로 연결되어 있는 세 짝의 단어들이라고 했다. 듀이에게 경험은 많은 의미를 내포하는데, 대표적인 것이 성장과 변화와 발달이다. 성장은 발달과 동의어이고 발달은 변화를 낳는다.[28)]

교육목적

듀이에 의하면 인간은 생명을 가진 유기체로서 환경과의 상호작용을 통하여 자기를 변화한다. 이러한 변화의 과정이 경험이고 성장이다. 생명체의 특징은 계속적인 성장, 즉 경험의 성장에 있다. 그래서 듀이는 교육을 이러한 인간 경험의 성장을 촉진시키는 과정이고 생활이지, 그 준비는 아니라고 했다. 교육은 경험의 의미를 증가시키고 경험의 계속적인 개조와 재구성의 과정이라고 정의할 수 있다. 이렇게 볼 때 교육은 과정이고, 경험을 위한 과정이며, 경험의 과정이라고 할 수 있다. 교육적 성장은 과거의 경험을 현재의 경험에 결합시키고, 나아가서 현재의 경험의 조명을 통해서 장래의 경험을 재조직함을 의미한다. 따라서 듀이가 말하는 교육적 성장은 '경험의 개조 또는 재구성'으로 볼 수 있으며, 계속적인 경험의 재구성의 과정에 교육목적이 있다고 할 수 있다.[29)]

학교

교육을 사회화의 과정으로 보는 듀이는 학교를 하나의 사회제도로서 사회개선을 위한 수단으로 생각했다. 학교제도의 목표는 경쟁이 아닌 협동에 있으며 상호 협조적인 삶에 있다. 학교는 생활과 사회로부터 고립되어서는 안 된다. 학교에서 배운 것이 생활과 사회에서 적용되어야 하며, 생활과 사회는 학습의 자료를 공급하는 원천이 되어야 한다. 듀이의 '이상적 학교의 모델은 이상적 가정'에 있었다. 그는 가업家業에 참여하고 대화의 참여를 통해서 지식을 획득하며, 나아가서 마음과 성격을 형성하는 데 이상적 학교의 모델이 있다고 본 것이다.[30)]

교육내용

교과는 교육의 과정을 구성하고 있는 것을 뜻한다. 이에 대한 듀이의 생각은 ≪아동과 커리큘럼*The Child and the Curriculum*≫과 ≪학교와 사회*The School and Society*≫라는 두 권의 저서에 담겨 있다. 특히 ≪아동과 커리큘럼≫에서 듀이는 커리큘럼의 영역을 세 가지로 구분했다.

첫 번째 영역은 학교생활과 인간의 공동생활에서 발생하는 과제와 그 관계를 아동 자신이 스스로 발견하도록 도와주며, 두 번째 영역은 효과적인 목표를 달성하게 스스로의 행동을 통제하도록 도와준다. 세 번째 영역은 자신의 흥미를 발견하도록 하고, 장래의 발전성을 가리키는 도표로서 지식을 하나의 실험으로 사용하는 영역이다. 이와 같이 듀이는 '참된 교과의 중심은 과학, 문학, 역사 및 지리가 아니라, 아동 자신의 사회활동'이라고 말했다. 이러한 사회활동 전반을 아동과 공유하는 데 교과의 중심이 있다는 것이다.[31]

교육방법

듀이가 생각한 교육의 효과적인 방법은 경험을 효과적으로 재구성하는 것이다. 이러한 방법으로서 그가 강조한 것은 '행함行의 학습(learning by doing)'이다. 행함에 의해서 학습한다는 것은 안다는 것의 핵심에 행함이 있다는 그의 일원론적인 지식론에 기초한다. 즉 안다는 것과 행한다는 것을 하나로 본 것이다.[32] 듀이의 '행함의 학습'은 동양철학에서 말하는 '지행합일知行合一'과 맥을 같이한다고 볼 수 있다.

화이트헤드

화이트헤드(Alfred North Whitehead, 1861-1947)는 수학자, 논리학자, 철학자로 런던대학의 교수를 지냈고, 그 후 미국으로 이주하여 하버드대학의 교수가 되었다. 러셀(Betrand Arthur William Russell)과 함께 수학적 논리학에 관한 기초 저작인 ≪수학의 원리*Principia mathematica*≫를 펴냈다. 그는 물리학에 대변혁이 이루어진 20세기 초 이후 자연과학의 발전에 영향을 받아 자연을 '과정(process)'으로 이해했고 이를 '경험'으로 규정했으며 신실재론의 입장을 취했다. 그 후에 화이트헤드는 객관적 관념론으로 전환하여 세계의 '과정'은 '신의 경험'이라고 하면서 이것이 세계의 본원적 자연이고 이것으로부터 자연, 물질적인 것이 나온다고 보았다. 말하자면 플라톤의 이데아계로부터 감성적인 현실세계가 나온다는 것과 비슷한 생각이다. 사회에 관해서는 뛰어난 인물인 '과학적 인간'이 세계를 지배해야 하고, 그에게 절대적인 역할이 주어져야 한다고 주장했다. 왜냐하면 역사의 추진력이라는 것은 '신의 경험'으로

서의 관념을 인식하는 데 있고, 그것은 우수한 인물에게만 기대할 수 있기 때문이다.[33]

교육목적

"교육은 지식의 활용 기술을 습득하는 것이다(Education is the acquisition of the utilization of knowledge)"라는 말은 화이트헤드의 교육관을 간결하게 표현한 말이다. 화이트헤드가 의미하는 '활용(utilization)'은 어떤 외적 상황을 변화시키는 도구적 기능을 가리키는 것이 아니라 개인의 창조적 반응, 즉 어떤 관념을 다른 관념이나 다른 경험에, 그리고 최종적으로 그의 삶의 주요 관심사와 연결시키는 능력을 말한다. 이런 의미에서 화이트헤드는 "학생들은 활기찬 삶을 살아간다. 교육목적은 그러한 학생들의 자기 능력 개발(self-development)을 북돋아주고 이끌어주는 데 있다"라고 했다.[34]

화이트헤드는 "교양(culture)이란 사고력의 활동이며, 아름다움과 인도적 감정(人道的 感情, 자비심, human feeling)에 민감한 감수성이다. 따라서 단편적인 지식은 교양과 아무런 관계가 없다"라고 했다. 그래서 그는 "박식에 그치는 사람은 이 지상에서 가장 쓸모없는 인간이다"라고 단언하며, "교양과 특수 영역의 전문지식을 겸비한 인간을 육성해야 한다"라고 강조했다. 화이트헤드는 전문지식은 교양으로부터 출발하는 데 필요한 무대를 제공하며, 교양은 그들을 철학의 깊이와 예술의 높이로까지 이끌어줄 것이라고 했다. 이어서 그는 "우리가 잊지 말아야 할 가장 소중한 지적 개발은 자기 능력 개발(self-development)이며, 이는 대체로 열여섯 살에서 서른 살에 걸쳐 일어난다. 기본적인 교육의 가장 중요한 부분은 열두 살 전까지 어머니의 손으로 이루어진다"라고 하면서 가정교육의 중요성을 강조했다.[35]

교육을 받은 인간

화이트헤드가 생각하는 '교육을 받은 인간'은 관념을 반성적으로 음미할 줄 알고 이를 구체적으로 상황에서 응용할 수 있으며, 생활과 경험의 많은 영역에서 서로 연관시켜 볼 줄 아는 인간을 뜻한다. 교육을 받은 인간은 자기가 배운 것을 단순히 반복하지 않으며, 그는 관념의 재배열로 무엇인가 창조해 낼 수 있는 인간을 말한다.[36)]

교육원칙

화이트헤드는 두 가지 교육원칙을 제시하였다. 첫째는 "너무 많은 과목을 가르치지 말라"는 것이며, 둘째는 "가르쳐야 할 것은 철저하게 가르치라"라는 것이다. 어린이 교육에서 가르쳐야 할 관념은 되도록 줄이고 중요한 것만을 골라야 한다. 그리고 여기서 엄선된 관념들이 생각해낼 수 있는 모든 결합 가능한 방식으로 머릿속에 넣어주도록 힘써야 한다고 했다. 이렇게 할 때, 어린이는 그와 같은 관념을 자신의 피와 살로 받아들이게 되고, '지금 이곳'이라는 구체적인 현실생활 속에서 그러한 관념들을 응용할 수 있음을 이해하게 된다고 했다. 이러한 어린이는 교육을 받기 시작하면서부터 틀림없이 '발견의 기쁨'을 경험하게 된다.[37)] 화이트헤드에게 있어서 교육의 요체는 학생들로 하여금 나무를 통해서 숲 전체를 보도록(이해하도록)하자는 데 있다.[38)]

교육방법

화이트헤드는 "교육의 역사에서 가장 두드러지게 드러나는 현상은 어떤 한 시기에 어느 한 사람, 즉 '천재적인 효모酵母와 같은 사람'에 의해 활기 넘치던 학교가 그다음 세대에는 단지 현학적이거나 틀에 박힌 경향으로 변한다는 것이다"라고 했다. 그렇게 된 원인은 "지나치게 '생기 없는 관념들(inert ideas)'을 주입하기 때문"이라는 것이다. 화이트헤드는 "생기 없는 관념으로 교육한다는 것은 무익할 뿐만 아니라 무엇보다도 해롭다"라고 경고했다.[39)]

학습과정의 순서

화이트헤드가 말하는 '학습과정의 순서'에 대해 알아보자. 그는 "쉬운 문제를 어려운 문제보다 먼저 학습해야 한다는 생각은 옳지 않다"라고 했다. 오히려 그 반대로 가장 어려운 문제가 먼저 나와야 한다고 했다. 왜냐하면 자연이 그렇게 명령하고 있고, 그러한 문제가 인생에 본질적인 것이 되기 때문이라는 것이다. 유아가 최초로 직면하는 지적 작업은 말하기 언어의 습득이다. 화이트헤드는 "음성과 의미의 결합의 문제가 그 어찌 놀랄 만한 난제가 아니겠는가"라고 하면서 "우리는 모두 어린아이가 이러한 어려운 일을 해내고 있다는 것, 그리고 어린아이가 이것을 해내고 있는 기적을 설명할 수 있다는 것을 알고 있다"라고 했다. 이어서 그는 "우리 면전에서 이처럼 분명하게 드러난 실례 하나만을 들어보더라도 어려운 난제의 학습은 뒷전으로 미루어야 한다는 헛소리 같은 말은 하지 말아야 한다"라고 하면서 "난이도의 순서에 따른다는 원리의 대안은 필요한 것을 먼저 하는 원리"라고 주장했다. 화이트헤드는 "필요한 순서라는 원리는 어김없는 진리임에 틀림없기 때문에 '쉬운 순서'보다 더 확고한 기반 위에 선다"라고 했다. 그는 "필요성 선행으로 어떤 것을 다른 것보다 먼저 배열한다는 원리가 형식 만들기에만 급급한 둔감한 사람들의 손에 의해 무비판적으로 적용되었을 때, 교육의 현장은 '사하라 사막' 같은 무미건조함으로 전락한다"라고 경고하였다.[40)]

정신발달 단계

화이트헤드는 정신발달의 단계를 로맨스의 단계, 정밀화의 단계, 그리고 일반화의 단계로 나누었다.[41)] 첫 번째 '로맨스 단계(The Stage of Romance)'는 인생의 최초 12년간에 걸쳐 있으며, 초보적인 이해의 단계이다. 사고의 주제가 신선한 생기를 띠고 있기 때문에 이 단계에서의 지식은 체계적인 절차를 거쳐 좌우되는 지식이 아니라 체계성이 필요할 경우에는 그 현장에서 점진적으로 만들어진다는 것이다. 화이트헤드는 낭만적 정서란 본인이 미처 탐구하지 못했던 사실들 간의 관계성이라는 것의 중요함을 최초로 깨닫는 데서 오는 흥분이라고 설명했다. 두 번째 '정밀화의 단계(The Stage of Precision)'는 중등교육의 학교생활 전체를 포함한다. 정밀화의 단계에서는 지식도 현저하게 증가한다. 이 단계에서는 관계의 확대보다는 계통적인 조직화의 정확성이 우선한다고 했다. 이 단계는 언어나 과학의 초보 원칙 단계로 여러 사실들을 일정한 방식으로 조금씩 분석하는 것을 학생들이 수용토록 함으로써 전진해간다는 것이다. 화이트헤드는 정밀화 단계는 로맨스 단계를 거치지 않고서는 결실을 거두지 못한다고 했다. 세 번째는 '일반화의 단계(The Stage of Generalization)'는 성인으로 들어가는 문턱의 기간이다. 정규교육이 보통 학령기보다 길어지는 청년에게는 대학의 과정이나 그것에 해당하는 과정이 일반화의 중요한 기간이라고 했다. 화이트헤드는 일반화의 단계가 헤겔의 '합(合, Synthesis)'의 단계에 해당한다고 보았다. 즉, 분류된 관념과 적절한 기술이라는 이점을 가지고 로맨티시즘으로 되돌아오는 단계라는 것이다. 결국 이 단계에서는 정밀한 학습훈련목표의 결실을 맺게 되고 이로써 교육의 최종적인 성공을 거두게 된다.

교육
05

심리와 교육

다섯 번째 이야기

심리와 교육

심리와 교육에 대해 살펴본다. 이를 위해 마음, 인간의 욕구, 성취동기, 유전과 환경, 기억, 창의성, 긍정심리, 행복에 영향을 주는 요인들, 관계 심리, 왕따심리 등에 대하여 알아본다.

마음

고대 이집트인들은 사람의 영혼이 내장과 심장에 깃들어 있다고 믿었다. 그들은 사람이 죽게 되면 내장과 심장에 깃들어 있는 'Ba'라는 영혼이 일단 몸 밖으로 나와 사자死者의 인도로 오시리스(Osiris)라는 곳을 여행한 후에 다시 원래의 몸을 찾아와 환생한다고 믿었다. 이와 같은 내세관의 영향으로 왕이나 귀족이 죽게 되면 환생에 대비해서 몸이 썩지 않도록 방부처리를 하여 미라로 만들었다.[1)]

마음을 주관하는 곳이 뇌가 아니라 내장이나 심장이라는 것은 고대인들의 공통된 생각이었다. 고대인들은 영혼이 몸속에서 순환한다고 믿었으며 이러한 믿음 때문에 온몸을 돌고 있는 피와 영혼은 불가분의 관계에 있다고 생각했다. 한자문화권에 있는 동양인들이 혈액 순환의 중추를 심장心臟, 즉 '마음의 장기臟器'라고 부르는 것도 이러한 고대인들의 공통된 영혼관의 흔적이다.[2)]

마음의 생물학적 토대를 내장에서 뇌로 옮기도록 하는 데 결정적으로 공헌한 사람들은 의학자였다. 외과 의사들을 중심으로 구성된 히포크라테스 학파의 사람들은 기원전 4세기에 이미 뇌가 모든 정신현상을 지배하는 중추기관이라는 굳은 신념을 갖고 있었다. 중세의 학자들은 내장에서 흡수된 양분은 간에서 자연령(自然靈, natural spirit)으로 바뀌게 되며 이것이 다시 심장에서 생령(生靈, vital spirit)으로 바뀐 다음 뇌에서 공기와 섞여 순화되어 최종적으로 혼령(魂靈, animal spirit 라틴어로 'anima'는 영어로 'soul')이 되어 뇌실(腦室, 두개골 안에 있는 뇌의 빈 곳)을 통해 온몸으로 퍼져나간다는 생각을 갖고 있었다.[3)]

"나는 생각한다. 고로 나는 존재한다"라고 말한 데카르트(R. Descartes)는 서양에서 처음으로 마음의 실체를 입증하려고 했던 학자이다. 그는 세상이 공간을 차지하는 '물체'와 사유를 특징으로 하는 '정신'으로 이뤄졌다고 주장했다. 그는 정신이 따로 존재하는 근거로 우리 자신을 되돌아보는 내성內省, 언어의 사용, 수학적 사고 등을 들었다. 또한 뇌 의학의 발전은 마음이 곧 뇌의 활동임을 보여주고 있다. 최근에는 '유전자야말로 사람의 본령'이라는 주장이 설득력을 얻고 있다. 영국 옥스퍼드대학의 생물학자인 도킨스(Richard Dawkins)는 생물계에 존재하는 모든 생명체의 목적은 그것을 만드는 유전자를 번식시키는 것이라고 주장한다. 유전자는 육체를 유전자 자신을 전달하기 위한 수단으로 이용한다는 것이다. 서양에서도 1980년대 이후 동양의 기氣에 대해 주목하고 있는데, '기'야말로 사물의 근원이며 인간에게도 예외가 아니라는 주장도 있다. 일부에서는 면역계야말로 생명의 주체라고 주장한다. 이런 주장을 펴는 이들은 동물에게 다른 동물의 뇌를 이식한 경우, 면역계가 뇌를 이물질로 보고 공격한다는 점을 근거로 제시한다.[4)]

인간의 욕구

인간의 욕구와 관련된 인본주의 심리학의 대표적인 이론은 매슬로우(A. H. Maslow, 1908-1970)의 욕구위계이론이다. 매슬로우에 의하면 인간은 내적 욕구를 가지고 태어나고, 이 욕구를 만족시키기 위해 노력한다. 그러나 이러한 노력의 궁극적인 방향은 단순히 생물학적 만족이나 긴장의 감소가 아니라 자아실현의 추구라는 점이 중요하다.[5)]

매슬로우의 욕구위계이론에 따르면 보다 기본적이고 하위에 있는 동기가 충족되어야만 그보다 높은 단계의 동기가 나타날 수 있다. 사람이 굶어죽을 단계에 가서는 보다 점잖고 신사적인 대인관계나 자아실현 같은 동기가 나올 수는 없다는 것이다. 욕구위계론의 5단계는 생리적 욕구(배고픔·목마름 등 생존에 필수적인 욕구), 안전의 욕구(안전한 환경, 보호, 안심, 위협이 없거나 전쟁과 같은 혼란의 회피 등의 욕구), 소속감과 사랑의 욕구(우정·애정·사교·뿌리 찾기, 고립이나 소외로부터의 해방, 친구·가족과 어울리기, 단체에의 가입 등의 욕구), 자존심의 욕구(성취감, 자기능력의 확인, 타인이나 사회로부터의 인정, 명성, 존경받기 등의 욕구), 자아실현의 욕구(잠재능력을 최대로 발휘하여 자아를 실현하는 욕구) 등의 순서로 구성되어 있다. 그 후에 이 5단계 이론에 대해 약간 변형된 단계론이 제기되었다. 4단계인 '자존심의 욕구' 단계 다음에 '인지적 욕구'와 '심미적 욕구'를 추가하여 7단계로 확장한 것이다. 인지적 욕구단계에는 주위환경이나 지식기술에 대한 호기심과 이해의 욕구를 포함한다. 그리고 심미적 욕구는 추한 것을 싫어하고 아름다운 것을 추구하며, 무질서가 아닌 질서와 안정을 바라는 욕구를 말한다.[6)]

이어령 교수는 매슬로우의 욕구위계설을 보다 쉽게 풀이하여 다음과 같이 설명했다. "욕망의 피라미드 최저변에는 등 따습고 배부른 것을 추구하는 동물의 '생리적 욕구'가 있다. 그것이 어느 정도 해결되면 그때부터는 위험이나 위협에서 벗어나 다리 뻗고 편하게 살고 싶은 '안전의 욕구'를 희구하게 된다. '웰빙' 단계라고 하겠다. 그러나 그것에 익숙해지면 외로움을 느끼게 되고 가정이나 직장 그리고 어떤 집단에 귀속하려는 '사회적 소속 욕구'인 사랑하고 사랑받고 싶은 욕망이 생겨난다. 거기에서 더 발달하면 다른 사람들 틈에 끼어 사는 것이 아니라 자기를 알아주고 인정해주는 '존중의 욕구'가 생긴다. 쉽게 말해서 '스타'나 '멘토'가 되고 싶은 꿈이다. 하지만 그 모든 욕구들이 다 충족된다고 해도 여전히 허전하고 채워지지 않은 욕구가 남아 있다. 그것은 지금까지의 것과는 달리 외부가 아니라 자신의 내부에서 일어나는 욕망의 소리이다. 생명의 근원적인 욕망이나 소유가 아니라 존재의 결핍을 채우려는 '자아실현의 욕구'이다. 그것은 이미 어느 집단이나 자신을 알아주는 타자의 인지도가 아니라 내가 나를 충족케 하는 것이다."[7)]

성취동기

개인이 어떤 성취행동을 할 때는 여러 가지 동기가 작용할 수 있다. 금전이나 명예 때문이 아니라 그 일 자체에 즐거움과 의미를 부여하는 동기에 의해 일을 성취하는 경우, 이를 성취동기(achievement motive)라고 부른다. 성취동기가 높은 사람은 금전적 욕망이나 명예를 위해서라기보다는 자기가 스스로 설정한 성취 수준에 도달함으로써 만족을 얻는다. 그런데 각 개인이 갖는 성취동기 수준은 어린이가 자랄 때의 환경이나 양육과정과 관련이 있다. 어린이는 스스로 노력하면 환경이 바뀔 수 있고 성취할 수 있다는 것을 많이 경험해야 한다. 어린이는 어른들로부터 적절한 반응이나 칭찬을 받음으로써 자기가 한 일이 얼마나 잘했는가를 파악하게 되고, 앞으로 계속 과제를 잘 수행할 각오를 하게 된다.[8] 다음의 이야기는 성취동기를 가장 극적으로 보여주고 있다.

행복한 위선자

맥스 비어봄(Max Beerbohm)이 쓴 ≪행복한 위선자≫라는 짧은 소설이 있습니다. 이 책의 주인공 조지 헬(Hell : 지옥)은 이름자 그대로 부도덕하고 탐욕스럽고 파괴적인 행동을 하는 사람이었습니다. 방탕한 생활을 하던 그가 어느 날, 그의 마음을 온통 사로잡은 '제니 미어'라는 아름다운 여인을 만납니다. 그러나 방탕하고 흉측한 그의 얼굴로는 그녀의 마음을 끌 수 없었습니다. 그는 사랑에 빠져 그녀를 포기할 수 없게 되자 밀랍으로 성자聖者의 마스크를 맞춥니다. 이 마스크는 매우 정교해서 조금도 의심할 여지가 없었습니다. 그의 본래 얼굴을 아는 사람은 마스크를 만들어 준 사람과 마스크 가게에서 나오다가 마주친 옛 연인 '갬보기'뿐이었습니다. 마침내 조지 헬은 이름도 조지 헤븐(Heaven : 천국)으로 바꾸고 성자의 마스크를 쓰고 사랑하는 제니 미어에게 다가가 사랑을 고백하여 혼인을 합니다. 그러나 그의 행복한 혼인 생활 뒤에는 자신의 흉측한 내면, 자신의 과거 모습이 탄로 나지나 않을까 하는 두려움이 늘 도사리고 있었습니다. 그럴수록 그는 성자처럼 자신의 재산을 사람들에게 나누어 주고 착한 일을 하였습니다. 그러나 마음 한편에서는 가짜 얼굴과 마주하는 자신의 사랑하는 제니 미어에게 미안함과 무거운 죄책감을 안고 살아야 했습니다. 더욱이 자신의 정체를 아는 옛 연인 갬보기가 늘 마음에 걸렸습니다. 그들의 혼인 생활이 행복할수록 질투심에 가득 찬 갬보기는 그들을 그냥 둘 수가 없었습니다. 마침내 그녀는 행복하게 사는 제니 미어를 만나 남편의 정체를 폭로하며, 그녀가 보는 데서 그의 마스크를 벗기고 맙니다. 그런데 마스크가 벗겨진 순간, 옛날 흉측했던 조지 헬의 얼굴은 어디에도 없고 오히려 그의 얼굴은 성자의 모습으로 변해 있었습니다. 가면 뒤에서 끊임없이 회개하고 성자의 얼굴을 닮으려고 애써 노력하여 그의 얼굴이 바뀐 것입니다. 성자의 얼굴이 된 그는 이제 자신의 진짜 얼굴로 사랑하는 아내를 만나 진실한 사랑의 입맞춤을 하며 소설이 끝납니다.[9)]

〈매일미사〉

유전과 환경

인간 행동과 관련된 오래된 논쟁의 하나는 '인간 행동이 유전에 의해 결정될 가능성이 더 큰가 아니면 환경에 의해 결정될 가능성이 더 큰가'에 대한 주장이다. 인간 특성은 태어날 때부터 이미 결정되어 있고 불변하며 고정되어 있다고 믿는 주장이 유전론의 입장이다. 그와는 반대로 인간 특성은 환경, 양육, 교육, 훈련 등에 의해 변화, 개조, 성장하며 도야할 수 있다는 신념이 환경론의 입장이다. 인간 특성은 그것이 어떤 특성이든지 간에 유전과 환경의 두 가지 요인에 의해 영향을 받는다. 전적으로 유전에 의해 결정되는 특성이나 전적으로 환경에 의해 결정되는 특성이란 없다. 오히려 인간 특성은 유전과 환경의 상호작용에 의해 결정된다는 명제가 진실에 가깝다고 할 수 있다. 유전적으로 우수한 능력을 지니고 태어난 인간이라도 환경이 열악하거나 결핍된 상태에서 성장한다면 우수한 유전적 특징이 제대로 개발되지 못할 것이고, 반대로 열등한 능력을 지니고 태어난 인간일지라도 환경이 풍요하고 우수한 상태에서 성장·교육을 받으면 그의 능력은 극대화될 가능성이 높다.[10)]

유전 대 환경

1940년 태어난 지 4주 만에 헤어졌다가 40년 뒤 만난 일란성 쌍둥이 짐

루이스와 짐 스프링어는 충격적일 만큼 비슷한 삶을 살았다. 둘 다 '샐럼' 담배를 피우는 골초에 파란 셰브롤레 자동차를 탔다. 집 앞에 나무 한 그루와 하얀 벤치가 있는 것도 같았다. 둘 다 첫 아내 이름은 린다, 두 번째 아내 이름은 베티였다. 맥도널드와 주유소에서 일한 것, 편두통과 심장병으로 고생한 것도 비슷했다.

1980년대 미네소타대학의 쌍둥이 연구 이후 일란성 쌍둥이는 따로 키워도 성격과 취향이 놀랍도록 비슷하다는 사실은 널리 알려져 있다. 유전의 힘을 쌍둥이들이 증명한 것이다. 학자들은 쌍둥이들을 통해 유전과 환경이 성격에 어떻게 영향을 끼치는지도 연구했다. 리더십이나 지배력은 유전적 영향이 컸다. 권위와 규칙을 존중하는 보수성이나 안전한 쪽을 선호하는 소극적 태도도 타고나는 경향이 있었다. 반면 사회성과 성취력은 후천적이었다.

미국의 한 일간지가 최근 전세계 최고경영자(CEO) 1,582명을 대상으로 조사해보니 43%가 맏이였다. 맏이는 다른 형제보다 지능지수가 높다고 한다. 어렸을 때부터 부모나 할머니 등 성인과 보내는 시간이 많아 지적 자극이 풍부한 환경에서 자라기 때문이다. 동생이 태어난 후 줄어든 부모의 관심을 되찾기 위해 노력하다 보면 책임감도 더 커진다. 맏이의 우수성은 맏이로 키워지는 과정에서 나타나는 것이다.

1960년대 미국의 한 아동심리학자가 입양기관에 있던 쌍둥이 6쌍을 따로따로 다른 집에 입양시켜 연구했던 사실이 최근 알려졌다. 한 여자 영화감독이 생모를 찾다 쌍둥이 자매의 존재를 확인하고 자신들이 '유전 대對 환경'의 실험대상이었다는 것을 알게 됐다. 입양 부모들도 모르게 진행된 연구였다. 35년 만에 만난 자매는 고등학교 때 학교신문 편집활동을 했고 대학에서는 영화를 전공했으며 지금은 글을 쓰고 있다는 공통점에 서로 놀랐다.

'인간은 태어나는가, 양육되는가'는 오랜 논쟁거리였다. 요즘에는 유전과 환경의 상호작용으로 보는 학자들이 많다. 유전적으로 어떤 병에 약한 사람이 있을 수 있지만, 병에 전염될 가능성은 어떤 환경에 사느냐에 따라 달라질 수 있는 것과 마찬가지이다. 타고난 것을 조금도 바꿀 수 없다면 노력을 할 필요도 없을 것이다. 반대로 후천적 노력으로 모든 것을 바꿀 수 있다면 과욕을 부리게 될 것이다. 유전과 환경이 똑같이 중요하다는 것은 희망을 잃지 말고 노력하며 살라는 의미로 들린다.[11)] 〈조선일보〉

기억

기억의 종류

기억을 감각등록기와 작동기억(단기기억), 그리고 장기기억으로 구분할 수 있다.[12)]

감각등록기

감각등록기(sensory register)란 학습자가 환경으로부터 눈이나 귀와 같은 감각수용기관을 통해 정보를 최초로 저장하는 것이다. 감각등록기는 자극을 정확하게 저장하지만 저장시간이 매우 짧다는 특징을 갖고 있다. 시각인 경우 약 1초 정도, 청각인 경우 약 4초 정도 정보를 저장한다. 감각등록기는 정보를 수용할 수 있는 양에는 제한이 없지만, 투입되는 정보가 즉시 처리되지 않을 경우 감각등록기에 저장된 정보는 곧 사라진다.

작동기억

작동기억(working memory)은 보통 단기기억이라고도 한다. 이를 단기기억(short-term memory)이라고 부르는 이유는 정보가 머무르는 일시적인 곳이기 때문이다. 이는 성인의 경우, 보통 5~9개의 정보가 약 20초 동안 저장될 수 있다. 작동기억이라는 말은 인지 과정이 진행되는 장소라는 의미에서 붙여진 이름이다.

장기기억

장기기억(long-term memory)은 무한한 정보를 영구적으로 저장할 수 있는 곳이다. 일반적으로 장기기억은 일상기억과 의미기억이라는 두 부분으로 구성되어 있다. 일상기억(episodic memory)은 주로 개인의 경험을 보유하는 저장소로 정보는 주로 이미지로 부호화되며, 정보가 발생한 때와 장소를 기초로 조직된다. 의미기억(semantic memory)에는 문제해결 전략과 사고기술, 그리고 사실, 개념, 일반화, 규칙 등이 저장된다. 학교에서 학습하는 대부분의 내용은 의미기억에 저장된다. 이때 의미기억에 저장되는 정보는 서로 연관을 맺으면서 체계적인 네트워크를 구성하게 된다.

기억과 망각

독일의 심리학자 에빙하우스(Hermann Ebbinghaus)의 망각곡선에 의하면 기억하고 나서 이틀째 되는 날, 기억한 것의 66%를 잊어버리고, 확실하게 기억한 것을 잊어버리는 속도는 매우 느리며, 한 달 뒤에도 대략 20%는 잊어버리지 않는다. 망각의 대부분은 그 이후의 비슷한 경험에 의해 예전에 경험했던 기억의 흔적이 영향을 받으며 변화하는 것이다. 새로운 기억이 들어와 먼저 새겨진 기억을 혼란시키면 낡은 기억은 소멸되기 쉽다. 망각을 방지하려면 기억한 뒤에 아무것도 하지 않는 편이 좋다. 좋은 방법은 공부한 뒤에 자는 것이다. 자는 것이 깨어 있을 때보다 망각 정도가 훨씬 적다는 것이 실험에 의해서 확인되었다. 기억은 서서히 만들어지는 것이며, 그것이 확고하게 형성되기까지는 시간이 필요하다. 동물실험에 따르면 학습한 뒤 15분 이내에 충격을 받으면 학습효과가 거의 없었다. 1시간 이후에 충격을 받은 경우에는 아무런 영향도 나타나지 않았다. 결국 공부한 직후에 감정의 혼란을 불러일으키는 충격을 받으면 그 직전 기억은 거의 사라진다는 것을 알 수 있다.[13)]

기억을 얼마나 잘할 수 있는지 읽기, 쓰기, 말하기, 듣기, 보기 등의 행동을 통해 알아보자. 읽기만 하는 것은 10%로 가장 낮고, 듣기는 26%, 보기는 30%이다. 보기와 듣기를 동시에 하면 기억에 남는 비율은 50%로 증가하고, 보기와 말하기는 70%이다. 가장 기억에 많이 남는 활동은 말하고 행동하는 것을 동시에 하는 것으로 90%까지 기억에 남는다. 따라서 듣기만 하는 수업보다 학생들이 직접 행동하고 참여하며 발표하는 수업이 기억에 훨씬 많이 남는다.[14)]

기억력 감퇴

인간의 기억력 감퇴는 대체로 삼십대에 들어서면서 시작되지만 사람마다 차이가 있다. 기억력은 뇌신경세포를 죽이는 '베타아밀로이드'라는 독성 물질이 쌓이면서 시작된다. 이 물질이 누적되어 기억력에 영향을 일으키는 시점은 사람마다 다르다. 흡연이나 기름진 식습관 등으로 뇌혈관이 빨리 좁아지는 사람일수록 기억력 감퇴도 빨리 온다. 혈류를 통해 뇌의 해마에 영양을 공급하고 독성물질을 비롯한 노폐물이 빠져나가야 하는데, 혈관이 좁아지면 이 과정에 문제가 생기면서 뇌세포의 수가 감소하기 때문이다. 치매는 가족력이 있지만, 기억력 감퇴는 개인마다 차이가 있을 뿐 집안 내력은 없다. 스트레스도 기억력 감퇴의 주요 원인 중 하나이다. 스트레스 호르몬인 코르티졸은 해마를 녹이기 때문에 스트레스를 받으면 단기기억이 장기기억화 되는 과정이 원활하지 못하게 된다. 이 외에 의식을 잃는 정도의 외상을 입어도 기억력이 급격히 떨어질 수 있다.[15)]

기억력 강화방법

뇌의학 전문가인 서울대병원 신경정신과 권준수 교수, 한강성심병원 정신과 서국희 교수, 그리고 서울백병원 신경정신과 우종민 교수는 기억력 감퇴를 방지하고 기억력을 강화시킬 수 있다고 했다. 한 일간지에 소개된 전문가들이 제시하는 기억력 강화방법에 대해 살펴본다.[16)]

관심 분야 공부하기

기억력은 새로운 공부를 할 때 가장 강화된다. 여러 개념을 연결하고 정리하는 과정을 반복하면서 뇌세포 사이의 연결 회로가 강화된다. 기억력을 강화하려면 약간 어려운 공부를 해야 한다. 단순 암기보다는 철학이나 수학과 같이 '적극적으로 생각해야 하는' 공부일수록 효과가 크다. 자기 개발을 위한 공부도 두뇌를 적극적으로 쓰도록 만들기 때문에 기억력 감퇴를 막아준다.

독서는 종이책으로

규칙적인 독서는 기억력 약화를 포함한 인지기능 장애를 20% 줄여준다.

수필집 등 가벼운 책보다 대하소설이나 추리소설을 읽는 것이 좋다. 전후맥락을 되새기면서 독서해야만 단기기억이 장기기억으로 효과적으로 전환되어 기억력이 강해진다. 종이책이 모니터로 읽는 전자책보다 기억력 증진 효과가 크다. 종이책은 손으로 책장을 직접 넘기는 '입체적인 이동'을 하지만, 전자책은 마우스나 손가락을 밀어서 책장을 넘기는 '평면적인 이동'을 하기 때문에 두뇌에 자극을 덜 주게 된다는 것이다.

드라마 시청은 기억력에 나빠

뇌를 능동적으로 쓰는 다큐멘터리, 기행물, 추리물, 퀴즈프로그램 등의 프로그램을 보아야 한다. 오락프로그램이나 드라마처럼 뇌가 일방적으로 정보를 받아들여야 하는 TV프로그램은 인지기능 장애위험을 10% 정도 높인다. 그러므로 바둑이나 장기처럼 전략적으로 뇌를 쓰는 게임은 기억력 증진에 도움이 되지만, 단순한 반응을 하는 게임은 크게 도움이 되지 않는다.

요약 메모하기

필기는 기억력 유지·강화의 핵심인 두뇌의 정보처리기능 유지에 직접 도움을 준다. 신문을 읽으면서 내용을 요약하여 기록하는 습관을 가지면 기억력이 증진된다. 필기한 뒤에 다시 읽어보면서 내용을 재정리하면 해당 내용을 기억하는 것뿐만 아니라 두뇌의 기억 능력 자체를 강화하는 데에도 효과적이다. 일기를 쓰거나 회의할 때 내용을 메모하는 것도 좋다.

빠르게 걷기

주 3회 이상 매번 30분씩 빨리 걸으면 기억력을 포함한 인지기능 장애가 30% 정도 감소한다. 걷기는 뇌신경세포를 활성화시켜 주는 반면 스트레스는 기억력의 적이다. 스트레스 호르몬인 코르티졸은 뇌의 기억세포를 손상시키므로 스트레스는 바로 풀어야 한다. 요가나 명상도 필요 없는 자극에 대한 두뇌의 반응을 줄여줘서 기억력을 좋게 한다. 충분한 수면도 역시 중요하다.

전화번호 분류하여 저장하기

휴대폰에 전화번호를 입력할 때에는 가족·친구·직장동료 등 영역을 나눠 저장하고, 친구 범위도 다시 초·중·고교 및 대학 등으로 분류한다. 그러면 번호를 저장한 위치를 기억하는 방식으로 기억력을 강화할 수 있다. 내비게이션은 초행길을 갈 때만 사용하고 다음에 찾아갈 때는 내비게이션을 끄고 기억을 되살려서 운전하는 습관을 들인다. 인터넷 웹 서핑을 단순 반복하면 기억력에 나쁘지만, 주제를 정해 놓고 여러 사이트에서 필요한 정보를 찾아 모으면 집중력과 기억력이 동시에 강화된다.

학습 기억력

공부를 잘하려면 한번 배운 것을 정확하고 오래 기억해야 한다. 사춘기가 시작되면 전두엽에 있는 신경이 빠르게 발달하기 때문에 많은 정보가 머리에 입력될 수 있다. 그러나 마구잡이로 입력된 너무 많은 정보는 오히려 기억력에 방해가 된다. 다음은 한 일간지에 소개된 청소년의 학습 능률을 높이는 기억력 증진법이다.[17)]

메모는 교과서에 손으로

기억해야 할 내용은 별도의 공책보다 교과서의 관련 내용 근처 빈칸에 써 둘 때 기억에 더욱 오래 남는다. '1단원 마지막 페이지 왼쪽 맨 아래에 적어 뒀다'라고 기억을 회상하면 금방 기억난다. 메모는 컴퓨터나 휴대폰에 자판을 두드려 입력하지 말고 손으로 직접 써야 한다. 그 이유는 자신의 필체와 글씨 색깔 등이 나중에 기억해내는 큰 단서가 되기 때문이다.

암기과목은 저녁이 효율적

암기과목은 저녁에 하는 것이 좋다. 청소년기에는 수면 호르몬인 멜라토닌이 성인보다 더 늦은 시각에 분비된다. 아침은 늦게 분비된 멜라토닌 수치가 떨어지기 전이라서 집중력이 낮아진다. 역사 등 새로운 내용을 외워야 하는 과목은 집중력에 영향을 많이 받으므로 아침보다 저녁이 좋다. 아침에는 수학처럼 이미 이해하고 있는 풀이법 등을 이용하는 과목을 공부하는 것이 더 효과적이다.

영어단어는 등·하굣길에 외우기

영어단어 등 단순하게 외울 것은 등·하굣길에 암기하면 나중에 그 단어를 떠올릴 때 도움이 된다.

'세탁소 앞을 지나면서 외웠는데', '버스에서 아기를 안은 아주머니 옆에 앉아서 외웠는데' 등 암기 당시의 상황을 회상하면 단어를 기억해내는 데 도움이 된다. 그러나 역사처럼 줄거리가 있거나 복잡한 암기과목은 조용한 곳에서 공부해야 한다.

집중력 잃으면 혼자 쉬어야

공부하다가 책장을 넘기는 속도가 느려지거나 앞부분의 내용을 다시 확인하게 되면 공부를 잠시 중단하자. 그러면 공부한 내용이 기억된다. 집중력이 떨어졌을 때 산책하거나 화장실을 가는 등 잠깐 혼자 쉬면 공부한 내용이 스스로 머릿속에 저장된다. 그러나 친구들과 잡담을 하거나 TV를 보면 공부한 내용이 사라지게 된다.

친구에게 설명하면 기억이 더 잘돼

기억해야 할 내용을 친구에게 설명해주면 자신의 기억에 더 오래 남는다. 복습을 열심히 했을 때 성적이 오르는 이유는 자기 스스로에게 공부한 내용을 한 번 더 설명해주는 효과 때문이다. 따라서 쉬는 시간에 친구끼리 서로 배운 내용을 설명해주면 복습 효과가 생겨서 기억력이 강화된다.

음악을 들을 때는 가사 없는 낯선 곡을

좋아하는 음악을 들으면서 공부하면 공부내용을 기억하는 데 방해가 된다. 이런 현상을 '선택적 집중'이라고 하는데, 뇌가 자신이 좋아하는 음악에 집중하기 때문에 공부내용이 기억되지 않는다는 것이다. 특히 출연자들이 떠드는 라디오를 들으면 안 된다. 본인도 모르게 대화내용에 집중하기 때문이다. 공부할 때 음악을 듣는 것이 습관이 된 학생은 평소에 듣지 않던 가사가 없는 음악을 듣는 것이 바람직하다.

시험 때 잠 줄이면 기억력에 장애

장기기억력을 높이려면 시험 직전에도 평소 수면시간을 지켜야 한다. 평소보다 갑자기 덜 자면 깊게 잠드는 렘수면시간이 줄어든다. 렘수면이 줄면 단기기억이 장기기억으로 전환되지 않는다. 그날 공부한 내용은 그날 밤 잠을 잘 때 장기기억화하기 때문에 매일 규칙적으로 충분히 자야 한다.

창의성

창의성의 정의

영어에서 창의성(creativity)은 라틴어 'creatus'에서 나온 말로서 문자 그대로 해석하면 '성장하는 것(to have grown)'이다. 한국예술종합학교 이동연 교수는 '창의적인 것'을 '현존하는 아이디어와 개념 사이에 새로운 아이디어와 개념, 새로운 연상을 발생시키는 정신적 과정'이라고 정의했다. 즉, 독창적인 것과 고유한 것을 만드는 정신의 산물로서 전체적으로 새로운 어떤 것들을 생산해내는 것, 현존하는 사물에 자질과 특성을 부여하는 것, 이전에 우리가 인식하지 못한 새로운 가능성을 만드는 것, 우리가 이전에 가능하거나 정상이라고 생각한 것에서 뭔가 다른 것을 보거나 수행하는 것을 뜻한다는 것이다.[18] 지능심리학자인 길포드(J. P. Guilford)는 인간의 사고를 수렴적 사고(convergent thinking)와 확산적 사고(divergent thinking)로 구분했다. 수렴적 사고는 사고과정을 통해 도출되어야 할 해답 또는 정답이 이미 결정되어 있는 사고 능력을 말한다. 여기에는 문제해결력, 비판적 사고력 등이 포함되고 주로 사고의 논리적 전개과정이 강조된다. 반면에 확산적 사고는 도출되어야 할 해답이나 정답이 있는 것이 아니라 가능한 한 새롭고 다양하며 독창적인 사고를 하는 능력을 지칭한다. 길포드는 확산적 사고를 창의력으로 보았다.[19]

창의성의 유형

서울대 심리학과 권석만 교수에 따르면 심리학자들은 창의성을 일상적 창의성과 위대한 창의성으로 구분한다고 했다. 일상적 창의성(everyday creativity :

small c)은 가정이나 직장에서 부딪히는 일상적인 문제들을 독창적으로 해결하는 능력을 의미하며 그 영향력은 가정이나 직장에 한정된다. 반면에 위대한 창의성(big creativity : big C)은 뛰어난 과학자나 예술가들이 나타내는 놀라운 독창성을 뜻하며 그 영향력이 광범위하다. 위대한 창의성을 지닌 대표적 인물로는 미켈란젤로, 에디슨, 퀴리부인, 비트겐슈타인, 아인슈타인, 피카소, 빌 게이츠 등을 들 수 있다.[20)]

창의성의 특성

창의력에는 세 가지 특성이 포함된다.

첫째, 유창성(fluency)이다. 이것은 아이디어나 사고를 끊임없이 계속하는 능력이며, 여기에는 언어의 유창성, 사고의 유창성, 표현의 유창성, 연합의 유창성 등이 포함된다. 둘째, 독창성(originality)이다. 이것은 기존에 존재하지 않는 독특한 아이디어, 비범한 아이디어, 대단한 개인적인 아이디어를 생산하는 능력을 뜻한다. 셋째, 신축성(flexibillty)이다. 이것은 사고의 다양성을 허용했을 때 관습적 사고, 관행적 사고, 고정관념에서 얼마나 자유로운가 하는 것을 말한다.[21)]

권석만 교수에 따르면 창의성에 관련된 심리적 특성에 관해서는 두 가지 일관된 결과가 나타난다고 한다.

첫째, 창의적인 사람들이 반드시 지능이 높은 것은 아니라는 것이다. 즉 창의성이 높다고 해서 반드시 천재적인 높은 수준의 지능을 지니는 것은 아니며, 지능이 높다고 해서 창의성 검사에서 높은 점수를 얻는 것도 아니라는 것이다. 둘째, 창의성은 지능 수준보다 성격특성과 더 밀접한 관련성을 지닌다는 것이다. 창의적인 사람들은 독립적이고 비순응적이며 비인습적일 뿐만 아니라, 관심분야가 넓고 새로운 경험에 대한 개방성을 지니며 행동적·인지적 유연성과 모험적 성향을 가지고 있다. 창의성의 영역은 예술적 창의성과 과학적 창의성으로 구분된다. 예술적 창의성은 음악, 미술, 문학 등의 영역으로 나누어지며, 과학적 창의성은 수학영역을 비롯한 과학의 학문영역과 발명영역으로 구분할 수 있다.[22)]

창의성의 증진

벨기에 출신의 창의성 관련 전문가인 바움가르트너(Jeffrey Baumgartner)는 창의성 증진을 위한 열 가지를 제시하였다. ① 바흐의 음악 듣기, ② 브레인스토밍 하기, ③ 항상 메모할 수 있는 노트북과 필기도구를 갖고 다니기, ④ 어떤 아이디어가 떠오르면 먼저 사전을 찾아 무작위로 단어를 고른 후 이 단어를 결합하여 아이디어를 구체화하기, ⑤ 자신의 문제점을 정의하기, ⑥ 생각이 나지 않으면 산책하기, ⑦ TV를 시청하지 않기, ⑧ 약을 먹지 않기, ⑨ 읽을 수 있는 것은 모두 읽기, ⑩ 두뇌를 활성화하기 등이 그것이다. 바움가르트너의 제안이 흥미로운 점은 고정된 행동이나 틀에 박힌 사고에서는 창의성이 절대로 나오지 않는다는 것이다. 즉 음악을 듣고 항상 새로운 아이디어를 사고하며 적절한 휴식과 함께 가능한 많은 정보를 습득하는 과정에서 창의성은 향상된다.[23)]

창의성과 환경

권석만 교수에 따르면 창의성의 발현 정도는 환경의 영향을 많이 받는다고 한다. 일반적으로 지적·문화적·심미적인 자극을 풍부하게 제공하는 가정환경은 창의성을 촉진한다. 예를 들어 다양한 책과 잡지를 구비하고 있고 예술공연, 전시회, 박물관, 여행 등의 문화활동을 많이 하는 가정환경이 그렇다. 이런 가정의 부모는 평균보다 높은 교육 수준을 지니고 있으며, 자녀의 자발적 관심사에 초점을 맞추며 양육한다고 한다. 따라서 학교의 교사는 융통성을 지니면서 학생들에게 새로운 모험을 장려하는 것이 바람직하다.[24)]

긍정심리학

긍정심리학자들은 주관적 안녕에 영향을 미치는 다양한 요인들에 대해서 연구해왔다. 주관적 안녕의 요인으로는 크게 인구사회학적 요인들과 심리적 요인들이 해당된다. '긍정심리학'이란 인간의 긍정적인 심리적 측면을 과학적으로 연구하고 인간의 행복과 성장을 지원하는 학문을 말한다. '주관적 안녕'이란 개인이 자신의 삶을 긍정적으로 경험하는 주관적인 심리상태를 의미한다. 권석만 교수는 행복에 영향을 미치는 인구·사회학적 요인들과 심리적 요인들을 다음과 같이 설명했다.[25)]

행복에 영향을 미치는 인구·사회학적 요인들

성별

남성과 여성 중 누가 더 행복하다고 느낄까? 행복이나 삶의 만족도에 대한 자기보고 연구에서 남성과 여성의 차이는 일관성 있게 나타나지 않고 있다. 유의미한 차이가 없거나 여성이 더 행복하거나 남성이 더 행복하다는 연구결과들이 혼재한다. 일반적으로 여성이 남성보다 약간 더 높은 수준의 행복을 보고하는 경향이 있지만 그 차이는 매우 작다.

연령

연령에 따라서 행복도에 차이가 있을까? 한 연령대 집단이 다른 연령대보다 더 행복할까? 주관적 안녕은 연령이 높아짐에 따라서 다소 증가하는 경향이 있으며, 적어도 떨어지지는 않는 것으로 밝혀졌다. 연로한 사람들이 젊은 이들보다 삶에 대해 더 만족하며 더 행복하다는 결과들이 보고되고 있다.

경제적 수준

경제적 부富는 안락, 안전, 자유, 권력, 애정 등에 대한 욕구를 다양한 방법으로 충족시켜주는 중요한 수단으로 간주되고 있다. 그러나 돈은 가난 수준을 벗어나서 의식주와 질병치료 같은 기본적 욕구를 충족시킬 때까지만 행복 수준에 중요한 영향을 미친다. 이러한 기본적 욕구가 해결된 상태에서는 수입이나 재산이 행복에 미치는 영향은 미미한 것으로 나타났다.

교육 및 지능 수준

사람들은 교육 수준이 행복에 중요한 영향을 미친다고 생각한다. 교육 수준이 높을수록 좋은 직장을 얻을 수 있고 더 높은 소득을 올릴 수 있을 뿐만 아니라 직업에 대한 만족도도 높으며 더 많은 여가시간을 보낼 수 있을 것이라고 생각하기 때문이다. 여러 연구의 결과들을 종합하면 교육 수준이 행복도와 정적인 상관을 보이기는 하지만 그 상관 정도가 상당히 미약한 것으로 밝혀졌다. 한편 지능은 행복의 강력한 예언변인으로 알려져 있지만 그 자체는 행복도에 영향을 미치지 못했다. 다만 지능이 현저하게 우수하고 적절한 기대 수준을 지니는 경우에는 행복도가 높아지는 경향이 있다.

직업

직업은 행복에 있어서 중요하다. 직업을 가진 사람들은 미취업자보다 더 행복하며, 전문직 또는 숙련직 노동자가 비숙련직 노동자보다 더 행복한 것으로 나타났다. 그러나 직업의 유형보다는 직업에 대한 만족도가 행복에 더 큰 영향을 미친다.

결혼

결혼은 행복에 중요한 영향을 미치는 것으로 알려져 있다. 주관적 안녕에 대한 연구에서 일관성 있게 나타나는 결과는 기혼자의 행복도가 미혼자보다 높다는 것이다. 남성과 여성 모두 결혼한 사람들이 더 행복하고 삶에 만족하는 것으로 나타났다.

종교

종교는 정신건강에 도움이 되며 주관적 안녕에 영향을 미치는 것으로 알려져 있다. 종교는 개인적으로 삶의 의미를 제공하고 생활 속의 위기 대처에 도움이 될 뿐만 아니라, 사회적으로는 집단적 정체감을 느끼고 비슷한 가치와 태도를 지닌 사람들과의 사회적 지지체계를 형성하게 해준다.

건강

건강은 주관적 안녕과 밀접한 관계를 지닌다. 질병은 개인이 지향하는 목표달성을 방해하므로 주관적 안녕에 부정적 영향을 미친다. 특히 질병이 심각하여 다양한 만성적 문제를 일으킬 경우에는 더욱 그러하다. 그러나 경미한 질병의 경우에는 쉽게 적응할 수 있기 때문에 그 영향력이 미미한 것으로 밝혀졌다.

행복에 영향을 미치는 심리적 요인들

낙관성

낙관성(optimism)은 주관적 안녕을 예측하는 강력한 성격요인으로 알려져 있다. 낙관성은 미래에 대해서 긍정적인 기대와 전망을 하는 인지적 경향성을 의미한다. 낙관성이 높은 사람들은 자신의 행복도와 삶의 만족도가 높은 것으로 보고한다. 미래의 긍정적 결과를 예상하게 되면 기분이 좋아질 뿐만 아니라 스트레스 상황에서도 적극적으로 대처하게 된다. 셀리그만(Martin Seligman)은 낙관성이 학습될 수 있다고 주장하는데, 이를 학습된 낙관주의(learned optimism)라고 한다.

자존감

자존감(self-esteem)은 주관적 안녕의 매우 강력한 예측변인으로 알려져 있다. 자존감은 자기 자신에 대한 전반적인 긍정적 평가와 우호적 태도를 의미한다. 자존감이 높은 사람은 자신을 가치 있는 유능한 존재로 생각하며 자신에 대한 만족감을 지닌다.

외향성

인간의 성격 유형을 구분하는 가장 중요한 차원은 외향성과 내향성이다. 외향성(extroversion)은 개인의 심리적 에너지, 즉 주된 관심사가 외부환경으로 지향되는 성향인 반면에 내향성(introversion)은 관심의 방향이 자신의 내면적 경험으로 향하는 성향을 의미한다. 많은 연구에서 외향성과 행복도는 높은 상관이 있는 것으로 나타났다.

통제감

통제감(sense of perceived control)은 개인적으로 중요한 삶의 사건들에 대해서 자신이 통제할 수 있다는 신념을 의미한다. 많은 연구결과들은 내적 통제소재를 지닌 사람들이 외적 통제소재를 지닌 사람들보다 다양한 측면에서 주관적 안녕 수준이 높다는 것을 보여주고 있다. 자신의 인생을 스스로 통제할 수 있다는 믿음은 자기유능감, 삶에 대한 자신감, 미래에 대한 긍정적 확신을 심어줌으로써 행복감을 증진시킨다.

긍정적 인간관계

긍정적인 인간관계는 주관적 안녕에 긍정적 영향을 미치는 정서적 친밀감과 사회적 지지를 제공한다. 배우자와 가족, 친구와의 관계에서 경험하는 친밀감은 삶의 만족도를 예측하는 가장 강력한 변인으로 알려져 있으며, 이는 물질적 풍요와 건강 및 여가활동보다 더 강력한 예측요인이다.

인생의 목적의식

인생의 목적의식은 실증적 연구에서 흔히 종교성으로 측정되었다. 종교는 인생에 대한 목적과 의미를 제공할 뿐만 아니라 존재론적 고독과 죽음에 대한 두려움을 이겨내는 데 도움이 된다. 여러 연구에 따르면, 종교적 신념이 강하고 삶에 있어서 종교의 중요성이 높을수록 그리고 종교의식에 자주 참석하는 사람일수록 주관적 안녕 수준이 높은 것으로 나타나고 있다.

관계심리

바우어(Joachim Bauer)는 의과대학 교수이자 정신과 의사이다. 그는 어린이들과 관련된 프로젝트와 여러 가지 뇌 연구를 바탕으로 교육이 어떤 식으로 이루어져야 하는지를 구체적으로 설명했다. 그가 교육에 적용하고 자주 사용하는 용어인 '거울 뉴런(mirror neurons)'은 거울현상 또는 공명현상이라고도 불리는데, 이것은 신경생물학적 체계이다. 이 체계는 사람과 사람 사이의 '관계'가 갖는 의미와 중요성을 말해준다. 즉 거울이 나의 모습을 비춰주듯, 나와 상대방은 무의식적으로 행동이나 감정을 서로 비추고 반응한다. 학생들은 자신의 모습을 부모라는 거울, 선생님이라는 거울에서 찾게 된다. 만약 거울에 비친 모습이 학생들의 개성이나 특성과 잘 어울린다면 학생들은 매우 잘 성장할 수 있다.[26)]

학습동기, 협조적인 태도 그리고 관계형성이라고 하는 요소들은 신경생물학적인 바탕에서 나온다. 인간 상호 간의 관계가 중요한 역할을 하는 곳에는 항상 신경생물학이 관여하고 있다. 인간은 특히 어린이들은 '관계를 맺는 동물'이다. 인간이 관계를 맺으면서 체험하는 모든 것은 뇌에 의해서 생물학적 신호로 바뀌고, 이것은 우리 신체의 생물학적 특성과 능력 그리고 우리의 태도에 영향을 준다.[27)]

왕따심리

왕따를 집단 따돌림 또는 집단 괴롭힘이라고도 한다. 최근 학교 내 왕따가 심각한 사회적 문제로 대두되고 있다. 왕따로 인해 자신의 생명을 스스로 끊는 학생이 있어서 주위 사람들을 안타깝게 한다. 가해 학생이나 피해 학생 모두 피해자가 되기 마련이다. 학생뿐만 아니라 부모와 친구들, 심지어 교사까지도 피해자가 될 수 있다. 서울대 의대 소아청소년 정신과 김붕년 교수는 집단 따돌림을 집중적으로 연구해온 정신과 의사이다. 김교수가 한 일간지와 가진 인터뷰 내용을 필자가 나름대로 정리해보았다. 김교수는 초등학교 6학년과 중학교 1~2학년은 가족 중심 생활에서 또래 중심 생활로 이동하는 시기인 동시에 부모의 통제가 지배하는 환경에서 또래문화에 크게 영향 받는 생활로 전환하는 시기라고 했다. 이 과정에서는 기형적인 대인관계와 위계질서가 잘 발생하기 때문에 쉽게 왕따로 이어질 수 있다고 한다. 즉 그들 사이에서 힘과 권력에 의한 서열재편이 일어난다는 것이다. 김교수는 왕따는 청소년 발달과정에서 언제든지 누구에게나 발생할 수 있는 문제로서, 불만 붙이면 타오르는 휘발성 아이들을 그동안 우리 사회는 소방장치 하나 없이 방치해놓았다고 지적했다. 집단 따돌림은 본래 명령과 복종이 지배하는 사회에서 많이 발생한다. 학교에서 왕따가 발생하는 이유는 학교생활이 개인 고유의 개성을 중요시하기보다는 획일성과 힘에 의한 상하관계를 띠며, 입시교육이 중학교 때부터 빨리 시작되어 다양성을 인정받지 못하고 성적으로 매겨지는 순위문화가 학생들을 조이기 때문이다. 따라서 이 시기에는 단체 스포츠활동이나 예술활동을 통해 공격성을 줄이고, 상대방과의 협동정신을 집중적으로 익혀야 하는데, 공부가 전부이다 보니 그에 대한 저항과 탈출이 청소년시기의 공격성과 맞물려 폭력으로 이어진다고 설명했다. 김교수는 대개 집단 따돌림의 피해자는 반복적으로 피해자가 되고, 가해자는 계속 가해자로 남는다고 한다. 그런데 우리나라에서는 가해자가 반대로 피해자가 되거나, 피해자가 나중에 가해자가 되는 현상이 의외로 많이 발생한다. 앞서 말한 뇌과학에서의 거울 뉴론 학설을 다시 언급해보자. 어느 특정 행동을 하는 사람에게서 나오는 뇌파는 그것을 보는 사람에게도 똑같이 나타난다. 즉 나쁜 행동은 보기만 해도 거울처럼 그대로 따라하게 된다는 것이다. 김교수는 왕따에 대한 몇 가지 대안을 내놓았다. 선진국에서는 학생을 대상으로 하는 정신건강교육의 경우, 별도의 교과목으로 가르치지 않고 국어나 사회시간에 자연스럽게 지도한다. 일예로 국어수업시간에 집단 따돌림으로 괴로워하는 학생이 쓴 시를 들려주는 것을 들 수 있다. 피해 학생이 쓴 시를 학생들이 다 함께 읽음으로써 시의 의미와 시를 쓴 학생의 마음을 헤아리는 시간을 갖게 된다. 김교수는 왕따 가해자의 문제는 피해자의 심정을 심각하게 느끼지 못하는 공감능력의 부족에서 온다고 보았다. 중학교 1~2학년 등 초기 사춘기시기의 뇌는 외부자극에 따라 뇌 모양 자체도 무척 빨리 달라진다. 이 시기의 뇌는 말랑말랑한 플라스틱 같아서 언어교육을 집중적으로 시키면 실제로 언어를 관장하는 뇌 부위가 커지게 된다. 김교수는 이 시기에 올바른 윤리와 품성을 키우고 상대방을 배려하는 공감교육을 잘 받으면, 그것이 평생 간다고 했다.[28)]

교육 06

지능과 발달

여섯 번째 이야기

지능과 발달

지능과 발달에 대해 살펴본다. 이를 위해 뇌의 구조, 좌뇌형과 우뇌형, 우뇌 훈련에 대해 알아보고, 지능과 지능이론, 학습이론, 발달이론에 대해서도 살펴본다.

뇌의 구조

성인 남자의 뇌는 대략 1.4kg, 여자는 1.25kg이다. 500억 개에 이르는 길쭉한 신경세포인 뉴런(neuron : '뿔'이라는 뜻의 그리스어)이 10%를 차지하고 있고, 나머지는 뉴런의 활동을 돕는 아교세포로 메워져 있다. 뉴런은 전기신호나 화학물질을 주고받으며 서로 '통신'한다. 이때 통신장비는 시냅스(Synapse : '접촉'이란 뜻의 그리스어)이다. 뉴런은 태아 때 1분에 250만 개씩 만들어진다. 뇌세포는 어른이 되어서도 계속 만들어진다.[1)]

뇌는 세 종류의 수막이 감싸고 있다. 가장 바깥쪽은 경질막이고, 그 안에 잠자리 날개처럼 생긴 거미줄막, 가장 안쪽엔 연질막이 있다. 거미줄막과 연질막 사이에 가득 찬 뇌척수액은 뇌의 빈 공간인 뇌실에서 하루 500cc 가량 만들어져 뇌를 돈 뒤 정맥에 흡수된다. 이것은 뇌를 충격에서 보호하며 뇌의 찌꺼기를 배출한다. 뇌는 대뇌·사이뇌·중간뇌·소뇌·숨뇌 등으로 이뤄져 있다.[2)]

뇌의 신경세포는 생활 속에서 받는 갖가지 자극을 뇌 안에서 정리하고, 신체 각 부분에 전달하여 흥분이나 억제가 일어나게 하는 중요한 존재로서, 생명의 근원이 되는 기능을 담당한다. 사람에 따라 지능의 차이는 있을지 몰라도 타고난 뇌세포의 수는 1000억 개로 거의 비슷하다. 따라서 태어날 때부터 머리가 나쁜 경우는 없다. 그런데 지능에 차이가 나는 것은 자라면서 받는 학습방법 때문이다. 아무리 뛰어난 소질이나 유전자를 가지고 이 세상에 태어났다고 해도 단순히 그 때문에 머리의 좋고 나쁨이 결정되는 것은 아니다. 그가 어떻게 자라고

어떻게 공부했는가에 따라 두뇌 전체의 상태가 성장과 함께 달라질 수 있다.[3)]

좌뇌와 우뇌

사람의 대뇌는 우반구와 좌반구로 나뉘어져 있는데, 각기 다른 역할을 담당하고 있다. 우뇌는 주로 공간이나 물체의 형태를 인지하며 직관, 음악 능력 등을 관장한다. 우뇌는 생각하는 뇌가 아니다. 이에 비해 좌뇌는 언어・논리・대수代數・분석적 사고 등을 관장하는 '생각하는 뇌'이다. 우뇌만 발달한 우뇌형 인간은 감정이 풍부하고 예술적 이미지나 발상 또는 직감도 훌륭하다. 그러나 한편으로는 제멋대로이고 상식이 없으며 다른 사람들과 원활한 커뮤니케이션을 나누지 못한다. 반면 좌뇌형 인간은 사회성이 풍부하고 상식 갖추고 있으며 업무능력도 정확하다. 그러나 응용능력이 서툴며 어떤 일에도 감동이 없고 새로운 것을 창조하지 못한다. 저장할 수 있는 정보의 수용능력은 좌뇌보다 우뇌가 압도적으로 많다. 좌뇌에는 형태라든가 문자 등 정형적 정보가 저장되며, 정보량으로서는 한계에 이르기 쉽다. 이에 비해 우뇌에는 무의식적으로 사용되는 정보인 공간 인식, 패턴 인식, 이미지 등을 계속 저장할 수 있다.[4)]

소설가 송기원 씨는 ≪못난이 老子≫에서 우뇌에 대한 이야기를 풀어나갔다. 우뇌는 좌뇌에 비해 엄청난 정보를 수용할 수 있고 신비한 방향성이 있으므로 필히 개발해야 한다는 것이다. 우뇌에는 사람이 살아가는 데 가장 중요한 본능이나 지혜, 나아가 생명의 신비한 법칙까지도 모두 들어 있다는 것이다. 좌뇌와 우뇌의 유전자 정보의 총량을 비교하면 우뇌가 좌뇌에 비하여 10만 배가 넘는 엄청난 정보가 쌓여 있다고 한다. 그래서 우뇌에 비해 좌뇌는 이 넓은 우주에 떠다니는 먼지 한 알만큼의 존재감도 못 된다는 것이다. 그런데도 우리는 지금까지 좌뇌만을 중요시하고 살아왔고, 학교에서 공부하는 내용의 대부분도 좌뇌 위주이고, 거기에 따라 성적이 매겨진다는 것이다. 아인슈타인이나 뉴턴 같은 과학자들도 이런 우뇌의 능력이 순간적으로 번득여서 우주의 위대한 법칙을 발견했다는 것이다. 또한 모든 훌륭한 예술가들이 역사에 남는 위대한 작품을 만들어내는 것도 영감靈感이라고 부르는 우뇌의 ‘순간적인 번득임’ 때문이라고 했다. 송 작가에 따르면 지금까지의 진보적인 뇌연구학자들의 의견을 종합해볼 때, 우뇌에 새겨진 유전자 정보에는 어떤 목적을 가지고 행동하는 신비한 방향성이 있다는 것이다. 사람은 누구나 마음 속 깊은 곳에 무엇인가를 이루고자 하는 이상적이고 완전한 상상의 세계를 지니고 있다고 한다. 바로 그 이상적이고 완전한 상상의 세계가 우뇌의 유전자가 가고자 하는 신비한 방향성이라고 할 수 있다.[5)]

태아는 이른 경우 15주부터 어느 한쪽을 주로 쓰기 시작한다. 예술가 중에는 유난히 왼손잡이가 많다. 자폐증 환자의 65%가 왼손잡이라는 연구결과는 자폐증이 뇌 이상 때문에 생긴다는 사실과 관련되어 있다. 또 오른손잡이는 좌뇌에 언어능력이 집중되어 있어서 좌뇌를 다치면 회복이 잘 안되지만, 왼손잡이는 양쪽 뇌에 언어능력이 퍼져 있어서 우뇌를 다쳐도 잘 회복된다. 최근 좌뇌와 우뇌를 균형적으로 사용하면 몸의 면역기능이 향상되고 정신이 맑아진다는 연구결과가 잇따르고 있으며 이를 환자치료에 이용하기도 한다.[6)]

직관의 뇌, 우뇌

이화여대 교육심리학과 김재은 교수는 한국인은 원래 우뇌형 인간이라고 했다. 한옥의 서까래나 기둥을 직선으로 다듬지 않고 구부러진 것 그대로 사용한 것만 보아도 이를 알 수 있다는 것이다. 또한 옛날 풍속화나 산수화를 보면 정확한 묘사보다는 패턴 인식에 더 깊게 관련되어 있어서 매우 직관적이고 명상적이고 선禪적인 요소가 담겨져 있다는 것이다. 이런 요소들은 우뇌적인 작업의 결과라고 볼 수 있다. 우뇌는 직관, 번득임의 뇌이다. 발명이나 발견, 예술적 분야에서 기업 활동에 이르기까지의 창조적인 것이 우뇌의 산물인 것도 최근의 연구로 알게 되었다. 그동안 우리는 엘리트주의 교육, 주입식 교육, 성적 중심적 교육, 기억 우선의 교육을 해왔는데, 이는 좌뇌 교육이라고 할 수 있다. 그런데 분명한 것은 우뇌 기능의 강화를 강조한다는 것이 곧 좌뇌 기능을 부정하거나 가볍게 여겨야 한다는 말이 아니라는 점이다. 우뇌에서 번쩍하면서 떠올랐던 멋진 아이디어도 그것이 현실화되려면 좌뇌에서 이론적으로 통합하고 정교하게 조립되어야만 발견으로 이어지기 때문이라고

김교수는 설명했다.[7)]

좌뇌형과 우뇌형

사람은 일생 동안 자신의 머리를 제대로 쓰지 못하고 죽는다. 어떤 대뇌생리학자는 일생 동안 머리를 잘 써도 겨우 3분의 1 정도밖에 쓰지 못하고, 머리 쓰기를 게을리하는 사람 같으면 3%도 못쓰고 죽는다고 한다. 김재은 교수는 우뇌형과 좌뇌형을 구별하는 방법을 개발했다. 그는 15개의 구체적인 상황을 주고 이에 해당하는 것에 응답하면 자신이 어떠한 형태의 인간형인지 알 수 있다고 했다. 좌뇌와 우뇌 사이의 점수 차가 1점이면 균형형이고, 3점 이상의 차이가 나면 우뇌형이나 좌뇌형으로 보면 된다는 것이다. 본 글에서는 몇 가지 상황만 제시한다.[8)]

전화로 길을 안내하는 방법

- 좌뇌형 : "몇 번째 신호에서 오른쪽으로…." 지도 읽듯이 설명한다.
- 우뇌형 : "모퉁이에 책가게가 있으니까…." 식으로 목표물을 이용해서 설명한다.

정리정돈을 하는 방법

- 좌뇌형 : 새 일을 시작하기 위해 필요 없는 것은 정리해버린다.
- 우뇌형 : 책상 위가 너절해도 일은 제대로 한다.

메모하는 방법

- 좌뇌형 : 갈겨써도 언제든지 쓸 수 있게 깨끗이 정리해서 메모한다.
- 우뇌형 : 기호라든가 난필이 잡다하고 다른 사람이 보아서는 알 수 없는 메모를 한다.

걷는 방법

- 좌뇌형 : 빠른 걸음으로 걷는다든지 해서 신속하게 움직인다.
- 우뇌형 : 주위의 풍경이나 행인들을 살피면서 좀 느리게 걷는다.

점심식사 때

- 좌뇌형 : 혼자서 식사하러 가는 일이 많다.
- 우뇌형 : 언제든지 친구와 함께 먹으러 간다

쇼핑할 때

- 좌뇌형 : 몇 집이고 들러서 한 바퀴 돌아보고 사는 일이 많다.
- 우뇌형 : 충동구매를 하고는 나중에 후회하는 일이 많다.

전시장에서 구경할 때

- 좌뇌형 : 팜플렛의 설명서를 열심히 읽는다.
- 우뇌형 : 한군데 서서 자세히 들여다본다.

우뇌 훈련

김재은 교수는 집중력을 높이는 데 유용한 우뇌 훈련방법은 여러 가지가 있으나 그중 음악이 아주 중요한 역할을 한다고 했다. 우뇌개발에 음악이 좋은 이유는 정신치료에 음악요법(music therapy)을 사용하는 이유도 있지만, 뇌일혈 등으로 좌뇌가 손상을 입어 언어중추가 파괴된 환자에게 음악요법이 큰 효과가 있다는 증거도 있어서 전문가들은 음악의 활용을 권하는 것이다. 뇌일혈 환자들은 일반적으로 재활이 곤란하지만 음악요법을 실시하면 조금씩 말을 할 수 있게 된다. 이는 음악에 의해서 우뇌가 활성화된다는 것을 뜻하며, 그렇게 됨으로써 좌뇌로 그 영향이 미쳐져서 다시 언어기능을 회복하게 된다는 것이다. 우뇌가 활동을 시작하려면 자기가 좋아하는 음악을 들어야 한다. 자기가 좋아하는 음악은 알파파를 가장 잘 낸다. 알파상태가 되면 직관력이 뛰어나며 이미지가 잘 생산된다. 이때 우뇌는 깊은 이완 상태에 들어간다. 집중력을 비롯하여 기억력, 심신의 절묘한 균형, 직관, 번득임과 같은 잠자고 있던 뇌력腦力이 크게 활동을 하게 된다. 알파파와 우뇌활동과는 이렇듯 깊은 관계가 있기 때문에 어떤 학자는 좌뇌를 논리의 뇌, 우뇌를 음악의 뇌라고도 한다.[9)]

일본 교토대학京都大學 오시마 기요시大島清 교수에 의하면 우뇌를 단련하기 위해서는 우선 눈으로 보고 귀로 들으며 코로 냄새 맡고 손으로 만져보아야 한다고 했다. 손으로 만져본 경우에는 입에 넣어보기도 하는 것이 효과적이다. '어느 손'을 사용하는가 하는 것도 뇌와 깊은 관계가 있다. 우리 몸의 왼쪽 절반은 우뇌가 지배하고, 오른쪽 절반은 좌뇌가 지배한다. 그렇다면 왼손은 우뇌가 지배하는 셈이 되므로 우뇌를 자극하는 손쉬운 방법은 왼손을 사용하는 것이다. 대부분의 사람들은 거의 오른손잡이이다. 그러므로 왼손을 더 많이 사용하는 것이 바람직하다는 것이다. 늘 오른손만을 사용한다면 좌우의 뇌를 균형 있게 활성화시킬 수 없다. 왼손으로 젓가락을 사용하거나 글씨를 쓰는 것이 무리라면, 책장을 넘기거나 문을 열거나 하는 동작만이라도 왼손으로 해보자. 그러면 그만큼 우뇌를 훈련하는 셈이 된다.[10)]

지능

지능 측정

아이큐(IQ)는 지능의 대명사인 것으로 알려져 있는데, 원래 아이큐는 약 100년 전에 프랑스의 교육학자 비네(A. Binet)가 의무교육을 성공적으로 받을 수 있는 아동과 그렇지 못한 아동을 구분하기 위해 개발한 것이다. 한 아이가 자기 또래의 평균치에 비해 얼마나 앞섰나 뒤섰나를 통계치로 적은 수치일 뿐 총체적인 두뇌 능력과는 아무 상관이 없다는 것이 동국대 조벽 교수의 설명이다.[11)]

지능검사의 결과는 지능지수(Intelligence Quotient : IQ)로 표시된다. 원래 IQ의 개념은 IQ=[정신연령(MA)/생활연령(CA)]×100으로 나타나며 이를 고전적 IQ라고 한다. 고전적IQ는 생활연령(Chronological Age)이 자연적으로 계속 증가하는 데 비해 정신연령(Mental Age)은 대개 열세 살에서 열네 살까지 급격히 증가하다가 차츰 완만해지고 스무 살 이후는 거의 정지한다는 결함 때문에 사용하지 않는다. 현재 사용하는 것은 편차IQ(Deviation IQ)이다. 이것은 전국의 대표가 되는 각 연령집단에게 지능검사를 실시하여 얻은 분포를 기초로 각 연령집단의 평균이 100, 표준편차 15로 변환한 표준점수이다.[12)]

다음은 예일대 심리학과 교수 스타인버그(Robert Steinberg)가 쓴 ≪성공적 두뇌*Successful Intelligence*≫에 나오는 이야기다.[13] 조벽 교수는 이를 똑똑이와 똘똘이의 대화로 풀어서 지능의 본질을 쉽게 설명해주었다.

똑똑이와 똘똘이가 산을 넘어가고 있었다. 똑똑이는 학교에서 이름난 우등생이고 똘똘이는 동네에서 소문난 개구쟁이다. 이 두 아이가 산속에서 호랑이를 만났다. 똑똑이가 척 보니까 호랑이는 250미터 떨어져 있는데 달려오는 속도는 시속 50킬로미터 정도였다. 똑똑이는 정확히 계산을 해보더니 '야, 우린 이제 17.88초 후면 죽었다!'라고 똑소리 나게 재빨리 결론지으면서 친구 똘똘이를 쳐다보았다. 그러나 똘똘이는 태연스럽게 자기 운동화 끈을 동여매고 있지 않은가. 그 모습을 본 우등생 똑똑이는 열등생 똘똘이를 비꼬았다.

"멍청하긴 네가 뛰어봤자 호랑이보다 빨리 뛸 것 같아?"

그러자 똘똘이는 씩 웃으면서 말했다.

"아니야, 나는 너보다만 빨리 뛰면 돼."

스타인버그에 대한 이야기가 있다. 그는 초등학교 시절에 지능검사에서 어찌해야 할지를 몰라 끙끙대다가 '저능아' 판정을 받았다. 어린 시절에 받은 그 딱지 때문에 스스로 머리가 나쁘다고 믿음으로써 생겨난 보이지 않는 유리천장이 두고두고 자신의 가능성을 가두었다고 다음과 같이 고백했다.[14]

나는 초등학교 시절 지능검사라는 게임에서 졌다. 저능아 딱지는 늘 나를 따라다녔다. 잘해보려고 노력했지만 아무도 머리 나쁜 내게 기대하지 않았다. 선생님들이 그런 내게 실망했을까? 전혀 그렇지 않았다. 나는 선생님들의 낮은 기대치에 부응했고 그러자 선생님들은 행복해졌다. 나는 선생님들이 기대하는 대로, 내가 스스로에게 기대하는 대로 되어가고 있었다. 기대할 수 없는 실패작으로서 말이다.

스타인버그가 이렇게 억압했던 보이지 않는 유리천장에서 벗어날 수 있게 도와준 사람은 3학년 때 만난 알렉사 선생님이었다. 선생님은 지능검사가 뭔지도, 어디에 쓰이는지도 모르는 분이었다. 점수에 개의치 않았던 선생님은 눈앞에 있는 스타인버그만을 보며 열정적으로 순수하게 믿어주었다. 스타인버그가 잘할 수 있을 것이라는 선생님의 믿음과 기대로 인해 스타인버그는 크게 성장할 수 있었다. 스타인버그는 자신의 경험과 학계에서의 오랜 연구를 통해 지능검사로 어린이들을 판단하는 방식이 얼마나 위험한지 밝혀냈다. 지능검사가 이득보다는 해를 더 많이 끼친다고 주장하면서, 학교 공부를 잘하는 것 말고도 새롭고 독창적인 것을 만들어내는 능력, 생활 속에서 지혜롭게 문제를 해결해가는 능력 역시 중요한 지능이라는 이론을 만들어냈다.

다중지능이론

하버드대 교수인 가드너(Howard Gardner) 박사는 학생들이 졸업한 후 사회에서 어느 정도 성공하는지를 오랜 기간 관찰했다. 그랬더니 사회에서의 성공과 대학 성적과는 거의 상관관계가 없는 것으로 나타났다. 그래서 이유를 연구해보았더니 학교 성적은 대개 두뇌의 극히 부분적인 영역에 지나지 않는 논리·수학 능력이나 언어 능력 정도밖에 측정하지 않는데, 실제로 인간의 두뇌 능력에는 서로 다른 영역이 있다는 것을 밝혀냈다.[15)]

가드너는 IQ 테스트가 어떤 사람이 얼마나 똑똑한가를 측정하는 올바른 방법이 아니라고 주장하였다. 그는 똑똑하다는 것은 한 방면이 아니라 다양한 방면의 지능을 가리킨다고 했다. 가드너 박사는 자신이 연구한 다양한 능력을 설명하기 위해 새로운 학설을 내 놓았는데, 이를 '다중지능이론(Theory of Multiple Intelligence : MI)'이라고 한다. 다중지능이론에 따르면 사람에게는 여덟 가지의 지능이 있다. 즉, 언어지능(Linguistic Intelligence), 음악지능(Musical Intelligence), 논리지능(Logical-Mathematical Intelligence), 공간지능(Spatial Intelligence), 신체지능(Bodily-Kinesthetic Intelligence), 대인지능(Interpersonal Intelligence), 자성지능(Intrapersonal Intelligence), 자연지능(Naturalist Intelligence)이다.[16)]

다중지능이론 전문가인 암스트롱(Thomas Armstrong)은 ≪8가지 지능의 재발견*You Are Smarter Than You Think*≫이라는 책을 통해 다중지능을 향상시킬 수 있는 방법에 대해 구체적으로 설명했다. 이 책은 '똑똑한 10대를 위한 지능계발 안내서'로 자신이 누구인지, 장차 무엇이 될 수 있을까 고민하는 데 도움을 줄 수 있으며, 주위 사람들을 이해하고 그들과 잘 지낼 수 있도록 도와줄 수 있다. 암스트롱은 여덟 가지 지능을 향상시킬 수 있는 다양한 방법을 제시하였는데, 본 글에서는 그가 제안한 많은 방법들 중에 각 지능별로 두 개씩만 뽑아 소개한다.[17)]

언어지능 향상 방법

· 생각들을 기록한다. 매일 매일 떠오르는 생각들을 기록할 수 있는 들고 다니기 쉬운 작은 메모장이나 녹음기를 준비한다.
· 외국어를 배운다. 스페인어, 독일어, 중국어, 아랍어 등 관심 있는 외국어를 배운다. 모국어를 외국인에게 가르치기 위해 공부하는 것도 언어지능을 키우는 방법이다.

음악지능 향상 방법

· 다양한 장르의 음악을 듣는다. 블루스, 재즈, 클래식, 컨트리, 웨스턴, 팝, 랩, 가스펠 등 다양한 음악을 듣는다. 무의식적으로 어떤 종류의 음악이 싫다고 단정 짓지 않는다.
· 기회가 주어진다면 가장 좋아하는 악기의 개인 레슨을 받는다. 지역 문화센터나 교육프로그램을 통해 개인 레슨을 받는 것은 매우 유용하다. 만약 개인 레슨을 받을 수 없다면 책이나 컴퓨터 프로그램을 통해 악기연주법을 배울 수 있다.

논리지능 향상 방법

· 전략과 논리를 사용하여 게임을 한다. 게임으로는 장기, 바둑, 체스, 도미노 등을 들 수 있다.
· 단순한 수학문제는 머릿속으로 계산한다. 계산기나 종이와 연필을 사용하지 않는다. 만약 쉬운 문제를 그렇게 할 수 있다면, 좀 더 어려운 문제로 연습해본다.

공간지능 향상 방법

· 시각적인 일기를 쓴다. 시각적인 일기는 하루 동안 흥미를 끈 물건, 가지고

있는 생각이나 풀어야 할 문제를 스케치하기에 좋다.

- 그림 도서관을 만든다. 잡지, 신문, 엽서, 자신이 찍은 사진, 그 외에도 생각할 수 있는 모든 다른 재료에서 이미지, 그림, 디자인 등을 모아 스크랩북을 만들거나 벽에 콜라주를 만들 수 있다.

신체지능 향상 방법

- 손과 눈의 협응協應작용을 연습한다. 저글링(juggling)하는 방법을 배운다. 그것은 눈과 손이 함께 작용하는 매우 중요한 활동이다. 협응작용을 발달시키는 다른 활동들로 공기놀이, 카드놀이, 탁구, 비디오 게임 등이 있다.
- 연극반에 들어가거나 연기를 해본다. 학급 연극이나 학교 연극반에서 연기를 하는 기회를 가질 수 있다.

대인지능 향상 방법

- 자신의 사교지도를 만든다. 커다란 종이 가운데 자신의 이름을 적는다. 그 다음에는 자신과 가까운 순서로 사람들의 이름을 적는다. 가능한 한 친한 사람들의 이름을 많이 적는다. 그리고 이를 분석한다.
- 새로운 사람을 만난다. 매일, 매주 또는 매달 새로운 사람을 만날 계획을 세운다. 오늘부터 당장 시작한다. 친하게 지내고 싶은 사람은 적극적으로 찾아 나선다.

자성지능 향상 방법

- 자신을 위한 목표를 세운다. 매일, 매주, 또는 주어진 시간이 지나면 원하는 특별한 목표를 달성하기 위해 정기적으로 자신만의 시간을 가진다. 상당한 노력을 필요로 하는 목표를 세운다.
- 자서전을 집필한다. 지금까지의 자신의 생활에 대한 이야기를 쓰거나 창작을 한다. 이때 드로잉 등 그림이나 음악을 사용할 수 있다. 또는 촌극을 쓰거나 연기를 할 수 있고 만화책도 만들 수 있다.

자연지능 향상 방법

- 정원을 만든다. 여유 공간이 없으면 유리 상자 정원에다 꽃이나 허브를 기른다. 집이나 학교에 정원을 만들 계획을 세우고, 땅을 파서 나무를 심고, 거름을 주며 수확한다.

· 자연으로 나간다. 야영을 하고 배낭여행을 떠나며 하이킹을 한다. 자연계에 대해 새로운 것을 배울 기회는 얼마든지 있다. 자연일기를 쓴다. 이와 함께 자연을 스케치하거나 사진을 찍는다.

학습이론

행동주의 학습이론

행동주의 학습이론이 발전하는 데 중요한 공헌을 한 사람은 왓슨(J. B. Watson, 1878-1958)이다. '행동주의 심리학의 선언'이라고 부르는 다음과 같은 그의 주장은 행동주의 학습이론을 이해하는 데 중요한 단서를 제공한다.[18]

> 나에게 건강한 유아 12명을 주시오. 그러면 잘 만들어진 나의 특별한 세계에서 그들을 키울 것이고, 그들의 재능, 기호, 버릇, 적성, 인종에 관계없이 의사나 변호사 혹은 예술가나 기업의 사장 등 원하는 어떠한 전문가로서도 키울 수 있습니다. 그럼요! 거지나 도둑이 되게끔 훈련시키는 것도 물론 가능합니다(J. B. Watson).

고전적 조건화이론

고전적 조건화(classical conditioning)는 러시아의 생리학자인 파블로프(Ivan P. Pavlov, 1849-1936)에 의해 발전된 이론이다. 그는 개의 소화消化에 관한 연구로 노벨상을 수상하였다. 파블로프는 개에게 무조건 자극인 고기를 줄 때마다 중립자극인 종소리를 들려주었다. 고기를 줄 때마다 종소리를 함께 들려주는 실험을 반복한 결과, 개에게 고기 없이 종소리만을 들려주어도 침을 흘리게 된다는 사실을 발견했다. 종소리는 더 이상 중립자극이 아니라 조건자극으로 작용하며, 종소리만으로도 침을 흘리게 되는 것을 조건반응이라고 한다. 종소리와 침 사이에 조건화가 형성된 것이다.[19] 이러한 원리가 적용된 예를 살펴보자. 치과병원 복도를 걸어갈 때 맡게 되는 약품냄새는 두려움이라는 반응을 일으킨다. 사실 냄새 자체는 두려움을 일으키는 자극이 아니지만 약품냄새가 과거 이를 치료받던 때의 고통스러운 사건과 연합이 되었기

때문에 약품 냄새는 두려움에 조건형성된 것이다.[20)]

조작적 조건화이론

미국의 심리학자이며 컬럼비아대학 교수를 역임한 손다이크(E. L. Thorndike, 1874-1949)는 문제상자(puzzle box)라고 특별히 고안된 상치 안에 배고픈 고양이 한 마리를 넣고 상자 바깥쪽에 먹이를 놓아두었다. 여기서 배고픈 고양이가 해결해야 할 과제는 어떻게 상자로부터 빠져나가 먹이를 먹느냐이다. 문제상자는 빗장을 내림으로써 문이 열려지도록 되어 있다. 상자 안에 갇힌 고양이는 상자 안을 돌아다니고 소리를 지르며 뒹굴고 뛰어오르다가 마침내 '우연히' 빗장을 벗기는 반응을 통해 문을 열고 먹이를 얻게 된다. 이어지는 시행들에서는 이전 시행에서 탈출해 나온 고양이를 다시 상자 안에 넣는다. 이 과정이 반복됨에 따라 고양이가 점점 더 빠른 시간 안에 빗장을 내리는 것이 관찰되었다. 즉, 고양이는 불필요한 행동을 점차 줄이고 올바른 반응에 접근해갈 수 있게 된 것이다.[21)]

하버드대 심리학과 교수를 역임한 스키너(B. F. Skinner, 1904-1990)는 언어, 쓰기, 읽기, 자전거 타기, 친구 사귀기 등과 같은 복잡한 행동이나 습관 등은 조작적 조건화에 의해 학습된다고 주장했다. 자신이 만든 스키너 상자에는 지렛대와 먹이접시, 빨간불과 녹색불이 있고 바닥에는 전기배선망이 설치되어 있다. 지렛대를 누르면 먹이접시에 먹이가 떨어지도록 고안되어 있는 이 상자 안에 스키너는 배고픈 쥐를 넣었다. 처음에 쥐는 이리저리 돌아다니기 시작한다. 그러다 쥐는 '우연히' 지렛대를 누르게 되고 먹이가 먹이 접시에 떨어지는 것을 보게 된다. 쥐는 지렛대를 누르는 것과 먹이가 떨어지는 것 사이의 연관성을 학습하게 되어 반복적으로 지렛대를 누른다. 쥐가 지렛대를 누르는 행동과 이러한 행동의 빈도를 증가시키도록 고안된 먹이와의 관계를 스키너는 '강화(强化, reinforcement)'라는 용어로 설명했다.[22)]

사회학습이론

스탠퍼드대학 심리학과 교수를 역임한 반두라(Albert Bandura, 1925-)는 한 모델이 Bobo라는 이름의 공기가 주입된 인형을 발로 차고 손으로 때리는 영화를 제작한 후 세 그룹의 어린이들에게 보여주었다. 첫 번째 그룹의 어린이들에게는 이와 같은 행동을 한 모델이 상을 받는 영화를 보여주었고, 두 번째 그룹의 어린이들에게는 그 모델이 벌을 받는 영화를 보여주었으며, 마지막 그룹의 어린이들에게는 모델이 상도 벌도 받지 않는 영화를 보여주었다. 영화가 끝난 후 어린이들을 각기 다른 방으로 가게 한 후 영화에서 보여준 인형 Bobo를 주고 그들의 행동을 관찰한 결과, 상을 받는 영화를 보여준 첫 번째 그룹의 어린이들이 가장 높은 공격적인 성향을 보였으며, 두 번째 그룹의 어린이들의 공격 성향은 가장 낮게 관찰되었다. 반두라의 이러한 실험은 학습은 단순히 모델을 관찰하는 것만으로도 형성될 수 있으며, 겉으로 표현되지 않는다고 해서 학습이 일어나지 않았다고 단정할 수는 없다는 것을 말해준다.[23)]

인지주의 학습이론

통찰학습이론

독일의 형태심리학자인 쾰러(W. Köhler)는 실험에서 우리 안에 침팬지를 넣고 팔이 닿지 못하는 거리에 먹이를 놓았다. 우리 근처 바깥쪽과 우리 안쪽에는 막대들이 흩어져 있다. 침팬지는 우리 밖에 먹이가 놓이자마자 먹이에 접근하려고 애를 썼다. 그러나 먹이에 가까이 갈 수 없다는 것을 알게 되자 좌절하고 화를 내다가 체념을 한다.

그러나 침팬지가 주위의 상황을 지각적으로 재조직하는 어떤 순간, 그 먹이에 어떻게 도달할 것인가에 대한 통찰(insight)이 일어났다. 즉, 침팬지는 갑자기 손이 닿는 곳에 있는 막대들부터 끌어당기고 그다음엔 그것을 이용하여 먹이를 끌어당기는 행동을 한 것이다. 이와 마찬가지로 침팬지는 시행착오(trial and error)에 의하기보다는 통찰학습에 의해 주변에 있는 몇 개의 통들을 쌓아올려 그 위에 올라감으로써 천정에 매달린 바나나를 따먹는다. 학습에 있어서 통찰은 종종 개인이 가지고 있는 기존 정보를 조합하고 조직화하는 데서 비롯된다.[24)]

프로이드의 성격발달이론

정신분석학자인 프로이드(Sigmund Freud, 1856-1939)는 성격의 구조를 본능, 자아, 초자아의 세 가지로 구분했다. 본능(id)이란 쾌락을 따르는 원초적 충동이고, 자아(ego)는 본능의 충동을 억제하고 합리적인 방법으로 쾌락을 얻으려는 것이며, 초자아(superego)란 자아가 현실적인 목표보다는 이상적인 목표로 향하도록 하는 것이다. 이러한 세 가지 성격 구조를 형성하고 움직이게 하는 것은 성적 에너지인 리비도(libido)이다.[25)]

세 가지 성격 구조를 좀 더 자세히 살펴보자. 본능(최정훈 교수는 id를 원초아라고 번역함)은 성격의 가장 기본이 되는 바탕으로 성욕, 공격적 충동 등 인간의 가장 기본적인 본능적 충동들로 구성되어 있다. 이러한 본능적 충동들이 자극되면, 본능은 이를 즉각적으로 충족시키려고 한다. 자아는 본능의 충족을 목표로 하되, 현실의 요구와 맥락을 고려하여 적당한 대상과 방법이 발견될 때까지 욕구충족을 지연하고 경우에 따라서는 억제하도록 한다. 초자아는 사회의 가치가 내면화된 것으로 사회적인 가치에 위배되는 행동을 했을 때 외부로부터의 처벌에 앞서 소위 '양심의 가책'을 느끼는 것, 바람직한 행동을 했을 때 자긍심과 만족을 느끼는 것이다.[26)]

프로이드는 태어나서 다섯 살까지 입, 항문, 성기 등의 순서로 성감대가 바뀐다고 생각하여, 구강기, 항문기, 남근기 등으로 발달 단계를 구분하였다. 그는 각 단계에서 어떤 경험을 하느냐에 따라 개인의 성격이 형성되고, 단계별로 어린이가 추구하는 성적 쾌감을 충분히 느끼지 못하거나 지나치게 몰두하면 고착(fixation) 현상을 일으켜서 다음 단계로의 발달이 순조롭지 않다고 하였다. 다음은 프로이드의 성격발달 5단계에 대한 설명이다.[27)]

구강기(oral stage, 0-1세)

처음으로 성적 쾌감을 느끼는 곳이 구강口腔이다.

이 단계에서 영아는 잡히는 대로 빨기 시작하며, 치아가 생기면 물어뜯기 시작한다. 이 시기의 성격적 결함은 지나친 흡연, 손가락 깨물기, 과음, 과식, 남을 비꼬는 일 등이다.

항문기(anal stage, 2-3세)

성감대가 항문肛門으로 옮겨간다. 유아는 배변훈련을 통해서 항문 근육의 자극을 경험하게 되고, 이러한 경험을 통해 성적 쾌감을 얻게 된다. 이 시기의 성격적 결함은 지나치게 깔끔하고 지나치게 규율을 준수하는 결벽성이다.

남근기(phallic stage, 3-5세)

성감대가 남근男根으로 옮겨간다. 남자 어린이들은 어머니에게 성적인 애정을 느끼고 아버지에게는 애정을 박탈당할까 걱정하게 되는 오이디푸스 콤플렉스(Oedipus complex)를 느끼게 된다. 또한 아버지가 자신의 성기를 없앨까 봐 염려하는 거세불안(castration anxiety)도 갖게 된다. 한편, 여자 어린이들은 남근이 없음을 알게 되고 그것을 부러워하는 남근선망(penis envy)을 갖게 된다. 그리고 이 책임을 어머니에게 돌리며 아버지를 더 좋아하기 시작하는 엘렉트라 콤플렉스(Electra complex)를 갖게 된다. 이 시기의 성격적 결함은 성불감증, 동성애 등이다.

잠복기(latency stage, 6-11세)

어린이가 초등학교에 다니는 시기로, 성적인 욕구가 철저히 억압되어 심리적으로 비교적 평온한 시기이다.

생식기(genital stage, 12세 이상)

어린이는 사춘기에 접어들면서 다시 성적 욕구가 생기게 된다. 이 시기에는 진정한 사랑의 대상을 찾아 만족을 얻고자 한다. 또한 부모에게서 독립하려는 욕구가 생긴다.

피아제의 인지발달이론

스위스의 아동행동학자인 피아제(Jean Piaget, 1896-1980)는 아동발달에 대한 여러 가지 글을 남겼는데, 가장 잘 알려진 것이 인지발달이론이다. 피아제는 아동이 자신과 주변 환경을 학습하는 과정으로서 인지 발달에는 몇 가지 뚜

렷한 단계가 존재한다고 주장하였다. 다음은 피아제의 인지발달 4단계이다.[28)]

감각운동 단계(sensorimotor stage, 0-2세)

신생아의 학습은 주로 대상을 만지고 조작하며 주어진 환경을 신체적으로 부딪치면서 이루어진다. 생후 4개월 전후까시 신생아는 주어진 주변 환경과 자신을 구분하지 못한다. 신생아는 점차 사람과 사물을 구분하며, 이 두 가지는 신생아가 직접 인지하는 것과는 별개로 존재할 수 있음을 터득한다.

전前 조작 단계(preoperational stage, 2-7세)

이 단계를 거치면서, 아동은 언어습득을 완성하고 대상을 표현하기 위해 어휘를 구사하며, 상징적인 방식으로 이미지를 표현한다. 이 단계 아동은 자기중심적이다. 이는 아동이 이 세상을 스스로의 입장에서만 해석하는 경향이 있음을 의미한다. 아동은 인과성, 속도, 무게, 번호 등과 같은 개념을 이해하지 못한다. 동일한 양의 물이 길고 좁은 물통에서 짧고 넓은 물통으로 쏟아지는 장면을 보았더라도 물의 수면이 낮아졌기 때문에 물의 전체 양이 줄었다고 생각한다.

구체적 조작 단계(concrete operational stage, 7-11세)

아동은 추상적이고 논리적 개념을 이해한다. 어려움 없이 인과성과 같은 개념을 사용할 수 있다. 이 발달단계의 아동은 물의 양이 다르더라도, 넓은 물통이 가늘고 좁은 긴 물통에 비해 물의 양이 적게 담겨 있다는 논리에 거짓이 내재되어 있음을 안다. 또한 아동은 곱하기, 나누기, 빼기 등의 수학적 조작을 수행할 수 있다.

형식적 조작 단계(formal operational stage, 11세 혹은 사춘기에서 성인까지)

사춘기 청소년들은 고도로 추상적이며 가상적 개념 파악이 가능하다. 문제에 부딪쳤을 경우, 이 단계의 청소년들은 그 해결책으로서 가능한 모든 경우의 방안을 고안하고 해결 방안에 도달하기 위해 이론적으로 접근한다.

교육
07

영성과 교육

영성과 교육

영성과 교육에 대해 살펴본다. 이를 위해 가톨릭계와 불교계에서는 영성을 어떻게 보고 있는지 알아보고, 또한 영성을 둘러싸고 있는 인간의 삶, 평화, 생명, 영적 욕구, 어린이, 교사, 교육프로그램 등 다양한 주제들을 연결시켜 영성과 교육과의 관계를 알아본다.

영과 혼

고대 그리스에서는 몸體과 혼魂과 영靈은 soma, psyche, pneuma(또는 nous)로 구별되어 있었다. 그러나 중세 유럽에서는 인간은 몸과 혼으로 이루어진 존재이고, 영靈은 교회라는 공동체 안에서만 공존할 수 있는 것으로 되었다. 이후 현재까지 유럽 학문에서는 psyche(영어의 soul)와 pneuma(영어의 spirit)의 구별은 애매한 채로 있다. 또한 교회에 속하지 않은 인간은 '헤매는 양', 즉 영靈을 갖지 않은 존재라고 생각하는 사고방식도 나왔다. 동양에서는 예부터 영靈은 모든 사람에게 내재하는 것으로 여겨서 인내천人乃天, 천인합일天人合一 또는 여래세如來藏의 사상은 오늘날까지 살아 있다. 이 경우 영靈이란 우주 창조의 예지이며 사랑이다.[1)]

가톨릭과 영성

가톨릭 방효익 신부는 영성에 대한 학자들의 의견은 매우 다양하다고 했다. 부예(L. Bouyer)에 의하면 영성은 신심信心과는 일반적으로 구별되는 보다 더 깊은 의미에서 규정되는 것으로서 '거룩한 것에서 오는 지극히 내적인 체험'이라고 한다. 마타닉(A. Matanic)에 의하면 영성은 영적인 것들(하느님, 천사, 교회, 영혼)의 질을 다루는 것이며 그리스도교의 것들이 아닐지라도 진정으로 거룩한 것에 사로잡힌 행동인 신심信心의 동의어로 쓰인다. 오먼(J. Aumann)에 의하면

크리스찬 영성은 믿음과 사랑과 이 밖의 다른 덕행들로 말미암아 작용하는 은총의 내적 생활을 통해서 그리스도의 신비에 참여하는 것이다. 구티에레즈(G. Gutierrez)는 영성을 '생명과 사랑의 성령에 따라서 자유로이 걸어가는 길'이라고 보았다. 가르씨아(C. Garcia)에 의하면 영성은 성서를 통하여 전해지는 하느님의 말씀이 우리에게 요구하는 사명을 따라 살거나 이해하는 역사적인 방법이라고 하였다. 이러한 학자들의 의견을 살펴보면 영성이란 한마디로 정의할 수는 없지만, 실체 안에 이어지고 있는 생생한 정신 혹은 어떤 기운의 흐름을 말한다고 할 수 있다.

일반적으로 영성이란 시대, 인종, 민족, 그리고 지역마다 그 곳 실정에 맞추어 그리스도의 가르침을 따라 살았던 성인 성녀들이 우리에게 신앙생활의 모범으로서 혹은 그리스도와의 일치를 효과적으로 빨리 이룰 수 있는 방법으로서 제시해주는 신학적 규범으로 이해할 수 있다는 것이 방신부의 정의이다.[2] 중세시대의 아씨시의 성 프란치스코(St. Francesco of Assisi, 1181-1226)는 하느님과 인간 그리고 자연과 화해함으로써 우수석 형제애를 이루어 진정한 자유인이 되었다. 영성교육 전문가인 한영란 박사는 프란치스코의 영성인 모든 생명에 대한 경외와 그것들에 대한 친밀한 관계와 무소유는 현대를 살고 있는 우리에게 새로운 사고방식과 삶의 방식으로의 전환을 요청하고 있다고 했다. 프란치스코가 실천한 새들, 꽃들, 야생동물과 길들여진 동물들, 심지어 벌레, 벌과 파리에 대한 그의 정중한 태도는 많은 일화에 잘 알려져 있다. 프란치스코는 모든 피조물들을 그의 형제와 누이로 여겼는데, 이유는 그와 그들은 공통의 아버지, 즉 창조주 하느님을 가졌다고 깨달았기 때문이라는 것이 한박사의 설명이다.[3]

어느 날 한 랍비가 제자들에게 "새벽은 언제 오는가?"라고 물었다. 제자 하나가 "저 멀리 한 동물이 있는데 그 동물이 양인지 개인지 알아볼 수 있는 시간입니다"라고 말했다. 랍비가 대답하였다. "아니다" 또 다른 제자가 "멀리 있는 나무를 보고 그 나무가 무화과나무인지 배나무인지 알아볼 수 있는 시간입니다"라고 답을 했다. 그러자 랍비는 고개를 저었다. 이렇게 몇 명이 답을 했지만 모두 틀렸다고 하자 제자들이 되물었다. "그러면 도대체 새벽은 언제 옵

> 니까?" 그러자 랍비는 "어떤 사람의 얼굴을 보았을 때 그가 너의 형제라는 것을 알게 된다면 그때가 바로 새벽이란다"라고 하였다.

이 예화는 매우 짧지만 그리스도교 영성을 단순하면서도 분명하게 말해주고 있다. 천주교 의정부교구 전숭규 신부는 위의 예화를 ≪매일미사≫ 책의 묵상자료로 인용하면서 "새벽은 내 영혼의 눈에 끼었던 백태가 벗겨지는 순간이다. 그리하여 나를 둘러싸고 있는 모든 것이 하느님의 은총임을 깨닫는 순간이다. 새벽은 또한 메마른 내 마음에 사랑이 파릇하게 싹트는 때이다. 그리하여 다른 사람들이 남이 아닌 내 형제요 자매로 느껴지기 시작하는 때이다"라며 그 뜻을 부연 설명했다.[4)]

불교와 불성

한국불교 사상 가장 커다란 영향을 미친 고려시대 보조국사 지눌知訥은 〈마음 닦는 법修心訣〉이라는 글에서 불성佛性에 대해 설명했다.[5)]

> 만약 불성이 이 몸에 있다고 한다면, 이미 몸 안에 있으면서 범부를 벗어나지 못한 것이니, 어째서 저는 지금 불성을 보지 못합니까? 다시 해설하여 깨닫게 하소서.

> 그대의 몸 안에 있는데도 그대 스스로가 보지 못할 뿐이다. 그대가 배고프고 목마른 줄 알며, 춥고 더운 줄 알며, 성내고 기뻐하는 것이 무슨 물건인가? 또 이 육신은 지地, 수水, 화火, 풍風의 네 가지 인연이 모여서 된 것이므로 그 바탕이 미련하여 감정이 없는데, 어떻게 보고 듣고 깨닫고 알겠는가. 보고 듣고 깨닫고 아는 그것이 바로 그대의 불성이니라.

법法

불교에서는 진리를 깨달으면 누구나 성불할 수 있다고 한다. 그 진리의 내용은 부처의 팔만 사천 법문에 이미 설해져 있다. 이 진리의 말씀이 바로 법보法寶이다. 법은 곧 진리를 의미한다. 따라서 '법을 깨닫는다', '법을 본다'는 것은 불교에서 가장 중요한 체험이다. 이것이 깨달음, 즉 열반과 성불을 뜻하기 때문이다.[6)]

연기緣起

부처가 6년간의 모진 고행을 버리고 선정에 들어서 깨달은 진리는 연기법이다. 즉, 태어남이 있으므로 늙음과 죽음이 있다는 '생성과 소멸의 관계성'을 깨달은 것이다. 연기란 모든 것은 원인이 있으며 원인을 근거로 생겨나고, 원인이 사라지면 소멸한다는 의미이다. 연기법은 모든 것이 서로 관계를 맺으면서 공생하므로, 나만이 아닌 너의 소중함을 일깨우며 인간과 자연계의 공생관계를 설명한다. 연기의 입장에서 볼 때 모든 것은 각각 주인이요, 소중한 존재이다.[7)]

삼법인三法印

우주 존재의 실상을 나타내는 것이 바로 삼법인이다. 삼법인은 '세 가지 진실한 가르침'이라는 뜻이다. '도장 인印'자를 쓴 것은 언제나 똑같이 찍히듯이 부처의 가르침도 언제 어디서나 똑같다는 뜻이다. 삼법인이란 모든 것이 변한다는 제행무상諸行無常, 모든 변하는 것에는 실체가 없다는 제법무아諸法無我, 그리고 거기에다 변하는 모든 것은 괴로움을 낳는다는 일체개고一切皆苦를 뜻한다.[8)]

사성제四聖諦

현실의 고통에서 벗어나 진리를 구현하는 수행의 길을 가르쳐주는 것이 바로 사성제이다. 사성제란 '네 가지 성스러운 진리'라는 뜻이다. 사성제란 괴로움苦과 괴로움의 원인集과 괴로움의 소멸滅과 괴로움의 소멸방법道에 대한 가르침이다. 인간은 생로병사의 고통 속에 있다. 인간에게는 이 네 가지 고통 외에도 여러 가지 고통이 있다. 이것이 인간을 비롯한 모든 존재의 현실이다.

이것이 고성제苦聖諦이다. 그러면 고통은 왜 생기는 것일까? 그것은 집착에서 비롯된다. 무상한 세계에서 영원한 것을 찾고, 자기 것이 본래 없는데도 헛되이 집착하기 때문에 고통이 생기는 것이다. 이를 설명한 것이 집성제集聖諦이다. 이 세상에 고통이 있다면 고통 없는 세계도 있고 거기에 이르는 길도 있을 것이다. 멸성제滅聖諦는 고통이 사라진 상태를 말한다. 그러면 고통의 원인을 없애고 열반에 이르는 길은 무엇인가? 열반으로 가는 길은 여덟 가지가 있으니, 바로 도성제道聖諦인 팔정도八正道이다. 팔정도란 여덟 가지 바른 수행의 길이라는 뜻으로 다음과 같다.[9)]

> **정견正見** : 바른 견해로 편견 없이 세상을 있는 그대로 보는 것이다.
>
> **정사유正思惟** : 바른 생각이다. 바른 견해를 가져야만 바른 생각을 할 수 있다.
>
> **정어正語** : 바른 말이다. 항상 바른 생각을 하고 바른 말을 하여 구업(口業)을 짓지 말아야 한다.
>
> **정업正業** : 바른 행동이다. 모든 행동을 바르게 해야 한다. 바른 생각과 바른 말에서 나아가 이치에 맞는 행동을 해야 한다.
>
> **정명正命** : 바른 생활, 즉 바른 직업이다. 바른 직업관을 가지고 생업에 임해야 한다.
>
> **정정진正精進** : 깨달음을 향해 나아가는 쉼 없는 노력을 말한다.
>
> **정념正念** : 바른 마음 챙김이다. 바른 마음 집중이다. 마음의 움직임과 느낌에 대해서 마음을 챙겨 바로 깨어 있는 것이다.
>
> **정정正定** : 바른 선정이다. 마음 챙김과 마음 집중을 통하여 마음이 바른 삼매의 상태에 들어가 고요한 평정에 머무르는 것이다.

영성과 삶

영성전문가인 이종승 씨는 영성이라는 단어를 종교적·형이상학적인 카테고리 내에서 이해하고 받아들이는 낡은 신념에 얽매여 있는 사람들이 있다고 했다. 이런 교육학자들이나 교사, 부모들은 이 세계의 어떤 것도 따로 분리되어 있지 않으며 모든 영역들은 전체를 구성하는 부분이라는 사실에 주목하고 그것을 깊이 통찰해야 한다고 주장했다. 이종승 씨는 영성이란 모든 개체들이 보이지 않게 서로 연결되어 있으며 궁극적으로는 시간과 공간을 초월하여 서로를 위해 존재하는 하나의 유기체라는 것을 의미한다고 보았다. 영성은 삶, 그 자체이다. 영성과 우리의 일상은 결코 둘로 나누어질 수 없으며, 영성은 종교의 전유물이 아닐 뿐만 아니라 그 어떤 집단의 전유물도 결코 될 수 없다는 것이 이종승 씨의 주장이다.[10)]

영성과 평화

인간에게는 심원한 차원의 내면이 있는데 혹자는 그것을 양심이라고 하고, 중국 양명학에서는 양지良知라고 하며, ≪대학大學≫에서는 명덕明德이라고 하고, 서양철학에서는 내면성이라고 한다. 영성교육 전문가인 감리교신학대 송순재 교수는 영성을 뭐라고 표현을 하든지 간에 그것은 마치 깊은 우물과 같은 광맥인데, 그것을 영성이라고 보았다. 따라서 그 부분을 건드려주면 그때 초월적인 세계도 보고 종교도 믿게 되며 궁극적인 삶을 생각하게 된다는 것이다. 여기서 예술은 중요한 역할을 한다고 했다. 셰익스피어, 베토벤, 도스토예프스키, 바흐 같은 예술가들의 작품이 다 그 부분을 건드려주었다는 것이다. 교육도 마찬가지로 그 부분을 건드려주어야 한다고 송순재 교수는 주장했다.[11)]

> 인도의 시인 타고르가 어느 보름날 밤, 무성한 숲 속에 있는 아름다운 강위 수상가옥에서 크로체의 미학에 관한 책을 읽고 있었다. 크로체의 복잡한 설명에 지친 타고르는 책을 덮고 촛불을 껐다. 바로 그 순간 수상가옥의 모든 창문을 통해 달빛이 밀려 들어왔다. 은은한 달빛이 집 안을 가득 채웠다. 타고르는 한동안 고요히 앉아 있었다. 그것은 참으로 신성한 체험이었다. 그가 집 밖으로 나갔을 때, 고요한 밤 위로 달이 아름답게 빛나고 있었다. 숲은 적막하기 이를 데 없었고, 강물은 소리 없이 도도하게 흐르고 있었다. 그는 일기에 다음과 같이 적었다. "아름다운 달빛이 사방에서 나를 에워쌌는데 작은

촛불이 그 아름다움을 차단하고 있었다. 그 촛불 때문에 달빛이 집 안으로 들어오지 못하고 있었다"(라즈니쉬의 〈내 사랑 인디아〉 중에서).

영성교육 전문가인 정재걸 씨는 위의 글을 인용하면서 나라고 하는 작은 불꽃, 에고의 작은 불꽃이 우주 전체가 쏟아져 들어오는 것을 방해하고 있다면서 우리의 작은 이기심이 사랑과 평화로움의 충만함을 가로막고 있다고 하였다. 작은 이익을 위한 경쟁이 우리의 본질, 우리의 영성을 일깨우는 교육을 가로막고 있다는 것이다.[12)]

영성과 눈

영성전문가인 팔머(Parker J. Palmer)는 많은 사람들이 한쪽 눈만으로 살아가고 있다고 보았다. 그에 따르면 대개 지성(mind)의 눈에 의존해서 실재에 대한 이미지를 형성하지만 많은 사람들이 다른 쪽 눈, 즉 지성의 눈이 보지 못하는 실재를 볼 수 있는 마음(heart)의 눈을 떠가고 있다는 것이다. 그는 한쪽 눈만으로는 충분하지 않기 때문에 '온전한 시각(whole sight)', 즉 '두 눈이 하나가 되어 바라보듯이' 지성과 마음이 하나가 되어 세계를 바라보는 시각이 필요하다고 했다. 소명(vocation)은 영적인 삶 즉 하느님을 추구하는 삶으로서 이는 마음의 눈에 의존한다. 반면에 직업(avocation)은 교육 즉 지식을 추구하는 삶으로서 이는 지성의 눈에 의존한다. 따라서 두 눈이 하나가 될 수 있는 길을 찾아 나서야 한다는 것이다. 영혼을 추구하는 마음과 지식을 추구하는 지성이 합작하여 실재의 모든 놀라운 차원을 볼 수 있는 방법을 찾아야 한다는 것이다. 지성의 시각은 마음을 배척하지만 마음의 시각은 지성을 포용할 수 있다고 했다.[13)]

영적 욕구

팔머는 인간 조건의 중심부에는 언제나 영적 욕구가 있고 또 앞으로도 있을 것이기에, 개인과 사회의 변화를 추구하는 교육이라면 마땅히 인간의 영적 욕구를 중심 관심사로 삼아야 한다고 했다. 이유는 영성은 인간이 추구해온 것들 중 가장 유구하고 중대한 것이기 때문이다. 그것은 자기 자신보다 그리고 자신의 자아보다 더 큰 그 무엇과 연결되고자 하는 추구이기 때문이다. 팔머는 이러한 '연결되고자 하는 축'은 모든 위대한 종교(religion : 라틴어로 '다시 묶는다'의 의미)의 핵심일 뿐만 아니라, 모든 위대한 학문활동의 핵심이라고 했다. 위대한 가르침이란 '연결됨의 역량'을 발휘하는 것이다. 팔머는 위대한 교사는 학생, 주제 그리고 그들 자신 사이에 관계의 망을 엮어내는 사람들이기 때문에 학생이 스스로 의미 있는 삶을 엮어낼 수 있도록, 그래서 그들의 삶을 통해 이 갈가리 찢어진 세계를 다시 엮어낼 수 있도록 해야 한다고 주장했다.[14)]

어린왕자와 영성

생텍쥐페리(Antoine de Saint-Exupéry)가 지은 ≪어린 왕자*The Little Prince*≫의 첫 쪽에는 보아구렁이가 입을 벌려 맹수를 집어 삼키는 무시무시한 그림이 그려져 있다. 그리고 다음과 같은 글이 적혀 있다.[15)]

> 여섯 살 적에 나는 ≪실제로 겪은 이야기≫라고 하는 원시림에 관한 어떤 책에서 멋들어진 그림을 하나 본 적이 있다. 맹수를 꿀꺽 집어삼키는 보아구렁이 그림이었다. 위의 그림은 그걸 옮겨 그려본 것이다.
>
> 그 책에는 이렇게 적혀 있었다. "보아구렁이는 먹이를 씹지도 않고 통째로 집어삼킨다. 그러고는 더 이상 꼼짝도 하지 못한 채 여섯 달 동안 잠만 자며 먹이를 소화시킨다."
>
> 그래서 나는 밀림 속에서의 온갖 모험들에 대해서 곰곰이 생각해보았다. 그리고 나도 색연필을 가지고 나름대로 생전 처음 그려보는 그림을 하나 그리게 되었다. 내 그림 제1호였다. 그 그림은 이런 것이었다.
>
> 나는 그 걸작품을 어른들에게 보여주고 내 그림이 무서우냐고 물어보았다. 어른들은 대답했다. "모자가 뭐가 무서워?"
>
> 내 그림은 모자를 그린 게 아니었다. 그것은 코끼리를 삼키고서 소화시키는 보아구렁이를 그린 것이었다. 그래서 나는 어른들이 알아볼 수 있도록 보아구렁이의 뱃속을 그려 넣었다. 어른들에게는 언제나 설명을 해주어야 한다.

내 그림 제2호는 이런 것이었다.

어른들은 나더러 속이 보이건 안 보이건 간에 보아구렁이 그림 따위는 집어치우고 차라리 지리, 역사, 산수, 문법이나 열심히 공부해보는 것이 좋겠다고 충고해주었다. 이리하여 나는 여섯 살 때 화가로서의 멋진 꿈을 접을 수밖에 없었다.

생텍쥐페리는 ≪어린 왕자≫를 쓰면서 첫 페이지에 보아 구렁이를 그려 넣는 것으로 그 옛날 자기의 그림을 이해하지 못하던 어른들의 세계를 비꼬았다. 어른의 몸을 하고도 어린이의 감수성을 잃지 않은 그에게, 눈에 보이는 것만을 믿고 보이는 것만이 세상의 전부라고 생각하는 어른들은 얼마나 편협하고 무지해보였을 것인가.[16] 생텍쥐페리의 ≪어린 왕자≫는 영성교육의 필요성을 깨닫게 해주는 맑은 글이다.

영성과 어린이

영성교육 전문가인 이철국 선생은 어린이들은 영성으로 키워야 한다고 했다. 어린이들을 영성으로 키운다는 말은 온전히 하나인 어린이의 몸과 마음과 영혼을 공경하고 어린이들이 이 세상에 존재하는 이유를 진지하게 질문하며 사랑, 관용, 용서와 같은 인간의 고상한 가치를 생활 속에서 실천하는 것을 의미한다. 그는 어린이들을 가리켜 어른에게 대단히 의미 있는 동반자이며, 이 시대를 새로운 문명으로 이끄는 추진체이자 안내자라고 했다. 어른은 어린이를 키우지만 동시에 어린이들도 어른을 키운다고 보았다. 따라서 어른들이 어린이들을 사랑과 협동과 평화로 키울 때 어린이들도 이 사회를 사랑과 협동과 평화로 키울 수 있다고 했다.[17]

영성과 생명

미국 서부지역에 거주하던 두아미쉬-수쿠아미쉬족族의 시애틀 추장 연설문을 소개한다. 이 연설이 행해진 것은 1854년 미합중국대통령 피어스(Franklin Pierce)에 의해 파견된 백인 대표자들이 이 인디언 부족이 전통적으로 살아온 땅을 팔 것을 제안한 데서 비롯되었다. 이 연설문이 주는 메시지는 '인간이 자연 속의 어린아이와 같은 존재임을 자각하고, 인간에게 땅을 지키고 보호할 거룩한 임무가 창조주로부터 주어져 있음을 깨닫게 하는 것'이다.[18)]

> 그대들은 어떻게 저 하늘이나 땅의 온기를 사고팔 수 있는가? 우리로서는 이상한 생각이다. 공기의 신선함과 반짝이는 물을 우리가 소유하고 있지도 않은데 어떻게 그것들을 팔 수 있다는 말인가? 우리에게는 이 땅의 모든 부분이 거룩하다. 빛나는 솔잎, 모래 기슭, 어두운 숲속 안개, 맑게 노래하는 온갖 벌레들, 이 모두가 우리의 기억과 경험 속에서는 신성한 것들이다. 나무속에 흐르는 수액은 우리 홍인紅人의 기억을 실어 나른다. 백인은 죽어서 별들 사이를 거닐 적에 그들이 태어난 곳을 망각해버리지만, 우리가 죽어서도 이 아름다운 땅을 결코 잊지 못하는 것은 이것이 바로 우리 홍인의 어머니이기 때문이다. 우리는 땅의 한 부분이고 땅은 우리의 한 부분이다. 향기로운 꽃은 우리의 자매이다. 사슴, 말, 큰 독수리, 이들은 우리의 형제들이다. 바위산 꼭대기, 풀의 수액, 조랑말과 인간의 체온 모두가 한 가족이다.

한영란 박사는 지금 우리에게 절실한 것은 바로 모든 개체들이 보이지 않게 서로 연결되어 있고, 궁극적으로는 시간과 공간을 초월하여 서로를 위해 존재하는 하나의 유기체라는 것을 인식해야 하며, 교육은 이를 위해 기여할 수 있어야 한다고 했다. 이것은 영성적 차원에서 가능하다. 즉 인간은 생명이 전체로서 하나로 서로 도움을 주고받고 있다는 것을 깨달을 때, 생명의 신비에 대한 깊은 외경심이 스며드는 경험을 할 수 있게 된다. 교육의 중요한 역할 중 하나는 바로 이러한 생명 속에서 모든 것이 서로 관계를 맺고 있다는 것을 자각할 수 있게 하는 것이다.[19)]

영성 없는 교육

교육을 많이 받은 인간임에도 만약 인간성이 메마르고 교만하며 이기적이라면, 그렇게 된 이유는 교육에 영적인 측면이 빠져 있기 때문이라고 생각한다. 지금까지 시행되어온 것과 같은 기계론적이고 주지주의적이고 경쟁적인 교육방식 속에 영성이 없음은 물론이다. 우리는 이미 오래전부터 영성 없는 교육의 삭막함과 살벌함을 충분히 목격해왔다. 영성은 가꾸는 것이다. 영성을 가꾼다는 것은 존재하는 생명에 대해서 끊임없이 새삼스런 경이로움을 느끼는 것이다. 마치 몸이 느끼는 것처럼 영성 또한 느낄 수 있고 또 키울 수 있다. 영성을 종교적 울타리에 가두지 않는다면 일상의 삶에서 사랑, 무소유, 관용, 베풂 등의 고귀한 자질을 보여주는 것, 그것이 바로 영성이며 영성적인 것이라고 생각한다. 이것이야말로 교육활동을 통해서 영성이 길러질 수 있다고 보는 근거이다.[20)]

영성과 교사

참다운 교육은 지식 위주의 교육보다 인간을 진정으로 인간답게 만드는 교육이어야 한다. 한영란 박사는 교사들이 해야 할 역할은 바로 학생들이 교육의 전 과정을 통해 나는 누구인가, 나는 무엇을 바랄 수 있는가, 나는 무엇을 해야 하는가, 우리는 누구인가, 우리는 어디에 있는가, 우리는 어디서 왔는가, 우리는 어디로 가고 있는가 등과 같이 자신의 내면세계와 긴밀히 만날 수 있도록 도와야 한다고 했다. 다음의 인용문은 독일 나치의 강제수용소에서 살아남은 사람이 쓴 글인데, 학교교육에서 교사가 학생들의 인간성 완성과 거리가 먼 기능적 지식만 가르쳤을 때 나타날 수 있는 위험을 극단적으로 보여주고 있다고 한박사는 밝혔다.[21)]

> 선생님들에게,
> 나는 강제수용소에서 살아남은 사람입니다.
> 나의 눈은 아무도 보지 말았어야 할 것을 보았습니다.
> 가스실은 학식 있는 엔지니어에 의하여 만들어졌습니다.
> 어린이들은 교육받은 어른들에 의하여 독살되었습니다.
> 유아들은 훈련받은 간호사에 의하여 살해되었습니다.
> 부녀자들과 아이들은 대학교육을 받은 사람들에 의하여 총살당하고
> 불태워졌습니다.
> 그래서 나는 교육을 믿을 수가 없습니다.
> 나는 다음과 같이 요청합니다.

> 당신의 학생들이 인간이 되도록 도와주십시오.
> 당신의 노력이 결코 학식 있는 괴물, 숙련된 정신병자, 교육받은 살인마
> 아이히만을 길러내서는 안 됩니다.
> 읽기, 쓰기, 셈하기는 오직 그것이 우리의 아이들을 좀 더 인간답게
> 만드는 데 기여할 때에만 중요한 것입니다.

교육과 영성이 만난 '교육적 영성'이란 교육활동에 혼을 불어넣는 것이다. 이 세상에 똑같은 어린이는 없다. 모든 어린이들은 다 다르다. 어린이들은 저마다 다른 이에게는 없는 소중한 무엇을 내면에 품고 있다. 그들 하나하나가 새로운 무엇, 그 누구에게도 없는 무엇을 지닌, 유일무이한 존재인 것이다. 영적인 교사는 바로 이 '다름'을 볼 수 있는 교사다. 뒷짐을 지고 어린이들에게 도덕적·윤리적인 설교, 즉 교화만 하는 교사는 교사가 아니다. 때로는 어린이들을 진흙탕에서 건져내기 위해 진흙탕마저도 마다하지 않는 실천력이 필요하다. 어떤 진흙탕보다도 더 더러운 진흙탕 속에 온몸을 풍덩 빠뜨릴 수 있어야 한다.[22)]

이철국 선생은 영적인 교사란 매일 보는 학생들이라고 할지라도 마치 처음 보는 듯, 경이로움과 존경심과 호기심, 그리고 싱싱함으로 학생들을 만나는 교사라고 했다. 교직에 오래 있다 보면, 화내는 기능이 특별히 발달해가는 교사와 화내는 기능이 차츰 퇴화해가는 교사를 발견하게 된다. 이것 역시 그들이 지닌 영성의 차이 때문일 것이다. 이철국 선생은 교사는 학생들과 만나 함께 생활함으로써, 마치 고치 속의 애벌레가 나비로 변하듯이 비로소 영적으로 진화하고 인격이 성숙해진다고 했다. 교육활동을 통해 이 거듭남의 과정을 거치지 못 하거나, 혹은 거치지 않는다면 그 교사는 불행한 교사라고 했다. 교육자로서 학생들로부터 어떤 영적인 깨달음을 얻지 못하는 교사는 참으로 불행한 교사라고 거듭 주장했다.[23)]

교사가 학생을 가르치는 데 특히 중요한 것은 교사의 영성이다. 교수법이나 많은 지식의 습득, 좋은 교재만으로는 한계가 있다. 왜냐하면 교사의 영적인 성숙을 통해 교사 자신의 삶의 변화뿐만 아니라, 학생들이 삶의 의미와 목직을 뚜렷하게 느끼도록 도울 수 있기 때문이다. 한영란 박사는 '교사의 영

성'이란 교육활동에 혼을 불어넣는 것이라고 하면서, 이를 위해 교사는 자기 지식의 분야를 사랑하고 가르치는 내용을 내면화하며 교사 자신의 철학을 가져야 하고 내면의 성찰을 통해 꾸준한 자기 연마를 해야 한다고 주장했다.[24)]

PESS 프로그램

천주교 강석준 신부는 충남 논산 대건고 교장인 동시에 PESS 청소년교육연구소 소장이기도 하다. PESS 프로그램은 강 교장이 20년 넘는 교육 경험을 토대로 개발한 전인적 교육프로그램으로서, 신체적(Physical), 정서적(Emotional), 영성적(Spiritual), 지적・봉사적(Study・Service)인 인간의 기본적인 네 가지 차원의 요소들을 균형 있게 개발시켜주는 것을 목표로 하고 있다. 대건고는 이 프로그램을 적용하여 인성교육과 학력신장 면에서 놀라운 효과를 발휘했다. 〈가톨릭다이제스트〉에 실린 윤학 대표와 강교장의 대담내용 중 영성에 관한 것만 추려서 소개해본다.[25)]

강교장은 인간에게는 생활하면서 마주치는 감각의 세계가 있고, 머릿속으로 생각하는 사고의 세계가 있으며, 마음 깊숙한 곳에 영적인 세계가 있다고 했다. 그 영적인 세계를 통해서 세상을 바라보고 판단하며 살아가는 것이 바로 영성이라고 했다. 영적인 세계는 내면의 가장 깊숙한 곳에 자리하는 매우 작은 부분이지만 그 포용성에 있어서는 감각세계보다는 정신세계가, 정신세계보다는 영적인 세계가 보다 크다고 했다. 그래서 영성이 중심이 되는 세계는 감각세계와 사고의 세계를 모두 다 포용하고 있는 세계를 의미한다고 했다. 인간이 사고하고 판단하며 행동하는 그 뿌리가 바로 영성이라는 것이다. 기독교적으로 말하면 영성이란 하느님을 믿고 하느님과 함께하는 삶이라고 볼 수 있는데, 하느님과의 관계를 맺는 것은 근원적으로 인간 안에 영적인 기능이 들어 있기 때문에 가능하다는 것이다. 강교장은 가톨릭 교육현장의 핵심은 전인교육이라고 했다. 전인적인 인간이란 인간을 구성하는 요소들이 균형 있게 계발된 성숙한 인간을 말한다. 그런데 균형 있는 인간으로 계발하려면 영성이 중심이 되어야 한다는 것이다. 강교장은 영성중심교육은 바로 아이들의 '의식'을 계발하는 것이기 때문에 의식을 각 과목과 연결시켜야 함을 주장했다. 윤리시간에는 윤리적인 지식만을 가르치지 말고 윤리의식을 심어주어야 하고, 역사시간에는 역사적 사실에 입각해서 역사의식을 심어주어야 하며, 과학시간에는 생명의식을 심어주어야 한다고 했다. 이렇게 지식 안에 내포되어 있는 의식을 심어줄 때 비로소 전인교육이 가능하다고 했다.

영성교육프로그램

디팍 초프라(Deepak Chopra)는 현대 의학과 고대 인도의 전통 치유과학을 결합시켜 심신의 구루(Guru, 스승)로 불린다. 그는 '부모에게 권하는 7가지의 자녀 지도법칙'이라는 글에서 한 가족이 각 요일에 맞는 실천법을 다음과 같이 행하라고 권고했다. 이 영성 프로그램은 개인적인 성공이나 실패를 떠나서 가족과의 정신적 유대감을 느낄 수 있도록 해주고, 세상에서 가장 가까운 가족들과 함께 풍성한 사랑과 한없는 순수함을 나눌 수 있도록 해준다. 이로써 자녀들은 자연과 인간의식의 상호작용을 진정으로 이해하게 된다. 본 글에서는 일주일 프로그램 중에 3일(월, 화, 목요일) 내용만 소개한다.[26]

① 월요일 : 베푸는 날

- 아이들에게 해줄 말: "무언가를 얻고 싶으면, 먼저 베풀어라."
- 함께 할 일
  - 가족 중의 누군가에게 어떤 것을 줘보도록 권유한다.
  - 아이들로 하여금 감사히 받아들이도록 고취시킨다.
  - 인생의 선물들에 대한 감사의 의식을 간단히 나눈다.

② 화요일 : 인과응보(인연)의 날

- 아이들에게 해줄 말 : "한 가지를 선택하게 되면, 미래가 바뀐다."
- 함께 할 일
  - 오늘 아이들이 선택한 것들에 대해 이야기한다.
  - 과거의 선택으로 어떻게 미래가 달라졌는지 이야기한다.
  - 선택에 대하여 옳고 그른 것을 설명해준다.

③ 목요일 : 의지와 욕구의 날

· 아이들에게 해줄 말 : "네가 바라거나 원할 때마다 씨앗을 심어라."

· 함께 할 일

 - 일주일 동안의 우리의 욕구를 목록으로 만든다.
 - 자연이 달성하도록 우리의 욕구를 놓아버린다.
 - 모든 만족이 일어나는 현재 이 순간에 깨어 있다.

출판사 정신세계사에서 교육을 주제로 한 만남이 2001년 9월에 있었다. 감리교신학대 송순재 교수와 영성과 교육에 깊은 관심을 갖고 있던 이종승 선생과의 대담이 이루어졌다. 다음의 내용은 "실제적인 교육과 영성이 만나게 하는 방법으로는 어떤 것이 있을까?"라는 이종승 선생의 질문에 대한 송교수의 답변이다.[27)]

송교수는 다양한 차원에서 인간 존재의 영성을 열어주고 건드려주는 작업이 필요하다고 보았다. 일단 세계 여러 종교가 갖고 있는 영성을 제대로 이해할 필요가 있다고 했다. 이를테면 경전을 공부한다거나 종교의식에 참여해보는 것이다. 모든 종교는 궁극적으로 다 통해 있으므로 한 종교만 제대로 이해해도 인간의 본질을 알기란 어렵지 않다는 것이다. 또한 예술작품에 나타나는 인간의 궁극적인 관심사를 이야기한다거나 운명을 논한다거나 혹은 자연의 신비현상을 느껴보는 것도 좋은 방법이라고 했다. 이유는 자연이야말로 영성을 생각하기에 더없이 좋은 주제라는 것이다. 그 안에 초월적 차원이 모두 들어 있고 또 나타난다고 했다. 요즘 자연친화적으로 아이들을 키우려고 생태교육을 하는데, 아이들에게 그런 기회를 주는 것은 무척 중요하다고 했다. 산에 가서 밤을 보낸다거나 초목을 섬세하게 들여다본다거나 하는 것들은 무척 신기하고 불가해한 요소들도 많아, 결국 그런 것들을 보고 듣고 느끼면서 아이들은 자기 내면의 깊은 곳을 알아간다는 것이다.

교육
08

가정과 교육

여덟 번째 이야기

가정과 교육

가정과 교육에 대해 살펴본다. 가족의 의미와 기능, 종교(불교, 기독교)에서 바라보는 가정교육, 그리고 철학자(맹자, 페스탈로치, 간디, 사티쉬 쿠마루)의 가정교육관, 교육학자의 가정교육론, 〈더 타임스〉지의 10대 양육법도 함께 살펴본다.

가족家族의 어원

家(가)는 '지붕과 두 벽면'의 상형으로, 집을 본뜻으로 하는 宀(면) 밑에 돼지가 있는 모양이다. 집(宀)에서는 대부분 가축을 키웠고 그 가운데 대표적인 것이 돼지였기 때문에 돼지를 측면에서 그린 豕(시)를 더하여 '집'의 뜻을 가지게 되었다. 옛날에는 방 밑에 움을 파서 돼지를 키웠고, 방구석에 구멍을 뚫어 용변을 보기도 했다. 그래서 대소변이나 음식 찌꺼기는 돼지 먹이가 되었다. 동아시아의 여러 지역에서 출토되고 있는 축소하여 흙으로 빚은 그러한 구조의 집이 이를 증명하고 있다. 족族은 깃발과 화살을 그린 글자이다. 오른쪽 아랫부분인 '화살'의 상형 矢(시)를 뺀 나머지가 전쟁 때 쓰던 깃발의 형상이다. 타 부족과 전투가 벌어졌을 때 한 가족은 똘똘 뭉친 한 소대小隊가 될 수밖에 없었다.[1)]

가족의 기능

철학자 안병욱 교수는 가정은 인생의 안식처, 행복의 보금자리, 애정과 신뢰의 공동체, 사회의 기본 단위라고 했다. 안 교수는 인간이 만든 여러 제도 중에서 가장 훌륭한 제도는 가족이라며, 가족의 네 가지 기능을 다음과 같이 설명했다.[2)]

성性과 애정의 기능

가정은 부부의 성적 결합체요, 부모자식 간 또는 형제자매 간의 혈족적 애정 공동체이다. 사내 남男은 밭田에서 일하는 남자의 모양이다. 계집 여女는 남편이 일터에서 돌아오기를 집안에서 기다리고 있는 여자의 모습이다. 아비 부父는 회초리를 손에 들고 자식을 교육하는 아버지의 모습이다. 어미 모母는 아들에게 젖을 먹이는 어머니의 모습이다. 지아비 부夫는 상투를 튼 어른이 양팔을 펴고 늠름하게 서 있는 남자의 모습이다. 아내 처妻는 손에 비를 들고 청소하는 아내의 모습이다. 지어미 부婦는 집에서 손에 빗자루를 들고 청소하는 아내와 며느리를 상형한 것이다. 아들 자子는 어린아이 모양을 본뜬 글자이다.

경제적 기능

가정은 경제생활의 기본 단위이다. 옛날의 가정은 생산 기능과 소비 기능을 함께 수행했다. 한 가정에서 논밭에 곡식과 야채를 심고, 직물을 짜서 옷을 만들며, 소와 돼지와 닭을 키우고, 의식주의 기본 수단을 생산했다. 그러나 농경사회가 공업사회로 바뀌면서 가정의 생산 기능이 없어지고 가정은 소비생활의 기본 단위가 되었다.

교육적 기능

가정은 교육의 장소이다. 가정은 인간 최초의 학교이며, 부모는 인간 최초의 스승이다. 어린아이는 가정에서 부모에게 말을 배우고 예절을 배우며 의식주에 관한 기본 습관을 배우고 인간의 도덕을 배우며 문화와 전통을 배우고 가치관을 배우며 생활방식을 배운다. 이리하여 전통이 계승되고 역사가 면면하게 이어진다.

도덕적 기능

페스탈로치(J. H. Pestalozzi)는 "가정은 도덕의 학교다"라고 말했다. 가정에서 인간 도덕의 원형과 기본을 배운다. 가정에서 사랑과 협동과 복종과 권위와 희생과 봉사와 의무와 책임과 대화와 공동생활의 지혜를 배운다. 인간의 사랑은 가정에서 시작된다. 부모는 도덕의 스승이요, 윤리의 교과서이다. "한 사람의 훌륭한 어머니는 백 사람의 선생과 맞먹는다"라는 교육학자 헤르바르트(J. F. Herbart)의 말은 결코 과장된 것이 아니다.

불교의 가정교육관

불교에서는 부모의 사랑을 넓은 바다와 끝없는 하늘에 비유한다. 한 생명을 잉태하여 스스로 독립할 때까지 길러주고 보살펴주는 것이 부모의 의무이기 때문이다. 부모는 물질뿐만 아니라 정신적으로도 자식에게 중요한 존재이고, 자식 또한 부모에게 분신과 같은 소중한 존재이다. 그래서 예부터 부모와 자식 사이는 인륜이 아니라 천륜天倫, 즉 하늘이 맺어준 인연이라고 했다. 부처는 부모가 자식에게 해주어야 할 가장 기본적인 일로 "부모는 자식을 사랑해야 한다. 자식이 악행을 멀리하고 착한 일을 하게 해야 한다. 적절한 교육과 생계의 수단인 기술을 배울 수 있도록 뒷바라지 해주어야 한다. 결혼할 때가 되어 배우자가 정해지면 가정을 이루도록 도와주어야 한다"라고 했다.[3)]

시간이 흐르면 부모는 어느새 나이가 들어 자식에게 의지하게 된다. 자식이 어렸을 때 부모에게 의지한 것과 같은 이치다. 부처는 자식이 부모에게 해야 할 가장 중요한 일은 바로 '효도'라고 하였다. 부모가 자식에게 베풀어 준 은혜는 이루 헤아릴 수 없이 많기 때문이다. 부처는 자식이 부모에게 해드려야 할 가장 기본적인 일로 "늙으신 부모님의 마음을 편안하게 해드리고, 물질적으로 부족함이 없도록 항상 보살펴 드려야 한다. 부모님을 위해 열심히 일하고 집안일을 이어받아 바르게 처리해야 한다. 조상님께 제사를 올리며 그 뜻을 따라야 한다"라고 했다.[4)] 불경의 〈부모은중경父母恩重經〉에는 부모의 은혜가 얼마나 크고 깊은지 말해준다. "부모를 위해 백 자루의 칼로 자기 몸을 상처 내며 천겁千劫을 지낸다고 할지라도 부모의 은혜에 미칠 수 없다. 부모를 양어깨에 올리고 그 높은 히말라야 산을 백 번 천 번 올라 살갗이 터지고 뼈가 부서질지라도 부모의 은혜에 미칠 수 없다"라고 적혀 있다.

기독교의 가정교육관

기독교의 가정관은 신약성서 〈골로새 신자들에게 보낸 서간〉에 잘 나타나 있다. "아내 여러분, 남편에게 순종하십시오. 주님 안에 사는 사람은 마땅히 그래야 합니다. 남편 여러분, 아내를 사랑하십시오. 그리고 아내를 모질게 대하지 마십시오. 자녀 여러분, 무슨 일에서나 부모에게 순종하십시오. 이것이 주님 마음에 드는 일입니다. 아버지 여러분, 자녀들을 들볶지 마십시오. 그러다가 그들의 기를 꺾고 맙니다"(3장 18절~21절). 이처럼 기독교적 가정관은 아내의 남편에 대한 순종, 남편의 아내에 대한 사랑, 자녀의 부모에 대한 순종이라는 세 가지 윤리로 이루어져 있다. 고려대 김정환·강선보 교수는 기독교적 가정교육관의 중요 내용을 다섯 가지로 설명했다. 첫째, 아동존중교육이다. 시편에 "자식은 야훼의 선물이요, 태중의 소생은 그가 주신 상급이다"(127편 3절)라고 찬미하고 있다. 둘째, 신앙의 체험이다. 잠언에 "야훼를 두려워하여 섬기는 것이 지식의 근본이다"(1장 7절)라는 말이 있다. 셋째, 민족의 역사적 체험 및 그 유산을 종교적 예식으로 다져 계승하는 일이다. 넷째, 생활을 통해서 민족의 관습과 생활기술을 부모로부터 배우는 데 있다. 다섯째, 체벌을 가해서라도 사람됨을 일깨워 인격 형성의 터전을 다지는 일이다. 김정환 교수와 강선보 교수는 이스라엘 민족이 핍박받아 온 소수민족임에도 불구하고 세계문화에 큰 기여를 한 것은 이런 가정관과 가정교육관의 덕택이라고 했다.[5)]

돌아온 탕자

러시아 상트페테르부르크의 예르미타시 박물관에는 네덜란드의 화가 렘브란트가 그린 '돌아온 탕자'라는 그림이 있습니다. 그 그림에서 방탕한 생활을 하다가 돌아온 작은아들은 아버지의 품에 얼굴을 묻고 있습니다. 누더기 옷, 다 해진 신발과 상처 난 발바닥은 그가 집을 떠나 얼마나 힘들고 고통스럽게 살았는지 말해줍니다. 그의 머리는 막 태어난 아이의 모습처럼 삭발인데, 이는 아버지의 따뜻한 사랑으로 다시 태어났음을 보여줍니다. 동생을 안고 있는 아버지의 모습을 보고 있는 큰아들은 어둡게 처리되어 있습니다. 그 얼굴에는 시샘과 질투, 그리고 분노가 가득 차 있습니다. 아버지의 행동이 못마땅한 것입니다.

아들을 안고 있는 아버지의 두 손은 서로 다릅니다. 왼손은 크고 강인한 손 모양으로, 세상의 어떤 위험에서도 아들을 보호해줄 수 있는 아버지의 손입니다. 오른손은 작고 부드러운 손 모양으로, 아버지가 다 품지 못한 사랑을 섬세하게 품어주는 어머니의 손입니다. 아버지의 얼굴은 집 나간 아들을 기다리다가 늙어버린 모습입니다. 그러나 잃었던 아들을 다시 찾았다는 안도감으로 자비롭고 평온하게 보입니다. 한쪽 눈은 집 나간 아들을 그동안 얼마나 그리워했는지 눈물로 짓물러 거의 실명상태입니다. 그러나 눈가에는 분노가 아닌 사랑이 가득 담겨 있습니다.

아버지는 작은아들이 집을 나간 뒤로 하루도 그 자식을 잊지 못하고 자식이 떠난 길을 끝없이 바라보았습니다. 집 나간 아들을 향한 그리움은 눈물이 되고, 날마다 흘린 눈물 때문에 눈은 짓물렀습니다. 저 멀리 길모퉁이를 돌아오는 몰골이 달라진 아들을 아버지는 바로 알아봅니다. 그리고 아들을 안고 기쁨에 겨워 춤을 춥니다.[6)] 〈매일미사〉

맹자의 가정교육관

공손추公孫丑가 맹자孟子에게 자식교육에 대해 물었다. "군자가 자식을 직접 가르치지 아니하는 것은 무슨 까닭입니까?" 맹자가 대답했다. "정세情勢가 실행하지 못하는 것이다. 가르치는 사람은 반드시 정도正道로 해야 하는데, 정도로 하여 실행이 안 되면 이어서 노기를 띠게 되고, 이어서 노기를 띠게 되면 도리어 감정을 상하게 된다. '아버지가 정도正道로 나를 가르치시지만, 아버지는 정도正道에서 나온 것이 아닙니다'라고 하면 이는 서로 감정을 상하는 일이다. 부자父子가 서로 감정을 상하면 사납게 된다. 옛날에는 자식을 바꿔서 가르쳤고, 부자 사이에 잘하라고 꾸짖지 아니했다. 잘하라고 꾸짖게 되면, 사이가 멀어진다. 사이가 멀어지면, 좋지 못함이 이보다 더 큰 것이 없다."

맹자는 부자 간에 감정이 상하는 것은 좋지 않으므로 자식을 가르침에 있어서 감정을 상할 수도 있는 직접적인 교육방법은 피해야 한다고 했다.[7)]

맹자의 이러한 가정교육관에 대해 대만대 부패영傅佩榮 교수는 자신의 생각을 부언해서 다음과 같이 설명했다.[8)]

맹자는 왜 "옛사람은 다른 사람과 자식을 바꾸어 가르쳤다古者易子而敎之" 라고 했을까? 맹자는 계속해서 말한다. "부자지간에는 선한 행동을 하라고 상대를 질책해선 안 된다. 만약 선한 행동을 하라고 서로 질책하면 부자 사이가 멀어지고, 부자 사이가 멀어지는 것보다 더 불행한 것은 없기 때문이다." 맹자의 이 말은 가정교육과 관련된 부분으로, 유가사상 중에서도 상당히 설명하기 힘든 부분이다. 맹모삼천孟母三遷 이야기처럼 가정교육은 분명히 필요하다. 부모가 자식을 잘 가르쳐 올바른 길로 이끄는 것은 당연한 일이다. 그러나 자식이 인생의 도리를 터득하고 각 분야의 지식을 얻기 위해서는 반드시 훌륭한 스승과 전반적인 교육계획이 필요하다. 가정에서는 아무래도 '혈육의 정'이 중심이다. 예를 들면 아버지는 자식에게 선한 사람이 되라고 가르친다. 그러다 아버지도 자기한테 가르쳐준 대로 행동하지 않음을 알게 된다. 결국 부자 사이의 감정이 틀어지게 된다. 이처럼 가정교육을 제대로 하기란 무척 어렵다. 부모는 자식을 올바른 방향으로 이끌면서 동시에 부모와 자식 간의 정情도 고려해야 한다. 가족은 운명으로 맺어진 관계이다. 그러므로 나쁜 행위만 아니면 서로를 존중해주어야 한다. 가족이라도 개성과 인격은 서로 다르기 때문이다. 그런 면에서 가족은 '화이부동和而不同'의 관계에 있나고 말할 수 있다. 조화롭지만 같지는 않은 것이다.

페스탈로치의 가정교육관

페스탈로치(J. H. Pestalozzi)는 자신의 소설인 ≪린할트와 겔트루우트*Lienhard und Gerturd*≫에서 가정교육의 원리를 말했다. '가정에서 아이의 인간적인 모든 소질이 그 기초과정에서 확립·도야되면 교육은 거의 된 것'이라고 하면서 아이를 학교에 보내지 말라고까지 극언極言했다. 페스탈로치의 ≪린할트와 겔트루우트≫에 나타난 가정교육의 원리를 고려대 김정환 교수와 강선보 교수는 다음과 같이 정리했다.[9] 첫째, 가정에는 질서가 있어야 한다는 것이다. 위아래 성원 간의 도덕적 질서는 물론이고, 생활의 질서가 서야 한다. 생활의 질서는 마음과 정신의 질서를 낳는다. 페스탈로치는 신앙생활을 가장 귀하게 여겼지만 신앙생활보다 생활 질서가 우선이 되어야 한다고 말하였다. 둘째, 가정은 순수한 정감들이 길러지는 도덕교육의 터전이어야 한다는 것이다. 이 순수한 심정(사랑·믿음·순종·신뢰심)은 우선

부모와 자녀 간에 발생하고 익혀져 하느님께로 향하고 다시 내려와 이웃에 퍼져가는 것이다. 교사로서의 어머니 겔트루우트는 아이에게 일체 말로 설교하지 않고 행동으로 익히게 했다. 셋째, 가정은 기초교육이 다져지는 곳이어야 한다는 것이다. 종래의 기초교육은 소위 3R's(읽기 · 쓰기 · 셈하기)였는데, 페스탈로치는 여기에 다시 도덕교육과 실제교육(사랑하기 · 일하기)을 덧붙였다. 페스탈로치는 노동을 통해서 창조의 기쁨을 맛보게 하며 노동의 즐거움과 생활경제의 초보개념을 이해시키고자 했다. 넷째, 가정은 문자로 가르쳐지는 곳이 아니고 실물교육의 마당이 되어야 한다는 것이다. 아이에게 말로만 가르쳐서는 안 되고 실제 행동으로 가르쳐야 함을 의미한다.

간디의 가정교육관

간디(M. K. Gandhi)는 아이들은 태어나자마자 배우기 시작하는데, 그러한 배움은 대체로 눈과 귀 그리고 여러 감각기관을 통해서 이루어진다고 했다. 그래서 일단 말하는 법, 즉 단어의 소리를 흉내내게 되면 그다음부터는 매우 쉽게 언어를 사용할 줄 알게 된다는 것이다. 당연히 아이는 부모의 말투를 따라하게 되기 때문에 부모가 품위 있고 고상한 취미를 가지고 있으면, 그 자녀도 부모를 닮아서 발음을 정확하게 하려고 하고 행동이나 자세도 바르게 하려고 한다는 것이다. 간디는 가정에서 배우는 것이야말로 아이에게는 정말로 실질적인 교육이 된다고 했고 가정이 어린이를 위한 가장 훌륭한 교육공간이라고 했다.[10)]

사티쉬 쿠마루의 가정교육관

인도 출신의 생태운동가이자 교육자인 사티쉬 쿠마르(Satish Kumar)는 〈작은 학교가 아름답다〉라는 글에서 '어머니가 가장 좋은 스승'임을 이야기를 통해 들려주었다. 세상에서 수많은 사람들을 만났지만 어머니보다 윗자리에 둘 수 있는 사람은 만나지 못했다고 했다. 어머니는 가르침보다는 오직 사랑만 주었을 뿐이라고 했다. 쿠마르는 칼릴 지브란(Kahlil Gibran)의 시를 인용하면서 아이들을 소유하려고 해서는 안 된다고 했다. 아이는 텅 빈 물통이 아니라 모든 것이 다 들어 있는 도토리라고 했다. 쿠마르의 아래 글을 읽어보면 가정에서 어머니가 얼마나 중요한 존재인지 알 수 있고, 아이를 보는 방식과 대하는 태도를 달리 갖게 될 것이다.[11)]

> 우리 어머니는 나의 스승이며 현명한 여인이었다. 나는 순례와 여행을 하면서 러셀 박사, 마틴 루터 킹, 나의 또 다른 스승 비노바 바브 같은 현명한 분들을 많이 만났고 또 많은 것을 배우고 많은 은혜를 입은 슈마허 같은 분들도 만났다. 그러나 우리 어머니에게 배운 것과 어머니가 갖고 계신 지혜는 독특하고 뛰어난 것이었고, 나는 누구도 어머니보다 윗자리에 둘 수는 없다. 어머니의 가르침에서는 어머니가 나에게 무엇을 가르친다고 느낀 일이 없기 때문이다. 어머니는 자기 생각이나 관념, 견해를 나에게 준 일이 없다. 오직 사랑을 주었을 뿐이다. 칼릴 지브란의 ≪예언자≫라는 시집을 읽었다. 그 속에 아이들에 대한 아름다운 시가 들어있다. '그대의 아이들은 그대의 아이들이 아니다. 아이들은 자신을 갈망하는 생명이다'라는 구절이다. 그것을 우리가 잊고 있는 것이다. 그리고 칼릴 지브란은 아이들에게 사랑은 주어도 되지만 생각을 주어서는 안 된다고 말한다. 아이들은 자기 생각을 가지고 있다. 우리 어머니의 관점에서는 아이가 텅 빈 물통이 아니다. 아이는 하나의 씨앗, 한 개의 도토리이다. 어머니는 나에게 말했다. "얘야, 너는 모든 것을 알고 있다. 네 속에, 너의 영혼 속에 모든 것이 다 들어 있어. 도토리처럼!" 산림전문가나 정원사나 어느 누구도 도토리 속에 참나무가 되는 방법을 말해줄 수 없다. 그 작은 씨앗, 도토리 속에 참나무가 되는 방법에 대한 모든 정보가 씌어 있다. 글로 쓰인 것은 아니지만 그 속에 들어 있다.

정범모의 가정교육론

서울대 교육학과 교수를 역임한 정범모 교수는 '친자시간親子時間'이라는 개념으로 가정교육의 중요성을 설명했다.[12)] 인간의 아이의 성장기는 약 20년으로 뭇 동물 중에 제일 길다. 이 긴 성장기는 몇 가지 심각한 의미를 지니는데, 그것은 인간의 아이는 다른 동물보다 태어날 때 그만큼 더 취약하고 무능·무력하다는 점과 그런 취약한 기간이 그만큼 더 길다는 점이다. 더구나 인간의 성장기 20년은 다른 동물들처럼 생리적 성숙만 아니라 유난히도 많은 지적·정서적·사회적·도덕적 학습과제로 차 있는 시기라는 것이다. 이러한 인간의 발달은 거의 전적으로 부모가 아이를 안아주고 눈 맞춰주고 이야기해주며 옹알이를 들어주고 같이 놀아주는 '부모가 아이와 같이하는 시간'인 친자시간에서 이루어진다고 했다. 친자시간에 일어나는 부모와 아이의 상호작용을 통해서 아이의 학습이 이루어지는데, 부모는 부모대로 출세, 돈벌이, 재미 보기 등 자기실현에 바빠서 아이를 그만큼 '내버려' 두는 가정이 많아지고 있다는 것이다. 이렇게 내버려져 자라는 시간에 아이들은 여러 가지 '약탈자'의 위험에 대해서 거의 무방비 상태에 놓이게 된다고 했다. 즉, 교통사고 위험, 불량식품 위험, 물웅덩이 위험, 해로운 상품 위험, 성적性的 함정의 위험 등에 처하게 된다는 것이다. 영국의 아동학자 리치(Penellope Leach)는 어머니들은 적어도 아이의 생후 5~6년은 전적으로 아이를 위해 시간을 보내야 한다고 충고했다. 정교수는 '세대 간 손익世代間 損益의 제로 섬 게임(zero sum game)' 이론을 제안했다. 이론의 요지는 간단하면서도 명료하다. '적은 친자시간으로 부모가 이득을 보면 아이는 그만큼 손해를 보고, 많은 친자시간으로 부모가 손해를 보면 아이는 그만큼 이득을 본다'라는 것이다.

〈더 타임스〉지의 10대 양육법 소개

영국의 〈더 타임스〉지는 영국을 비롯한 유럽의 부모들 사이에 '스칸디나비아식 자녀 양육법'이 인기를 끌고 있다고 보도했다. 한때 예일대 로스쿨 교수 에이미 추아(Amy Chua)의 엄격한 양육법인 '타이거 맘(호랑이 엄마)'이 유행했으나, 이제는 스웨덴이나 덴마크 등 북유럽국가의 가정에서 볼 수 있는 '스칸디 대디(스칸디나비아 아빠)'가 대세라는 것이다.

스칸디나비아식 양육의 핵심은 부모가 모두 가정을 1순위에 두고 생활하면서 아이와 함께 최대한 많은 시간을 바깥에서 활동하며 보내는 것이다.

다음은 〈더 타임스〉지가 소개한 스칸디나비아식 양육법의 10대 황금률이다.[13)]

① 가정의 중심은 가족 구성원 전체다. 부모가 자녀를 위한다고 해도 나머지 가족이 아이에게 맞춰주는 방식은 안 된다.

② 폭력·고함은 절대 금지한다. 조용히 알아듣기 쉽게 타이르는 훈육이 더 큰 효과를 낸다.

③ 다른 사회 구성원들에게 맞추라. 주변이 조용할 때는 아이도 조용히 있도록 지도한다.

④ 종종 자녀들과 함께 밖에서 놀아라. 바깥의 신선한 공기를 마시고 흙을 만지며 뛰어노는 것이 어린이 건강에 좋고 자연스럽다.

⑤ 어린이에겐 단순한 일상이 최고다. 학원이나 컴퓨터 게임보다는 산책이나 수영을 하며 잘 놀고 잘 먹는 것이 최고다.

⑥ 국가는 탁아소에 최고의 지원을 한다. 덴마크 정부는 각 가정이 탁아소에 아이를 맡기는 비용의 75%를 보조한다.

⑦ 아기는 집 안보다 바깥에서 더 잘 잔다. 낮잠을 재울 때는 유모차에 태워 산책을 나가는 것이 좋다.

⑧ 일곱 살 이전에는 글 읽기를 가르치지 않는다. 글을 일찍 배우지 않아도 북유럽 학생들의 성적은 세계 최고 수준이다.

⑨ 레고(블록 장난감)를 사줘라. 아이의 논리와 공간지각 능력이 발달한다.

⑩ 성교육은 유치원에서부터 하라. 개방적인 성性문화를 가진 북유럽에서는 여섯 살에서 일곱 살부터 기본 성교육을 받는다. 그 결과 십대 임신율은 세계 최저 수준이다.

교육
09

학교제도와 교육

아홉 번째 이야기

학교제도와 교육

학교제도와 교육에 대해 살펴본다. 이를 위해 우리나라의 학교제도를 삼국시대부터 대한제국시대까지 관학과 사학을 중심으로 탐색해보고, 서양의 학교제도는 그리스시대부터 현대 대학제도까지 폭넓게 살펴본다.

우리나라의 학교제도

삼국시대

고구려는 4세기 중엽 소수림왕 2년(372)에 왕경에 태학太學이라는 고급학교를 세우고 유교를 가르쳤다. 그 후 지방에도 경당扃堂이라는 학교를 세워서 청소년들에게 유교와 활쏘기 등 무예를 가르쳤다. 태학은 귀족 자제의 교육기관이었다. 태학에는 시詩, 서書, 역易, 춘추春秋, 예기禮記 등 5경을 가르치는 5경 박사가 있었다.[1] 태학의 교육내용은 한문학이었다. 다음은 구당서舊唐書와 신당서新唐書의 고구려전에 기록된 경당에 대한 내용이다.[2]

> 풍속이 서적을 사랑하여 누추한 심부름꾼의 집에 이르기까지 각각 거리에 큰 집을 지어 이름을 경당이라고 하고, 자제가 결혼 전에 밤낮으로 여기서 책을 읽고 활쏘기를 배워서 익히니 그 읽는 책은 오경과 ≪사기≫, ≪한서≫, ≪후한서≫, ≪삼국지≫, ≪진춘추≫, ≪옥자편통≫, ≪자림字林≫, ≪문선文選≫이 있어서 더욱 애지중지한다.

백제는 서기 663년에 나라가 망할 때까지 학교를 세웠다는 기록은 없다.[3] 백제에는 일찍부터 박사제도(모시박사, 역박사, 오경박사)가 있어서 각기 전문專門의 공부도 하고 사무도 담당하는 한편 청년들의 교도에도 임했을 것으로 추정된다. 중국 측 사료 수서隨書에 의하면, '국민들은 독서를 좋아하고 이사吏事에 능하며 의약과 음양과 복술 등을 잘 알고 있었다'라고 했고, 구당서舊唐

書에는 '그 서적에는 5경과 자子, 사史가 있었다'라고 한다. 또한 이와 함께 국내의 뛰어난 자제들을 당唐나라에 파견하여 당의 '국학國學'에 입학시켰고, 중국 양梁나라에 사신을 보내어 모시박사毛詩博士를 청하기도 했다. 이를 미루어볼 때 백제에는 중국의 태학太學과 같은 학교제도가 있었을 것으로 짐작된다.[4] 또한 백제는 일본에 왕인王仁, 아직기阿直岐, 담양이, 고안무, 왕유귀 등 수많은 학자들을 보내 ≪논어≫ 등 유교경전을 전해주고, 일본태자의 스승이 되었다.[5]

신라의 대표적인 교육기관은 화랑도花郎徒이다. 화랑도의 주된 교육목적은 청소년(귀족 자제)들에게 봉건적 윤리와 도덕을 심어 국왕과 통치계급을 위해 충성하는 관리를 양성하는 데 있다. 화랑도에서 가르친 도덕 수양의 기본 내용은 유교의 '충효忠孝' 사상이다.[6] 화랑도는 정규 학교교육 못지않은 신라 고유의 교육조직으로서 화랑 가운데 우수한 인재를 관리로 등용했다.[7] 화랑도는 적절한 인재배출제도가 없었던 당시에 있어서는 유일한 고급인재양성소가 되었다.[8] 화랑도의 조직은 지도자격인 화랑이 있고 그 밑에 낭도郎徒가 있었으나, 진흥왕 37년(576) 국가에서 필요한 인재양성과 상무정신 고취를 위해 국가에서 개입하게 된 후로는 총지휘자에 국선國仙을 두고 그 밑에 화랑이 있고 그 밑에 낭도가 있었다. 화랑은 각각 문호門戶를 단위로 낭도를 거느렸다.[9]

≪조선의 교육사≫를 지은 이만규 선생은 신라 화랑제도의 기원과 명칭, 그리고 이념, 교육목적 등에 대해 자세히 설명했다. 신채호는 "화랑花郎은 본래 상고上古 수두제단의 무사 곧 그때에 '선비'라고 불리던 자인데, 고구려에서는 낭의선인浪衣仙人이라고 했으며, 신라에서는 예쁜 얼굴을 가진 화랑"이라고 했다. 이와 같이 화랑도는 상고부터 고유한 신앙 아래에 민족의 교양을 지도한 연원에서 생겼다. 이 화랑은 원화源花, 국선國仙, 선랑仙郎, 풍월도風月徒, 풍류도風流徒 등 많은 이름으로 불리어졌다. 화랑도는 민족의 고유한 신앙에서 발전한 것이므로 다른 종교의 구속을 받지 않고 각 종교 위에 서서 각 종교를 조화하였던 국풍 본위의 존재였다고 한다. 최치원은 난랑비 서문에 화랑도는 유, 불, 선 삼교를 포함했다고 했다. 즉, 집에서는 효孝하고 나라에 충忠하자는 공자의 가르침, 권리를 찾지 말고 할 일을 하며 이론을 캐지 말고

갈 길을 걷자는 노자의 가르침, 악이면 어떤 것이라도 짓지 말고 선이면 어떤 것이라도 행하자는 석가의 가르침이 모두 화랑도에 포함되었다는 것이다. 화랑도의 교육목적은 어진 관리와 충신, 훌륭한 장수와 용맹한 군졸 등 나라를 다스리고 지키는 인재를 양성하는 데 있었으며, 교육과정은 노래와 풍류, 산수를 즐기는 것이라고 했다.[10)]

남북국시대

서울대 한영우 교수는 "발해는 고구려 문화를 계승하면서 당 문화를 수입하여 고구려보다 한 단계 높은 수준의 고대문화를 건설했으며, 남쪽의 신라와 대등한 수준을 유지했다"라고 설명한다. 한교수는 "발해는 최고 학부로서 주자감冑子監을 설립하여 각종 유교경전과 한문학을 가르쳤고, 유교경전의 이해 수준에 따라 관리를 임용했으며, 많은 유학생을 당에 파견시켰는데, 그곳에서 외국인을 대상으로 한 빈공과賓貢科에 합격한 자가 적지 않았을 뿐만 아니라, 신라인과 발해인 사이에 수석 경쟁이 일어나기도 했다"라며 발해의 교육열기가 매우 뜨거웠음을 밝혔다.[11)]

이만규 선생은 발해가 중국문헌에 기록된 '해동성국海東盛國'이 된 연유와 발해의 높은 교육열로 인해 교육의 질과 양이 가늠할 수 없을 정도로 컸음을 설명했다. 이선생은 중국문헌인 ≪당서唐書≫에는 "후당 동광 2년에 발해국이 그 족친위 대원겸을 보내어 국가승감에 시험하다", "초에 그 왕이 자주 여러 학생을 보내어 경사대학에 나와 제도를 익히고 드디어 해동성국이 되었다", "주양朱梁, 후당 30년간에 공사貢士 등과자가 십수 명이요, 학사가 잇달았다"라고 밝혔다. 이는 왕족과 민간인 자제들이 당에 유학한 일과 과거에 급제한 일을 말하며, 그 결과로 '해동성국'이 되었음을 의미한다. 즉 중국인들의 눈에는 발해가 통일신라와 마찬가지로 한 국가로서 해동성국으로 보였던 것이다. 이러한 사실들을 종합해볼 때 발해는 해동신라 못지않은 국가임을 알 수 있다.[12)]

신라는 고구려, 백제에 비해 유학을 늦게 받아들였다. 신라는 통일 이후인 신문왕 2년(682)에 유교 교육기관으로 국학國學을 세웠다. 그 후 성덕왕 16년(717)에는 당으로부터 공자와 그 제자들의 화상畵像을 들여와 국학에 안치하였고, 경덕왕 때에는 국학을 태학감太學監으로 고쳐서 박사와 조교를 두어 본격적으로 유학교육을 실시했다. 태학감에서는 논어와 효경孝經을 필수과목으로 가르쳤고 시경詩經, 서경書經, 주역周易, 좌전(左傳 : 춘추좌전), 예기禮記 등 5경과 문선文選을 선택과목으로 가르쳤다. 그리고 선택과목에 따라 과科를 셋으로 나누었는데, 예기와 주역을 전공하는 과(철학전공), 좌전과 시경을 전공하는 과(역사전공), 서경과 문선을 전공하는 과(문학전공)였다.[13)]

고려시대

서울대 변태섭 교수는 "고려는 중앙집권적인 정치의 실행자인 관리를 양성하기 위해서 중앙과 지방에 학교를 세우고, 여기에서 수업한 사람을 과거를 통하여 관리로 선발했다"라고 말했다. 이어서 변교수는 "이러한 교육과 과거제도는 고려의 통치체제를 유지하는 제도적 기반이 되었다"라고 했다.[14)]

이만규 선생에 따르면 ≪고려사≫에는 "태조 13년에 서경에 행차하여 학교를 창립하고 수재手才 정악廷顎을 임명히어 서학박사로 삼고, 학원을 별도로 설립하여 육부학생을 모아 가르치게 하며, 아울러 의학과 점복의 두 과를 두다"라고 기록되어 있다. 서경은 평양으로 그곳에 세운 학교는 지금의 소학교 정도로 보는 것이 옳은데, 학과는 독서와 습자에 지나지 못했을 것으로 추정했다. 별도로 설립한 학원은 육부 학생, 즉 이부·호부·예부·병부·형부·공부인 육대 중추관아의 관리가 될 만한 학생을 교육하려고 한 것으로서, 국자감의 전신前身이라고 생각할 수 있다.[15)]

한영우 교수는 "고려의 인적자원은 교육을 통해서 양성되고, 과거를 통해서 선발되었다"라고 했다. 태조 때 이미 신라 6두품 계열의 지식인들을 등용하고 개경과 서경에 학교를 세워 학문을 장려했으며, 성종 11년(992) 개경에 대학에 해당하는 국자감國子監을 세웠고, 숙종(肅宗, 1095-1105) 때에는 국자감에 서적포書籍鋪라는 출판소를 두어 책을 간행했으며, 예종(睿宗, 1105-1122) 때에는 국자감을 재정비하여 7재七齋를 두어 학문을 전문화시켰다고 했다. 국자감에 설치한 7재의 전문강좌는 주역周易, 상서尙書, 모시毛詩, 주례周禮, 대례戴禮, 춘추春秋, 무학武學으로서, 국자감은 당唐나라 제도唐制를 채용한 일종의 종합대학이다. 또한 지방교육도 장려되었는데, 성종 6년(987)에는 지방의 12목에 경학박사와 의학박사를 각 1명씩 내려 보내어 지방자제들을 가르치게 했고, 인종 5년(1127)에는 각 주에 향학鄕學이라는 학교를 세웠다. 관학에서 교육을 받고 학자관료가 된 사람 중에는 다시 사재를 털어 사학私學을 세우는 사람이 많았는데, 11세기 중엽 문종 때 해동공자海東孔子로 불리던 최충崔冲이 아홉 개의 전문과목을 둔 9재 학당(九齋學堂 : 文憲公徒)을 세운 뒤로 11개의 사립학교가 세워졌는데, 이를 사학 12도私學十二徒라고 불렀다.[16)]

십이도十二徒는 사학私學으로서, 이만규 선생에 의하면 십이도는 우리나라 역사상에 기록된 것으로는 가장 유명한 사학이라고 했다. 십이도의 수준은 국자감 유학부와 같은 등급이었다. "향교와 학당 학생을 상고하여 십이도로 올리고 십이도를 상고하여 성균으로 올리자"라고 한 이색李穡의 말을 미루어 볼 때 십이도는 향교보다 높은 수준이었음을 알 수 있다. '성균으로 올린다'라는 말은 사학 출신을 국학으로 편입한다는 의미로서 십이도가 사립대학이었음을 증명한 것이다. 이만규 선생은 이 십이도는 고려 일대一代를 통하여 교육에 막대한 공적을 쌓았다고 했다.[17)] 사학의 융성은 상대적으로 관학인 국자감의 쇠퇴를 가져왔다. 귀족의 자제들이 명성 높은 사학에만 몰려 국자감 교육이 유명무실하게 되었기 때문이다.[18)]

원종 2년(1261)에는 동서학당을 설립했는데, 개경의 동서에 설치한 것으로 추측된다. 이는 국자감에 입학하지 못한 평민자제를 대상으로 했으며, 교육수준은 지방의 향교와 비슷했다. 5부 학당은 공양왕 때 동서학당과 비슷한 수준으로 개경의 중앙과 동서남북에 세운 학교이다. 전북대 교육학과 노상우 교수는 이 학당제도는 중국에서도 찾아볼 수 없는 고려의 고유한 학교제도라고 했다.[19)]

조선시대

한영우 교수에 의하면 조선은 유교국가였고 교육을 강조하는 유교이념에 따라 교육열기가 그 어느 때보다도 높았다. 그래서 출세하려면 공부해야 한다는 생활철학이 뿌리를 내렸다는 것이다. 조선초기의 교육은 인문학만을 강조한 것은 아니었고, 기술학도 존중했다. 인문교육기관으로 전국의 모든 군현郡縣에 향교鄕校를 설치하여 국비로 가르쳤다. 학교진흥은 수령의 7사七事 가운데 하나가 될 만큼 중요시하였다. 향교에는 양인良人 이상의 신분으로서 준수한 재능을 가진 여덟 살 이상의 남자가 입학하여 교생校生이 되었다. 그곳에서 소학小學, 사서(四書 : 논어, 맹사, 중용, 대학), 오경(五經 : 시경, 서경, 역경, 춘추, 예기) 등 유학경전을 공부했다.[20] 향교는 성균관의 축소판이라고 할 수 있는데, 공자를 모신 사당인 문묘文廟에 제사하고 유학을 가르치는 것 외에 지방의 향풍鄕風을 순화하고 지방민을 계도하는 사회교육기관으로서의 역할도 담당했다.[21]

서울에도 네 곳에 학교를 세웠는데 이를 부학(部學 : 서학, 동학, 남학, 중학)이라고 했다. 한영우 교수에 따르면 향교와 부학을 다닌 학생들은 유학幼學으로 불리면서 사회적 존경을 받았고, 과거시험에 응시할 자격이 주어졌다. 조선초기에는 국비로 운영되는 관학이 우세했지만 16세기 이후로는 지방의 사족들이 자기 고을에 세운 서원書院이 점점 늘어나 사학과 관학이 경쟁하는 시대가 열렸다. 서원의 구조와 교육내용은 향교와 비슷했지만, 사당祠堂에 모신 선현先賢이 서원마다 달라서 독특한 학풍을 이루고 있었고 서원에 입학한 학생은 학비를 스스로 부담했다. 서원은 향교보다 수도 많아지고 권위도 높아져 양반자제들은 대개 서원에 입학하고, 평민의 자제들은 향교에 들어가는 것이 관례가 되었다. 서당書堂은 초등교육기관으로 군현 밑 마을에 설치되었는데, 서당에서는 천자문千字文을 비롯하여 초보적인 유교경전을 가르쳤다. 한편 기술교육은 잡학雜學이라고 불렀으며, 이는 해당 기술관청에서 직접 교육을 담당했다.[22]

조선시대 최고의 교육기관인 성균관은 문헌에 국학, 태학, 국자감, 반궁, 현관, 성균관 등의 이름으로 기록되어 있다. 이 여섯 가지 이름 속에 성균관 교육의 역사적 근원이 담겨 있다. 이만규 선생은 그 이름의 유래를 다음과 같이 밝혔다.[23]

국학國學

중국 ≪주례≫에 '국유학國有學'이라고 한 데서 나온 이름이므로 국가가 전국을 위하여 건립한 학교라는 뜻이다.

국자감國子監

중국 고대에 열다섯 살이 된 천자의 여러 자식과 관리의 적자와 그리고 민간의 우수한 자만을 대학에 입학시켰다고 하는데, 뒤에 입학자가 많아지자 진대晉代에 고급관리의 자제만을 위하여 국자학을 따로 세웠다. 국자國子라고 한 것은 주대周代에 귀족의 적자를 우대하여 부르던 이름으로서, 국자학은 곧 귀족의 전용 대학이란 것을 뜻한다. 북제北齊 때에 학교를 국자사國子寺라고 했다가 수隋나라에서 다시 국자학이라고 했으며, 수隋나라 양제가 국자감이라고 했는데, 청淸나라 말에 대학당이라고 바꿀 때까지 그 명칭이 계속되었다.

반궁泮宮

'반泮'이라는 글자는 '반半'과 '수水'를 합성한 글자로 '반은 물이다半水'의 뜻이다. 성균관 터는 반드시 물이 흐르는 곳을 택하는 것이 전례인데, 대개 동쪽과 서쪽 문 이남으로 물이 흐르고 북쪽엔 물이 없으므로 반궁이라고 한다.

현관賢關

중국 한서漢書에 '대학자大學子 현사지소관야賢士之所關也'라고 한 데서 나온 이름이니 곧 대학은 어진 선비의 길로 들어가는 관문이라는 뜻이다.

성균관成均館

중국 《주례》에 오학이 있으니 동은 동서東序, 서는 고종瞽宗, 북은 상상上庠, 중은 벽옹辟雍, 남은 성균成均이었다. 특히 남에는 음악으로 교육적 성과를 내기 위하여 음악을 중심으로 하여 대사업大司業이라고 부르는 교직원이 있어서 '음악의 성균지법成均之法을 맡는다'라고 했다. 여기서부터 시작하여 '성균'이 대학의 이름으로 통용되었다. '성균'의 뜻은 '음악의 가락을 맞춘다'라는 뜻이기도 하고 '균등하게 한다'라는 뜻도 있다.

태학太學

국학, 국자감, 성균, 현관 등은 국가가 관리를 양성하기 위하여 세운 최고 학부에 통용된 이름이었으니 곧 '대학'이었다. '태太'는 대大의 극極이므로 '아주 크다'는 의미에서 '태학'이라고 한 것이다.

성균成均의 뜻

중국에서도 고대 원시사회가 발전하면서 계급이 형성됐고, 부족 사이에 전쟁이 벌어지기도 했다. 부족 지도자는 백성들에게 무엇인가를 알려야 했고, 또 가르쳐야 할 일이 생겼다. 지도자는 부족 사람들을 광장으로 모아서 집회를 갖고 제례祭禮와 훈육訓育 등을 실시했다. 요순堯舜시대에 들어 국가의 틀이 잡히면서 이 같은 '광장활동'은 교육으로 발전했고, 이를 일컬어 '성균成均'이라고 했다. '성균'은 중국 고대의 학교였던 셈이다.

이는 주周나라 왕실의 제도를 담은 주례周禮에서 확인된다. 이 책의 '춘관春官·대사악大司樂'편에는 "대사악은 '성균의 법成均之法'을 관장한다. 이로써 왕실의 학습과 관련된 정책을 수립하고, 왕실 자제들을 모아 공부를 시키게 된다以治建國之學政, 而合國之子弟焉"라고 했다. 대사악은 또 국가의 주요 제례나 음악禮樂을 담당했다. 예와 악으로 백성을 교화시키는 일이 곧 '성균'이었던 것이다. 전한前漢 시기 유학자였던 동중서董仲舒도 '성균은 오제 시기의 교육이다成均, 五帝之學'라고 했다. 춘추전국시대에는 제후諸侯국의 최고 교육기관을 일컬어 성균관成均館이라고 했다. 황제 나라의 교육기관이었던 벽옹辟雍 또는 국자감國子監보다 한 단계 낮은 이름이었다.

이 구도는 고려와 조선시대에도 적용됐다. 고려는 992년 성종 때 국자감을 세웠으나 1308년 원元나라의 압박을 받아 성균관으로 '강등'해야 했다. 조선은 1398년 한양漢陽 숭교방(崇敎坊, 현재 명륜동)에 성균관을 세우고 500여 년을 이어왔다. 고종 때는 황제국답게 성균관을 '벽옹'으로 바꾸자는 논의가 있었으나, 풍전등화의 국운 앞에 유야무야되고 말았다. 성균관은 1910년 한일합방늑약 이후 경학원經學院으로 바뀌는 치욕적인 수난을 당하기도 했다. 그러다 해방 직후 성균관대가 세워져 오늘에 이르고 있다. 우리 선조들은 '성균'의 의미를 '成人材之未就, 均風俗之不齊(아직 성숙하지 못한 인재를 성취시키고, 고르지 못한 풍속을 가지런하게 한다)'라고 해석한다. '인재를 발굴하여 그 뜻을 펴게 하고成人材, 교양을 닦아 풍속을 고르게 하는 것均風俗'이야말로 우리나라 교육의 참뜻일 것이다.[24) 〈중앙 Sunday〉

성균관의 정원은 생원, 진사 각 100명씩 모두 200명이었다. 성균관 유생은 성적이 우수한 자는 문과의 초시를 면제해주고 직접 2차 시험인 복시覆試에 응시할 자격을 주었으며, 쉰 살까지 착실하게 공부한 학생은 과거를 치르지 않아도 벼슬을 주는 일이 있었다. 성균관의 시설로는 강당과 기숙사인 재齋가 강당 앞 좌우에 있어서 이를 동재와 서재로 불렀다. 그리고 강당 뒤에는 문묘文廟를 두어 공자의 위패를 모시고 제사를 지냈다. 또한 존경각尊經閣이라는 도서관이 있었다. 왕세자도 일단 성균관에 들어가 입학식을 치르고 나서 궁 안의 시강원侍講院에서 교육을 받았다.[25]

조선후기 때 근대적인 관립학교로는 1883년(고종 20년) 8월 서울에 세워진 동문학同文學이 최초로서, 이곳에서는 외국어를 가르쳤다. 그 후 1886년 현직관료와 고관자제들의 근대교육을 위해 육영공원育英公院을 세우고, 헐버트(Homer B. Hulbert) 등 외국인 교사를 초빙하여 수학, 자연과학, 역사, 정치학 등을 가르쳤다. 민간인들이 세운 근대적인 사립학교도 다수 등장했다. 최초의 사립학교는 1883년에 함경도 원산에 세워진 원산학사元山學舍이다. 원산학사에서는 외국어, 역사, 지리, 자연과학 등을 가르쳤다. 서울에서는 외국인 선교사들이 기독교를 전파하고 서양문화를 보급하기 위해 아펜젤러(Henry G. Appenzeller)는 배재학당(培材學堂, 1885)을, 스크랜튼(Mary F. Scranton)은 이화학당(梨花學堂, 1886)을, 언더우드(Horace G. Underwood)는 경신학교(儆新學校, 1886)를, 엘러스(Annie J. Ellers)는 정신여학교(貞信女學校, 1887)를 각각 세웠다.[26]

대한제국시대

갑오개혁으로 새로운 제도가 만들어지면서 교육도 근대적 제도로 개편되었다. 당시 정부는 교육의 중요성을 깨달아 학무아문學務衙門을 두어 교육문제를 전담하게 했으며, 홍범 14조에서는 "나라 안의 총준자제聰俊子弟를 널리 파견하여 외국의 학술과 기예를 전습한다"라고 하여 이를 근대교육에 대한 방침으로 세웠다. 또한 국가적으로 교육의 중요성을 강조하여 〈교육입국조서敎育立國詔書〉를 반포했다. 교육입국조서의 핵심내용은 "우내宇內의 형세를 보건대 부富하고 강强하며 독립하여 유지維持하는 모든 나라는 다 인민의 지식이 개명開明했다. 지식의 개명은 교육敎育의 선미善美로 되었으니, 교육은 실로 국가를 보전하는 데 도움이 된다"이다.[27] 이후부터 1905년까지 사범학교·소학교·중학교·외국어학교·의학교·상공학교 등 각급 관립학교들이 세워졌다.[28]

근대 민족교육이 절정에 이른 것은 을사늑약 이후부터였다. 기울어져 가는 나라를 되찾는 길은 교육을 통한 애국적 인재의 양성밖에 없다는 자각이 널리 퍼지게 되었다. 선각적 지식인과 자산가들 사이에도 '배우는 것이 힘이다'라는 구호가 유행할 만큼 앞 다투어 학교설립에 나섰다. 그리하여 불과 3~4년 사이에 전국적으로 3천여 개의 사립학교가 세워졌다. 일본은 이러한 교육열이 항일운동과 연결된다는 것을 깨닫고 이를 탄압하는 일에 나섰다. 1908년에 사립학교령을 만들어 통감부의 인가를 받도록 했으며, 교과서도 검정을 받은 것만 사용하도록 통제했다.[29]

서양의 학교제도

서양의 전형적인 학교는 일찍이 아테네에 존재했다. 아테네의 시민들은 아크로폴리스에서 지도자의 정견을 듣고 시민적 훈련을 받았으며, 극장에서는 주로 비극을 통하여 자기네의 민족적 문예작품을 음미하면서 민족적 자각과 교양을 높였으며, 또 노천체육관인 김나지움에서는 강건한 신체적 훈련을 받았다. 이런 세 개의 교육의 마당의 기능이 하나로 통합된 학교가 출현하게 되었는데, 이것이 바로 플라톤의 아카데메이아(Akademeia)이다.[30]

초등학교(elementary school)의 원형은 로마의 루두스(ludus)와 그리스의 팔레스트라(palestra)이다. 루두스는 라틴어로 '놀이'를 뜻했고, 팔레스트라는 그리스어로 '신체단련'을 뜻한다. 중등학교(secondary school)의 원형은 그리스에서는 김나지움(gymnasium), 로마에서는 그라마티쿠스(grammaticus)이다. 김나지움은 원래 열여섯 살에서 열여덟 살까지의 학생을 대상으로 군사훈련의 예비단계인 체육을 주로 하는 학교였고, 그라마티쿠스는 원래 루두스를 거친 학생을 대상으로 주로 문법을 가르치는 학교였다. 그러나 이들 학교들은 체육이나 문법만을 가르치지 않고 장차 국가의 지도자가 되는 데 필요한 여러 가지 교양을 갖추게 했고, 또 동시에 윗 단계 학교, 즉 고등교육기관에 입학할 수 있게 학문적인 준비를 시켰다. 중등학교의 명칭은 유럽에서는 지금도 gymnasium, grammar school로 사용되고 있다. 대학 원형인 플라톤의 아카데메이아(Akademeia)와 아리스토텔레스가 창설한 리세움(Lyceum)은 오랫동안 발전을 하지 못하고 기독교세력에 의해 폐쇄당하고 말았다.[31]

그리스의 교육

그리스는 수많은 도시국가인 폴리스가 형성되면서 많은 문화생활의 중심지가 생긴 결과, 그리스인 특유의 성격을 형성시켰고 또한 전 인류에게 영향을 끼친 자유사상의 시초가 되었다. 그리스 제도교육의 주축은 음악과 체육이 중심이 되었다. 음악은 정서적 측면을, 체육은 건강 증진과 국가 방어의 기본 능력을 목표로 했다. 체육에서는 높이뛰기, 달리기, 원반던지기, 창던지기, 씨름 등 5종 경기를 가르쳤다. 훗날의 책 위주 학습과는 다른, 인류사에 있어서는 특이한 제도교육이 운영된 시기였다.[32]

아테네의 교육

아테네 정신의 표상이자 대표자인 솔론(Solon)은 입법가일 뿐 아니라 시인이었다. 솔론은 귀족과 서민, 어느 쪽에도 치우치지 않은 중용中庸을 취한 정책을 펼쳤다. 솔론이 제정한 학교법규의 내용을 살펴보면 무척 엄격했음을 알 수 있다.[33]

① 모든 아테네 시민인 자는 그의 아들에게 체육과 음악을 교육할 의무를 갖는다. 이 법규에 위반하는 부모는 비난받아 마땅하다. 따라서 부모가 아이에게 상당한 교육을 받게 했을 때만 이 아이가 성장한 후 그 부모를 부양한다.

② 학교는 일출 전에 열어서는 안 된다. 또한 일몰 후에는 모든 학교는 닫아야 한다.

③ 아이가 학교에 있는 동안에는 아무나 그 학교에 들어와선 안 된다. 단,

학교교사의 자녀나 손자는 위 항에 저촉되지 않는다. 이 규정을 위반한 자는 사형에 처한다.

④ 김나지움 교장은 헤르수메 신 또는 뮤즈 신 축제일의 경우, 어른을 입장시켜선 안 된다. 이를 시행치 않아 침입자를 방치하면 그는 소년능욕자로 처벌한다.

⑤ 소년합창단을 돌보는 자는 마흔 살 이상이어야 한다.

⑥ 노예는 체육장에 있을 수 없다. 또한 체육을 허가해서도 안 된다.

⑦ 100드라크마 이상 나가는 것을 학교에서 가져간 자는 사형에 처한다.

⑧ 부친이 아이를 팔 수 있는 경우는 단 한 가지 미혼의 여성과 사통한 경우에 한한다.

스파르타의 교육

스파르타는 강건한 자녀를 얻기 위한 우생학적 결혼제도, 신생아의 양육 여부의 국가 심사, 엄격한 모친이나 유모에 의한 가정교육, 일곱 살에서 서른 살까지의 남아의 공공적 군대교육 등으로 널리 알려져 있다. 남아가 일곱 살이 되면 국가공동교육장에서 훈련양육을 받았다. 아동감독관(Paedonomus) 총괄하에 편성되어 아동교관(Iren) 지휘하에 들어갔다. 읽기와 쓰기는 최소한의 수준에서 끝내고, 복종과 인내 등 수양과 전투준비에 치중했다. 그들은 머리를 짧게 깎고, 맨발과 얇은 의복으로 견디며, 거의 알몸으로 활동하도록 길들여졌는데 이는 체력의 강건함과 동작의 민첩성을 키우기 위한 것이었다.[34)]

로마의 교육

공화정 시기의 로마에서는 사회생활과 함께 자녀교육에 관해서는 부친의 권위가 절대적이었다. 청소년은 부친을 따르고 전기의 영웅을 모방하며 평소 어른들의 행동을 본받고 정직함, 용감함, 강건함에 힘썼다. 로마는 제정기에 그리스 문화의 영향을 받으며 각종 교육기관들이 주체가 되어 문화를 발전시켜 나갔다. 여섯 살부터 열두 살 사이는 루두스(초등학교)에서 읽기, 쓰기, 산수를, 열두 살부터 열여섯 살에는 문법학교에서 문법과 문학을, 열여섯 살부터 열아홉 살에는 수사학교에서 문법, 수사학, 변증술(논리학), 법률학을, 스무 살부터 스물다섯 살에는 법률학, 의학, 건축학, 수학, 문법, 수사학을 가르쳤다.[35]

중세의 길드교육

12~13세기에는 각지에 도시가 형성되면서 수공업에 종사하는 직업인들까지 길드(guild)라는 동업조합을 만들었다. 상공업자들은 그들 구성원의 교육과정을 연령별 단계로 나누어 도제교육제도(apprenticeship system)를 실시했는데, 그 순서는 도제(徒弟, apprentice), 직인(職人, journeyman), 직인순력(職人巡歷), 사장(師匠, master)의 단계로 나누었다. 이렇게 길드에서 실시한 도제교육은 제도적인 장인교육으로서 훗날 유럽의 각종 산업발전의 토대가 되었다.[36]

종교개혁기의 교육

루터의 종교개혁에서 비롯된 프로테스탄트(Protestant)의 신앙은 개인의 양심에서 비롯됨을 전제하고, 어린이에 대해 엄격한 교육을 실시하여 하느님을 알고 두려워하도록 길렀다. 그러면서 이들의 교육이 전적으로 내세주의적 종교내용에 머물지 않고 현세생활의 의의도 아울러 강조했다. 이에, 가정·직업·교회·국가에 대한 의무를 깨닫게 했다. 가톨릭교는 선교사 양성을 목적으로 많은 교단에서 신학교를 설립했다. 대표적인 교단인 예수회에서는 라틴어를 정확 용이하게 읽고 쓸 수 있는 능력, 교회에 충성하는 태도, 기독교도로서의 사상과 행위를 유지할 수 있는 열의를 갖춘 인물을 기르려고 했다. 예수회 교단이 경영하는 학교는 대단히 엄격한 규율로 운영되었고, 이들 학교가 유럽 각지에서 큰 성공을 거두었다.[37]

대학교육

고대사회에 가장 크게 발전한 대학은 알렉산드리아대학이며 여기에는 7만 권에 이르는 그리스, 이스라엘, 이집트 및 동방국가들의 책을 소장한 도서관이 있었다. 이 대학은 그리스를 비롯한 고대 여러 나라의 문화연구소 역할을 하였다. 수학자 유클리드(Euclid), 물리학자 아르키메데스(Archimedes), 천문학자 프톨레마이오스(C. Ptolemaeos)가 이곳에서 가르쳤다.[38]

역사학자 해스킨즈(Charles Homer Haskins)가 지적하듯이 대학은 대성당이나 의회제도와 같이 중세의 산물이다.[39] 대학사大學史 전문가인 이광주 교수는 오늘날 '대학'을 뜻하는 'University'는 라틴어의 'Universitas'에서 유래하는데 중세에 이 '우니베르시타스'는 원래 다수, 복수, 사람의 집합체를 뜻한다고 했다. 보다 전문적인 의미에서는 합법 단체, 법인 단체를 의미했는데 12세기 말에서 13세기 초에 이르러 이 말은 교사(당시에는 '교수'라는 말은 없었음)나 학생들의 조합에 적용되었다고 주장했다. 오늘날과 같이 아카데믹한 기관을 뜻하는 말은 오히려 'studium'이었다는 것이다.[40]

고려대 김성식 교수에 의하면 대학이 황제나 교회에서 대학헌장을 획득하면 완전한 대학(studium generale)으로 인정되었는데, 이 말은 '국민과 지역을 막론하고 누구나 와서 공부할 수 있는 곳'이라는 뜻이라고 설명했다.[41]

이광주 교수는 중세 대학의 본질과 특색은 '자치'라는 특권을 누린 교사와 학생의 공동체에 있다고 했다. 중세에서 학도의 특권을 처음으로 규정한 것은 1158년 황제 프리드리히 1세가 공포한 '면학을 위해 여행을 하는 학생들을 위한 특권'이었다. 또한 교황에 의해 파리대학에 최초의 특권 및 자치권이 주어졌다. 그리고 파리의 대주교와 프랑스 국왕에게 학칙과 학도들의 상해傷害, 하숙비에 대한 대학인의 특권까지 요구한 1231년 그레고리우스의 대칙서인 '제학諸學의 아버지'는 대학의 '대헌장'으로 불리며 중세 대학의 '자치'와 '특권'의 기초가 되었다.[42]

대학의 특권 또는 자유의 핵심은 대학의 자치권이었다. 즉 대학은 교수와 학생에 의해 자치적으로 다스려지고, 대학 구성원 전체가 선출한 총장에 의해 대표되었다. 대학의 최대 권한은 총장을 선출한 대학 구성원 전체의 총회에 있었다. 대학 자치의 특권의 핵심은 대학의 재판권이었다. 중세의 대학인은 대학의 재판권에 예속되고 교회법이나 국법 및 도시법에 구속받지 않았다. 대학은 일종의 치외법권적 존재였다.[43] 대학에는 아무 나라에서나 가르칠 수 있는 교수권(jus ubique docendi), 종교세력과 세속 권력에 맞서기 위해 휘

두를 수 있는 강의정지권(cessatio)과 대학해산권(dispertio) 등이 있었다. 대학은 이런 특권을 이용하여 자치권을 누렸다. 대학과 권력기관과의 싸움을 시민들은 '가운과 타운(gown and town)'의 싸움이라고 했다. 그러다가 대학이 다른 도시로 옮겨가면 시민들은 대학도시라는 자랑과 생업을 잃어 비탄에 빠진다.[44] 그래서 중세 대학은 '나라 가운데 있는 나라(imperium in imperio)'라고 불릴 만큼 독자적인 대학권大學圈을 건설했던 것이며, 진리탐구를 위해서는 어떠한 권력이나 압력에도 타협하거나 비굴한 태도를 취하지 않았다.[45]

중세 대학은 정확한 기록이 없이 자연발생적으로 성장해왔기 때문에 대학의 설립자나 창립일자를 알 수 없는 것이 특징이다. 중세 최초의 대학으로는 11세기 말 남부 이탈리아의 의학으로 유명했던 살레르노(Salerno)대학과 12세기 초 북부 이탈리아의 법학으로 유명했던 볼로냐(Bologna)대학을 들 수 있다. 그리고 프랑스의 파리(Paris)대학은 12세기 초에 창설된 대학으로 신학과 철학이 근간을 이루었으며, 근세 대학의 기원이 되었다. 12세기 후반에 파리대학을 모방한 영국의 옥스퍼드(Oxford)대학, 그리고 13세기 초에 옥스퍼드대학에서 불만을 품고 떠난 일단의 교수들과 학생들에 의해서 캠브리지(Cambridge)대학이 창립되었다. 14세기경부터는 독일의 대학들도 파리대학을 모체로 하여 발생하기 시작했으며, 특히 1386년에 창설된 하이델베르크(Heidelberg)대학은 모든 체제를 파리대학을 모방했다.[46]

대학은 4개 학부(facultas) 즉, 학예학부, 신학부, 교회법학부(법학부), 의학부로 구성되었다. 학예학부는 오늘날의 교양학부로서 기초학부이다. 중세 대학에서 학예학부장은 대학 전체의 장이었다. 교사나 학생이 어느 학부보다도 월등히 많았던 까닭이다. 학예학부의 학과목은 7자유학예 즉, 문법, 수사학(변론술), 논리학, 산수, 기하학, 음악, 천문학 등 교양과목이다. 그것을 '자유학예(art liberales)'라고 함은 '자유인(liber)'을 위한 '학예(arts)'이며 '교양'이기 때문이다. 학문과 교양을 갖춘 사람은 그렇지 못한 사람과 구별되어 '자유인'으로 불리며 대접 받았다고 한다.[47]

미국 최초의 대학인 하버드대학의 전신인 하버드 칼리지(Harvard College)는 1636년에 설립되었다. 하버드 칼리지는 영국에서 태어난 캠브리지대 출신의 청교도주의 젊은 목사인 존 하버드(John Harvard, 1607-1638)의 유언에 따라 기부된 780파운드와 320권의 장서를 기본 재산으로 탄생되었다. 하버드대학이 미국 그리고 나아가 세계적인 대학으로 각광을 받게 되는 것은 독일 대학의 연구방식을 도입하고 명실공히 '유니버시티'로 발전하는 커클랜드 총장 시대(1810-1828)에 이르러서이다. 이광주 교수는 세계 대학사에 신기원을 이루는 법학전문대학원 및 과학전문대학원의 신설로 하버드대학은 '연구종합대학'으로 혁신했고, 학문연구에 있어서 '언제나 앞장 서는' 하버드대학의 시대가 열렸다고 했다.[48]

오늘날 산업대중사회는 고등교육의 대중화를 초래했다. 칼리지 중심의 중세 대학은 물론 근대적인 유니버시티와도 그 규모나 내용, 기능에 있어서 극히 다른 다원적인 대학, 즉 '멀티버시티(multiversity)'의 출현을 가져왔다. 대학의 대중화 현상은 대학의 맘모스화를 초래하여 미국의 캘리포니아대학의 경우, 이미 1960년 초에 9개 캠퍼스에 10만 명 이상의 학생과 교직원수 4만 명을 헤아렸다. 이는 웬만한 중소도시의 규모이다. 대학의 이상적 형태라고 할 수 있는 멀티버시티는 캘리포니아대학의 총장을 지낸 클라크 커(Clark Kerr)의 말대로 '두뇌의 도시국가(idiopolis)'가 되었다.[49] 커 총장은 그의 저서 ≪대학의 사명≫에서 멀티버시티는 학부교육을 위해서는 영국대학의 모형을, 대학원 교육을 위해서는 독일대학의 모형을, 그리고 사회봉사를 위해서는 미국대학의 모형을 따라야 한다고 주장했다. 이는 대학의 3대 기능(교수, 연구, 봉사)을 지적한 것이다. 퍼킨스(James A. Perkins)는 '지식의 획득'을 대학의 연구 사명으로, '지식의 전수'를 교수(teaching) 사명으로, '지식의 응용'을 봉사 사명으로 보았다.[50]

교육
10

교육과정과 교육

열 번째 이야기

교육과정과 교육

교육과정과 교육과의 관계에 대해 살펴본다. 이를 위해 교육과정의 의미와 종류, 교육의 과정過程, 교육과정의 두 관점(진보주의, 전통주의), 타일러, 화이트헤드, 듀이의 교육과정론, 글레이저의 수업모형, 킬패트릭의 교수법 등에 대해 알아본다.

교육과정의 의미

교육과정 또는 커리큘럼(curriculum)이라고 부르는 이 용어가 언제부터 사용되었는지는 확실치 않다. 그것이 전문분야로서 정식으로 다루어진 것은 보비트(Frank Bobbit)의 ≪교육과정*The curriculum*≫(1918)이 시초이다.[1] 교육과정(curriculum)의 어원은 라틴어 'currere'이다. 이는 동사로서 뛴다, 달린다(run)의 의미를 지니며, 명사로는 경주 코스(race course)의 의미를 지닌다. 이것이 교육에 전용되어서 학생이 일정한 목표를 향해서 학습하는 진로 또는 내용을 의미하게 되었다.[2]

교육과정의 종류

교육과정에는 두 가지 종류가 있다. 의도되고 계획된 교육과정을 표면적 교육과정(manifest curriculum)이라고 하고, 의도되지 않고 계획되지 않은 교육과정을 잠재적 교육과정(hidden curriculum)이라고 한다. 표면적 교육과정은 표면화, 공식화, 명문화, 문서화, 체계화되어 있어서 누구나, 언제, 어디서, 무엇을, 어떻게 배울 것인가를 알 수 있다. 반면에 잠재적 교육과정은 학교에서 의도하고 계획한 바는 없지만 학생들이 학교생활을 하는 동안 은연중에 가지게 되는 경험을 말한다. 이는 주로 학생들의 가치관, 태도, 신념 등과 같은 정의적 측면에 영향을 준다.[3]

교육의 과정過程

'교육한다'라는 작용이 존재하는 과정에는 반드시 중요한 질문, 생각해보아야 할 중요한 과제가 있다. 중요한 과제는 '교육목표의 확인과 선정, 학습경험의 선정과 조직, 교수敎授와 학습, 학습성과의 평가'이다. 교육의 과정은 이 네 가지 과정이 상호 밀접하게 작용하는 것이다.[4)]

교육목표의 확인과 선정

교육의 과정에서 가장 중요한 질문은 '무엇'을 교육하려고 하느냐는 것이다. 교육목표는 교육의 전체 과정을 방향 짓고 규제하는 역할을 한다. 교육목표 없이는 국가나 사회가 무엇을 지향해서 교육을 하는지, 교사가 무엇을 가르쳐야 할지, 또 어떤 교육내용을 선택해야 하며 어떻게 가르쳐야 할지에 대한 방향과 전략이 모호해진다.

우리나라 초·중등학교의 교육목표

(1) 초등학교 교육목표

초등학교의 교육은 학생의 학습과 일상생활에 필요한 기초 능력 배양과 기본 생활 습관을 형성하는 데 중점을 둔다.

① 풍부한 학습경험을 통해 몸과 마음이 건강하고 균형 있게 자랄 수 있도록 하며, 다양한 일의 세계에 대한 기초적인 이해를 한다.

② 학습과 생활에서 문제를 인식하고 해결하는 기초 능력을 기르고, 이를 새롭게 경험할 수 있는 상상력을 키운다.

③ 우리 문화에 대해 이해하고, 문화를 향유하는 올바른 태도를 기른다.

④ 자신의 경험과 생각을 다양하게 표현하며 타인과 공감하고 협동하는 태도를 기른다.

(2) 중학교 교육목표

중학교의 교육은 초등학교 교육의 성과를 바탕으로, 학생의 학습과 일상생활에 필요한 기본 능력을 배양하며, 다원적인 가치를 수용하고 존중하는 민주시민의 자질 함양에 중점을 둔다.

① 심신의 건강하고 조화로운 발달을 추구하며, 다양한 분야의 경험과 지식을 익혀 적극적으로 진로를 탐색한다.

② 학습과 생활에 필요한 기초 능력과 문제 해결력을 바탕으로 창의적 사고력을 기른다.

③ 자신을 둘러싼 세계에 대한 경험을 토대로 다양한 문화와 가치에 대한 이해를 넓힌다.

④ 다양한 소통능력을 기르고 민주시민으로서의 자질과 태도를 갖춘다.

(3) 고등학교 교육목표

고등학교 교육은 중학교 교육의 성과를 바탕으로, 학생의 적성과 소질에 맞는 진로 개척 능력과 세계 시민으로서의 자질을 함양하는 데 중점을 둔다.

① 성숙한 자아의식을 토대로 다양한 분야의 지식과 기능을 익혀 진로를 개척하며 평생학습의 기본 역량과 태도를 갖춘다.

② 학습과 생활에서 새로운 이해와 가치를 창출할 수 있는 비판적, 창의적 사고력과 태도를 익힌다.

③ 우리의 문화를 향유하고 다양한 문화와 가치를 수용할 수 있는 자질과 태도를 갖춘다.

④ 국가 공동체의 발전을 위해 노력하며, 세계 시민으로서의 자질과 태도를 기른다.[5)]

학습경험의 확인, 선정과 조직

교육목표를 달성하기 위해 어떠한 종류의 학습경험이 있느냐를 확인하고, 그중에서 가장 적절한 학습경험을 선정하고 조직한다. 학습경험을 선택할 때에는 학습자의 특성, 지역적 특성, 학교의 특성 등을 고려한다.

교수敎授와 학습

학습경험이 선정 조직되면 그다음에 투입되는 것이 가르치고 배우는 과정이다. 아무리 교육목적이 훌륭하고 그것을 위한 학습경험의 선정과 조직이 잘되어 있어도, 그것을 가르치는 데 실패하면 그것으로 교육은 실패한다.

학습성과의 평가

학습성과가 기대했던 대로 성취되었는가 하는 것을 점검하는 과정이다. 교육평가의 일차적 목적은 교육을 처음 시작한 때 의도했던 교육목표가 제대로 달성되었느냐를 확인하는 데 있다.

성적과 성적표

옛날 서당에서 천자문千字文을 뗀 학생들에게 나눠준 성적표의 내용은 매우 '교육학적'이었다. 재치가 넘치고 매사에 과민한 아이에게는 어리석을 '愚(우)'자를, 남에 대한 배려가 적고 독선적이면 어질 '仁(인)'자를, 효심이 부족한 아이에게는 반포反哺한다는 까마귀 '烏(오)'자를, 그리고 매사를 서둘러 일을 그르치면 천천히 걷는 소 '牛(우)'자를 써주었다.[6]

얼마 전까지만 해도 학교에서는 수秀, 우優, 미美, 양良, 가可로 성적결과를 표시했다. 즉, '빼어날 秀' '넉넉할 優' '아름다울 美' '좋을 良' '옳을 可'이다. 누가 이러한 평가용어를 개발해냈는지 배우는 학생에게 마음의 상처를 주지 않기 위해 애쓴 흔적이 글자 속에 배어있는 듯하다. 또한 스승의 넉넉한 제자 사랑 마음이 가득한 성적평가 용어라는 생각도 든다.

미국 초등학교에서는 성적을 두 가지 측면에서 평가한다. 학업(Academic Performance Level) 측면과 노력(Effort) 측면이다. 학업 측면에 대한 평가는 Exceeds(A급), Very Good(B급), Satisfactory(C급), Area of Concern(D급), Unsatisfactory(U급)로 성취결과를 표기하고, 노력 측면은 Outstanding(O급), Satisfactory(S급), Needs improvement(N급), 그리고 Unsatisfactory(U급)로 성취결과를 표기한다.

교육과정의 두 관점

교육과정은 늘 진보적 관점과 전통적 관점에서 심각하게 논쟁한다. 진보주의자들은 변화를 선호한다. 그들은 현재는 언제나 불완전한 것이기에 개선되어야만 한다고 본다. 반면에 전통주의자들은 변화에 대해 회의적이다. 인류는 지식과 문화의 축적을 위해 오랫동안 노력해왔고, 그것을 간단히 버리고 변화시키기에는 너무나 값진 것들이기 때문이라는 것이다.[7] 워커(D. F. Walker)와 솔티스(J. F Soltis)는 아동들에게 어떠한 관점에서 무엇을 가르칠 것인지 진보주의자와 전통주의자와의 가상적인 대화로 다음과 같이 제시했다.[8]

진보주의자
올바른 학습이란 사람들로 하여금 보다 나은 삶을 갖도록 돕는 것이다. 따라서 우리 진보주의자가 아동들의 교육과 학습에 대해 관심을 갖는 것은 아동들이 보다 나은 삶을 갖기를 원하기 때문이다. 아동들의 보다 풍요로운 삶, 그것이 우리의 기본적인 관심사인 것이다. 이를 위해서 우리는 무엇을 가르쳐야 할까? 분명 그것은 어른들의 문제에 대한 해답은 아닐 것이다. 우리의 절차는 마땅히 그것과는 달라야 한다.

전통주의자
우리 전통주의의 입장에서는 학교란 아직 유아기의 행동과 사고에 젖어 있는 아동들을 보다 성숙되고 사회화된 성원의 세계로 이끄는 중요한 사회적 기관이라고 보며, 또한 현재의 성인 세계야말로 우리가 가질 수 있는 가장 이상적인 상태라는 것을 믿어 의심치 않는다. 따라서 전통적 교육과정만이 문명화된 사회의 사고방식을 일깨워줌으로써 사람들을 성숙된 개인이 되도록 해줄 수 있는 것이다.

타일러의 교육과정론

교육과정 구성의 필수 요소

미국의 교육학자인 타일러(Ralph Tyler, 1902-1994)는 그가 시카고대학에서 가르치던 〈교육 260〉 코스의 강의 내용을 정리하여 ≪교육과정과 수업의 기본원리≫라는 책자를 출판하였다. 타일러는 다음의 네 가지 기본적 질문을 바탕으로 그의 '논리(rationale)'를 구성했는데, 그가 제시한 네 가지 질문은 교육과정을 구성할 때 고려되어야 할 중요한 요소이다.[9)]

① 학교는 어떤 교육목표를 달성하고자 노력해야 하는가? (교육의 목적이나 목표의 설정)
② 이러한 목표를 달성하기 위하여 어떤 교육 경험들이 제공될 수 있는가? (교과나 학습경험의 선정)
③ 이러한 교육 경험들을 효과적으로 조직하는 방법은 무엇인가? (학습경험의 조직)
④ 의도한 목표가 달성되었는지 아닌지를 판단하는 방법은 무엇인가? (결과의 평가)

교육과정 편성원칙

교육목표의 성취를 위해서는 유사한 경험들을 반복적으로 제공함으로써 보다 충분한 학습을 유도하도록 하고(계속성의 원리), 한 교과의 내용이 여러 차례 계속되면서 그 경험의 폭은 넓어지고 깊이는 더욱 심화될 수 있도록 배려되어야 하며(계열성의 원리), 또한 학교에서 학생들이 갖게 되는 여러 가지 학습경험들은 따로 따로 분리되기보다는 상호 간에 구조적인 관련성을 가질 수 있도록 조직되어야 한다(통합성의 원리).[10)]

화이트헤드의 교육과정론

화이트헤드(A. N. Whitehead)는 '교육의 리듬(rhythm of education)'이라는 용어를 사용하여 역동적인 교육과정을 개념화하고자 했다. 그는 학교가 학생들에게 아무 의미도 주지 못하는 쓸모없는 지식만을 가르치고 있다고 비난하면서, 지식을 백과사전식으로 가르칠 것이 아니라 학생들에게 의미가 있도록 전달하고 그것을 그들 스스로 자기 것으로 만들 수 있도록 해주어야 한다고 했다. 따라서 그가 제안하는 '교육의 리듬'이라는 개념은 초등이나 중등 또는 고등교육에서 어떤 교과나 어떤 단원을 다루는 데에도 적용될 수 있다고 보았다. 화이트헤드는 '교육의 리듬'이라는 개념을 설명하기 위해서 '로맨스(romance)', '집중(precision)', '일반화(generalization)'라는 용어를 사용하였다(이에 대해서는 이 책의 '서양철학과 교육'에서 설명한 바 있다). 학생들에게 어떤 교과를 가르치고자 할 때, 그 교과는 매력적인 흥분감을 불러일으킬 수 있도록 '로맨틱한 방식'으로 제공되어야 한다는 것이 첫 번째이다. 두 번째 집중단계에 들어가면 학생들은 그 교과를 더 깊고 자세하게 공부하게 되는데, 이때에도 로맨틱한 흥미는 그대로 유지하여 학생들 스스로 열심히 공부하도록 만드는 추진력이 되도록 한다. 교과 내용에 대한 학습이 쌓여가면서 학생들은 그 교과에 대한 전반적인 안목이 생기고, 그것을 세 번째 단계인 일반화시키는 행동이 가능하게 된다. 이러한 일반화를 위한 활동 속에서도 로맨스 단계의 기쁨과 흥분상태는 여전히 필요하다. 그것은 교과에 대한 학습을 마치면서 그 내용을 새로이 알게 된 것에 대한 기쁨이나 성취감과 같은 것이다.[11)]

듀이의 교육과정론

듀이는 ≪아동과 교육과정*The Child and the Curriculum*≫에서 체계적인 교과의 중요성을 강조하는 전통주의적 교육과 학생들의 흥미와 필요에 더 큰 비중을 두는 진보주의적 교육 사이의 갈등을 지적하면서 다음과 같은 질문을 했다. '어느 것이 더 중요한가? 아동인가? 교육과정인가?' 그러나 듀이는 이에 대해 '그 둘 모두 다'라고 현명하게 대답한다. 교육과정은 전통적 지식을 포함하고 있지만, 그것은 교수·학습과정과 분리된 것이어서는 안 되며, 학습자와의 관련 속에서만 의미 있는 지식이 될 수 있다고 보았다. 결국 교육의 요체는 학습자의 흥미와 욕구를 중시하면서 학생들로 하여금 전통적 지식과 의미 있는 관련을 맺도록 유도하는 일이다.[12)]

글레이저의 수업모형

글레이저(R. Glaser)는 교수과정을 교사에 의한 연속적인 의사결정 과정으로 생각하여 수업모형을 네 단계로 구분했다. 1단계는 '교수목표의 설정'이다. 교수목표를 설정한다는 것은 학습내용을 학습자가 쉽게 이해할 수 있도록 적절한 크기로 분류하고 적절한 차례로 정리하는 것을 뜻한다. 2단계인 '투입행동의 진단'은 교수활동을 진행하기 전에 학습자들의 학습 정도 또는 수준을 진단하는 것이다. 이것은 이전의 학습단계에서 학습한 내용에 대한 학습자의 지적 능력, 발달 수준, 동기유발 상태 등을 밝히는 단계이다. 3단계인 '교수절차'는 학습자에게 가르칠 내용을 교사가 직접 가르치는 과정이다. 4단계인 '학습성과의 평가'는 설정된 교수목표가 얼마나 달성되었는지를 평가하는 일련의 결정과 실천의 순환으로 구성된다.[13)]

킬패트릭의 교수법

미국의 교육학자이며 컬럼비아대학 교수로 재직하면서 진보주의 교육운동 지도자로 활동한 킬패트릭(William Heard Kilpatrick, 1871-1965)은 프로젝트 방법(project method)이라는 용어를 처음으로 사용했다. 이 용어는 진보주의 교육운동의 기본 정신과 원리를 교육과정과 수업에 적용해보고자 교육학 학술지에 발표한 논문의 제목에서 유래한다. 그는 전통적인 교수방식이 학습을 일방적으로 강요하는 것이었다고 비판했다. 학교교육의 교육과정은 앞으로의 생활을 위한 준비로서가 아니라 현재의 생활 그 자체로서 생각되어야 한다는 것이다. 프로젝트 방법은 바로 이러한 목적을 달성하기 위한 학습지도법이라고 할 수 있다.[14)]

프로젝트 방법이 전통적인 교수법과 어떻게 다른지 킬패트릭은 연을 만들고 있는 두 소년을 예로 들었다. 한 소년은 연을 날려보고 싶은 욕심에 자기 스스로 온 정성을 다하여 연을 만들고 있으며, 다른 소년은 교사의 강요에 따라 이미 만들어진 연을 보고 그대로 모방하고 있다고 가정해보자. 첫 번째 소년의 경우 나는 연을 만들겠다는 자신의 목적의식에 따라 모든 행동이 이루어지고, 그 과정의 적절성에 대한 평가도 자신이 설정한 기준에 따라 판단된다. 완성된 연을 날리게 되었을 때 느끼는 만족감만이 그 소년이 한 일의 성공 여부를 판단하는 유일한 기준이 되는 것이다. 그러나 두 번째 소년의 경우는 이와는 다르다. 그에게는 두 가지 목적이 있다. 하나는 연을 만드는 것이고, 다른 하나는 교사의 요구와 기준을 만족시키는 것이다. 이 소년에게는 나는 연을 만든다는 기쁨보다는 교사의 기대를 만족시키지 못했을 경우에 대한 두려움이 더 클지도 모른다. 결과적으로 첫 번째 소년은 학교생활에 대해 자부심을 갖게 되고 무언가 새로운 것을 찾아 생각하며 행함으로써 배운다는 것에 대해 기쁨을 느끼지만, 두 번째 소년에게는 학교가 자기에게는 무의미한 과제를 강제로 요구하는 곳으로만 여겨진다. 이런 점에서 킬패트릭에게 있어서 교육과정이란 교과가 아니라 바로 경험 그 자체라고 할 수 있다.[15)]

교육
11

교사와 교육

교사와 교육

교사와 교육에 대해 살펴본다. 이를 위해 불교의 사제관을 비롯하여 맹자, 이황, 간디, 비노바 바브, 요하힘의 교사론을 각각 알아본다. 또한 고려대 김정환 교수, 서울대 장상호 교수, 거창고 전성은 교장, 의사 김현수, 교육전문가 조벽 교수의 교사론도 함께 살펴본다.

불교의 사제관

불교에서는 '스승은 자신이 아는 모든 것을 제자에게 가르치고, 건강한 몸과 마음으로 살아갈 수 있도록 격려해주며, 좋은 본보기가 되어야 한다. 또한 제자는 스승의 가르침을 열심히 배우고 익히며, 스승을 존경하고 받들면서 살아야 한다'라고 가르친다. 다음은 스승과 제자가 지켜야 할 도리이다.[1)]

> 스승은 제자를 가르칠 때 다섯 가지에 힘써야 한다.
> 법法으로 훈육해야 한다.
> 배우지 못한 것을 가르쳐야 한다.
> 질문하는 것을 잘 이해시켜야 한다.
> 착한 벗을 알려주어야 한다.
> 아는 것을 다 가르치는 데 인색하지 않아야 한다.
> 제자는 스승을 공경할 때 다섯 가지에 힘써야 한다.
> 공경하고 높이 칭찬해야 한다.
> 스승의 은혜를 항상 기억해야 한다.
> 가르침대로 따라야 한다.
> 늘 사모하고 생각해야 한다.
> 스승의 뒤를 따르고 명예를 드높여야 한다.

맹자의 교사론

맹자孟子가 말했다. "사람의 고질병은 남의 스승이 되기를 좋아하는 데 있다人之患在好爲人師." 맹자는 훌륭한 스승이 되려는 사람은 "스스로를 수련하고, 마음을 훤히 열고, 지식과 행동이 일치하고, 가르침에 차별을 두지 않아야 한다"라고 말했다. 다음은 맹사의 교사론에 대한 대만대 부패영傅佩榮 교수의 설명이다.[2)]

스스로를 수련하기

맹자는 "훌륭한 스승은 자신이 깨달은 도리로 남에게 깨우침을 준다. 그런데 많은 사람들은 자기도 깨우치지 못한 도리로 남을 깨우치려 한다"라고 일침을 놓는다. 자신의 학문을 제대로 연마한 후에야 다른 사람을 지도할 수 있다는 의미이다.

마음을 훤히 열기

맹자가 말했다. "공자께서는 동산東山에 올라 노魯나라를 작다 여기셨고, 태산泰山에 올라 천하가 작다고 여기셨다. 바다를 본 사람이라면 어지간한 물로는 그를 매료시킬 수 없고, 성인聖人의 문하에서 배운 사람이라면 어지간한 말로는 그를 매료시킬 수 없다." 맹자의 이 말은 배움에 스승과 제자 모두가 마음을 활짝 열고 시야를 훤히 터야 한다는 뜻이다.

지식과 행동이 일치하기

맹자가 말했다. "자기가 올바른 도리를 행하지 않으면 아내와 자식도 그 도리를 행하지 않고, 다른 사람을 부리는 것이 도리에 맞지 않으면 아내와 자식조차도 부릴 수 없다." 예부터 가정에서는 남자가 중심이 되어 말과 행동 모두에서 모범을 보였다. 이것이 '身教(신교)' 즉 '몸소 본보기가 된다'라는 뜻이다.

가르침에 차별 두지 않기

'가르침에 차별을 두지 않는다有教無類'라는 말은 공자가 한 말이다. 맹자는 이 네 글자를 실천에 옮겼다. 맹자는 실제로 가르침을 받고 싶어 하는 사람은 누구든 거절하지 않았다. 이러한 사실 자체가 맹자가 가르침에 차별을 두지 않았다는 원칙을 실천에 옮겼음을 보여준다.

이황의 사제관

퇴계 이황은 '스승을 배운다'는 뜻을 '오두역거烏頭力去'란 말로 설명하였다. 이 말은 북송의 유학자인 사상채(謝上蔡, 1050-1103)가 윤화정(尹和靖, 1071-1142)과 함께 정명도(程明道, 1032-1085) 밑에서 공부하던 당시의 일화에서 생겨난 말이다. 사상채는 스승을 하직하고 돌아가는 날, 윤화정에게 "우리들이 매일 스승을 따라 행실을 보고 배우며 말을 듣고 깨닫는 것은 마치 오두烏頭를 먹는 것과 같은 것이었다. 그 약을 먹기 시작하면 얼굴빛이 광채가 나고 근력이 강성해지지만, 하루아침에 오두의 힘이 떠나 버리면 장차 어찌할꼬"라고 탄식했다. 이를 퇴계 선생이 풀이하기를 "오두는 약 이름으로 그것을 먹으면 사람의 병이 낫는다. 사람이 어진 스승 곁에 있어서 늘 좋은 말과 착한 가르침을 들을 때마다 그 심병心病을 고치는 것은 마치 이 약이 그 몸의 병을 고치는 것과 같은 것이다. 그런데 이제 스승을 떠나 멀리감으로써 좋은 가르침을 듣지 못하면 장차 병이 다시 도지더라도 그것을 다스릴 약이 없으니, 이것이 오두역거의 걱정이 있다는 까닭이다"라고 쉽게 풀어 설명했다. 공부의 과정에서는 끊임없이 의문이 일어날 수밖에 없다. 그런 이유에서 스승이 필요하다. 제자가 암중모색暗中摸索을 하는 데 안내자가 되어주고 등불이 되어주는 존재가 바로 스승인 까닭이다.[3)]

정선의 정문입설도程門立雪圖

정선(鄭敾, 1676-1759)은 조선후기의 선비화가로 자는 원백元伯, 호는 겸재謙齋 또는 난곡蘭谷이다. 그는 조선 산천을 담은 진경산수眞景山水의 전형을 확립하여 조선후기 화단에 새로운 장을 열었다. 정선은 사제 간의 가장 이상적인 모습을 한 폭의 그림으로 그렸다. 제목은 정문입설도程門立雪圖이다. '정문입설'은 제자가 스승을 지극히 존경함을 일컫는 말이다. 국립중앙박물관의 자료에 따르면 이 그림은 "'송학宋學의 대가 정이천程伊川의 문제門弟인 유초游酢와 양시楊時가 스승을 뵈러 가니 스승이 마침 눈을 감고 사색에 잠겨 있었다. 그래서 깨어나기를 곁에 서서 기다렸는데, 이천 선생이 눈을 뜨고 물러가라고 했을 때는 처음에 내리기 시작한 눈이 벌써 한 자나 쌓여 있었다'라는 고사故事를 나타낸 그림이다. 고사도故事圖답게 그 내용에 충실하려고 고목 등걸과 대나무 숲으로 둘러싸인 초당에 정자관程子冠을 쓴 이천 선생이 앉아 있고 뜰에는 두 제자가 서 있는데, 벌써 무릎 아래는 눈에 잠겼다. 정연한 목책木柵 울타리나 초당의 반듯한 선묘線描는 이천 학풍의 엄정한 분위기를 나타내는 것이겠고, 청아淸雅한 주인의 생활 단면일 것이다. 당시 선비 생활의 이상적인 면모를 보고 있는 듯하다"라고 설명했다.

서울예술대 교수인 전창운 화백은 정선의 '정문입설도'를 다음과 같이 회화적인 말로 재미있게 풀이했다.[4]

> 단칸 초립엔 정자관을 한 노인이 시선을 떨어뜨리고 초립 열린 사립문으로 언제부터인가 두 젊은이가 마당 한가운데 들어와 있다. 수묵담채로 그려진 이 그림에서 초당이며 고목이며 뒤뜰의 대나무, 엉성하기조차 한 목책 담 등 모두는 그 그린 솜씨가 해정하기 이를 데 없이 잘 쳐내려갔다. 그런데 마당 한가운데 서 있는 두 젊은이는 머리에서부터 잘 그려 내려가다가 그만 무릎 정도에서 필을 멈춰 마치 그리다가 만 것 같다. 먹이 떨어져 미완성된 것일까. 원래 이 그림은 고사故事를 인용한 그림인데 송학宋學의 대가 정이천程伊川 선생을 찾아간 문중의 젊은 두 제자가 스승을 뵈러 갔을 때 스승은 마침 깊은 명상 중이었다. 안에서 스승의 음성이 있어야 오를 텐데. 명상 중이시라 마당에서 조용히 대기하고 있는 장면이다. 두 젊은이를 무릎까지만 그린 것은 그들이 사립문을 들어설 때부터 내리기 시작한 눈이 무릎까지 차오른 것을 표현한 것이다. 이 그림은 스승의 성해聲咳를 얻으러 간 제자들의 태도를 잘 표현해주었고, 스승과 제자 간에 흐르는 높은 존경과 질서의 고귀한 아름다움을 보여주는 그림이라서 흐뭇하다.

간디의 교사론

간디는 "교육은 사실 가정에서 어머니를 통해서만 가능한 것이다"라고 했다. 어머니는 어떤 식으로든지 자기 자녀를 교육한다. 모든 인간들 중에서 어머니가 가장 탁월한 능력을 가졌기 때문에 바로 어머니가 자녀교육이라는 막중한 책임을 떠맡아야 하는 것이다. 일반적으로 남성은 사랑하고 인내하는 데 있어서 여성에 훨씬 못 미친다.[5] 간디는 “나는 ‘교사’라는 말을 써야 할 자리에 그 대신 ‘어머니 교사(mother – teacher)’라는 단어를 사용했다”라고 말했는데, 그 이유는 “교사는 자기 학생들에게는 참으로 어머니와 같은 존재”이기 때문이라는 것이다. “학생들에게 어머니와 같은 존재로 설 수 없다면 그 사람은 결코 교사로서의 자격이 없는 것이며 학생들도 자신들이 진정 배우고 있다는 느낌을 가질 수 없다”라고 단언했다. 어머니는 자기 아이들에게서 한 시도 눈을 떼지 않고 그들을 보살피기 때문에 학교에서 똑같은 여섯 시간을 보낸다고 해도 일반 학교에 다니는 학생은 그 시간을 헛되게 보낼 수 있지만, 어머니 교사의 교육을 받는 학생은 그 시간 내내 무언가 진정한 교육을 받게 될 것이라고 했다.[6] 또한 간디는 “교사에게 너무 높은 임금을 지불해서는 안 되며 생계를 이어갈 정도면 충분하다”라고 하였다. 교사는 모름지기 봉사 정신으로 충만해야 함을 강조한 말이다.[7]

비노바 바브의 교사론

간디의 정신을 이어받은 비노바 바브(Vinova Bhave)는 교육이 갖고 있는 본질적 성질을 설명하면서 참다운 교사의 역할과 진정한 교육과의 관계를 다음과 같이 피력했다.[8]

> ‘나는 학생을 가르치고 있다’라는 직업적인 태도에서 교사는 자유로워야 한다. ‘스승(guru)’이 한결같은 마음을 지닌 자연스러운 교사가 아니라면 학생들은 자연스럽게 배울 수가 없다. ‘우리는 지금 프뢰벨, 또는 페스탈로치, 또는 몬테소리 방법으로 가르치고 있어’라고 생각할 때마다 공허한 말장난에 지나지 않는다는 것을 우리는 알아야 한다. 그것은 무의미한 모방일 뿐이다. 유령이지, 생명이 있는 것이 아니다. 교육은 대수학 같은 것이 아니다. 교육은 공식을 적용하고, 준비된 해답을 얻는 문제가 아니다. 교육은 안에서 솟아올라 바깥세계로 자연스럽게 흘러넘치는 샘물 같은 것이다. 교육은 학생들의 머리에 정보를 채워주는 일이 아니라 지식에 대한 갈망을 불러일으켜주는 일이다.

교사와 학생은 서로 접촉하면서 둘 다 같이 배운다. 양쪽이 모두 학생인 것이다. 진정한 교육은 체험하고 실험하며 소화시키는 일이다. 측정하고 기록할 수 있는 것은 교육이 아니다. 교육은 나눠질 수 있는 것이 아니다.

요하힘의 교사론

요하힘 바우어(Joachim Bauer)는 독일 프라이부르크 의과대학 정신과 교수이며 뮌헨에 있는 '교육자들을 위한 건강연구소' 소장이기도 하다. 요하힘은 ≪학교를 칭찬하라≫라는 저서에서 교사에 대한 자신의 교육철학을 밝혔다. 요하힘은 클린턴(Bill Clinton) 미국대통령으로부터 백악관에서 '올해의 교사'상을 받은 필립 비글러(Phillip Bigler)가 한 "교사로 살아간다는 것은 영원한 낙관주의자가 되는 것이다"라는 말을 인용하면서 교사만큼 다양한 능력을 요구받는 직업도 없으며, 전문지식은 기본이고, 강력한 카리스마와 끊임없이 변화하는 상황에 유연하게 대처하는 적응력은 물론 직감적인 감지능력도 필요하며, 전혀 다른 학생들의 성격에 대한 이해심, 저항력, 역풍이 불어닥칠 때 이를 잘 다루는 능력 그리고 무엇보다 리더십이 필요하다고 했다.[9)]

요하힘은 교사라는 직업은 아이들에 대한 이해심 있는 애정과 지도 사이에 균형을 유지해야 한다고 했다. '이해심 있는 애정'이란, 개별 학생을 학습 능력 측면에서만 보는 것이 아니라 무엇보다 '사람'으로 볼 줄 알아야 한다는 것이다. 교사가 아이들을 이해심 있는 애정으로 대할 때 반드시 아이들에게 상처를 주거나, 그들을 모욕하고 웃음거리로 만들지 않도록 주의해야 한다고 했다. 그리고 교사가 이해심 있는 애정과 조화로운 지도를 갖추었을 때 비로소 학생을 진정한 사람으로 대할 수 있을 것이라고 했다.[10)]

요하힘은 교사를 세 가지 유형으로 나누었다. 첫째는 직장생활에 적극 참여하고 직장과 적당한 간격을 유지함으로써 균형을 잘 이루는 유형(건강 유형)이다. 둘째는 자신을 충분히 돌보지 않고 직업과 자신을 동일시하며 직업에 정열을 바치는 유형(긴장 유형)이다. 세 번째는 아직은 직장에 자신을 바칠 상태가 아니라고 생각하여 애초부터 적극적으로 매진하고 참여하는 것을 두려워하는 유형(보호 유형)이다. 요하힘은 두려워하며 방어적으로 행동하고 자신을 일과 동일시하지 않는 교사는 '기능을 수행함으로써 얻는 쾌락'이라고 부르는 감정적 만족감을 결코 느끼지 못할 것이라고 했다. 학생들은 어떤 일에 열정을 가지고 있고 무엇인가에(이를테면 학생들의 성공에) 기뻐할 수 있는, 말하자면 감정을 보여주는 교사를 원한다는 것이다.[11] 따라서 교사가 되고자 하는 사람은 삶에 대한 기쁨을 가지고 있고, 사람과 접촉하는 것을 좋아하고, 사람들을 다루는 재능이 있으며, 아동과 청소년들에 대한 사랑이 있고, 유머도 있어야 한다는 것이다. 만일 이런 조건을 충족시킬 만큼 성숙되지 않은 사람이라면 교직에 몸담아서는 안 된다고 했다.[12]

김정환의 교사론

고려대 교육학과 김정환 교수는 "교사는 상품을 생산하는 육체노동자(labourer)가 아니고 살아 움직이는 인간의 심신에 정신적 감화를 가하여 최선의 것을 발로하게 하는 예술적 근로자(worker)"라고 했다. 이어서 "더 나아가 고도의 이론적 배경과 장기간의 학문적 수련을 필요로 하는 법률가, 종교가, 의사, 교수에 필적하는 전문직업인(professional)"이라고도 했다. 김교수는 미국의 청교도 시인 반다이크(Henry Van Dyke, 1852- 1933)가 지은 〈무명교사들에게*To the Unknown Teacher*〉라는 교사 예찬시를 자신의 저서인 ≪교육학개론≫에서 소개하고 있다. 이 시를 음미해보면 교직이 얼마나 '거룩한 직업 天職'인지 깨달을 수 있다.[13]

무명교사들에게

나는 무명교사를 예찬하는 노래를 부르노라.

전투를 이기는 것은 위대한 장군이로되, 전쟁에 승리를 가져오는 것은 무명의 병사로다.

새로운 교육제도를 만드는 것은 이름 높은 교육자이로되, 젊은이를 올바르게 이끄는 것은 무명의 교사로다. 그가 사는 곳은 어두운 그늘, 역경을 당하되 달게 받도다. 그를 위하여 부는 나팔 없고, 그를 태우고자 기다리는 황금마차 없으며, 금빛 찬란한 훈장이 그 가슴을 장식하지 않도다. 묵묵히 어둠의 전선을 지키는 그 무지와 우매의 참호를 향하여 돌진하는 그이어니, 날마다 날마다 쉴 줄도 모르고 젊은이의 적인 악의 세력을 정복하고자 싸우며, 잠자고 있는 영혼을 일깨우도다. 게으른 자에게 생기를 불어넣어주고, 하고자 하는 자를 고무하며 방황하는 자에게 안정을 주도다. 그는 스스로 학문하는 즐거움을 젊은이에게 전해주며, 지극히 값진 정신적 보물을 젊은 이들과 더불어 나누도다. 그가 켜는 수많은 촛불, 그 빛은 후일 그에게 되돌아와 그를 기쁘게 하나니. 이것이야말로 그가 받은 보상이로다.

지식은 책에서 배울 수 있으되 지식을 사랑하는 마음은 오직 따뜻한 인간적 접촉으로써만 얻을 수 있는 것이로다. 공화국을 두루 살피되 무명의 교사보다 예찬을 받아 마땅한 사람이 어디 있으랴. 민주사회의 귀족적 반열班列에 오른 자, 그 밖에 누구일 것인고, '자신의 임금이요, 인류의 종복인저!'

〈헨리 반 다이크(Henry Van Dyke)〉

장상호의 사제론

서울대 교육학과 장상호 교수는 스승과 제자의 관계를 '교육의 놀이'라는 말로 설명했다. 스승의 권위와 제자의 자유가 빚어내는 '교육적 에피소드'도 함께 제시하며, 스승과 제자 간의 만족스러운 관계는 '상구하화上求下化'임을 강조했다.[14] 그는 스승과 제자의 관계는 서로 그 내재율에 대한 동의와 이해가 있음으로써 '교육의 놀이'가 가능하다고 보았다. 제자는 스승과의 교섭에서 적당한 시기에 신뢰하고, 적당한 시기에 의심하며, 적당한 시기에 확인하고, 적당한 시기에 내재율에 복종할 줄 알아야 한다고 했다. 장교수는 '교육적 에피소드'의 아름다움은 스승의 권위와 제자의 자유가 알맞게 조화를 이룰 때 찾아볼 수 있다고 했다. 제자의 만족스러운 상구上求는 스승의 만족스러운 하화下化와 연결된다고 하면서, 그 경우 스승은 강요하지 않는다는 조건으로 선진先進임을 계속해서 입증해야 하고, 제자는 강요받지 않은 상태에서 스승이 선진임을 인정해야 한다고 했다.

전성은의 교사론

거창고 교장을 역임한 전성은 교장은 교사와 학생의 진정한 만남을 위한 선결과제로 다섯 가지 원칙을 제시했다. 첫째 원칙은 '사상, 신앙을 주입하지 않기'이다. 전교장은 살아 있는 사상과 신앙은 개인 안에서 자라나 좋은 열매를 맺는데 주입된 사상과 신앙은 아무리 훌륭한 것이라고 해도 죽은 것이며 자라지 않는다고 했다. 둘째 원칙은 '진리가 목적이 되기'이다. 전교장은 사상과 신앙은 교육의 이념이나 목적이 될 수 없으며 진리가 목적이 되어야 한다고 주장했다. 아무리 좋은 신앙이나 사상도 인류를 위해 봉사할 때 비로소 진리이고 평화를 가져온다는 것이다. 셋째 원칙은 '편애하지 않기'이다. 전교장은 교사는 '학업이 우수하고 품행이 방정한' 학생을 좋아하고, 반대로 말썽을 부리는 학생을 싫어하는데 피눈물 나는 노력으로 그런 감정의 폭을 넓혀야 한다고 했다. 어떤 이유에서도 학생들을 차별하면 안 되고 교사의 편견은 어떤 이유로도 독약이며 편애는 교사가 학생에게 저지르는 중대 범죄행위라는 것이다. 넷째 원칙은 '전문성 기르기'이다. 전교장은 교사는 현재 우리의 역사가 어느 방향으로 가고 있는지, 어디로 가야 하는지를 바르게 알아야 한다고 했다. 그렇게 되기 위해서는 자기가 가르치는 과목에 대한 꾸준한 공부와 함께 정치, 경제, 사회, 문화 등 여러 분야에 대한 꾸준한 독서가 필요하다고 말했다. 다섯째 원칙은 '월급에 만족하기'이다. 전교장은 어떤 일이 있어도 교사직으로 받는 월급을 가지고 살아가는 것에 만족해야 한다고 보았다. 교사가 월급이외의 돈을 받으면 그 돈은 독약이 된다는 것이다. 돈을 받는 순간, 돈의 노예가 되며 돈의 노예가 되면 양심이 힘을 잃고, 양심이 힘을 잃으면 참사랑을 하지 못하게 된다고 했다.[15)]

김현수의 교사론

김현수 씨는 서울 봉천동에서 '사는 기쁨 신경정신과'를 운영하고 있는 의사이다. 그는 '성장학교 별'이라는 대안학교 교장 역할도 함께 맡고 있다. 그는 대안학교 준비모임에서 강연을 했다. 김교장은 교사에 관한 두 가지 거짓

말이 있다고 하면서, 하나는 교사는 다 알고 있다는 거짓말이고, 다른 하나는 교사만이 가르칠 수 있는 사람이라는 거짓말이라는 것이다. 김교장은 전형적인 학교에서는 교사만이 정답을 알고, 또 많은 것을 아는 사람으로 상정되어 있지만 사실 교사는 그렇게 많은 것을 알고 있지 않다고 했다. 교사가 답을 쥐고 있기 때문에 학생들은 두려움을 갖고 교사를 대하는데, 교사가 쥐고 있는 정답과 다른 것을 말하면 학생들은 낮은 평가를 받고 따라서 교사는 학생들 위에 군림할 수 있게 된다는 것이다. 하지만 교사는 자신이 교실에 들고 들어온 문제들에 관한 답만을 알고 있을 뿐이라는 것이다. 또한 김교장은 교사만이 가르쳐야 한다는 생각은 교육의 수직적 위계를 세우는 기초라고 했다. 교사는 학생들과 함께 배움을 나누는 사람이며, 다양한 사람들과 함께 아이들의 배움이 풍족해지도록 인도하는 사람이 되어야 한다고 했다. 교사에 관한 거짓말 때문에 학교는 지역사회의 이웃들을 교사로 초대할 수 없게 되고 그래서 교실은 교사의 것이 되고 만다는 것이다.[16)]

조벽의 교사론

'교육계의 마이클 조던', '교수를 가르치는 교수'라는 별칭을 갖고 있는 동국대 조벽 교수는 세계적인 교수법의 권위자이다. 그는 유능한 교사의 특성으로 '학생에 대한 배려, 수업준비와 열의, 명확하게 설명하는 능력, 흥미유발, 전문지식, 토론을 장려하는 것 등'을 들었다. 조교수는 "명강사는 수업 시간을 몽땅 선생님의 목소리로 채우지 않고 학생의 목소리가 많이 들려야 한다"라고 했다. 그래서 '선생님이 질문하고 스스로 답하는 강의'는 최하급 강의, '선생님이 질문하고 학생이 답하는 강의'는 조금 발전한 강의, '학생이 한 질문에 선생님이 답하는 강의'는 바람직한 강의, '학생이 한 질문에 다른 학생이 답하는 강의'는 최상의 강의라고 했다. 그리고 학생 중심 교육을 '학생들이 원하는 대로 해주는 것이 아니라, 학생이 자신의 교육을 주도할 수 있는 능력을 키워주는 교육'이라고 보았다.[17)] 또한 조교수는 교사의 역할을 '전문지식', '마음자세', '강의기술' 등 세 가지 영역으로 나누었다. 이 세 영역에

'유능한 교사의 여덟 가지 핵심 요소'를 합쳐 자신의 독특한 교사론을 펼쳤다.[18] 여덟 가지 요소를 가지고 이차원 도표를 만들어보면, 세 영역이 공통으로 겹치는 부분이 바로 '학생들을 위한 배려'가 된다. 요소들 가운데 '수업내용에 관한 지식'은 '전문지식' 영역에 속하고, '열의'는 '마음자세' 영역에 들어간다. 그러나 '수업준비'는 이 두 영역이 겹치는 소 영역 안에 들어간다고 했다. 아무리 머릿속에 든 지식이 많아도 학생들을 위해 충분히 시간을 할애하는 마음자세가 없다면 수업준비가 제대로 이루어지지 않을 것이고, 반대로 아무리 훌륭한 마음가짐을 가지고 있다고 해도 전문 지식이 없으면 수업 준비를 할 수 없다는 것이다. 그래서 '준비'는 이 두 영역, 곧 '마음자세'와 '전문지식' 영역이 충분히 겹쳐져야 가능하다. '수업준비'와 '흥미유발'을 동시에 잘하려면 교사 자신이 열의적인 태도('마음자세')를 가져야 하고, 또한 그 열의가 학생들에게 잘 전달될 수 있게 이끌어나가는 '강의기술'이 필요하다고 했다. 마찬가지로 '명확하게 설명하기' 위해서는 '전문지식'과 '강의(전달)기술'이 동시에 필요하다 주장했다. 조교수는 유능한 교사는 학생들에게 '무엇'(전문지식)을 '어떻게'(강의기술) 가르칠 것인가를 아는 동시에 이를 행동으로 옮기고 싶어 하는 마음자세를 가져야 한다고 했다. 결국 '학생들을 위한 배려'는 나머지 일곱 요소가 골고루 공존할 때 비로소 이룰 수 있다는 것이다.

제비꽃은 제비꽃답게

스승의 그림자조차 밟기를 주저했던 그 시절에는 스승이 그만큼 절대적이고 존엄한 존재였다. 그러나 지식을 파는 일에 그친 오늘날의 관계는 마치 계약 노동자 사이처럼 되었다. 한 학기에 얼마를 내고 몇 시간짜리 지식과 정보를 얻어듣고 있다. 그렇기 때문에 계약 기간일지라도 비위에 거슬리면 그림자의 실체까지도 밟고 올라선다. 이러한 마당에서 오늘의 인간이 형성되기 때문에 냉혹한 사회인이 될 수밖에 없다.

우리들 기억에 자리 잡고 있는 스승의 상을 꼽아 보면 그리 많지 않다.

그분들이 아직도 우리에게 기억되고 있는 것은 우리에게 많은 지식을 전달해주어서가 아니다. 크고 있는 우리에게 눈을 뜰 수 있도록 자극을 주었기 때문이다. 그때 그 자극을 통해 우리 안에 접혀 있던 지혜의 날개가 펼쳐졌던 것이다. 그러한 스승의 상은 오랜 세월을 두고, 우리들 자신을 조명해주고 있다. 스승의 인격이 내 안에 녹아 들어와 있다. 어떤 것이 바람직한 교육인가는 우리에게 남아 있는 그와 같은 스승의 상을 통해서도 여실히 알 수 있다.[19]

〈법정〉

교육
12

사회와 교육

열두 번째 이야기

사회와 교육

사회와 교육에 대해 살펴본다. 우선 사회의 어원을 알아보고, 교육사회학 이론으로 기능주의 교육이론과 갈등주의 교육이론을 살펴본다. 그리고 교육과 사회계층이동, 사회경제적 지위와의 관계에 대해서도 알아본다. 또한 사회기관으로서 학교를 다양한 관점에서 들여다보고, 좋은 학교, 철학자(안병욱, 맹자, 간디)의 학교교육관, 학교제도의 교육적 한계 등에 대해 탐색해본다.

사회社會의 어원

社(사)는 귀신을 의미하는 示(기)자와 흙 土(토)자를 합한 것이다. 示(기)는 '돌 제탁祭卓'의 상형으로 원래는 T자 모양이었다. 그 위의 한 획은 얹어놓은 '희생'의 상형이며 좌우의 두 점은 희생이 흘린 핏방울을 의미한다. 土(토)는 '흙덩이'의 상형으로 여기에서는 파생된 의미인 높은 언덕을 뜻한다. 그러므로 '社(사)'는 '높은 언덕 위에 세운, 땅 귀신을 모시는 시설물'이다. 會(회)는, 지금은 형태가 많이 변했지만, 위는 그릇의 뚜껑, 아래는 그릇, 가운데는 제수품인 고깃덩어리를 그린 것이다. 뒤에 신에게 제사를 지내기 위한 '모임會'의 뜻을 가지게 되었다. 허신(중국 후한시대 한학자)은 이 글자의 본뜻이 '모으다(合, 합)'라고 했다. 사社에 모일會 때는 누구나 경건한 마음을 가졌을 것이다.[1)]

기능주의 교육이론

기능이론

기능이론은 사회를 유기체에 비유한다. 유기체는 예컨대 인체는 여러 기관으로 구성되어 있고, 이들은 각기 다른 기능을 담당하고 있어서, 각각의 기능을 순조롭게 수행함으로써 인체의 생존과 활동을 가능하게 한다. 사회도 유기체와 마찬가지로 여러 부분으로 구성되어 있으며, 각 부분은 전체의 존속을 위하여 필요한 각각의 기능을 수행한다는 것이 기능이론이다.

사회는 항상 안정을 유지하려는 속성을 지니고 있으며 어떤 충격에 의하여 안정이 깨뜨려지면 이를 회복하기 위한 노력을 한다. 한편 사회를 구성하고 있는 각 부분 간에는 우열이 있을 수 없으며 각기 수행하는 기능상의 차이가 있을 뿐이다. 결국 기능이론이 보는 사회는 수많은 개인 및 집단의 통합체로 시, 안징과 질서유시라는 합의된 복표 아래 상호 의존하여 살아가는 인간집단이다.[2)]

교육의 기능론적 접근

프랑스의 사회학자 뒤르켐(Emile Durkheim, 1858-1917)은 교육은 어린이의 사회화에서 중요한 역할을 한다고 했다. 뒤르켐은 학교교육이 어린이들에게 사회의 기능을 유지시키는 사회적 규칙을 내면화하도록 돕는다고 믿었다. 전통사회에서는 직업 능력을 가정에서 배울 수 있었지만 사회가 복잡화되고 생산에서 분업이 진행되면서, 다양하게 전문화된 직업의 일을 수행하기 위해 필요한 능력을 갖추도록 교육제도가 빌딜했다는 것이다. 이를 교육의 기능론적 접근이라고 한다.

교육에 관한 다른 기능론적 접근은 미국 사회학자 탈콧 파슨스(Talcott Parsons, 1902-1979)에 의해 이루어졌다. 파슨스에게 교육의 기능이란 어린이가 가족 안에서 요구되는 특수한 기준을 넘어서서 성인(어른) 사회에서 필요한 보편적인 기준으로 나아가도록 한다는 것을 의미한다. 기능론적 이론에서 보면 교육은 개인에게 사회생활을 하는 데 필요한 기술과 지식을 가르치며, 학교는 아이들에게 사회의 가치와 도덕을 가르치는 곳이다.[3)]

사회화 기관

사회화 기관이란 사회화의 중요한 과정이 일어나는 집단 또는 사회적 맥락을 뜻한다. 1차 사회화는 신생아기 및 아동기에 일어나며 문화적 학습이 가장 심도 있게 진행되는 기간이다. 가족이 이 단계의 주도적 사회화 기관이 된다. 2차 사회화는 후기 아동기와 성숙기에 걸쳐 일어난다. 이 단계에서는 학교, 또래집단, 조직, 미디어, 직장이 주도적 사회화 기관이 된다. 이들 사회화 기관에 대해 살펴보면 다음과 같다.

가족은 신생아기로부터 사춘기 및 그 이후 단계까지 사회화를 담당하는 주요 기관 역할을 한다. 현대사회에서는 사회적 지위가 출생과 함께 대물림되지는 않지만, 가족의 사회적 계층이나 지역은 사회화에 영향을 미친다. 학교는 교묘한 방식으로 사회화 기관의 역할을 담당한다. 교실에서는 조용해야 하고 수업시간에는 시간을 엄수해야 하며 교칙을 준수해야 한다. 그리고 교직원의 권위를 지켜주어야 한다. 또래집단은 비슷한 나이대의 동갑내기들로 구성된다. 소규모 전통사회에서 또래집단은 나이 등급으로 공식화되는데, 일군의 무리들은 일생 동안 긴밀하고 동지애적인 인간관계를 지속한다. 매스미디어는 세상의 돌아가는 이치를 깨닫고 이해하는 데, 그리고 사회화에 중요한 역할을 담당한다.[4)]

갈등주의 교육이론

갈등이론

갈등이론은 사회를 개인 간, 집단 간의 끊임없는 경쟁과 갈등의 연속으로 본다. 세력다툼, 이해의 상충, 지배자의 압제와 피지배자의 저항, 사회의 끊임없는 불안정과 변동이 갈등이론이 갖고 있는 속성이다. 갈등이론은 흔히 마르크스주의와 동일시되지만 마르크스주의가 갈등이론의 전부는 아니다. 갈등이론은 인간이 소유하고자 하는 대상물은 제한되어 있고 인간의 소유욕은 무한한데 이 모순을 해결할 길이 없으니 인간 간의 경쟁과 갈등이 불가피하다는 것을 전제로 한다.[5)]

교육의 갈등론적 접근

미국의 보울스(Samuel Bowles)와 진티스(Herbert Gintis)는 교육이 자본주의 기업에 알맞은 노동자를 생산한다는 이유만으로 학교는 사회화와 관련 있다고 주장했다. 그들은 학교생활의 구조는 직장생활의 구조와 비슷하다고 보았다. 학교와 직장 모두 규칙에 잘 따르는 것이 성공의 길이며, 교사와 상사는 일을 강요하고, 학생과 노동자는 그 일을 수행한다는 것이다. 보울스와 진티스는 교육체제 내에 규율준수와 위계서열, 현상유지에 대한 수동적인 수용을 가르치는 '숨겨진 교과과정(hidden curriculum)'이 있다고 주장했다.[6)]

1971년에 미국에서는 ≪탈학교 사회*Deschooling Society*≫와 ≪학교는 죽었다*School Is Dead*≫라는 책이 나란히 출판됐다. ≪탈학교 사회≫의 저자 이반 일리치(Ivan Illich, 1926-2002)는 이 책에서 현대에는 어느 나라나 국민교육을 위한 학교제도를 가지고 있는데, 학교제도가 사람들의 자유롭고 의미 있는 학습생활을 도와주기는커녕 오히려 억제하고 오도하고 있으니 학교제도로부터 벗어나야 한다고 주장했다. 일리치는 원래 학교에 대해 전투적일 정도로 열렬한 지지자였고, 그런 신념으로 푸에르토리코 폰스 섬의 교육위원회 위원장 직무대행직도 수행했다. 그러다가 학교가 하는 일을 다시 보게 되면서 "이게 도대체 뭐지?"라는 의문을 강하게 갖게 되었다.[7)] 그리고 라이머(E. Reimer)는 ≪학교는 죽었다≫에서 학교는 정상적인 교육기관으로서의 기능을 이미 상실했고 비교육적인 기능을 수행하고 있기 때문에 학교는 죽은 것이나 다름없으니, 학교제도를 대치할 새로운 교육조직을 구상해야 한다고 주장했다. 이 두 사람이 공통으로 주장하는 내용은 학교는 교육기관이라는 미명하에 비교육적 기능을 주로 수행하고 있다는 것이다.[8)]

교육과 사회계층이동

개인들이 지니고 있는 갖가지 사회적 요소에 의하여 이루어진 층을 사회계층(social stratification)이라고 부르며, 사회계급(social class) 또는 계급도 흔히 같은 의미로 사용한다. 사회계층 또는 사회계급을 형성하는 요인은 여러 가지가 있다. 현대사회에서는 직업지위, 교육수준, 소득수준의 차이가 개인의 사회계층 체계상의 위치를 결정한다. 그 외에도 어떤 사회에서는 종교, 학식, 인종이 계층을 결정하는 중요 요인이 되기도 한다. 각 계층에 속해 있는 개인이나 집단이 다른 계층으로 올라가거나 내려가는 현상을 사회이동(social mobility) 또는 계층이동이라고 하는데, 사회이동이 이루어지면 계층구조에 변화가 일어난다. 사회이동과 계층구조변화를 일으키는 요인은 많다. 혁명이나 전쟁과 같은 사회변혁, 새로운 기술개발에 의한 직업세계 변화, 인구구조의 변화 등이 사회이동을 유발하고 계층구조변화를 촉진한다. 교육이 사회이동, 특히 상향이동에 있어서 효과를 발휘한다는 믿음은 매우 강하고 오래되었다. 그러나 실제로 교육을 받으면 계층상승이 이루어지는지 아닌지는 아직도 결론을 내리기 어렵다.[9)]

교육과 사회경제적 지위

사회경제적 지위(socioeconomic status : SES)란 사회에서 부모의 수입, 직업, 교육수준 등에 의해 결정되는 가족의 상대적인 위치를 의미한다. 많은 연구자들은 사회경제적 지위가 개인의 성취수준에 영향을 미친다고 주장한다. 실제로 사회경제적 지위는 학업성취뿐만 아니라 지능, 무단결석, 정학이나 퇴학의 비율 등과도 밀접한 상관을 보이고 있다. 사회경제적 지위가 높은 부모는 자녀에게 다양한 놀이기구를 제공하고 많은 여행의 기회를 제공하며 박물관이나 동물원 등을 자주 구경하게 하는 등 풍부한 경험을 제공한다. 그러나 사회경제적 지위가 낮은 부모는 그렇지 않은 부모에 비해 상황을 자세하게 설명해주는 경우가 드물며 그들의 언어는 정교하지 못하고, 명료하게 지시하지 않으며, 자녀를 격려하거나 함께 공부하는 일에 인색하다.[10)]

서울대 등 명문대생 30~40%는 소득상위 10% 자녀

이른바 SKY(서울대, 고려대, 연세대) 등 상위권 대학 학생들의 40% 정도가 소득 상위 10%(월평균 가구소득 923만원) 안에 드는 최고소득층의 자녀인 것으로 나타났다. 이는 전국 4년제 대학의 평균 최고소득층 자녀 비율보다 약 2배가 높다. 국회 교육과학기술위원회 안민석 의원은 한국장학재단이 제출한

'2012학년도 국가장학금 신청자 소득분위 현황' 자료를 공개했다. 올해 전체 대학생의 83%가 국가장학금을 신청했다는 점을 고려하면 실질적으로 대학별 재학생 가정의 소득 자료가 최초로 공개된 셈이다. 이 자료를 보면 최고소득층 자녀 비율은 전체 4년제 대학 중 이화여대(43.8%)가 가장 높고, 서울교대(38.3%), 포항공대(37.9%) 순이다. 서울대 36.7%(7위), 연세대 35.1%(8위), 고려대 37.8%(4위), 카이스트 37.3%(5위) 등 명문대 최고소득층 자녀 비율은 4년제 대학 평균 최고소득층 자녀 비율(21.2%)의 2배에 육박한다. 서강대(34.9%), 홍익대(34.5%), 한국외대(33.2%), 경희대(32.8%), 한양대(31.7%), 성균관대(30.8%) 등 서울 주요 대학들의 이 비율도 전국 평균을 크게 웃돈다. 국가장학금이 필요 없을 정도로 가구 소득이 높은 학생들은 이 통계에서 빠져 있다. 이들 대학의 전체 재학생 중 실제 최고소득층 자녀의 비율은 이보다 훨씬 높다는 의미이다.[11]

〈조선일보〉

학교의 의미

국어사전에는 학교란 '일정한 목적·설비·제도 및 규칙에 의거하여, 교사가 계속적으로 피교육자에게 교육을 실시하는 영속적 기관 또는 그 장소 건물 및 제도'라고 설명하고 있다.[12] 한편 브리태니커 백과사전에서는 학교라는 말의 기원과 학교의 발달과정을 다음과 같이 설명하고 있다.[13]

· 학교

제도적 교육이 이루어지는 장소. 또는 그 기관. school은 고대 유럽의 자유민들이 음악장이나 체육장에서 교양을 습득하고 즐기는 것을 뜻했다. 이 말을 처음으로 학교라는 뜻으로 사용한 사람은 디오니시오스 할리카르나소스(기원전 30년경)였다고 한다. 그 후 종교·문학을 위주로 한 인문교육 중심의 교육기관이 설립되기 시작해, 근대이후 급속하게 발달했다.

첫째, 상공업의 발달로 시민계급이 등장하면서 인문주의 교육을 중심으로 하는 중등교육이 발달했다. 둘째, 산업혁명으로 인해 전통적인 도제제도보다는 근대적인 직업교육을 중심으로 하는 실업학교가 발달했다. 셋째, 근대국가가 성립하면서 초등교육 중심의 국민교육제도가 새롭게 정비되었다. 또 시민 혁명은 민주주의 의식의 성장을 이루었고 이에 따라 교육의 기회균등을 요구하게 되었다. 19세기 유럽에는 국가 주도의 국민보통교육제도가 생겨났으며, 그밖에 중등교육과 초등교육이 단계적 성격으로 성장했다.

학교를 뜻하는 영어의 school 어원을 살펴보면, 라틴어로는 schola이고, 희랍어로는 scholē이다. 이것은 '한가閑暇', '여가餘暇'를 의미한다. school의 어원으로 미루어 보면 학교란 생산활동은 노예에게 맡기고 시간적 여유를 즐겼던 상류층 자녀들이 담소하는 곳이었고, 교양 향상을 위한 교육의 마당이었다.[14)]

학교의 다양한 모습

서강대 김재웅 교수는 "학교는 교육제도의 근간으로 국가가 교육에 적극적으로 관심을 갖고 개입한 결과로 탄생한 것으로서 공식적으로 '교육'을 하라고 설립한 기관이다"라고 학교의 탄생 배경에 대해 설명했다. 김교수는 "학교는 교육적 맥락뿐만 아니라 정치적, 경제적, 사회적, 행정적, 종교적, 건축적, 사회심리적 맥락 등에서 이해될 수 있는 생활공간"이라고 하면서 이들 관점에서 본 학교의 모습을 피력했다.

"첫째, 정치적 관점에서 본 학교로, 예로부터 정치권력을 잡은 집단은 학교를 집권세력의 정당성을 확보하고 연장시키려는 정치적인 목적으로 이용해왔다. 학교 안에서도 늘 정치적인 사건이 발생한다. 둘째, 경제적 관점에서 본 학교로, 국가적으로 학교교육을 위해 얼마만큼의 재정을 투입할 것인가부터, 개별 학교에서 거두는 등록금과 학급 수준에서 발견되는 잡부금과 촌지에 이르기까지 돈과 관련된 일이 학교 안에서는 늘 발생하고 있다. 셋째, 사회적 관점에서 본 학교로, 학교와 관련해서 사람들의 관심을 끄는 일은 개인이 사회경제적 지위를 획득하는 데, 학교교육체제 안에 얼마나 오래 머물러 있었느냐學歷와 어느 학교를 졸업했느냐 하는 것이다. 넷째, 법적 관점에서 본 학교로, 학교를 설립할 때, 교사를 임용할 때, 교과서와 교재를 선택할 때, 학생들을 평가할 때 지켜야 하는 법 등 학교에서 이루어지는 많은 일들은 법률과 관련된 사항이 많다. 다섯째, 종교적 관점에서 본 학교로, 공교육제도의 근간인 학교에서 특정 종교의 교리를 의도적으로 가르치거나 종교행위를 의무적으로 수행하도록 할 수 있느냐의 문제는 있다. 기독교 정신에 따라 건국된 미국의 경우에도 공립학교에서 기도와 성경 읽기가 위헌으로 금지된 것은 학교와 종교의 관계가 만만치 않음을 보여준다."[15]

좋은 학교

서울대 심리학과 권석만 교수는 ≪긍정심리학≫에서 "긍정학교(positive school)는 학생의 행복과 성장을 지향한다"라고 하면서 좋은 학교는 여섯 가지의 조건을 갖추어야 한다고 했다. 첫째, 좋은 학교는 육체적으로나 심리적으로 안전한 분위기를 제공해야 한다. 교사에 의한 체벌, 구타, 인격적 무시와 모욕, 선배 또는 동료 학생에 의한 놀림, 왕따, 폭력, 갈취 등이 일어나지 않도록 교육환경이 조성된 학교가 좋은 학교라는 것이다. 둘째, 좋은 학교의 교사와 학생 사이에는 민주적인 신뢰관계가 형성되어야 한다. 교사는 학생들을 무시하거나 권위적으로 억압하기보다는 인격적 존재로서 존중해야 하며 학생들은 교사를 두려워하거나 불신하기보다 스승으로 존경해야 하고, 교사는 학생의 성장에 매우 중요한 멘토 역할을 해야 좋은 학교가 될 수 있다는 것이다. 셋째, 좋은 학교의 장은 교사, 학생, 학부모의 의견을 효과적으로 종합하여 반영하는 리더십을 발휘해야 한다. 학교장은 교육환경, 교육방식, 교육내용, 교사와 학생의 관계에 세심한 관심을 지니고 교사와 학생들을 긍정적인 방향으로 이끌어갈 수 있는 리더십을 지녀야 비로소 좋은 학교가 될 수 있다는 것이다. 넷째, 좋은 학교에서 가르치는 교과목은 학생들의 사회적 적응뿐만 아니라 개인적 행복과 성장을 지원하는 것으로 구성되어야 한다. 학교교육은 학생의 전 인생에 영향을 미치기 때문에 실제 생활에서 활용할 수 있는 것을 가르쳐야 하고, 학생의 성장과 행복을 지원하는 교과목을 개설해야 좋은 학교가 될 수 있다는 것이다. 다섯째, 좋은 학교는 학생들이 학교생활에 적극적으로 참여하도록 유도해야 한다다. 교장과 교사에 의해 일방적으로 결정된 사항을 학생들이 순응하도록 요구해서는 안 되며, 학생들로 하여금 배움에 관해서 참여하고 열정을 지니도록 격려하는 학교가 좋은 학교라는 것이다. 여섯째, 좋은 학교는 학생 개개인을 중시하고 그들의 노력과 향상에 대해서 보상을 주어야 한다. 학교가 모든 학생을 규격화하는 일률적인 교육에서 탈피하여 학생의 개인적 특성에 맞는 교육을 지향해야 좋은 학교가 될 수 있다는 것이다.[16)]

철학자의 학교교육관

철학자 안병욱 교수는 가장 이상적인 학교의 모습으로 공자학당을 예로 들었다. 안교수는 공자학당에는 두 가지 정신적 지주가 있는데, '구도적 정신과 사제애師弟愛'가 그것이라고 했다. 이 두 개의 견고한 정신적 지주 위에 서 있었기 때문에 공자학당은 인간 형성의 훌륭한 도장道場으로서, 제자 상호 간에는 돈독한 우애友愛와 화기和氣가 넘쳤고, 스승과 제자 사이에는 상경하애上敬下愛의 아름다운 학풍學風이 충만했다고 한다. 안교수는 "교육은 스승과 제자 간의 깊은 인격적 접촉과 교류에 의해서 이루어지기 때문에 공자학당은 단순한 지식전달의 기관이 아닌 구도적 정신과 사제애로 충만한 정신적 도장이었다"라고 주장했다.[17)]

맹자는 훌륭한 학생이 되기 위해서는 네 가지 조건이 필요하다고 하였다. 네 가지는 '높은 수준의 본보기를 찾을 것, 온 마음을 기울여 공부할 것. 초심을 잃지 않을 것. 진심으로 가르침을 청할 것'이다. 이를 자세히 살펴보자.[18)]

높은 수준의 본보기를 찾기

맹자는 말했다. "군자가 다른 사람을 가르침은 마치 사수가 손으로 활을 팽팽히 잡아당기지만 화살은 쏘지 않은 채 생생하게 활을 쏘는 모습을 보여주는 것과 같다." 고대의 신궁 후예는 활쏘기를 가르칠 때 반드시 활을 끝까지 잡아당기게 했다. 그렇지 않으면 힘이 제대로 실리지 않아서 화살이 정확히 맞지도 않고 멀리 날아가지도 않기 때문이다.

온 마음을 기울여 공부하기

≪맹자≫에는 이런 이야기가 있다. "혁추奕秋는 나라에서 제일가는 바둑의 고수였다. 그는 두 사람에게 바둑을 가르쳤다. 그중 한 명은 오로지 혁추의 강의와 풀이에 집중했다. 그런데 다른 한 명은 귀로는 강의를 들으면서도 마음속으로는 기러기가 날아가면 활로 쏘겠다는 생각만 했다. 이런 사람이 뭘 제대로 배우겠느냐?"

초심을 잃지 않기

맹자는 말했다. "닭이 울면 일어나 부지런히 선을 행하는 자는 순 임금 같은 부류이고, 닭이 울면 일어나 부지런히 이득을 꾀하는 자는 도척盜跖 같은 부류이다."

도척은 춘추시대 말기 노魯나라에서 수천 명의 노예를 이끌고 반란을 일으킨 인물로 흉악하고 잔인한 대도大盜로 알려져 있다.

진심으로 가르침을 청하기

맹자의 제자가 있었다. 그는 맹자의 문하로 들어온 등경滕更의 이름을 보고 그가 등滕나라의 귀족임을 알았다. 그래서 그를 맹자가 마땅히 예로 대해주어야 하는데 왜 등경의 물음에 답하지 않으셨냐고 따졌다. 맹자가 그 이유를 말했다. 자신의 지위를 내세워 묻고, 자신의 재능을 내세워 묻고, 자신의 나이를 내세워 묻고, 자신의 공로를 내세워 묻고, 오랜 인연을 내세워 묻는 것은 바르지 않다. 등경은 이 중 두 가지에 해당한다고 했다.

간디는 "어린이들은 가정에서 교육을 받아야 한다"라고 했다. 그러나 피치 못할 사정 때문에 학교에서 교육을 받아야 한다면 "학교는 가능한 한 '가정과 같은 분위기'여야 하고, 교사는 부모와 같아야 하며, 교육내용은 교양 있는 가정에서 배울 수 있는 것과 같은 것이어야 한다"라고 했다. 그리고 "초등교육의 시작은 '이야기' 방식으로 해야 하며, 이런 식으로 교육받은 어린이는 같은 1년을 공부하더라도 다른 방식, 즉 글자를 통한 교육을 받은 어린이보다 열 배는 더 많은 것을 배울 수 있다"라고 했다.[19)]

학교제도의 교육적 한계

서울대 교육학과의 황정규, 이돈희, 김신일 교수는 학교제도의 교육적 결함은 교육의 장소, 시간, 대상, 내용을 제도적으로 제한하는 데서 기인한다고 하면서 이를 요인별로 설명했다.[20)]

첫째, 학교제도는 교육의 장소를 학교라는 특정 물리적 공간으로 제한한다. 그러나 사람들은 어느 곳에서나 가르치고 배울 수 있다. 실제로 학교가 아닌 장소에서 수많은 교육이 이루어지고 있다. 기존의 학교제도는 학교라는 협소하고 비현실적인 공간 속에서의 교육만을 고집한다.

둘째, 학교제도는 교육의 시간을 제한한다. 아침에 등교하여 오후가 되면 하교한다. 하루 중 일정한 시간에만 교육을 실시한다. 그 시간에는 반드시 학교에 등교해야 한다. 그렇지 않으면 결석이고, 결석이 누적되면 처벌된다. 그러므로 학교는 직장을 가지고 있거나 다른 활동을 하는 사람이 취학하기가 불가능하다.

셋째, 학교제도는 교육의 대상을 제한한다. 교육대상을 개방하지 않고 능력주의에 따라 엄격히 선발한다. 입학자격에 언제나 학력제한을 두기 때문에 학교에 다니지 못했거나 학교를 중도에서 떠났던 사람이 학교에 입학하기는 대단히 어렵다.

넷째, 학교제도는 교육내용을 제한한다. 학교는 공인된 지식과 규범만을 가르치는데, 이것들은 법으로 정한 교육과정에 따라 국가가 승인한 교과용도서(교과서)에 담겨서 교실로 들어온다. 학교는 교사가 가르치고 싶거나 학생이 배우고 싶다고 해서, 또는 학부모가 가르치기를 원하는 내용이라고 해도 가르치지 못한다.

다섯째, 학교제도의 비민주성이다. 국가는 국민을 교육해야 하고 국민이 그 교육에 복종하는 것은 지극히 당연하다는 전제를 가지고 출발했다. 이러한 학교제도하에서 학생은 주체적 학습자가 아니라 수동적 학습자로 역할이 규정된다. 가르칠 지식과 규범은 국가가 정하고 학생은 오로지 그것을 무비판적으로 수용해야 한다.

수레바퀴 아래서

헤르만 헤세(Hermann Hess, 1877-1962)의 ≪수레바퀴 아래서*Beneath the Wheel*≫는 헤세의 자서전이다. 이 작품은 자신을 짓누르는 가정과 학교의 종교적 전통, 고루하고 위선적인 권위에 맞서 싸우는 어린 소년을 주인공으로 내세우고 있다. 주인공 한스 기벤라트는 헤세 자신이기도 하고 우리 젊은이들의 자화상이기도 하다. 어쩌면 오늘을 사는 우리 모두는 한스처럼 '수레바퀴 아래'에서 힘든 삶의 여정을 밟아가고 있는지도 모른다. 뛰어난 재능을 지닌 어린 소년 한스는 주위사람들의 촉망을 한 몸에 받으며 마울브론의 신학교에 입학한다. 하지만 그가 얻은 출세와 명예는 결코 그의 텅 빈 마음을 채워주지 못한다. 그토록 행복했던 삶, 한스가 원했던 삶은 이제 아련한 추억이 되어 그의 마음속에 자리 잡고 있을 뿐이다. 결국 신경쇠약에 걸려 학교에서 쫓겨나게 된 한스는 아무도 반기지 않는 고향으로 돌아온다.[21] ≪수레바퀴 아래서≫에서 인용한 다음의 글을 읽으면 현재 우리의 교육모습과 결코 다르지 않음을 느낄 수 있다.

> 소년의 내면에는 거칠고 야만적인 무질서의 요소가 숨어 있다. 먼저 그것을 깨뜨려야 한다. 그것은 또한 위험하기 짝이 없는 불꽃이다. 먼저 그것을 밟아 꺼버려야 한다. 자연이 만든 인간은 예측 불허의, 불투명한, 위험스러운 존재이다. 인간은 미지의 산맥에서 흘러내리는 물줄기이며, 길도 질서도 없는 원시림이다. 원시림의 나무를 베고, 깨끗이 치우고, 강압적으로 제어해야 하듯이 학교 또한 자연인으로서의 인간을 깨부수고, 굴복시키고, 강압적으로 제어해야 한다. 학교의 사명은 정부가 승인한 기본 원칙에 따라 인간을 사회의 유용한 일원으로 만드는 것, 그리고 잠재된 개성들을 일깨우는 것이다. 이와 같은 교육은 병영兵營에서의 주도면밀한 군기軍紀를 통하여 극도의 완성을 이루게 된다.[22]
>
> 학교와 아버지, 그리고 몇몇 선생들의 야비한 명예심이 연약한 어린 생명을 이처럼 무참하게 짓밟고 말았다는 사실을 생각한 사람은 하나도 없었다. 왜

그는 가장 감수성이 예민하고 상처받기 쉬운 소년 시절에 매일 밤늦게까지 공부를 해야만 했는가? 왜 그에게서 토끼를 빼앗아버리고, 라틴어 학교에서 같이 공부하던 동료들로부터 멀어지게 만들었는가? 왜 낚시하러 가거나 시내를 거닐어보는 것조차 금지했는가? 왜 심신을 피곤하게 만들 뿐인 하찮은 명예심을 부추겨 그에게 저속하고 공허한 이상을 심어주었는가? 왜 시험이 끝난 뒤에도 응당 쉬어야 할 휴식조차 허락하지 않았는가? 이제 지칠 대로 지친 나머지 길가에 쓰러진 이 망아지는 아무 쓸모도 없는 존재가 되어버린 것이다.[23)]

평화의 교육

거창고 교장을 역임한 전성은 교장은 자신의 저서인 ≪왜 학교는 불행한가≫에서 "오늘날 우리나라 학교교육에서 행해지고 있는 입시제도는 경쟁"이며, "입시제도는 경쟁을 수단으로 국민을 통제하던 고대국가와 식민지 국가에서 하던 정책을 그대로 따라 하고 있는 전근대적이고 비인간적인 제도"라고 주장했다. 또한 "아이들은 줄 세우기 대상이 아니며, 학교교육에 있어 아이들은 각자의 재능과 소질, 관심을 최대화시켜야 할 대상"이라고 했다. 전 교장은 이를 '섬김의 교육'이라고 불렀다.[24)] 이어서 그는 "교육의 목적은 인류평화"라고 하며, "지배와 억압 없는 평등한 사회를 만드는 일에 헌신하는 사람이 되라고 가르치는 일이 교육의 목적이 되어야 한다"라고 했다. "학교교육은 인류의 공존인 평화를 만들어가는 일을 목표로 삼아야 한다"라고 하면서 성 프란체스코(St. Francis)의 기도문을 교육의 목적으로 제안했다.[25)]

주여, 나를 평화의 도구로 써주소서,
미움이 있는 곳에 사랑을
상처가 있는 곳에 용서를
분열이 있는 곳에 일치를
의혹이 있는 곳에 믿음을 심게 하소서.
거짓이 있는 곳에 진리를
절망이 있는 곳에 희망을
어둠이 있는 곳에 광명을
슬픔이 있는 곳에 기쁨을 심게 하소서.
위로받기보다는 위로하며
이해받기보다는 이해하며
사랑받기보다는 사랑하며
자기를 온전히 줌으로써
영생을 얻기 때문이니
주여, 나를 평화의 도구로 써주소서.

교육
13

정치와 교육

열세 번째 이야기

정치와 교육

정치와 교육에 대해 살펴본다. 이를 위해 교육과 통제, 교육과 정치적 해독, 교육과 정책, 교육과 자치, 교육정치학의 영역, 교육세력, 교육개혁 등에 대해 알아본다.

교육과 통제

인도의 비폭력주의 사회운동가인 비노바 바브(Vinova Bhave)는 교육과 정부의 관계에 대해 설명했다. 그는 전 세계에서 교육은 정부의 통제를 받고 있다고 말했다. 이것은 매우 위험한 일인데 정부는 교육에 대해 어떠한 권위를 가져서도 안 되며, 교육에 관한 일은 지혜로운 사람들에게 맡겨야 한다고 주장했다. 그런데 교육을 정부가 장악하고 있어 학생들은 교육부가 처방하는 책이라면 무엇이든지 학습해야 한다고 했다. 만약 파시스트정부라면 학생들은 파시즘을 배워야 하고, 공산주의 정부라면 공산주의를 공부해야 하고, 자본주의 정부는 자본주의의 위대함을 선전할 것이고, 계획경제를 믿는 정부라면 학생들은 계획경제에 관해 모든 것을 배워야 한다는 것이다. 그는 인도의 전통에서 교육은 국가의 통제에서 완전히 자유로워야 한다는 원칙에 익숙해왔다고 하면서 국왕은 스승들(gurus)에게 어떠한 권위도 행사하지 못했고, 왕은 교육을 통제하는 힘을 갖지 못했다고 주장했다. 그리하여 산스크리트 문학은 세계 어디서도 볼 수 없을 만큼 사상의 자유를 성취했고, 힌두철학 안에 적어도 여섯 개가 넘는 서로 양립하기 어려운 철학들이 생겨났다고 했다. 비노바 바브는 이러한 활력은 교육이 국가로부터 독립될 때 나온다고 보았다.[1)]

교육과 정치적 해독

영국의 철학자 러셀(Bertrand Russell, 1872-1970)은 ≪교육의 사명*Education*

and the Social Order≫에서 교육이 개인을 위해야 하는지 시민을 위해야 하는지, 교육이 어린이의 이익에 중심을 둘 것인지 국가의 이익에 중심을 둘 것인지, 그리고 정치가 교육에 주는 해독害毒은 무엇인지 등에 대해 다음과 같이 밝혔다.

> 시민을 양성하는 교육에는 현존하는 체제를 지지하는 면과 반대하는 면의 두 가지가 있다. 교육이 국가에서 차지하는 중요성으로 보아 교육은 언제나 현상 유지를 목적으로 하는 것이라고 생각하기 쉽다. 그러나 이것은 사실이 아니다. 근대사회에서의 교육은 대부분 정부가 보수적일 때는 정부를 지지하고 정부가 진보적일 때는 정부를 반대함으로써 반동적인 것이 되고 있다. 또 불행히도 학교에서 강조되는 훌륭한 시민의 요소라는 것은 사실은 좋은 것이라기보다도 가장 나쁜 것들이다. 학교에서 가장 많이 강조하는 것은 투쟁적인 애국심이다. 나는 개인을 위한 교육이 시민을 위한 교육보다 좋다고 생각한다. 그런데 시대적인 필요에서 오는 정치적인 이유 때문에 시민을 위한 교육이 우선적인 위치를 차지하는 것은 매우 유감스런 일이다.[2)]
>
> 정치가 교육에 주는 해독은 주로 두 가지 요인에서 나온다. 첫째, 인류의 공동적인 이익보다도 부분적인 집단의 이익이 먼저 추구되기 때문이다. 둘째, 관료들이 너무 집단적인 통일성을 좋아하기 때문이다. 이들 두 가지의 폐단 중에서 현재는 첫째 폐단이 더 크지만 만약 첫째 것이 극복되면 둘째 것이 더 심각해질 가능성이 있다. 교육에서 남녀의 차이는 이제 많이 완화되었다. 그러나 아직도 교육은 부유한 사람들의 이익을 위해서 행해지는 것 같고 자기 자신의 국가만을 위해서 배타적인 충성심이 강조되고 있다. 이 때문에 교육은 서로 다른 종교, 계급, 국가들이 제각기 권력을 잡기 위해서 전개하는 투쟁의 일부가 되었다. 학생은 그 자신이 목적 있는 존재로서 고려되지 않고 일종의 보충병처럼 생각되며 교육기관은 학생의 복지보다도 배후의 정치적 목적에 더 관심이 많다.[3)]

교육과 정책

한국교육정치학회 회장을 역임한 강남대 강무섭 교수는 학회지 창간호에게재한 논문인 〈교육정치학적 관점에서 본 한국교육정책〉에서 교육과 정치의 관계에 대해 자신의 주장을 펼쳤다. 강교수는 교육이 정치 또는 정치발전에 기여하는 기능으로서 세 가지를 들었다. 첫째는 '정치적 사회화를 통한 젊은 이들의 국가정치 입문 기능'이고, 둘째는 '정치적 엘리트의 훈련과 선발 기능' 이며, 셋째는 '국민의 정치적 의식 확립과 정치통합 기여'이다. 강교수는 "학교는 제도적인 자율성으로 인하여 정치적 사회화 과정이 일어날 수 있는 최적의 영역으로 간주되어왔다"라고 했다. 그리고 정치 엘리트의 선발과 훈련은 교육이 수행하는 중요한 기능으로 부각되고 있다고 피력했다. 이유는 모든 사회에 있어서 정치체제의 안정과 존속 그리고 효율성은 엘리트를 구성해서 권력을 장악하는 사람들에 의해 좌우되기 때문이라는 것이다. 교육이 정치 또는 정치 발전에 기여하는 가장 중요한 기능은 정치적인 통합과 국민 정치 의식의 함양이라고 했다. 정치적인 관점에서 보면 학교 교육은 정치적 기능을 수행하는 교육적 장치로 인식되고 있으며 또한 정치체제 역시 교육체제에 영향을 미치고 있다는 것이다. 일반적으로 정치체제는 내용적인 측면에서는 교육이념과 제도, 교육내용과 방법, 교사와 학생 그리고 교육을 지원하는 사람과 돈에 영향력을 행사한다. 구체적으로는 교육의 목표와 교육과정 결정, 평가와 학생선발 방식, 학사행정을 포함하는 교육행정 전반, 학생과 교직원 등에도 정치적 힘이 작용한다. 강교수는 교육정책이란 '교육에 관해 정치체제가 내린 권위적인 결정'이라고 정의했다. 그리고 이러한 교육정책은 정치적 과정을 거쳐서 형성·결정되며, 또한 정치체제의 하위 체제인 행정체제 속에서 운영되기 때문에 본질적으로 권력의 과정이라고 했다.[4)]

대구가톨릭대 정일환 교수는 교육의 정치적 논의는 '교육의 정치적 중립성' 이라는 신화에 빠져 의도적으로 자제되어왔다고 했다. 이러한 사실은 그동안 교육학자들이 교육을 비정치적인 것으로 규정하고, 정치학자들은 교육부문을 얼버무리며 회피한 데서 찾을 수 있다. 그러나 아리스토텔레스가 지적한 바와 같이 인간 자체가 정치적 속성이 강한 동물이기에 어떠한 형태든지 정치적 과정이나 현상을 경험하게 된다는 것이다. 이러한 정치적 경험은 교육기관이나 조직에서도 예외는 아니라고 했다. 교육정책이 형성·집행되는 과정이나 중앙과 지방수준의 교육정책, 단위학교의 교육활동이 전개되는 과정에서 정치적 현상이나 경험은 관련 기구, 집단, 구성원들 간에 필연적으로 발생한다는 것이 정교수의 주장이다.[5)]

서강대 김재웅 교수는 교육과 정치가 무관하지 않다는 것을 극적으로 보여준 사건은 1954년의 미국의 '브라운 판결'이라고 했다. 브라운 판결은 학교가 정치로부터 독립적 · 자율적으로 운영되는 것이 아니라 학교도 정치권의 영향을 받을 수 있다는 것이다. 집에서 가까운 백인 학교를 두고 멀리 떨어져 있는 흑인 학교를 다녀야 하는 자녀를 둔 브라운의 부모는 자녀가 가까운 학교에 다닐 수 있게 해달라고 법원에 제소했다. 이에 대법원은 그동안 유지되어 왔던 '분리와 평등(separate but equal)'의 원칙이 잘못되었다는 판결을 내렸고, 이에 따라 학교에 대한 흑백분리 정책에 근본적인 변화를 가져오게 되었다는 것이다.[6)]

교육과 자치

동아대 경영대학 송한식 교수와 변호사인 송희식은 공저인 ≪교육대개혁≫에서 "우리나라 헌법에는 '교육자치'라는 개념이 없다"라고 하며 "법률의 수준에서 '지방교육자치에 관한 법률'이 1991년에 제정되었는데, 이것은 교육자치가 아니라 '지방교육자치'의 개념"이라고 주장했다. 이들은 진정한 교육자치를 위해서 새로운 교육체제인 교육위원회의 구성을 제안했다. 새로운 교육체제에서는 '교육자치'의 문제는 새로운 의미를 가지기 때문에 단순히 행정적 분리 독립성이나 교육에 관한 지방자치의 수준을 넘어서서 권력으로부터의 완전한 분리·독립이 필요하다는 것이 이들의 주장이다. 또한 이들은 교육은 정치적으로 결정될 수 없으며, 교육은 정부의 한 부처로서 규정될 수 없고, 또 단순히 지방자치만으로 고양될 수 없다고 주장했다. 따라서 새로운 시대가 요구하는 교육자치를 실현하기 위해서는 권력으로부터 필히 분리·독립되어야 하며, 헌법재판소나 선거관리위원회보다 더욱 더 정치적으로 독립되어야 하며 더욱 더 장기적인 관점에서 추진되어야 한다고 했다. 따라서 모든 권력으로부터 분리·독립되고 정치적으로 중립적인 교육위원회를 구성하여 이 위원회가 교육에 관한 일체의 업무를 관장해야 한다는 것이다. 또한 이들은 교육위원회의 구성은 헌법의 교육에 관한 조문을 충실하게 구현하는 것이라고 했는데, 그 이유는 헌법이 교육의 자주성, 전문성, 정치적 중립성 그리고 대학의 자율성을 보장하고 있을 뿐만 아니라, '국가는 평생교육을 진흥하여야 한다'라고 규정하고 있기 때문이라는 것이다.[7)]

교육정치학의 영역

교육정치학은 교육활동과 정치활동이 만나는 영역을 연구의 대상으로 삼고 있다. 서강대 김재웅 교수는 교육정치학이 지금까지 관심을 갖고 탐구해온 영역을 세 가지로 구분했다. '정치제도에 대한 교육의 영향', '교육제도에 대한 정치의 영향', 그리고 '교육제도의 운영에 나타나는 정치적 요소'이다. 첫 번째 영역인 '정치제도에 대한 교육의 영향'을 살펴보면, 전통적으로 많은 정치가들과 정치이론가들은 학교교육이 국가 형성과 정치체제 유지에 미치는 영향에 관심을 가져왔는데, 플라톤이나 공자 등 이상적인 사회를 꿈꾸던 사상가들도 교육이 정치체제를 유지시키고 발전시키는 데 중요하게 공헌한다고 믿었고, 이를 위한 이상적인 교육제도의 모습을 제시했다는 것이다. 두 번째 영역인 '교육제도에 대한 정치의 영향'을 살펴보면, 아직까지 많은 사람들은 '교육의 정치적 중립', '교육의 전문성', '교육의 자율성' 등의 이름으로 '교육에 대한 비정치적 신화'를 신봉하고 있는데, 교육과 정치의 관계에 대한 접근은 정치가 교육제도에 어떠한 방식으로든지 영향을 미치고 있기 때문에 교육실천의 구조와 과정은 결코 정치적 영향으로부터 자유롭지 않다는 것이다. 세 번째 영역인 '교육제도의 운영에 나타나는 정치적 요소'를 살펴보면, 모든 교육제도는 그것이 교실 수준이든 학교 수준이든, 아니면 지방교육체제 수준이든 국가 수준이든 간에, 정치적 원리에 따라 돌아간다는 것이다. 교육체제 안에서 각종 중요한 결정을 할 때나 교육프로그램을 운영하고자 할 때, 이해관계를 달리하는 집단들은 자신들의 이익을 극대화하기 위한 과정에서 정치

적 과정을 통해 해결할 수밖에 없다는 것이다.[8)]

교육세력

서울대 정범모 교수는 "한 나라 사람들의 마음가짐의 형성에 학교교육만 관여하고 있는 것이 아니라 가정의 부모, 학교의 교사, 매스미디어의 편성자, 각계각층의 지도자들이 다 공동으로 그 일과 관련되어 있다"라고 하면서 "그들이 모두 다 우리나라 교육에 가장 큰 영향력을 행사하는 교육세력임에도 불구하고 다 제각기 제대로 된 교육력을 온전하게 발휘하지 못하고 있다"라고 지적했다. 정교수는 가정의 가장 큰 문제로 친자시간의 부족과 기복사상을 들었다. 정교수의 고유 언어인 '친자시간'은 부모가 아이와 함께 지내는 시간을 말한다. 친자시간은 아이의 지능, 창의력, 정서, 도덕 형성에 영향을 미치는 중요한 시간인데, 부모의 맞벌이 등으로 절대적으로 그 시간이 부족하다는 것이다. 또한 출세 지향적 부모의 기복사상으로 아이들은 올바른 인간으로 성장하지 못하고 있다고 지적했다. 정교수는 학교의 가장 큰 문제로 입시준비교육과 잘못된 교육풍토를 들었다. 입시준비교육 앞에서는 창의력교육, 정서교육, 도덕교육은 모두 수포가 되고, 민족교육, 민주교육, 생산교육도 다 공허한 메아리에 그칠 뿐이라고 했다. 그저 점수 따기만을 위한 무정한 위협과 무의미한 준비와 무자비한 경쟁만 진행된다는 것이다. 또한 권위주의적인 교육풍토와 타율적인 교육행정의 풍토가 학교교육의 발전을 가로막고 있다고 지적했다. 정교수는 매스미디어의 가장 큰 문제점으로 지나친 상업주의와 선정성, 그리고 자율 체제의 부족을 들었다. 텔레비전은 연예프로그램 과잉으로 이 나라 '청소년을 날라리화'하고 있다면서, 국민들의 '말초 신경'을 자극해서 수익을 올리려는 지나친 상업주의가 판을 치고 있다고 개탄했다. 또한 정교수는 언론기관의 횡포를 들었는데, 언론을 행정, 입법, 사법에 이은 '제4부'가 되어 엄청난 '권력기관'으로 변했다고 했다. 이렇듯 정교수는 가정의 부모, 학교의 교사, 매스미디어의 언론·방송인, 각계각층의 지도자는 막중하고 막강한 교육세력들이기 때문에 이들이 우리나라의 교육 책임을 나누어 가진 교육 공동체로서 교향악과 같은 조율을 이룰 때 비로소 우리나라는 제 길을 찾아갈 것이라고 보았다.[9)]

교육개혁 운동

교육개혁 운동은 다양한 집단 조직에서 일어날 수 있다. 이러한 집단은 교사나 교육행정가 또는 학부모 등과 같이 교육과 밀접한 관련이 있는 집단일 수도 있고, 교육과 직접적인 관련이 없는 사람들의 집단일 수도 있다. 교육개혁을 주장하는 일은 다양한 형태로 이루어지기도 한다. 교육의 변화를 위하여 새로운 입법을 하도록 국회의원들을 상대로 로비하기도 하고, 학교운영위원회에 압력을 가하기도 하며, 개혁사업을 실행할 수 있는 예산을 확보하기 위하여 정부나 사회단체를 설득하기도 하고, 언론을 통해 캠페인을 벌이기도 하며, 자신들이 주장하는 개혁안에 따라 교재나 교육과정 자료를 만들기도 하며, 또는 새로운 표준화 검사를 제작하여 보급하기도 한다. 이처럼 교육개혁을 추진하는 방법은 다양하다. 그러나 교육개혁이 성공을 거두려면 궁극적으로 학교의 체제나 교사들의 교육활동과 연계되지 않으면 안 된다. 따라서 많은 교육개혁안들은 새로운 안이 기존의 학교 구조와 어떻게 관련되는지를 설명한다. 어떤 사람들은 학교를 운영하는 기존 세력들을 설득하여 자기들의 개혁안에 동조하도록 만들기도 하고, 또 어떤 사람들은 기존의 학교가 새로운 개혁안에 저항하지 못하도록 강력하게 제도적 압박을 가하는 방식을 택하기도 한다.[10)]

교육개혁의 구호

조벽 교수는 우리나라 교육을 위해 교육계가 나아가야 할 방향을 통찰력 있게 제시한 교육전문가이다. 조교수는 ≪조벽 교수의 명강의 노하우 & 노와이≫에서 한국 교육개혁이 안고 있는 문제점을 진정성 있게 비판했다. 그는 '학생들을 위한다는 교육개혁에서 자칫하면 학생들만 피해를 보게 될 수도 있어 앞날이 암담하다'라고 하면서, 교육개혁의 구호처럼 되어버린 '다양화, 특성화, 자율화'를 심도 깊게 비판했다. '다양화'는 새 시대가 지향하는 패러다임이 분명하다고 보고, 다양화 정책의 일환인 '학부제'를 살펴보면 다양화에 대해 얼마나 무지한지 알 수 있다고 했다. 대학에서 학부제 시행을 둘러싸고 잡음이 많고 진통을 겪고 있는 이유는 다양화를 추구하는 학부제를 획일적으로 밀어붙였기 때문이라는 것이다. 그래서 효과보다 부작용이 더욱 심한 것이라고 했다. 다양화는 정부가 주도해서 얻을 수 있는 결과가 아니라 자생적 현상이므로 각자의 개성을 존중해주면 저절로 나타난다는 것이 조교수의 설명이다. 다음으로 '특성화'는 다양화와 같은 수평적 구조를 지니고 있지만 그 '다름'과 '뛰어남(특성)'이 상대 비교되어 차이가 우열로 구분되고, 소위 수직적 서열화로 발전하게 된다고 했다. 조교수는 서열화가 나쁘니 없애야 한다는 말은 성립되지 않는다고 생각했다. 그는 세상에 서열 없는 사회는 어디에도 없다고 하면서 평등의 개념이 '기회의 평등'에서 '결과의 평등'으로 변질되는 것은 곤란하며 '결과의 평등'은 늘 실패를 평등하게 나눠 갖게 할 뿐이라고 했다. 마지막으로 '자율화'인데 자율화가 밑거름으로 준비되어야 다양화라는 꽃을 피울 수 있다고 했다. 조교수는 자율을 타율의 반대로 인식해서는 안 된다고 보았다. '타율'이란 명사의 반대말은 '자유'지 '자율'이 아니라는 것이다. 자유는 외부와의 투쟁에서 얻을 수 있지만, 자율은 스스로 자립할 수 있는 능력으로 내부로부터 얻어진다는 것이다. 그는 우리나라에서 개혁이 힘든 이유가 비전을 함께 나눠 갖지 못하고 있기 때문이라고 보았다. 비전이란 손에 쥔 것을 놓으면 더 좋은 것을 쥘 수 있다는 믿음을 제시하는 것인데, 믿을 수 없으면 손에 쥔 것이 아무리 썩은 것이어도 더 꽉 쥐게 되는 것이 사람의 심리라는 것이다. 그러므로 사람을 움직이려면 새로운 것을 잡을 수 있다는 희망을 주어야 하고, 개혁은 희망을 가질 때 비로소 성공할 수 있다고 했다.[11)]

교육개혁의 실패

박영숙 교수와 반상진 교수는 교육개혁 앞에 내세운 국가적 명분들은 항상 거창하게 '교육종합선물세트'처럼 포장되거나 다양한 과정을 통해서 확산된다고 보았다. 이들은 교육개혁에 동원되는 표면적 주장들이 실제로 그 성과를 거두고 있는가에 대해서는 회의적일 수밖에 없다고 설명했다. 왜냐하면 거창한 의미를 부여하면서 시작된 교육개혁이 그 과정의 성공에도 불구하고 다음의 또 다른 교육개혁을 시도하고자 할 때마다 비판의 대상이 되거나, 시도를 하기도 전에 오히려 대다수 국민의 저항에 부딪쳐 아예 교육개혁 자체를 시행조차 할 수 없는 경우도 있으며, 또한 당시에는 성공적인 개혁실행을 한 것처럼 보여도 훗날 사회구성원들이 결과적으로 더욱 불평등한 상황에 처하게 만든 일도 비일비재하기 때문이다. 교육개혁이 정치적 세력에 의해 도구적으로 이용된다면 교육의 본질을 이룰 수도 없거니와 실패로 귀착될 가능성이 매우 크다는 것이 이들의 주장이다. 또한 이들은 사회 전부문의 발전을 의도하고 계획하는 정치가 교육에 대해 마땅히 해야 할 일은 교육을 정치적 목적으로 이용하기 위하여 간섭하고 통제하는 것이 아니라 교육이 제대로 기능할 수 있도록 지원하고 조장해주어야 한다고 했다.[12)]

교육개혁의 환상

가리야 다케이코刈谷剛彦는 도쿄대학東京大學 교육학연구과 교수로 일본의 교육개혁에 대해 매우 비판적인 생각을 갖고 있다. 특히 2002년 4월에 전 일본 교육에 적용한 '여유(유토리, ゆとり)' '신학력관' 교육에 대해 ≪교육개혁의 환상教育改革の幻想≫이라는 책을 통해 여러 가지 문제점을 통렬하게 비판하였다. 그는 '동아시아형 교육'이라는 용어를 사용하면서 일본뿐만 아니라 한국·대만·중국·싱가포르도 잘못된 교육개혁으로 인해 국가 전체가 고통을 받고 있다고 주장했다. 이러한 고통에서 벗어나려면 무조건 선진국의 교육개혁을 따르지 말고, 그 나라의 역사와 사회·문화 특징에 맞게 교육을 개혁하는 것이 중요하다고 했다.[13)]

일본뿐만 아니라 '동아시아형 교육'이라는 한국·대만·중국·싱가포르 등에서도 주입식 교육과 입시교육을 문제시한다. 나아가서는 미국과 영국의 '아동중심주의' 교육을 도입하는 것이야말로 21세기에 걸맞은 교육이라는 생각을 공유하고 있다. 무조건 지식을 암기하는 교육은 창조성이나 개성을 발달시키지 못하며 치열한 입시경쟁으로 인한 스트레스 때문에 사회적으로 여러 가지 문제와 사건이 일어난다는 문제의식 역시 '동아시아형 교육'에서 공통적으로 나타나는 현상이다. 뿐만 아니라 이러한 전제를 의문시하지 않고, 실태를 파악하려는 노력도 없이, 미국이나 영국의 아동중심주의 교육을 도입하면 모든 교육문제가 해결되리라는 안이한 인식조차 이 지역들의 공통된 '교육론'이다. 이런 의미에서 '동아시아형 교육'에 해당하는 나라와 지역은 모두 '교육개혁의 환상'에 빠져 있다고 할 수 있다.

왜 이러한 나라에서는 지식전달이 경시되고 체험활동을 중시하는 교육이 각광을 받는 것일까? 왜 아동중심주의 교육이 교육불평등을 확대시킬 수 있음을 무시하고 미국과 영국의 극히 일부에서 성공한 예를 들어 나라 전체의 교육개혁을 설계하려는 것일까? 특수한 환경에서 성공한 미국과 영국의 일부 선진적 사례를 쫓아 나라 전체의 교육개혁 아이디어로 삼는다는 것은 근시안적 사고로 매우 위험하다. 당사국인 미국이나 영국에서조차 전국적으로 개혁의 이상을 추구하려고 하지 않는데도 말이다. 교육을 솔직하게 직시하고 그 나라의 역사와 사회·문화 특징에 맞는 개혁을 실행하기 위해서는 먼저 '교육개혁의 환상'에서 벗어나야만 한다.

사회 적응 못하는 日 '유토리 세대'의 비극

일본 정부의 조사결과, 2010년 봄 대학과 전문대를 졸업한 56만9000명 중 19만9000명이 중도에 직장을 그만둔 것으로 나타났다고 NHK 방송이 전했다. 졸업 후 취업을 하지 못하거나 아르바이트를 하는 사람은 14만 명이나 됐다. 이런 결과에 대해 불황도 원인이지만, 근본적으로는 사회 적응력이 떨어지는 학생을 양산한 '유토리(ゆとり, 여유) 교육' 때문이라는 비판이 쏟아지고 있다. 일본 정부는 2002년부터 경쟁보다 창의성과 자율성 강화를 내세우는 유토리 교육을 도입했다. 유토리 교육에 따라 학습 내용은 30%,

수업시간은 10% 정도 줄었으며 절대 평가제가 도입됐다. 유토리 교육세대는 이전 세대보다 상대적으로 경쟁 없이 여유 있는 학창 시절을 보냈다. 일본 정부는 2007년 유토리 교육으로 인해 학력이 심각하게 저하됐다며 폐지를 선언했으며 2011년 완전 폐지했다.

2010년 대졸취업자가 바로 유토리 교육 1세대. 유토리 세대의 특징은 '자기주장과 권리만 있고 의무는 없다', '지각은 밥 먹듯 하면서 칼퇴근한다', '직접 대화하기보다는 휴대전화 문자메시지로 대화한다' 등이다. 준코 요시다(39)씨는 "신입사원들이 전화도 받지 않고 남의 말을 듣지 않고 자기 말만 하는 등 확실히 다른 세대"라고 말했다.

하지만 이에 대해 유토리 세대 이지메(괴롭히기)에 지나지 않는다는 반박도 많다. 문제는 개성을 내세우는 유토리 세대가 아니라 일본의 집단주의적 기업문화라는 주장도 있다. 중도퇴직률이 높은 것도 취업빙하기라고 할 정도로 불황이 깊어 원하는 직장에 취업하지 못했기 때문이라는 분석이다.[14]

〈조선일보〉

교육
14

법과 교육

열네 번째 이야기

법과 교육

법과 교육에 대해 살펴본다. 이를 위해 법의 어원, 교육기본권, 교육권, 교육활동과 법, 교육 관련 법령 등에 대해 알아본다. 교육 관련 법령으로는 헌법, 교육기본법, 유아교육법, 초·중등교육법, 고등교육법, 평생교육법이다.

법의 어원

法(법)자가 처음 등장한 때는 기원전 10세기쯤인 서주西周 초기이다. 이 글자의 원래 모양은 물 水(수), 해채 廌(채), 갈 去(거)자로 이루어져 있었다. 水(수)는 갑골문을 보아 알 수 있는 것처럼 물의 흐름을 상형한 구부정한 곡선과 물결이나 물방울을 상형한 세 개 또는 여섯 개의 점으로 이루어진 글자로 보이는데 일부 학자는 이 점들을 물이 고여 있는 여러 개의 웅덩이로, 가운데의 곡선은 그 사이를 흐르는 물살로 보기도 했다.

廌는 길짐승의 상형이 분명하나 그것이 어떤 짐승의 상형인지는 알 수 없다. 사슴을 닮은 외뿔 짐승이라는 주장이 있고, 소를 닮은 외뿔 짐승 또는 외뿔 양이라고 말하기도 한다. 최초의 자형인 금문金文을 보면 사슴과에 속하는 짐승처럼 보인다. 이 짐승을 해채獬廌라고도 하는데 우리나라에서는 여기서 변음變音한 '해태'가 널리 알려져 있다.

去(거)에는 두 가지 주장이 있다. 첫째는 사람의 상형 大(대)와 움집의 상형으로 구성된 글자로 '주거지에서 밖으로 나가는 사람의 상형'으로 '사람이 어느 곳을 떠나다'가 본뜻이라는 것이다. 둘째, '똥을 누고 있는 사람의 상형'으로 '버리다'가 본뜻이라는 주장이다. 이에 의하면 윗부분은 역시 사람의 상형이며 아랫부분은 파놓은 오물 구덩이가 똥구덩이가 된다. '가다', '떠나다', '잃다', '제거하다' 등이 이 글자의 본뜻 혹은 파생된 뜻 가운데 비교적 대표적인 것이라고 하겠다. 중국 고대의 법관들은 솔로몬의 지혜로도 해결할 수 없는 송사訟事가 생겼을 때 시비와 선악을 가릴 줄 안다는 해태廌를 데려와

죄 있는 자를 들이받아 제거去함으로써 공평水하게 처리했다고 한다. 이것이 이 세 글자가 모여 '法'자를 구성하게 된 까닭이다.[1]

교육기본권

계명대 법학과에 재직했던 신현직 교수는 인간이 기본적으로 교육받을 수 있는 권리인 '교육기본권'을 헌법 전체와 기본권 조항과의 체계적인 연관 속에서 재해석하여 종합적 기본권으로 정립해야 한다고 주장했다.

신교수는 "인격의 완성"이라는 교육목적을 통하여 이루고자 하는 궁극의 목적은 "인간으로서의 존엄과 가치의 실현"이어야 한다는 점에서 교육법은 모든 기본권과 유기적인 연관을 갖지 않을 수 없다고 했다. 따라서 종래의 "교육받을 권리"를 독립된 조문으로만 해석할 것이 아니라 헌법 전체와 기본권 조항과의 체계적인 연관 속에서 재해석할 것이 요구되며, 단순히 교육 기회 균등의 의미가 아니라 교육의 자유과 평등을 실현할 수 있는 구체적인 내용을 갖는 전체로서의 포괄적인 '교육기본권' 이론을 정립하는 것이 요청된다는 것이다. 신교수는 교육기본권은 헌법 제10조의 '인간으로서의 존엄과 가치'로부터 직접 도출되는 '학습권(인간적 성장발달권)'을 중핵으로 하고, 개별 기본권인 '학문의 자유(헌법 제22조)'와 '교육을 받을 권리(헌법 제31조)'를 포괄하는 '종합적 기본권'으로 정립해야 한다고 주장했다.[2]

교육권

신현직 교수는 교육권을 광의의 교육권과 협의의 교육권으로 나누었다. 전자는 교육을 받을 권리와 교육을 할 권리를 포괄하는 것이고, 후자는 교육을 할 권리를 중심으로 구체적인 교육내용을 결정하고 실시하는 권능을 의미한다고 주장했다. 신교수는 교육권을 학생의 교육권, 부모의 교육권, 교원의 교육권, 국민의 교육권, 국가의 교육권으로 나누고 이에 대해 각각 설명했다. 첫째, '학생의 교육권'은 교육을 받을 권리인 학습권을 의미한다. 아동이나 학생은 인간적 성장을 통하여 장래에 인간다운 생활을 할 수 있도록 풍부하고 수준 높은 교육을 청구할 수 있는 권리인 교육요구권을 가지며, 학생 스스로 학습의 내용과 방법을 선택할 수 있는 학습의 자유, 즉 교육선택권도 함께 가진다는 것이다. 둘째, '부모의 교육권'은 자녀가 갖는 학습권의 실현을 위하여 친권자로서 갖는 권리를 뜻한다. 그 구체적인 내용으로는 교육 혹은 학교설치요구권, 학교 선택의 자유, 교육내용 선택의 자유 등을 들었다. 셋째, '교원의 교육권'은 학교에서 직접 교육을 담당하는 교원의 교육을 할 권리를 말한다. 좁은 의미의 교육권을 이야기할 때에는 바로 이 교원의 교육권을 의미하며, 이것이 바로 교육권의 본체라는 것이다. 구체적 예로 강의권, 교육과정 결정권, 교재의 선택 활용권, 강의내용 편성권, 교육방법 결정권, 성적평가권, 학생징계권 등을 들었다. 넷째, '국민의 교육권'은 구체적인 교육 주체인 학생, 부모 및 교원을 포괄하는 개념으로 국가의 교육권 독점에 대항하는 개념인데, 그 예로 사학 설치의 권리, 교육자치 참가권, 교과서 작성의 자유 등을 들었다. 다섯째, '국가의 교육권'이란 국민의 교육권을 보장하기 위한 교육기관의 설치, 사학 조성 및 기타 교육 조건정비의 의무를 수행함에 있어서 필요한 행정상의 감독권으로 국립학교 설치권, 교육행정의 기준 설정권, 조언·권고권, 재정 원조권, 분쟁에 대한 재정권 등이 해당된다고 했다.[3)]

서울대 교육학과 김신일 교수는 교육권을 달리 해석한다. 타인을 가르칠 권리(교육권)는 가르침을 받는 사람으로부터 오는 것이기 때문에 배울 권리(학습의 권리)와 가르칠 권리(교육의 권리) 가운데 더 근본적인 인권은 학습의 권리가 되어야 한다는 것이다. 이와 함께 김교수는 사람들이 가르칠 자유를 가지고 있다고 해도, 특정인으로부터 배우기를 거부하는 사람에게 강제로 가르칠 권리는 없다는 것이다. 그러므로 교육권은 학습권을 가지고 있는 자에게서 교육을 위탁받았을 때에만 성립된다는 것이다. 또한 그는 학습권에 대해 설명하기를 교육은 어디까지나 학습의 보조수단이라는 것이다. 학습을 위하여 교육이 존재하는 것이지, 교육을 위하여 학습이 존재하는 것은 아니라는 것이다. 즉, 교육상황에 있어서 최종적인 선택권은 학습자에게 있는 것이지 교육자에게 있는 것이 아니라는 것이다. 성인학습자는 스스로 학습의 자유 권리 즉, 교육의 선택권을 행사할 수 있으므로 학습자들이 직접 당사자로 나서서 자신들의 권리를 주장하지만 미성년 학습자들의 경우는 부모가 대리자로 나서서 학습의 자유 권리를 주장해야 한다고 했다.[4)]

교육활동과 법

교육부의 김환식 박사는 "국가의 법규범으로는 헌법, 법률, 그리고 법률의 구체화를 위한 시행령(대통령령)과 시행규칙(부령이나 총리령)이 존재한다"라고 하면서 "이를 총칭하는 용어가 법령法令"이라고 했다. 또한 "정부 법령의 많은 내용은 법규法規에 해당하는데, 법규란 권리를 부여 또는 제한하는, 의무를 부과 또는 면제하는 등과 같은 내용을 담고 있는 법 조항"이라고 설명했다.[5)]

김환식 박사는 모든 자유민주주의 국가가 그렇듯이 현대사회에서 교육은 국가의 규제를 필연적으로 수반하기 때문에 국가의 규제가 없는 교육체제는 상상할 수 없다고 했다. 우리나라의 경우 교육시장 규율은 각종 규범에 의해서 이뤄지지만, 그중에서도 국가 법령에 기초한 법규범이 가장 중시된다고 보았다. 김박사는 그 이유를 우리나라 교육이 역사적·지역적 전통과 관련 없이 그리고 시민사회의 뒷받침 없이 미국식 교육제도가 국가 주도하에 하향식으로 구축된 역사적 배경 때문이라고 설명했다. 따라서 그는 국가의 교육 관여는 당연하고 기본적이며 가장 중요한 것으로 이해되어 왔고, 국가는 교육 관여를 위해 법규범의 힘을 최대로 이용해왔고 교육제도를 형성해왔다고 보았다. 김환식 박사는 교육활동은 법에 의해서 규율되기 때문에 교육과 법은 불가분의 관계에 놓여 있다고 했다. 이런 관계를 잘 의식하지 못하지만 교육활동의 대부분은 법에 의해서 규율된다는 것이다. 김박사는 이러한 예로 "학교 입학에서부터 졸업까지 법(초·중등교육법, 고등교육법 등)에 의해 규율되고, 교사 채용부터 퇴직까지의 인사관리 활동이 법(교육공무원법, 교육공무원임용령, 교원자격검정령 등)에 의해 규율되며, 학교 설립부터 해산에 이르기까지 법(사립학교법, 초중등교육법, 고등교육법, 대학설립운영규정 등)이 규율하고, 학교교육과정의 편성·운영, 평가 및 자격수여(학점부여 포함)에 이르는 모든 과정이 법(초·등교육법, 고등교육법 등)에 의해 규율되며, 사적私的 교육시장인 학원이나 개인과외교습도 '학원의 설립·운영 및 과외교습에 관한 법률'에 의해 그 활동이 통제되고, 교육부나 시도교육청의 활동도 법(정부조직법, 지방자치법, 지방교육자치에 관한 법률 등)에 의해 권한의 범위가 정해지며, 국가(지방자치단체)는 특정 교육활동을 장려하기 위해 진흥법(특수교육진흥법, 영재교육진흥법, 과학교육진흥법 등)을 활용한다"라고 설명했다.[6)]

교육관련 법령

헌법

우리나라 헌법 전문에는 "자율과 조화를 바탕으로 자유민주적 기본질서를 더욱 확고히 하여 정치·경제·사회·문화의 모든 영역에 있어서 각인의 기회를 균등히 하고, 능력을 최고도로 발휘하게 하며, 이와 함께 자유와 권리에 따르는 책임과 의무를 완수하게 하여, 안으로는 국민생활의 균등한 향상을 기하고 밖으로는 항구적인 세계평화와 인류공영에 이바지한다"라는 내용이 담겨 있다.

헌법 제31조는 '교육을 받을 권리, 의무교육의 무상, 교육의 자주성·전문성·정치적 중립성 및 대학의 자율성, 평생교육의 진흥, 교육제도 법정주의'를 내용으로 하고 있다. 즉, "① 모든 국민은 능력에 따라 균등하게 교육을 받을 권리를 가진다. ② 모든 국민은 그 보호하는 자녀에게 적어도 초등교육과 법률이 정하는 교육을 받게 할 의무를 진다. ③ 의무교육은 무상으로 한다. ④ 교육의 자주성·전문성·정치적 중립성 및 대학의 자율성은 법률이 정하는 바에 의하여 보장된다. ⑤ 국가는 평생교육을 진흥하여야 한다. ⑥ 학교교육 및 평생교육을 포함한 교육제도와 그 운영, 교육재정 및 교원의 지위에 관한 기본적인 사항은 법률로 정한다"라고 명시되어 있다.

이에 대해 김환식 박사는 교육관계법의 대부분은 헌법 제31조를 구현하기 위해서 제정되었다고 해도 과언이 아니라고 하면서, 제1항은 흔히 교육을 받을 권리(또는 교육권)로 불리는데 이 조항은 정신적·육체적 능력만 있으면 교육을 받을 기회를 균등하게 부여 받아야 하고, 능력에 상응하는 교육을 받을 수 있도록 영재교육, 학습부진아 교육 등이 제공될 수 있어야 하며, 학교교육, 학교 밖 교육, 성인교육 등을 통해, 그리고 성별·종교·사회적 신분·경제적 지위와 무관하게 교육이 제공되어야 한다는 의미라고 설명했다.

그리고 김박사는 제4항에는 교육의 자주성·전문성·정치적 중립성 및 대학의 자율성이 규정되어 있는데, 이 중에 '교육의 자주성'은 교육기관의 운영과 교육내용이 자주적으로 결정되고 행정상의 목적으로 교육통제가 필요하다고 해도 법령에 근거하여 최소한으로 이루어져야 함을 의미한다고 했다. 그리고 '교육의 전문성'은 교원의 전문성만을 의미하지 않으며, 교육활동 종사자들의 전문 능력이 갖추어져야 한다는 의미로 봐야 한다고 하고, 그에 따라 교육기관 설립에 각종 기준을 부과하고, 교사에게는 특정 자격취득을 요구하며, 경영자와 교육행정가 역시 일정 자격을 가진 자에게만 기회를 부여하는 것이라고 했다. 또한 김박사는 대학의 자율성은 대학에게 독자적인 계획과 책임하에 교육과 연구를 실효성 있게 수행할 수 있도록 보장하기 위함을 전제로 하는 것이므로 대학의 자율성은 헌법 제22조의 학문연구의 자유와 학술활동의 자유를 보장하기 위한 수난이지(국가권력으로부터), 민주주의 원리(예를 들면 당사자 자치)를 대학에 적용하기 위한 것은 아니라고 했다.[7)]

교육기본법

김환식 박사는 교육관계 법률 중 핵심은 '교육기본법'이라고 했다. 기본법은 명칭에서 알 수 있듯이 기본적인 법률로 다른 법률과 입법체계상 동등한 법률이지만, 기본적인 법률이기 때문에 다른 법률에 비해서 보다 우월적인 지위를 인정받는다는 것이다. 김박사는 교육기본법은 교육체제에서 헌법과 같은 역할을 하고 있기 때문에 다른 교육관계 법률은 교육기본법의 하위법률로서 의미를 갖는다고 피력했다. 이에 대한 대표적인 교육관계 법률로는 학교교육 단계에서는 유아교육법, 초·중등교육법, 고등교육법을, 성인교육 단계에서는 평생교육법을 들었다.[8)]

교육기본법 제3조에 "모든 국민은 평생에 거쳐 학습하고 능력과 적성에 따라 교육받을 권리를 가진다"라고 규정함으로써, 국민의 '학습권'을 법으로 인정하고 동시에 평생에 걸친 학습과 교육을 교육제도의 기초로 명시하였다. 이것은 기존 교육법의 국가주의 교육철학에 비하면 새로운 차원의 교육을 지향하려는 의지의 표현이라고 할 수 있다. 교육기본법은 또 학부모와 교사의 권리를 인정함으로써 종래에는 자녀 취학이행의 의무와 교육비 부담 책임만을 요구받아온 학부모들에게 교육참정권 인정의 길을 열었으며, 교사들에게도 전문적 자율권을 인정하였다. 그리고 과거에는 학교 외 교육을 학교교육으로부터 제도적으로 격리하고 차별하던 것을 상호 보완하고 연계하는 관계로 전환했다.[9)]

교육기본법은 제1장 총칙(1조-11조), 제2장 교육당사자(12조-17조), 제3장 교육의 진흥(17조의 2-29조) 등 총 29개 조항으로 구성되어 있다.[10)]

교육기본법 제1조에는 교육기본법을 제정한 목적이 담겨 있다. "이 법은 교육에 관한 국민의 권리·의무 및 국가·지방자치단체의 책임을 정하고 교육제도와 그 운영에 관한 기본적 사항을 규정함을 목적으로 한다"라고 밝히고 있다.

교육기본법 제2조에는 우리나라의 '교육이념'이 담겨 있다. "교육은 홍익인간의 이념 아래 모든 국민으로 하여금 인격을 도야하고 자주적 생활능력과 민주시민으로서 필요한 자질을 갖추게 함으로써 인간다운 삶을 영위하게 하고 민주국가의 발전과 인류공영의 이상을 실현하는 데에 이바지하게 함을 목적으로 한다"라고 밝히고 있다. 우리나라의 교육목적은 '인격도야, 자주적 생활능력 배양, 민주시민으로서 필요한 자질 함양'이라고 할 수 있다.

교육기본법 제3조에는 '학습권'을 명시하고 있다. "모든 국민은 평생에 걸쳐 학습하고, 능력과 적성에 따라 교육 받을 권리를 가진다"라고 밝히고 있다. 이는 헌법 제31조 제5항의 '평생교육의 진흥'에 따른 것으로 볼 수 있다.

교육기본법 제4조에는 '교육의 기회균등'을 명시하고 있다. "① 모든 국민은 성별, 종교, 신념, 인종, 사회적 신분, 경제적 지위 또는 신체적 조건 등을 이유로 교육에서 차별을 받지 아니한다. ② 국가와 지방자치단체는 학습자가 평등하게 교육을 받을 수 있도록 지역 간의 교원 수급 등 교육여건의 격차를 최소화하는 시책을 마련하여 시행하여야 한다"라고 밝히고 있다.

교육기본법 제5조에는 '교육의 자주성 등'이 명시되어 있다. "① 국가와 지방자치단체는 교육의 자주성과 전문성을 보장하여야 하며, 지역 실정에 맞는 교육을 실시하기 위한 시책을 수립·실시하여야 한다. ② 학교운영의 자율성은 존중되며, 교직원·학생·학부모 및 지역주민 등은 법령으로 정하는 바에 따라 학교운영에 참여할 수 있다."라고 밝히고 있다.

교육기본법 제6조에는 '교육의 중립성'이 명시되어 있다. "① 교육은 교육 본래의 목적에 따라 그 기능을 다하도록 운영되어야 하며, 정치적·파당적 또는 개인적 편견을 전파하기 위한 방편으로 이용되어서는 아니 된다. ② 국가와 지방자치단체가 설립한 학교에서는 특정한 종교를 위한 종교교육을 하여서는 아니 된다"라고 밝히고 있다.

유아교육법

유아교육법은 제1장 총칙(1조-6조), 제2장 유치원의 설립 등(7조-19조), 제3장 교지원(20조-23조), 제4장 비용(24조-28조), 제5장 보칙 및 벌칙(29조-34조) 등 총 34개 조항으로 구성되어 있다.[11)]

유아교육법 제1조에는 유아교육법을 제정한 목적이 담겨 있다. "이 법은 교육기본법 제9조에 따라 유아교육에 관한 사항을 정함을 목적으로 한다"라고 밝히고 있다.

유아교육법 제2조에서는 유아교육법에서 사용하는 각종 '용어'에 대해 정의를 내리고 있다.

"'유아'란 만 세 살부터 초등학교 취학 전까지의 어린이를 말하고, '유치원'이란 유아의 교육을 위하여 이 법에 따라 설립·운영되는 학교를 말하며, '보호자'란 친권자·후견인 그 밖의 자로서 유아를 사실상 보호하는 자를 말하고, '반일제'란 1일 3시간 이상 5시간 미만의 교육과정을 말하며, '시간연장제'란 1일 5시간 이상 8시간 미만의 교육과정을 말하고, '종일제'란 1일 8시간 이상의 교육과정을 말한다"라고 밝히고 있다.

유아교육법 제3조에서는 '유아교육에 대한 국가 및 지방자치단체 그리고 보호자의 교육적 책임'을 명시하고 있다. "국가 및 지방자치단체는 보호자와 더불어 유아를 건전하게 교육할 책임을 진다"라고 밝히고 있다.

유아교육법 제3조의2는 '유아교육발전기본계획'에 대하여 명시하고 있다. "① 교육부장관은 유아교육의 발전을 위하여 유아교육에 관한 중장기 정책목표 및 방향을 설정하고, 유아교육발전기본계획을 수립하여 추진하여야 한다. ② 교육부장관은 제5조제1항에 따른 중앙유아교육위원회의 심의를 거쳐 5년마다 기본계획을 수립하여야 한다"라고 밝히고 있다.

유아교육법 제24조는 '무상교육'에 대해 밝히고 있다. "① 초등학교 취학 직전 1년의 유아교육은 무상으로 하되, 무상의 내용 및 범위는 대통령령으로 정한다. ② 제1항에 따라 무상으로 실시하는 유아교육에 드는 비용은 국가 및 지방자치단체가 부담하되, 유아의 보호자에게 지원하는 것을 원칙으로 한다"라고 명시되어 있다.

초·중등교육법

초·중등교육법은 제1장 총칙(1조-11조), 제2장 의무교육(12조-16조), 제3장 학생과 교직원(17조-22조), 제4장 학교(23조-60조), 제5장 보칙 및 벌칙(61조-68조) 등 총 68개 조로 구성되어 있다.[12)]

초·중등교육법 제1조에는 초·중등교육법을 제정한 목적이 담겨 있다. "이 법은 교육기본법 제9조의 규정에 따라 초·중등교육에 관한 사항을 정함을 목적으로 한다"라고 명시하고 있다.

초·중등교육법 제2조는 '학교의 종류'에 대해 명시하고 있다. "초·중등교육을 실시하기 위하여 다음 각 호의 학교를 둔다. 1. 초등학교·공민학교, 2. 중학교·고등공민학교, 3. 고등학교·고등기술학교, 4. 특수학교, 5. 각종학교"로 밝히고 있다.

초·중등교육법 제3조는 '국·공·사립학교의 구분'에 대해 명시하고 있다. "제2조 각호의 학교는 국가가 설립·경영하는 국립학교, 지방자치단체가 설립·경영하는 공립학교(설립주체에 따라 시립학교·도립학교로 구분할 수 있다), 법인 또는 사인이 설립·경영하는 사립학교로 구분한다"라고 밝히고 있다.

초・중등교육법 제18조의4에는 '학생의 인권보장'이 담겨 있다. "학교의 설립자・경영자와 학교의 장은 헌법과 국제인권조약에 명시된 학생의 인권을 보장하여야 한다"라고 명시하고 있다.

초・중등교육법 제38조에는 초등학교 설립 목적이 담겨 있다. "초등학교는 국민생활에 필요한 기초적인 초등교육을 하는 것을 목적으로 한다"라고 밝히고 있다.

초・중등교육법 제41조에는 중학교 설립 목적이 담겨 있다. "중학교는 초등학교에서 받은 교육의 기초 위에 중등교육을 하는 것을 목적으로 한다"라고 밝히고 있다.

초・중등교육법 제45조에는 고등학교의 설립 목적이 담겨 있다. "고등학교는 중학교에서 받은 교육의 기초 위에 중등교육 및 기초적인 전문교육을 하는 것을 목적으로 한다"라고 밝히고 있다.

초・중등교육법 제55조와 56조는 '특수학교'와 '특수학급'에 대해 설명하고 있다. "특수학교는 신체적・정신적・지적 장애 등으로 인하여 특수교육을 필요로 하는 자에게 초등학교・중학교 또는 고등학교에 준하는 교육과 실생활에 필요한 지식・기능 및 사회적응교육을 하는 것을 목적으로 한다. 고등학교 이하의 각급학교에 관할청의 인가를 받아 특수교육을 필요로 하는 학생을 위한 특수학급을 둘 수 있다"라고 밝히고 있다.

초・중등교육법 제60조의3에는 '대안학교'에 대한 설명이 담겨 있다. "① 학업을 중단하거나 개인적 특성에 맞는 교육을 받고자 하는 학생을 대상으로 현장실습 등 체험 위주 교육, 인성 위주 교육 또는 개인의 소질・적성개발 위주의 교육 등 다양한 교육을 실시하는 학교로서 ② 대안학교는 초등학교・중학교・고등학교의 과정을 통합하여 운영할 수 있다"라고 밝히고 있다.

고등교육법

고등교육법은 제1장 총칙(1조-11조의2), 제2장 학생과 교직원(12조-17조), 제3장 학교(18조-64조) 등 총 64개 조항으로 구성되어 있다.[13)]

고등교육법 제1조에는 고등교육법을 제정한 목적이 담겨 있다. "이 법은 교육기본법 제9조에 따라 고등교육에 관한 사항을 정함을 목적으로 한다"라고 명시되어 있다.

고등교육법 제2조는 '학교의 종류'에 대해 설명하고 있다. "고등교육을 실시하기 위하여 다음 각 호의 학교를 둔다. 1. 대학, 2. 산업대학, 3. 교육대학, 4. 전문대학, 5. 방송대학·통신대학·방송통신대학 및 사이버대학, 6. 기술대학, 7. 각종학교"이다.

고등교육법 제29조에는 대학교육의 '목적'이 담겨 있다. "대학은 인격을 도야陶冶하고, 국가와 인류사회의 발전에 필요한 심오한 학술이론과 그 응용방법을 가르치고 연구하며, 국가와 인류사회에 이바지함을 목적으로 한다"라고 명시하고 있다.

고등교육법 제37조에서는 산업대학의 설립목적을 밝히고 있다. "산업대학은 산업사회에서 필요로 하는 학술 또는 전문적인 지식이나 기술의 연구와 연마를 위한 교육을 계속하여 받으려는 사람에게 고등교육의 기회를 제공하여 국가와 사회의 발전에 이바지할 산업인력을 양성함을 목적으로 한다"라고 명시하고 있다. 그리고 제38조에서는 산업대학의 수업연한에 대해 "산업대학의 수업연한과 재학연한은 제한하지 아니한다"라고 되어 있다.

고등교육법 제41조는 교육대학, 사범대학, 교육과의 설립목적에 대해 설명하고 있다. "① 교육대학은 초등학교 교원을 양성함을 목적으로 한다. ② 대학의 사범대학은 중등학교 교원을 양성함을 목적으로 한다. ③ 대학에는 특별한 필요가 있는 경우에 대통령령으로 정하는 바에 따라 교원의 양성을 목적으로 하는 교육과를 둘 수 있다"라고 되어있다. 이어서 제44조에서는 교육대학·사범대학·종합교원양성대학 및 교육과의 교육목표에 대해 설명하고 있다. "교육대학·사범대학·종합교원양성대학 및 교육과의 교육은 그 설립목적을 실현하기 위하여 재학생이 다음 각 호의 목표를 달성하도록 이루어져야 한다. 1. 교육자로서의 확고한 가치관과 건전한 교직윤리 확립, 2. 교육의 이념과 그 구체적 실천방법 체득, 3. 교육자로서의 자질과 역량을 생애에 걸쳐 스스로 발전시켜나가기 위한 기초 확립"이라고 명시하고 있다.

고등교육법 제47조에서는 전문대학의 '목적'을 밝히고 있다(제47조). "전문대학은 사회 각 분야에 관한 전문적인 지식과 이론을 가르치고 연구하며 재능을 연마하여 국가사회의 발전에 필요한 전문직업인을 양성함을 목적으로 한다"라고 명시하고 있다. 이어 제48조에서는 "① 전문대학의 수업연한은 2년 이상 3년 이하로 한다." 제50조에서는 전문대학의 '학위의 수여'에 대해 "① 전문대학에서 학칙으로 정하는 과정을 마친 사람에게는 전문학사학위를 수여한다"라고 명시하고 있다. 또한 제50조의2에서는 '전공심화과정에 대한 학위수여'에 대해 "① 제49조에 따른 전공심화과정에 입학하여 학칙으로 정하는 과정을 이수한 사람에게는 학사학위를 수여할 수 있다. ③ 제1항에 따른 전공심화과정에 입학할 수 있는 사람은 동일계열의 전문대학을 졸업하고 관련 분야에서 재직한 경력이 있는 사람으로 한다"라고 명시하고 있다.

고등교육법 제52조에는 원격대학의 '목적'이 담겨 있다. "원격대학은 국민에게 정보·통신매체를 통한 원격교육으로 고등교육을 받을 기회를 제공하여 국가와 사회가 필요로 하는 인재를 양성함과 동시에 열린 학습사회를 구현함으로써 평생교육의 발전에 이바지함을 목적으로 한다"라고 명시하고 있다. 또한 제53조에서는 '원격대학의 과정 및 수업연한'에 대해 "① 원격대학에는 대통령령으로 정하는 바에 따라 전문학사학위과정과 학사학위과정을 둘 수 있다. ② 방송대학·통신대학·방송통신대학의 전문학사학위과정의 수업연한은 2년으로 하고, 학사학위과정의 수업연한은 4년으로 한다"라고 명시하고 있다.

고등교육법 제55조는 기술대학의 '목적'이 명시되어 있다. "기술대학은 산업체 근로자가 산업현장에서 전문적인 지식·기술의 연구·연마를 위한 교육을 계속하여 받을 수 있도록 함으로써 이론과 실무능력을 고루 갖춘 전문인력을 양성함을 목적으로 한다"라고 밝히고 있다. 그리고 제56조에서는 '기술대학의 과정 및 수업연한'에 대해 "① 기술대학에는 전문학사학위과정과 학사학위과정을 둔다. ② 제1항에 따른 각 과정의 수업연한은 각각 2년으로 한다"라고 명시되어 있다.

고등교육법 제29조의2는 '대학원의 종류'에 대해 명시하고 있다. "① 대학원은 그 주된 교육목적에 따라 다음 각 호와 같이 구분한다. 1. 일반대학원 : 학문의 기초이론과 고도의 학술연구를 주된 교육목적으로 하는 대학원, 2. 전문

대학원 : 전문 직업분야의 인력양성에 필요한 실천적 이론의 적용과 연구개발을 주된 교육목적으로 하는 대학원, 3. 특수대학원 : 직업인 또는 일반 성인을 위한 계속교육을 주된 교육목적으로 하는 대학원. ② 대학(제30조에 따른 대학원대학은 제외한다)에는 일반대학원·전문대학원 또는 특수대학원을 둘 수 있고, 산업대학 및 교육대학에는 전문대학원 또는 특수대학원을 둘 수 있으며, 방송통신대학에는 특수대학원을 둘 수 있고, 제30조에 따른 대학원대학에는 전문대학원이나 특수대학원 중 하나의 대학원을 둘 수 있다"라고 밝히고 있다. 또한 제29조의3은 '학위과정의 통합'에 대해 밝히고 있다. "① 대학원을 둔 대학에 학사학위 및 석사학위의 과정이 통합된 과정을 둘 수 있다. ② 박사학위과정이 설치되어 있는 대학원에 석사학위 및 박사학위의 과정이 통합된 과정을 둘 수 있다"라고 명시하고 있다.

〈논의〉

고등교육법상에 명시된 산업대학, 전문대학, 기술대학은 분명한 직업기술교육기관이다. 그런데 고등교육법에서는 이들 대학의 설립목적을 각각 달리 명시하고 있는데, 결국은 '전문직업인 양성'이라는 동일한 설립목적을 갖고 있는 직업기술교육기관임을 알 수 있다(산업대학은 '국가와 사회의 발전에 이바지할 산업인력 양성', 전문대학은 '국가사회의 발전에 필요한 전문직업인 양성', 기술대학은 '이론과 실무능력을 고루 갖춘 전문인력 양성'). 이러한 사실은 이들 대학의 교육목표, 교육과정, 교수진, 학생선발방법 등을 살펴보면 쉽게 알 수 있다. 형식적으로는 다른 교육기관처럼 비춰지고 있으나 내용 면에서는 동일한 교육을 실시하고 있다. 결국 고등직업기술교육 분야 인력양성 면에서 볼 때 국가적 사회적 경제적 교육적 손실은 매우 크다고 할 수 있다. 따라서 이들 3개 고등직업기술교육기관에 대한 구조조정은 매우 시급하고 중요한 문제가 아닐 수 없다.

평생교육법

평생교육법은 제1장 총칙(1조-8조), 제2장 평생교육진흥기본계획 등(9조-18조), 제3장 평생교육진흥원(19조-23조), 제4장 평생교육사(24조-27조), 제5장 평생교육기관(28조-38조), 제6장 문자해득교육(39조-40조), 제7장 평생학습 결과의 관리・인정(41조), 제8조 보칙(42조-46조) 등 총 46개조로 구성되어 있다.[14)]

평생교육법 제1조에는 평생교육법을 제정한 '목적'이 담겨 있다. "이 법은 헌법과 교육기본법에 규정된 평생교육의 진흥에 대한 국가 및 지방자치단체의 책임과 평생교육제도와 그 운영에 관한 기본적인 사항을 정함을 목적으로 한다"라고 밝히고 있다.

평생교육법 제2조는 평생교육법에서 사용하는 용어에 대해 '정의'하고 있다. '평생교육'이란 학교의 정규교육과정을 제외한 학력보완교육, 성인기초・문자해득교육, 직업능력 향상교육, 인문교양교육, 문화예술교육, 시민참여교육 등을 포함하는 모든 형태의 조직적인 교육활동을 말한다. '평생교육기관'이란 다음 각 목의 어느 하나에 해당하는 시설・법인 또는 단체를 말한다.

① 이 법에 따라 인가・등록・신고된 시설・법인 또는 단체
② '학원의 설립・운영 및 과외교습에 관한 법률'에 따른 학원 중 학교교과 교습학원은 제외한 평생직업교육을 실시하는 학원
③ 그 밖에 다른 법령에 따라 평생교육을 주된 목적으로 하는 시설・법인 또는 단체

'문자해득교육'이란 일상생활을 영위하는 데 필요한 기초능력이 부족하여 가정・사회 및 직업생활에서 불편을 느끼는 자들을 대상으로 문자해득능력을 갖출 수 있도록 하는 조직화된 교육프로그램을 말한다.

평생교육법 제4조는 '평생교육의 이념'에 대해 설명하고 있다. "① 모든 국민은 평생교육의 기회를 균등하게 보장받는다. ② 평생교육은 학습자의 자유로운 참여와 자발적인 학습을 기초로 이루어져야 한다. ③ 평생교육은 정치적・개인적 편견의 선전을 위한 방편으로 이용되어서는 아니 된다. ④ 일정한 평생교육과정을 이수한 자에게는 그에 상응하는 자격 및 학력인정 등 사회적 대우를 부여하여야 한다"라고 명시하고 있다.

교육
15

직업과 교육

열다섯 번째 이야기

직업과 교육

직업과 교육에 대해 살펴본다. 이를 위해 일과 직업의 의미를 알아보고, 직업의식, 직업선택의 기준, 직업과 행복, 직업교육철학(공자, 정약용, 애거시, 듀이, 화이트헤드), 직업교육의 목적 등에 대해 알아본다.

일의 의미

사람은 일을 하면서 살아간다. 하지만 "사람이 왜 일을 해야 하는가"라는 질문에 대해서는 명확한 답을 내리기가 쉽지 않다. 분명한 사실은 사람은 직업을 통해 일을 하며, 또한 일을 함으로써 삶의 기쁨과 만족을 느낀다는 것이다. 일은 휴식과 놀이 또는 여가를 제외한 모든 생산적인 활동으로 직업과 같은 의미로 사용하기도 한다. 그런데 일과 직업의 의미는 다르다. 일은 경제적 행위 외에도 도덕적·정서적·사회적인 의식과 행위까지 포함하고 있다.[1]

직업(職業)의 의미

職(직)은 귀 耳(이)와 새길 戠(지)로 구성된 글자이다. 耳(이)는 '귀'의 상형이며, 갑골문에 보이는 자형을 통해 알 수 있듯이, 戠(지)의 왼편 부분은 戈(창) 끝으로 새긴, 소리 音(음)과 비슷하게 생긴 부호로 무언가를 기억하기 위한 표지標識라고 한다. 그러므로 職(직)은 '귀로 듣고 기억하다'에서 추출한 '상세히 알다'가 본뜻이며, 여기에서 '맡은 일' '임무' '직책' 등의 뜻이 파생되었다. 業(업)은 '여러 개의 갈고리가 달린 나무로 만든 틀'의 상형으로, 많은 물건을 걸어둘 수 있는 쓸모 있는 도구라는 설과 편경編磬, 편종編鐘 같은 악기를 걸도록 만든 걸개라는 설이 있는데, 모두 나무로 만든 쓸모 있는 도구라는 공통성이 있다. 학업學業, 공업功業, 산업産業에서 보듯이 '일'의

뜻은 業(업)이 여러모로 유용한 물건이었음에 기초하여 파생된 것이다.[2)]

직업이라는 말은 위에서 살펴본 대로 맡을 직職과 일 업業의 결합으로 이루어졌다. 그 말뜻을 우리말로 풀면 '맡은 일'이라고 할 수 있다. '맡은 일'이 있으려면 그 일을 맡긴 자가 있어야 한다. 직업인에게 일을 맡긴 자가 누구인가를 생각해보면 결국은 사회라는 답을 얻게 된다. 따라서 직업은 개인이 사회로부터 부여 받은 일이라고 하겠다. 직업과 혼동하기 쉬운 말로는 생업生業이 있다. 생업의 뜻을 우리말로 옮기면 '살기 위해서 하는 일'이다. 그러므로 사회로부터 맡은 일로서의 직업과 단순히 살기 위해서 하는 일로서의 생업 사이에는 상당한 차이가 있다.

직업과 관련된 용어를 살펴보자. work는 휴식과 놀이 또는 여가를 제외한 모든 생산적 활동을 의미한다. job은 경제력을 갖기 위해 특정한 조직 내에서 특정한 일의 의미 또는 직장 내에서의 자신이 맡은 직무를 의미한다. occupation은 좁은 뜻으로의 직업을 의미하며, 생활을 위한 생업의 측면과 함께 사회적 참여를 위한 직분의 의미를 갖고 있다. vocation은 넓은 뜻으로 직업을 의미하며 일반적으로 이띠한 일을 하든시 산에 자기가 하는 일에 최선을 다하는 것이 하늘의 뜻에 따른 것으로 생각하는 천직의식을 담고 있다. profession은 전문적인 일을 의미하며, 전문기술이나 일을 갖기 위한 특별한 훈련과정, 그리고 특별한 재능이라는 의미도 갖고 있다.[3)]

일을 대하는 태도

사람은 일을 통하여 사회에 참여하고 봉사도 한다. 일을 통하여 사회에 참여한다고 함은 사람에게 일할 권리가 있음을 뜻하며, 일을 통하여 사회에 봉사한다고 함은 사람에게 일할 의무가 있음을 뜻한다.

일이란 단순히 자기 개인 또는 가족의 생활을 위한 수단으로서 하는 것이 아니다. 어떤 일을 함으로써 얻을 수 있는 경제적 소득만을 계산하고 일의 종류와 일하는 태도를 결정하는 것은 올바른 자세가 아니다. 자신이 하고자 하는 일이 사회를 위해서 어떠한 도움을 줄 것인가를 깊이 생각해야 하며,

또 그 일이 자신의 삶의 일부로서 어떠한 의미를 가질 수 있는가도 충분히 생각해야 한다. 또한 일은 사람들 사이를 연결하는 중요한 연결고리 가운데 하나이다.[4)]

직업의식

천직의식

'하늘이 내려준 직업'이라는 의식이 천직天職의식이다. 천직의식은 개인이 마음대로 자신의 직업을 선택할 수 없었던 전통사회에서 강했다. 왜냐하면 전통사회에서는 직업을 자신의 의지에 의해 선택하기보다 거의 운명처럼 주어지는 것이었기 때문이었다.

그러나 현대사회에서 천직의식이란 옛날과 같은 운명적인 천직의식이 아니라, 자신의 직업을 소중히 여기고 최선을 다한다는 직업의식이다. 다른 직업이 아무리 돈을 많이 벌 수 있고 아무리 사회적으로 높은 지위가 보장된다고 해도, 현재 자신의 직업을 가장 자랑스럽게 여기고 열정을 다한다면 그것이 바로 하늘이 내려준 천직이라고 할 수 있다.[5)]

직분의식

사람은 직업적 활동을 통해 사회의 여러 가지 역할을 수행한다. 그런 의미에서 직업은 각자가 맡은 직분이라고 할 수 있다. 전통사회에서는 가족 단위로 자급자족하에 경제생활을 했으므로 직분으로서의 직업의식이 약했다. 그러나 현대사회의 직업인은 자신이 속한 조직, 또는 전체 사회 속에서 어느 한 가지 역할을 분담해서 수행하는 형태로 직업활동을 하고 있다. 직업인은 자신의 생계뿐만 아니라 자신이 다니는 회사의 발전을 위해서, 그리고 자신이 살고 있는 사회 전체의 발전을 위해서 맡은 직분을 수행한다.[6)] 직업은 사회에서 인정하는 지식과 기술 그 이상의 윤리적 가치를 포함해야 한다. 이에 적절한 예로 히포크라테스 선서를 들 수 있다. 히포크라테스 선서는 졸업하는 의학도들이 암송해야 하는 선서문이다.[7)]

히포크라테스 선서

- 나의 생애를 인류 봉사에 바칠 것을 엄숙히 선서합니다.
- 나의 스승에게 존경과 감사를 드립니다.
- 나의 양심과 위엄으로써 의술을 펼치겠습니다.
- 나는 환자의 건강과 생명을 첫째로 생각하겠습니다.
- 나는 환자가 알려준 모든 비밀을 지키겠습니다.
- 나는 의업醫業의 고귀한 전통과 명예를 지키겠습니다.
- 나는 동업자를 형제처럼 여기겠습니다.
- 나는 인종, 종교, 국적, 정파 또는 사회적 지위 여하를 초월하여 오직 환자에 대하여 의무를 지키겠습니다.
- 나는 생명이 잉태된 날로부터 생명을 소중히 여기겠습니다.
- 내가 비록 위협을 당할지라도 나의 지식을 어긋나게 쓰지 않겠습니다.

장인정신

장匠이라는 글자는 상자 속에 도끼를 담고 있는 모양을 형상화한 것이다. 뛰어난 기술자를 장인匠人이라고 한다. 영어로는 마스터(mater)이고, 독일어로는 마이스터(meister)이다. 장인은 명품名品을 만들고, 명작名作을 제작한다. 그는 명품과 명작을 만들기 위해 심혈을 쏟는다.

일본에서는 가명家名을 상호로 하는 것은 물론, 대를 이어 직업을 물려받는 가업家業이 적지 않다. 한 직업을 대를 이어 가업으로 하는 사람들은 신용과 명예를 생명보다 더 소중히 여긴다. 그래서 단순히 돈을 버는 것만을 목적으로 하는 얄팍한 상술을 절대로 사용하지 않는다. 자기 회사에서 만드는 제품에 온갖 정성을 다 기울인다. 도제는 장인에게서 일을 배우면서 일에 임하는 마음가짐과 철저한 직업정신, 그리고 성실한 인간성까지 배운다. 옛날의 장인들은 일을 단순히 일로 여겼다기보다는 하나의 인간이 완성되어가는 과정으로 여겼다. 옛날 장인들이 가졌던 철저한 장인정신을 현대 산업사회에서는 기업가정신이라고 할 수 있다.[8)]

내 바이올린 소리는 재일동포의 눈물과 한

재일교포 진창현 씨는 정부로부터 민간인이 받을 수 있는 최고 훈장인 국민훈장 무궁화장을 받았다. 그는 '동양의 스트라디바리'로 불리는 바이올린 제작의 명인名人, 전 세계 5명밖에 없는 '무감사無鑑査 마스터메이커'이다.

경북 김천 출신인 그는 열네 살 때 가난으로 중학교를 중퇴하고 일제의 강제 징용을 피해 일본으로 건너갔다. 화장실 청소하는 일을 비롯, 안 해본 것 없이 돈을 벌어 고학으로 메이지대학明治大學 야간부를 마쳤다. 교사가 되고 싶었지만 한국인이라는 이유로 꿈을 이루지 못했다. "앞길이 막막했는데 마침 학교에 유명한 물리학자 이토가와 히데오 교수가 강연을 했다. 주제가 '명기名器 스트라디바리우스 연구'였죠. 강연의 말미에 이런 이야기를 했습니다. '20세기 최첨단 기술로도 300년 전 명기 스트라디바리우스를 재현해내는 것은 불가능하다. 그 소리는 인류의 수수께끼다. 나는 이제 그 연구를 그만두고 차라리 달에 가는 로켓을 연구하겠다.'"

강의가 끝나자 그는 결심했다. '스트라디바리우스를 재현해내야지.' 악기를 직접 만들 생각을 하니 설렜지만 길은 험난했다. 한국인이기 때문이었다. 도쿄의 그 어떤 바이올린 장인도 그에게 기술을 가르쳐주려고 하지 않았다. 그는 하는 수 없이 나고야의 큰 바이올린 공장 옆에 판잣집을 짓고 제작과정을 훔쳐보며 혼자 바이올린 만드는 법을 익혔다. 마침내 스물여덟 살 때 첫 바이올린을 만들었다. 1976년 미국 필라델피아에서 개최된 국제악기제작 콩쿠르에서 그의 바이올린은 총 6개 부문 중 5개 부문에서 금메달을 휩쓸었고, 이윽고 강동석·정경화·아이작 스턴 등 세계의 수많은 명연주자들이 그의 바이올린을 찾기 시작했다.

역경을 이겨낸 그의 이야기는 일본 TV드라마와 만화로도 제작됐으며, 2008년에는 'The Mystery of the Violin(바이올린의 신비)'이라는 제목으로 일본 고2 영어 교과서에도 실렸다.[9)]

〈조선일보〉

직업선택의 기준

적성

적성이란 어떤 특정 분야에서 개인이 성공할 수 있는 잠재적인 능력이나 소질을 말한다. 적성은 직업을 선택하는 데 있어서 가장 중요한 요소이다. 적성은 선천적으로 주어질 수도 있고, 성장하면서 환경에 의하여 형성되기도 한다. 그러나 일반적으로 적성은 청소년기까지 형성되고 나면 그 이후에는 비교적 변동이 적다. 적성검사를 통해 자신의 적성을 파악할 수 있다.

흥미

사람에게는 나름대로 좋아하는 일이 있다. 여러 가지 일 중에서도 특히 어떤 일에 관심을 보일 때 흥미가 있다고 말한다. 흥미는 있되 적성에 안 맞을 수 있고, 적성은 맞는데 흥미가 없을 수도 있다. 이렇듯 흥미는 적성과 밀접한 관계가 있다. 흥미는 직업을 준비하는 중요한 요인이다.

성격

과거에는 개인의 능력 위주로 사람을 선택하는 회사가 많았다. 그러나 최근에는 조직 속에서 무리 없이 일을 수행할 수 있는 융통성 있는 성격의 사람을 원한다. 다른 사람과 어울릴 수 없는 사람이라면 직업인으로서 문제가 있다. 물론 융통성 있는 사람만이 직업인이 되는 것은 아니다. 혼자서 작업하는 직업인도 있을 수 있다.

지능

지능검사의 결과인 지능지수는 직업선택에 있어서 중요한 요소로 작용한다. 고도의 정신 능력이 필요한 전문직업에서는 반드시 높은 지능이 필요하다. 자신의 지능과 담당해야 할 직무의 난이도는 깊은 관련이 있다. 자신의 지능에 맞는 직업을 선택해야만 직업생활에서 만족감을 느낄 수 있다.

지능과 직업

지능은 여러 가지로 구분할 수 있다. 각 지능의 특징과 이에 적합한 직업군을 살펴보자. ① 논리수리지능은 '체계적으로 생각하는 논리적 사고력과 수학적 사고력과 관련된 능력'을 특징으로 한다. 논리지능을 가진 사람은 머리가 좋다는 말을 자주 듣는다. 수학·과학의 성적이 우수하고, 시험을 보면 공부한 것에 비해 성적이 잘 나온다. 추천 직업으로는 연구원, 과학자, 공무원, 기업의 전략기획 담당 등을 들 수 있다. ② 언어지능은 '단어의 소리, 리듬, 의미에 대한 감수성이나 언어의 기능에 대한 민감성 등과 관련된 능력'을 특징으로 한다. 언어지능을 가진 사람은 신조어, 인터넷 언어 등을 빨리 배우고 활용도 잘한다. 말싸움이나 토론을 하면 항상 이기며, 외국어 공부를 재미있어 한다. 추천 직업으로는 작가, 소설가, 시인, 통역사, 번역가, 아나운서, 기자 등을 들 수 있다. ③ 대인관계지능은 '사람들과 교류하고 이해하며 그들의 감정과 행동을 잘 이해하고 적절히 대처하는 능력'을 특징으로 한다. 대인관계지능을 가진 사람은 다른 사람의 감정변화를 빨리 읽어낸다. 친한 친구들이 많으며, 혼자 하는 과제보다 여럿이 하는 것을 더 좋아한다. 추천 직업으로는 서비스업, 외교관, 협상가, 홍보직 등을 들 수 있다. ④ 음악지능은 '리듬, 멜로디, 음색 등을 다양하게 만들고 평가할 수 있는 능력'이 특징이다. 음악지능을 가진 사람은 기분이 좋으면 멜로디로 표현할 수 있다. 음악을 듣거나 노래 부르는 것을 좋아한다. 추천 직업으로는 연주가, 성악가, 지휘자 등을 들 수 있다. ⑤ 공간지능은 '눈으로 보는 3차원적인 공간세계를 정확하게 이해하고 변형할 수 있는 능력'을 특징으로 한다. 공간지능을 가진 사람은 지도를 보고 길을 잘 찾아가며, 기계를 조종하는 게임을 잘한다. 추천 직업으로는 사진사, 건축가, 디자이너 등을 들 수 있다. ⑥ 신체지능은 '자기 몸을 잘 통제하고 운동을 잘하며 몸을 많이 사용하는 일을 잘 할 수 있는 능력'을 특징으로 한다. 신체지능을 가진 사람은 손재주가 있다는 말을 종종 들으며, 새로운 것을 배울 때는 원리를 익히는 것보다 일단 해보는 것을 좋아한다. 추천 직업으로는 운동선수, 경찰, 조각가 등을 들 수 있다. ⑦ 자연탐구지능은 '자연현상을 파악하고 분류하는 능력'을 특징으로 한다. 자연탐구 지능을 가진 사람은 생물에 관심이 많으며 관찰을 잘 한다. 추천 직업으로는 탐험가, 농업 관련 연구자 등을 들 수 있다. ⑧ 감각지능은 '오감 중 미각과 후각이 발달한 능력'이 특징이다. 감각지능을 가진 사람은 냄새를 잘 맡고 민감하다. 요리하는 것을 좋아한다. 추천 직업으로는 요리사, 소몰리에, 파티셰 등을 들 수 있다. ⑨ 봉사지능은 '타인의 욕구나 느낌을 이해하고 공감하면서 그들을 도와주려는 성향이 강한 사람에게 나타나는 능력'이 특징이다. 봉사지능을 가진 사람은 어려움에 처한 사람들을 지나치지 않는다. 받는 것보다 남들에게 해주는 것을 좋아하며 배려를 잘 한다는 말을 자주 듣는다. 추천 직업으로는 호텔리어, 스튜어디스, 간호사, 호스피스 등을 들 수 있다.[10)]

신체조건

아무리 머리가 좋고 적성, 흥미, 성격에 맞는 직업을 갖고 있다고 해도 건강하지 못하거나 신체조건이 맞지 않으면 그 직업을 수행할 수 없다. 직업에 따라서는 특수한 신체적인 조건을 요구하는 경우가 있다.

어린이가 꿈꾸는 직업

어린이 눈엔 모든 것이 크고 아름답다. 어린 시절은 지루할 새가 없다. 항상 놀라움, 신비로움, 호기심에 넘치며 진주빛 광채로 반짝인다. "유년 시대는 하나의 삶을 살기에 앞서 많은 삶을 사는 것"이라는 말도 있다. 그 시절 꾸는 꿈은 동화처럼 푸근하고 분홍 솜사탕처럼 달콤하다. 토머스 칼라일은 "희망이란 아이들이 비를 맞으며 따라가는 웃음 띤 무지개"라고 했다. 아이들이 막연히 품었던 꿈은 부모와 선생님, 주변 사람에 의해 다듬어지면서 형태를 띠게 된다.

미국의 첫 여성 우주 비행사 샐리 라이드는 아버지의 한마디를 삶의 지표로 간직한다. 어린 라이드가 자신감을 잃고 며칠째 학교에서 풀이 죽어 돌아오자 아버지가 말했다. "꿈은 크게 가져야 하는 거다. 하늘의 별을 따겠다는 마음으로 말이다." 라이드는 테니스 선수가 꿈이었다. 그러나 테니스가 한계에 부딪히자 아버지의 말을 떠올렸다. 좋아하던 과학공부에 매달렸고 스물일곱에 스탠퍼드대 천체물리학 박사가 됐다.

일본 어린이 14만 명에게 장래희망을 물은 조사에서 여자아이들은 14년 내리 음식점·케이크점 주인을 1위로 꼽았다. 남자아이들의 희망에서는 축구선수가 7년 만에 야구선수를 제치고 1위를 되찾았다. 야구선수는 1990년대 이후 14차례나 1위에 올랐다. 바라는 직업이 매우 구체적이라는 게 눈에 띈다. 미국 어린이의 장래희망도 꾸준해서 소방관과 경찰이 순위를 지킨다. 미국의 교육이 애국심과 영웅적 헌신을 강조하고, 소방관·경찰·군인의 희생에 정신적·물질적 보상을 제대로 하기 때문일 것이다.

1970년대 우리 어린이들의 희망목록은 과학자·판사·교사·예술가·장관 순이었다. 대통령도 10위권에 있었다. 1980년대에는 교사·의사·과학자로 바뀌었고 대통령은 순위에서 사라졌다. 2007년부터는 연예인이 1위를 차지했다. 이유는 '멋져보여서'가 압도적이다. 의사·변호사와 교사·예술가·운동선수가 뒤를 이었다. 지난주엔 한 방송사가 퀴즈 프로그램용으로 어린이 1,000명을 조사했더니 그간 예닐곱째였던 공무원이 1위였다고 한다.

아이들이 갈수록 영악해진다고는 해도 요즘 같은 세상에 공무원이 최고 직업이라는 것을 알면 얼마나 알까. 부모가 "공무원 되거라"고 한 탓이 클 것이다. 어린이의 꿈도 시대와 사회를 반영하는 것이겠지만 공무원이라는 희망에서는 어쩐지 무지개처럼 영롱한 기운이 덜하다. "큰 희망이 위인을 만든다"라거나 "소년아 박차를 가하라, 고삐를 쥐어라"라는 금언이 무색하다. 아이들이 부모나 남의 꿈이 아니라 '내 꿈'을 찾아 품게 하는 것은 누구보다 부모가 할 일이다.[11)] 〈조선일보〉

직업과 행복

권석만 교수는 직업은 행복에 있어서 중요하다고 했다. 직업을 가진 사람들은 미취업자보다 더 행복하며, 전문직 또는 숙련직 노동자가 비숙련직 노동자보다 더 행복하다고 보았다. 그러나 직업의 유형보다는 직업만족도가 행복에 더 중요하다고 생각했다. 개인의 성격과 적성이 직업적 업무나 작업 환경과 잘 맞아야 직업에 대한 만족도가 증가하기 때문이다. 또한 상사로부터 세부적인 지시에 따라 일하기보다는 상당한 자율성과 결정권을 부여하는 직업에서 만족도가 높다고 했다. 흥미를 느낄 수 있고 자신의 기술과 장점을 발휘함으로써 내재적으로 보상을 받는 일을 할 때 만족도가 높아진다는 것이다.[12)]

초등학교 교장선생님

오스트리아 생태학자 콘라트 로렌츠가 키우던 회색기러기의 알을 깨고 새끼가 나왔다. 새끼는 고개를 갸웃하며 로렌츠를 살피더니 그의 곁을 떠나지 않았다. 세상에 태어나 처음 본 사람을 제 어미라고 머릿속에 새겨버리는 '각인刻印 효과'이다. 로렌츠는 기러기가 밤에 자다 수시로 깨 '엄마'를 찾으며 울 때마다 달래야 했다. '결정적 시기'에 새겨진 기억이 평생을 가는 현상은 동물생태학뿐 아니라 교육심리학에서도 중요한 개념으로 다룬다.

일생에서 부모와 가족 다음으로 깊이 각인되는 사람이 초등학교 선생님일 것이다. 집을 나와 학교라는 새 세상으로 나서면서 처음 만나는 사람이기 때문이다. 50년 전 시골 초등학교에 들어간 코흘리개를 맞아준 첫 담임은 아담한 몸집에 예쁘고 상냥한 여선생님이었다. 한동안 선생님은 화장실에도 안 가시는 것으로 알았다. 선생님 모습과 성함은 지금도 또렷하게 기억 속에 살아 있다.

어미 닭만 졸졸 따라다니는 병아리처럼 솜털 보송보송한 아이들을 가르치는 것만큼 행복한 일이 있을까. 고향 임실의 초등학교에서 38년 교편을 잡았던 시인 김용택은 젊은 어느 날 아이들이 황홀하도록 아름답게 보이더라고 했다. 그때 그는 결심했다. 내 머리 허옇게 될 때까지 이 아이들 앞에 서 있으리라. 선생 이상 되려고 하지 말 것이며, 돈을 더 벌려고도 하지 말 것이며, 선생 월급으로 행복할 것이며, 선생으로 삶의 자존을 지킬 것이라고.

시인 나태주도 충남의 시골 초등학교를 돌며 43년 세월을 아이들과 함께 했다. 아내에게 월급봉투를 건네면 제일 먼저 쌀과 땔감을 사둘 정도로 가난했다. 그러나 한때 얻은 장학사 자리도 내던지고 계룡산 마티재 산골의 상서초등학교 교장을 자청했다. 나태주 교장선생님은 아침마다 운동장에서 아이들과 줄넘기를 했다. 문예반과 합창반을 맡아 오르간을 치며 아이들과 노래를 불렀다. 그는 2007년 공주 장기초등학교 교장을 끝으로 은퇴했다.

한국고용정보원이 759개 직업을 조사했더니 초등학교 교장이 자기 일에 가장 만족하고 있더라고 한다. 돈보다 삶의 여유를 중시하기 때문이라는 분석이 따랐지만 무슨 분석이 필요할까. 김용택은 아이들과 사는 것어 꼭 연애하는 것 같았다고 했다. 아이들은 주춤거리며 그에게 다가왔다. 복도에서 마주치면 그의 엉덩이를 툭 건드렸다. 그가 웃으면 아이는 그의 손을 잡았고, 등에 기어올라 업혔다. 갓 입학한 산골 아이들은 나태주 교감을 "고감선생님", 나태주 교장을 "고장선생님"이라고 불렀다. "할아버지"라고 부르며 매달렸다. 그보다 행복한 삶이 있을까.[13)] 〈조선일보〉

직업교육철학

공자의 직업관

직업교육을 서양적 시각에서 벗어나 동양적 시각에서 살펴보자. 동양적 시각이란 서양적 시각에 반하는 이분적 사고에서 출발하는 개념이 아니다. 지금의 세계 정치, 경제, 문화 현상을 살펴보면 패러다임의 변화가 서양에서 동양으로 변화하고 있음을 알 수 있다. 현존하는 가장 위대한 중국 지성인 여영시余英時는 ≪동양적 가치의 재발견≫이라는 저서에서 오늘날 서양의 위기는 바로 "'動'(동)적이면서 '靜'(정)적이지 못하고, '발전進'은 있지만 '그침止'이 없고, '부유富'하지만 '편안安'하지 못하며, '혼란亂'스러워 '안정됨定'이 없다는 데 있다"라고 하면서 서양의 가치체계는 오늘날에 이르러 심각한 위기에 봉착했다고 진단했다. 그는 동양의 가치체계는 근대화 및 탈근대(post-modern)의 도전을 견뎌냈고, 앞으로도 더 큰 도전을 견뎌낼 수 있는 희망이라고 했다.[14)]

이런 의미에서 동양적 가치체계의 핵심이라고 할 수 있는 《논어》 속에 나타난 공자의 직업관을 살펴볼 필요가 있다. 공자는 논어에서 직업에 대하여 직접적으로 설명하지는 않았으나 그의 핵심사상인 '仁(인)'을 설명하기 위하여 직업과 관련된 말을 비유로 설명했다. 공자시대에는 엄밀한 의미에서 현대적 개념의 직업교육은 없었다. 유교의 이상형인 군자를 양성하기 위한 교육, 즉 정치를 담당하는 정치인으로 갖추어야 할 덕목과 태도를 가르치는 정치교육에 집중되어 있었다. 따라서 공자시대의 직업교육은 현대의 직업교육과는 분명한 개념적 차이가 있다. 그렇다고 예인藝人이나 전문가를 키우는 노력을 안 했을 리는 없다. 한 가지 기술만 뛰어난 전문가를 키우기보다는 다양한 능력을 겸비한 인재를 육성하려고 했다. 공자는 기예技藝를 숙련하는 과정이 바로 인격을 도야하는 과정이라고 생각했다. 그런 의미에서 공자시대의 직업교육은 전인교육이라고 할 수 있다. 다음은 논어에 나타난 공자의 직업관에 대해 고찰한 결과이다.[15)]

직업철학

食無求飽論(식무구포론)에 직업철학이 담겨 있다. 공자는 '일을 한다는 것'은 자신의 부富를 쌓기 위해서가 아니라 군자가 되기 위한 과정으로 보았다. 일은 곧 '修養(수양)'이며 이를 통해 인격이 완성된다고 믿었다. 따라서 공자는 직업이 먹고살기 위한 '生業(생업)'이 되어서는 안 되고 큰 뜻을 실현하기 위한 '天職(천직)'이 되어야 한다고 했다. 맡은 일을 열심히 하다보면 돈은 저절로 들어오기 때문에 돈을 바라보고 일하지 말라는 것이다. 또한 직업생활을 하는 가운데 비록 많은 재물은 갖지 못했어도 남에게 아첨하지 않고 자족하면서 즐겁게 사는 것이 올바른 직업적 삶이고, 설령 직업으로 많은 돈을 벌었다고 해도 남에게 교만하지 않고 예의를 갖추며 겸손하게 사는 것이 올바른 직업적 삶이라고 했다. 공자는 깨끗한 가난淸貧과 겸손한 부유는 결코 부끄러운 일이 아니라고 가르쳤다.

직업교육의 본질

苗論(묘론)과 學思論(학사론)에 직업교육의 본질이 담겨 있다. 공자는 직업적 능력을 적극적으로 계발하여 세상을 좋은 방향으로 변화시키는 데 그 능력을 발휘해야 한다고 했다. 타고난 능력을 충분히 계발해주지 않으면 공자의 말대로 싹은 솟았어도 꽃을 피우지 못하고, 열매도 맺지 못하게 된다. 하늘로부터 부여 받은 소질과 능력을 계발하여 세상에 마음껏 발휘토록 해주는 것이 직업교육이 갖고 있는 본질이라고 할 수 있다. 또한 직업교육은 學(generalism)과 思(specialism)를 균형 있게 갖추도록 해주는 교육이 되어야 비로소 올바른 직업교육이라고 할 수 있다.

직업교육의 목적

君子不器論(군자불기론)에 직업교육의 목적이 담겨 있다. 유교는 한 가지 분야의 전문가(specialist)보다는 다양한 능력을 갖춘 전문가(generalist)를 목표로 한다. specialist는 유교에서 小人(소인)을 의미하며, generalist는 君子(군자)를 의미한다. 공자는 specialist가 사회에서 배제되어야 할 존재는 아니며, 기술적인 전문가로 사회에 충분히 기여할 수 있는 존재로 생각했다. 다만 사람이 습득한 기예에 지배당해서는 결코 안 된다고 가르쳤다. 직업교육이 기예 중심이 아닌 인간 중심의 전인교육이 되어야 한다는 말이다. specialist만 양성하는 편협한 직업교육은 자칫하면 전인교육을 방해할 수 있음을 경고했다.

직업교육의 원리

學而時習論(학이시습론)과 溫故知新論(온고지신론)에 직업교육의 원리에 담겨져 있다. '學而時習'은 직업교육에서 매우 중요한 원리로 배운 지식을 실무에 적용하고, 실무경험을 지식으로 재구성하는 것을 의미한다. 학교에서 배운 지식과 원리를 직업현장에서 검증하고, 직업현장에서 경험한 기술을 학교에서 이론과 지식으로 검증하면서 경험을 새롭게 재구성한다는 원리이다. 또한 溫故知新論은 기존의 이론과 지식, 기술을 잘 익혀 놓으면 새로운 지식과 기술을 익히는 데 큰 도움이 된다는 교육원리이다.

직업교육의 방법

知好樂論(지호락론)에 직업교육의 방법이 담겨 있다. 공자는 지식과 기술을 '안다는 것'보다 자신이 습득한 지식과 기술을 '좋아하는 것'이 바람직하고, 더 나아가 지식과 기술을 '즐겁게' 현장에 적용하고 응용하는 것이 가장 바람직한 교육이며, 동시에 훌륭한 직업수행 태도라고 가르쳤다. 또한 지식, 태도, 기술을 각각 분리하여 교육시키려고 하지 말고 이들을 하나로 합친 통합교육을 해야지만 우수한 인재를 키울 수 있으며, 가장 이상적인 직업교육은 놀이와 학습과 노동을 하나로 통합한 교육이라 할 수 있다.

직업윤리

而後其食論(이후기식론)과 正名論(정명론)에 직업윤리가 담겨 있다. 맡은 일을 열심히 하다보면 돈은 저절로 들어오니 돈부터 생각하고 일을 하지 말라는 가르침이다. 돈에 집착해서 돈만 벌려고 하다가는 직분을 바르게 수행하지 못한다. 직업에 종사하는 사람은 직업을 돈을 벌기 위한 수단으로 생각하지 말아야 하며, 직업을 수단으로 생각하게 되면 일에 애착을 느낄 수 없게 되고, 돈을 더 벌 수 있는 다른 직업에 늘 관심을 갖게 되어 보람 있고 행복한 삶을 살 수 없게 된다는 말이다. 또한 正名論은 직업생활에서 자신의 '이름값'을 하라는 것이다. 각기 자신에게 맡겨진 역할과 책임을 성실하게 수행하면 자아실현은 물론 행복한 직업생활도 가능하다는 가르침이다.

직업인의 태도

臨事而懼論(임사이구론)에 직업인의 태도가 담겨 있다. 공자는 낯익은 업무를 항상 새롭고 설레는 마음으로 대하고, 낯익은 것은 항상 낯설게 대하라고 가르쳤다. 또한 일은 신중하면서 구체적으로 계획을 세워 추진해야 하고, 그런 사람만이 함께 일하는 사람에게 신뢰를 줄 수 있으며, 또한 일을 성사시킬 수 있다고 했다. 인간관계에서도 직급이 아래인 사람에게는 따뜻하면서도 강직하게 대하고, 직급이 위인 사람에게는 부드러우면서도 주장은 분명하게 하라고 했다. 직무를 수행할 때는 목표 중심의 리더십보다는 인간 중심의 리더십을 발휘해야 함을 몸소 가르쳤다.

정약용의 직업교육관

다산 정약용은 ≪技藝論(기예론)≫에서 직업기술이 갖고 있는 의미를 '무엇을 만든다'라는 'Homer faber' 개념과 함께 '무엇을 생각한다'라는 'Homer sapiens' 개념까지 넣어서 다음과 같이 말했다.

> 하늘이 짐승에게는 발톱, 뿔, 단단한 발굽, 예리한 이빨과 여러 가지 독을 주어 식생활을 해결하고 방어를 할 수 있게 하여 짐승들에게는 후하게 하였는데 인간에게는 매우 박하게 했다. 그 이유는 인간에게는 지혜로운 생각과 교묘한 궁리가 있으므로 기예를 익혀서 자급하게 한 것이다.

다산은 사람을 지혜로운 생각과 교묘한 궁리를 지닌 존재인 동시에 직업기술을 익혀서 스스로 살아가도록 되어 있는 독특한 존재로 보았다. 결국 직업기술은 사람이 많이 모이면 그 기예는 보다 정교해지고 세대가 내려갈수록 그 기예는 더욱 발전하는 것이다.[16)]

애거시의 직업교육관

이스라엘 텔아비브대학 애거시(Joseph Agassi) 교수는 ≪현대문명의 위기와 기술철학*Technology-philosophical and social aspects*≫에서 기술에 대한 가치배제적 태도를 엄격히 비판하였다. 그는 가치가 배제된 기술은 기술의 본질적 목적이 상실됨으로써 기술이 기법과 수단으로만 사용될 수 있음을 경고하였다. 또한 그는 기술교육에 대한 깊은 관심을 촉구하며 기술이 신비로움과 두려움의 베일을 벗고 교육이라는 형태로 일반 대중 앞에 나타날 것을 주장했다.[17)]

> 과학기술은 현대생활의 거의 모든 부분에까지 파고들었다. 그러나 교육은 받았지만 기술교육을 받은 적이 없는 보통사람들은 기술에 대해 거의 모르고 있고, 대수와 드라이버조차도 두려워하고 있다. 이는 매우 심각하게 위험한 상태이고 유치원 교육에서부터 그 위의 모든 교육에 이르기까지 개혁에 의해 개조되어야 한다. 기술적 부적절함을 인정하거나 기술적 재능을 예외적 탁월성으로 간주하는 교육자들은 추방해야 한다. 기술은 저렴한 가격으로 일반인들에게까지 이용 가능하도록 하는 도구적 역할을 하게 함으로써 그 신비로움을 벗어야만 한다.

듀이의 직업교육관

듀이(J. Dewey)는 ≪민주주의와 교육≫에서 직업기술을 사고와 연계시켜 실용주의적 사고방식으로 직업기술교육을 개념화했다. 듀이는 직업기술교육은 '아무 생각 없이 하는 반복적인 행동'이 되어서는 안 된다고 했다. 아무 생각 없이 하는 반복적인 행동은 특수한 한 가지 일을 하는 직업기술을 향상시키는 데는 도움이 되지만, 그런 행동은 새로운 것을 지각하는 데는 도움이 되지 않는다고 피력했다. 또한 획일적인 반복행동은 중요한 순간에 가서 결국 파국을 맞게 된다고 주장했다. 그리고 사고가 바탕이 되지 않고 습득된 기술은 그 기술이 사용되어야 할 목적과 단절되어 '기계적인 습관의 노예'가 되고 다른 사람들의 권위적 통제에 좌우하게 된다고 했다. 듀이는 교육은 기계를 만들거나 동물을 훈련시키는 것과는 그 의미가 다르다고 보았다. 기계 제작이나 동물훈련의 경우는 효율성을 증대시키기는 해도 의미를 창출하지는 않기 때문에 직업기술교육은 효율성을 증대시키기보다는 의미를 창출하는 데 가치를 부여해야 한다고 했다. 결국 듀이가 주장하는 직업기술교육은 훈련보다 사고가 우선되어야 하며 또한 습득된 기술은 그것이 사용되어야 할 목적의식과 일치되어야만 현재와 같은 목적의식 없는 자동적 기술이 본질적으로 개선될 수 있으며 기술의 내재적 의미가 올바르게 창출될 수 있다고 하였다.[18)]

화이트헤드의 직업교육관

화이트헤드(A. N. Whitehead)는 ≪교육의 목적≫에서 직업기술교육이 국가의 실제적 요구를 충족하려면 그것을 교양적 정신으로 구현해야 한다고 주장했다. 화이트헤드는 "일이 놀이며, 놀이가 인생이다"라는 말을 인용하면서 "이것이야말로 직업기술교육의 이상이다"라고 했다. 초기 베네딕투스 수도사들은 그들이 노동을 통해서 그리스도와 함께 일하는 동업자(fellow-worker)가 될 수 있다고 생각했기 때문에 기꺼이 노동을 하였다고 한다. 화이트헤드는 노동은 지적이며 도덕적인 통찰력으로 싫증과 고통을 극복하고 기쁨으로 전환시켜야 한다고 주장했다.[19)]

화이트헤드는 직업기술교육은 노사勞使 모두에게 국가의 실제적인 수요를 충족시켜줄 수 있기 때문에 교양 정신(liberal spirit)으로 착상해야 한다고 했다. 그는 이러한 교육에서는 기하학과 시詩도 선반旋盤과 똑같이 본질적이라는 것이다. 화이트헤드는 직업기술교육과 교양교육을 대립적으로 보는 것은 잘못된 생각이라고 지적했다. 교양적이지 못한 적절한 직업기술교육은 있을 수 없고, 직업기술적이지 않은 교양교육도 있을 수 없다는 것이다. 화이트헤드가 말하는 교육이란 학생으로 하여금 더 잘 알고, 더 잘 실천할 수 있는 인간으로 육성하는 것이다. 실천과 이론이 긴밀히 결합할 때 양쪽 모두에게 도움이 된다는 것이다.[20]

화이트헤드는 직업기술교육이라고 해서 반드시 두뇌적인 측면에서 과학과 연관된 것만은 아니고, 미술가나 미술품 공예의 수습공을 위한 교육도 될 수 있다고 하며, 이런 경우에는 심미적 판단력을 직업기술교육과 연결시켜 계발해야 한다고 말했다. 그는 이어서 플라톤적 교양의 나쁜 면은 이상적 인격으로 발전시키기 위한 필요조건으로서 직업기술교육을 전적으로 무시한 것이라고 보았다. 이러한 무시는 두 개의 비참한 대립, 즉 정신과 육체 간의 대립, 그리고 사상과 행동 간의 대립에서 나왔다는 것이다.[21]

화이트헤드는 하나의 교육적 준칙으로 교사가 학생을 가르칠 적에 학생들에게 육체가 있다는 것을 잊어버리는 순간에 실패한다는 것을 상기시켰다. 지적 활동과 신체와의 결합은 모든 신체적 감정에 확산되는데, 특히 눈과 귀와 음성과 손에 집중한다고 했다. 화이트헤드는 이 양자 간의 상호작용에서 손을 특히 중요시했다. 화이트헤드는 직업기술교육의 장점은 사고를 손의 훈련으로 옮기고, 또한 손의 운동을 사고로 옮기는 인간 내부의 깊숙한 자연적 본능에 따르는 데 있다고 보았다.[22]

화이트헤드는 직업기술교육을 과도하게 전문화하지 않도록 하는 것이 중요하다고 했다. 어떤 특정한 업무에만 필요한 공장작업이나 고안考案에 대해서는 기업 내에서 교육해야 하며, 학교교과의 중심 부분을 차지해서는 안 된다고 주장했다. 화이트헤드는 모든 교육에서 실패의 최대 원인은 신선미가 없다(staleness)는 데 있다고 했다. 만일 직업기술교육을 청소년들에게 고도로

특수화된 기능을 훈련하는 체계로만 생각한다면, 그런 직업기술교육은 결국 파멸할 것이라고 강조했다.[23)]

직업교육의 목적

서울대 이무근 교수는 직업교육의 목적은 "모든 사람에게 직업에 관한 수양을 개발하여 바람직한 민주시민으로서의 자질을 함양하고, 다른 한편으로는 직업을 준비하는 학습자에게 직무능력을 개발하여 유능한 직업인이 되게 하여, 개인으로 하여금 현명한 진로선택을 통하여 자아실현을 하게 하며, 한편으로는 국가와 사회가 필요로 하는 인력을 양성하여 국가 발전에 기여하게 하는 데 있다"라고 했다.[25)] 그 구체적인 내용은 다음과 같다.

> 첫째, 직업에 관한 교양교육적 기초 능력을 함양하는 것이다. 일상생활, 특히 의식주 생활에 기초가 되는 기본적인 지식과 기술과 태도를 기르고, 여러 교과에 대한 학습동기와 흥미를 유발시킨다. 특히 실과나 기술 · 가정 등의 교과를 통하여 일상생활을 하는 데 필요한 기술을 습득하게 하여 생활인으로서 필요한 자질을 함양한다.
>
> 둘째, 개인의 여러 가지 특성과 직업적 특성을 고려한 다양한 직업교육프로그램을 제공함으로써 각 개인의 직업선택 기회를 확대하는 것이다. 즉, 중도탈락의 가능성이 있는 학생이나 일반계 고교에서 직업세계로 진출하려는 학생에게 다양한 직업교육을 제공하여 직업선택의 기회를 확대한다.
>
> 셋째, 사회가 필요로 하는 다양한 분야의 직업인을 양성하는 것이다. 일반적으로 선진국의 경우에 대졸 학력을 필요로 하는 직업은 전체의 20%, 전문대학 학력을 필요로 하는 직업은 65%, 고졸 이하의 학력은 15%가 된다. 우리나라는 인력 자원에 의존하는 비율이 높기 때문에 중등 및 고등교육 단계의 직업교육은 매우 중요하다.

교육부 김환식 박사는 학습자가 직업교육을 받는 이유를 '실무를 감당할 수 있는 능력, 즉 수행역량(competency)을 배양하기 위함'이라고 했다. 따라서 수행역량을 배양하지 못하면 그것은 직업교육이 아니라는 것이다. 또한 지속적인 능력개발이나 새로운 능력의 습득이 중요한 까닭은 직업의 생성·소멸과 직업에서 요구되는 지식·기술의 변화가 과거보다 빠르게 진행되기 때문이라고 설명했다. 따라서 학습자에겐 노동시장에 진출한 이후에도 끊임없이 능력을 개발할 수 있는 기회가 주어져야 하고, 필요하면 교육기관으로 돌아와 공부하는 데 어려움이 없도록 해주어야 한다고 했다. 이와 함께 직업교육에서의 학습경험이 다른 학습경험과 동등하게 평가·인정받아야 한다고 했다.

또한 김박사는 직업교육에서 중시되는 능력인 직업기초능력(key skills, key competencies, core skills, employability skills)은 초·중등교육과정에서 필히 길러져야 한다고 했다. 직업기초능력은 의사소통능력, 팀워크능력, 문제해결능력, 주도성과 창의성, 계획과 조직화 능력, 자기관리 능력, 학습능력, 새로운 기술 활용능력, 수리능력 등을 말한다. 김박사는 직업교육과 기업교육의 관계를 분명하게 밝혔다. 직업교육에서 강조하는 수행역량은 보편적인 직업능력을 의미하는 것이지 특정 기업의 필요에 부합하는 능력이 아니라는 것이다. 따라서 기업의 필요에 부합하는 인재를 양성하지 못하는 학교 직업교육은 '문제'라는 잘못된 평가나 비판을 크게 우려하였다. 만약 기업이 생산 공장이나 작업과정에서 요구되는 인력을 원한다면 직업교육기관과 정식 계약을 맺어 필요한 인력을 양성하면 된다고 했다.[26)]

교육
16

예술과 교육

열여섯 번째 이야기

예술과 교육

예술과 교육에 대해 살펴본다. 이를 위해 예술의 어원, 예술교육의 정의와 목적, 예술과 교육의 관계, 예술가와 예술학교, 철학자들의 예술교육관, 예술교육의 새로운 관점, 예술과 상상력, 예술과 교육정책, 예술교육의 성공사례 등에 대해 차례로 알아본다.

예술藝術의 어원

藝(예)의 갑골문을 보면 '사람이 나무를 심는 장면'을 상형한 것임을 알 수 있다. 소전에서는 좌측 상단이 '木(목)', 하단이 '土(토)', 우측은 '몸을 숙인 사람'과 그의 '두 손'이다. 그러나 예서에 와서 이상하게 변해버렸다. 위에 초목草木을 의미하는 ++(초)가 더해졌고 사람의 구부린 다리 부분이 마치 '구름'의 상형인 云(운)처럼 되어버렸다. 따라서 藝(예)는 '나무를 잘 심고 가꾸는 능력 있는 사람'에서 추출한 '심다'가 본뜻이다. '藝人(예인)'은 '농사짓는 사람' 혹은 '재능 있는 사람'의 뜻을 가지고 있다.

術(술)은 行(항)과 朮(출)로 이루어진 글자이다. 行(항)은 '네거리'를 상형한 글자인데, 뒷날 본뜻인 '네거리'에서 점차 '거리', '걷다', '움직이다' 등의 뜻이 생겨나서 본뜻보다 더 널리 쓰이고 있다. 朮(출)은 고량주의 원료로 알려진 '수수'의 상형이다. 術(술)의 본뜻은 '큰 마을에 난, 수수밭을 낀 길'이다. '수단'이나 '방법' 등의 뜻은 '길'에서 파생되었다. 또한 術(술)은 사거리[行(행)]에서 농작물인 차조[朮(출)]를 사고파는 모습으로, 상품을 사고팔 때 흥정하는 '재주'를 뜻하기도 한다.[1)]

예술교육의 정의

예술교육을 영어로 표시하면 art education, aesthetic education, education through art, education for art, education of art 등으로 매우 다양하다. 예

술교육에 대한 정의도 다양하다. 브리태니커 세계대백과사전에서는 예술교육을 '창작과 표현을 통해 인간의 예술적 능력을 육성하는 교육, 예술 자체의 창작과 감상 그리고 예술정신이나 기법이 활용되는 모든 교육'으로 정의하고 있다. 시인이자 미술평론가이며 예술교육전문가인 허버트 리드(Herbert Read, 1893-1968)는 '교육에 있어서 자발성의 결여가 인격의 분해에서 유래되고 있으며 이에 대한 교육적인 레지스탕스가 바로 예술교육'이라고 정의했다.[2] 그리고 영남대 교육학과에서 교편을 잡았던 정순목 교수(1936-1993)는 개인과 사회이상에 합치하는 유기적 통일과 조화의 인간상을 형성하는 과정이 예술교육의 원리라고 하면서 이러한 원리를 실현하는 효과적인 방법이 바로 예술교육이라고 했다.[3] 또한 고경화 교수는 예술교육을 '예술을 위한 교육의 의미에서 예술적 재능을 익히는 교육이며 타고난 재능을 발휘하기 위해서 피아노, 미술, 무용, 연기 등을 체계적으로 배우는 교육'으로 정의했다.[4]

예술교육의 목적

브리태니커 세계대백과사전에서는 예술교육의 목적을 '개인에게 잠재되어 있는 예술적 능력을 계발하고, 예술적 감성을 키움으로써 전인적인 조화를 이루는 데 있다'라고 서술하고 있다. 허버트 리드는 예술교육은 '예술을 통한 인간교육'이며 예술교육에서 예술을 다루는 것은 예술가를 만들기 위함이 아니라고 분명히 말했다. 그가 주장하는 예술적인 인간상은 '이성과 감성이 잘 조화된 인간형'이다. 그는 '예술은 즐거운 형(form)을 창조하려는(an attempt to create) 것'이라고 하면서, '아름다운 것을 만들어가는 활동 속에서 인간의 정서는 결정結晶처럼 아름다운 형型을 이룩해간다'라고 했다.[5] 정순목 교수는 예술교육의 목적은 '교육의 이상과 그 목적에의 합치'에 있다고 보고, 이것이 예술교육의 제일의 명제라고 주장했다.[6] 또한 이만규 선생은 예술교육의 목표를 위대한 천재보다 작은 천재를 만드는 데 있다고 했다. 그는 누구나 위대한 천재(예술가, 창작가)가 될 수는 없지만 교육의 힘으로 누구든지 작은 천재(비판가)는 될 수 있으므로 국민 전체가 작은 천재가 되는 것이 예술교육의 목표라는 것이다.[7] 김재은 교수는 예술교육의 일반적인 목표로 '창조성이 풍부한 인간 형성, 심미적 감상의 세련, 예술적 표현능력 배양, 미적 감상능력 고양, 정서순화, 인물완성'을 내세웠다.[8] 고경화 교수는 '예술교육은 인간의 발달을 조화롭게 하는 교육원리에 그 목적이 있으며 특수한 예능을 습득하는 것은 예술교육의 목적이 될 수 없다'라고 했다.[9]

예술교육의 의의

예술교육의 의의를 논어에 나오는 공자와 그 제자들의 이야기를 통해 살펴보자. 공자는 지극한 예술 애호가였다. 공자가 어느 날, 네 명의 제자들과 한가로이 모인 자리에서, 만약에 너희들이 세상에서 알아주는 인물이 된다면 무엇을 하겠느냐고, 포부를 물었다. 이에 자로子路와 한 제자는 각자의 능력이 따를 만한 나라를 다스리겠다고 했고, 공서화公西華는 배워서 예禮를 실천하여 정치에 관여하겠다고 대답했다. 그러나 증석曾晳은 연주하고 있던 금琴을 멈추고 일어나서 대답하기를, 늦봄에 봄옷이 만들어지면 5~6명의 청년과 6~7명의 동자를 데리고 노魯나라의 서울 동남방에 있는 기沂에 가서 목욕하고, 하늘에 제사를 지내며, 비를 비는 단壇과 나무가 있는 무우舞雩에서 바람 쐬며 노래하고 돌아오겠다고 했다. 이에 공자는 감탄하면서 자기도 그처럼 하고 싶다고 했다. 공자 또한 노래를 좋아했고 또 잘했다. 그래서 그는 사람과 더불어 노래하고 상대가 잘하면 반드시 다시 해보라고 했고 그 후 합창을 했다고 한다. 공자가 이상으로 삼았던 경지는 이렇듯 뜻에 맞는 벗들과 더불어 예술을 즐긴다는 데 있었다. 특히 공자는 인격도야에 의한 인간완성의 최고의 방편으로 예술을 들었다. 이와 같이 동양에서는 예술의 의의를 효용성을 중시하는 가운데 기능 이전의 인간형성 또는 인격완성을 전제로 하여 인간교화와 함께 실천적인 효용성에 두고 있음을 알 수 있다.[10]

예술과 교육의 관계

예술과 교육의 관계에 관한 최초의 논의는 플라톤으로부터 시작됐다. 플라톤은 예술교육을 통하여 철이 덜든 청소년의 영혼(psyche)을 바로 잡아주고, 그 영혼이 무엇이 옳고 그른지의 진위眞僞를 판단할 수 있도록 하며, 무엇이 아름다운지 그리고 무엇이 추한지를 분별할 미적 판단 혹은 도덕적 판단을 내릴 수 있도록 가르치고, 정의·깊은 사려·용기·절제 등의 덕목을 몸에 익히도록 했다. 그에게 있어서 예술교육은 단지 실기를 위한 기술교육이 아니라 깊은 생각과 올바른 생각에서 생긴 기쁨을 얻는 데 있었고, 그 기쁨은 눈요기 같은 감각적인 쾌감을 넘어선 영혼의 감각, 영혼의 기쁨, 삶의 기쁨이었다.[11)]

허버트 리드는 교육은 개성화의 과정(individuation)일 뿐만 아니라, 통합의 과정(integration)이라고 했다. 즉 개인의 개별성과 사회적 통일과의 융합의 과정이어야 한다는 것이다. 민주주의 사회에 있어서의 교육의 목적은 개인의 성장을 조장하는 것이 중요하며, 이를 위해서는 미적 감수성(aesthetic sensibility) 교육이 근본적으로 필요하다고 했다. 이는 자기표현을 위한 모든 방식, 즉 미술·음악·문예 등을 뜻한다. 허버트 리드는 예술에 의한 교육을 통해서 현대사회의 바람직한 민주시민 육성을 기대했던 것이다.[12)]

서울대 미학과에서 교편을 잡았던 백기수 교수는 인간형성을 위한 '인격교육'과 미美와 예술에 관한 '학'으로서의 미학을 연관해서 성찰할 때, 두 가지 방향이 있다고 주장했다. 하나는 교육에 미학적 관심을 도입하는 경우(미학적 교육론)이며, 다른 하나는 미학에 교육적 관심을 도입하는 경우(교육적 미학론)이다. 미학적 교육론에서는 문화적 인간육성의 하나의 방도로서, 미 또는 예술이 갖고 있는 교육적 기능이나 그 효용성에 근본을 둔 '예술에 의한 인격교육'이 중요한 과제가 된다고 보았다. 이러한 과제는 고대 동양에 있어서는 이른바 육예사상六藝思想에서 찾아볼 수 있다고 했다. 주周나라의 육예禮·樂·射·御·書·數는 장차 사대부가 되려는 자의 인격적 결실을 얻기 위해 필요한 기초교양과목이었는데, 이 중에는 오늘날의 예술이 대부분 포함되어 있다는 점에서 예술에 의한 인간형성 혹은 인격완성을 알 수 있다.[13)]

정순목 교수는 예술과 교육의 공통점과 차이점에 대해 설명했다. '예술과 교육의 공통점과 차이점은 단지 문자상의 표현일 뿐 예술과 교육은 각기 스스로의 자리가 있고 가치가 있다'라고 하면서 '예술과 교육이 변증법적으로 종합되어야 예술교육은 이루어질 수 있으며 예술하는 마음은 교육하는 마음이며, 교육하는 자세는 예술하는 자세'라고 했다.[14)]

예술과 교육의 공통점은 첫째, 교육의 목적은 인간의 성향을 조화적으로 발달시키는 데 있으며, 이것은 예술에 있어서의 '조화의 원리'와 같다. 둘째, 예술적 가치란 무엇보다도 인간생활에 대한 가치이며 오직 인간을 위해서 진실을 말할 때 예술은 인간의 사상을 키워준다. 따라서 예술은 인간의 깊은 이해에서 출발한다는 점이 교육의 길과 같다고 할 수 있다. 셋째, 섬세한 감정과 강인한 의지에서 나오는 창조력은 예술가와 교육가가 지녀야 할 공통적 요건이다. 넷째, 예술과 인간에 바치는 몰아沒我의 사랑과 정열은 예술가와 교육가가 공통으로 갖추어야 할 특성이다. 따라서 예술과 교육은 상실되어가는 '사람됨의 길'을 지켜야 할 공동의 사명이 있고, 인간을 지키려는 노력과 인간을 성장시키려는 애씀을 함께 추구해야 할 책임도 있다.

예술과 교육의 차이점으로는 첫째, 예술은 '창조하려는(attempt to create)' 의지를 지녔다고 하나, 이것은 미완성의 상태로 나타나는 하나의 맺음인 반면에 교육은 '경험의 끊임없는 발전의 과정'이다. 둘째, 예술은 창조적 표현이 목적이고 교육은 창조적인 표현을 수단으로 한다. 셋째, 예술가는 극히 주관적인 삶의 태도를 지닌 반면에 교육가는 객관적인 문제를 떠날 수 없다. 넷째, 예술은 대개 무생물이나 추상적인 것에서 생명화하는 것인 데 비해 교육은 '사람됨'을 다룬다.

톨스토이와 예술교육

톨스토이(Lev Nikolaevich Tolstoi)는 예술교육은 예술가가 경험한 특수한 감정을 다른 사람에게 전하는 일인데, 어떻게 예술을 가르치는 일을 할 수 있겠느냐고 반문하면서 예술학교는 위조 예술품을 제작하기 위해 필요한 것을 가르쳐줄 뿐 예술 자체를 가르쳐주는 곳은 아니라고 했다. 톨스토이는 심지어 예술학교는 예술을 파괴하는 곳이라고 하며 예술교육의 무용론 또는 해악론을 펼쳤다.[15)]

예술이란 예술가가 경험한 특수한 감정을 다른 사람에게 전하는 일인데, 어떻게 예술을 가르치는 일을 할 수 있겠는가? 사람에게 감정을 환기시키는 일을 할 수 있는 학교는 없다. 이러한 학교에서 유일하게 가르칠 수 있는 것은 한 예술가가 경험한 감정을 다른 예술가가 전한 방법으로 또 전해지는 일뿐이다. 바로 이러한 방식대로 직업학교에서 가르치고 있다. 이와 같은 조직은 참된 예술의 전파에 하등의 효력도 없을 뿐 아니라 오히려 모조 예술을 유행시켜 사람들로부터 참된 예술을 이해하는 능력까지 빼앗아 간다. …… 예술학교는 위조 예술품을 제작하기 위하여 필요한 것을 가르쳐 줄 뿐 예술 자체를 가르쳐 주는 곳은 아니다. 학교는 예술의 입김을 불어넣어주는 곳, 즉 예술이 시작되다 그치는 곳이다. 사람들을 위조 예술에 익숙하게 하여 참다운 예술을 이해하기 어렵게 만들 뿐이다. 예술학교를 우등으로 졸업한 사람이 오히려 예술에 둔감한 것은 어떤 이유에서일까? 예술학교가 예술상의 위선자를 만들고 있다. 하여튼 예술가를 양성한다는 것은 단지 가르치는 것만으로는 불가능하다. 예술학교는 예술을 파괴하는 곳이다.

타고르와 예술학교

타고르(Rabindranath Tagore)의 학교는 예술가가 세운 하교로 아동이 학교에 등록할 때부터 모든 교육과정에 이르기까지 음악, 연극, 시, 그림, 무용에 중심적 역할을 부여했다. 타고르에게 예술의 일차적 역할이란 공감 능력의 훈련이다. 그는 예술의 이러한 교육적 역할이 전형적 교육모델에 의해 체계적으로 무시되어왔으며 심각하게 억압되어왔다고 지적했다. 타고르가 판단하기에 예술은 내면적 자기 함양과 타자에 대한 대응태도 능력 이 두 가지를 증진시키는 것이다. 당연히 이 두 가지는 함께 성숙되기 마련이다. 타고르는 수업과정에서 역할놀이법을 활용했다. 아이들은 낯선 생각의 입장을 스스로 취해보도록 요청 받았고, 이로써 여러 가지 입장들을 탐색해볼 수 있다. 타고르는 아이들이 낯선 자세와 제스처를 취해가며 다양한 역할을 탐구할 수 있도록 정교하게 다듬어진 연극작품, 혼성 드라마, 음악, 무용을 활용했다. 무용은 소년과 소녀를 위한 학교교육의 핵심 요소였다. 타고르는 낯선 것을 탐구하다보면 경직된 몸과 수치심을 스스로 버리게 되며, 그런 것을 포기해야 비로소 하나의 역할을 자신의 것으로 수행할 수 있다는 것을 알고 있었다.[16)]

존 스튜어드 밀과 시詩

한 위대한 철학자가 어린 시절에 앓던 정신병에서 벗어날 수 있었던 것은 바로 '시詩'였다. 철학자 존 스튜어드 밀(John Stuart Mill)은 조숙했던 인물인데, 어린 시절 밀은 언어·역사·과학 분야에서 최고급 수준의 교육을 받았다. 하지만 이 교육은 그의 감정적 또는 상상적 소질을 함양시켜주지는 못했다. 그래서 그는 청소년기 때 심각한 우울증을 경험했다. 밀이 이 우울증으로부터 회복할 수 있었던 것은 바로 워즈워스의 시詩의 감화력 때문이었다. 워즈워스의 시는 숨어 있던 그의 감정을 개발시켜주었고, 그로 하여금 다른 사람들의 감정도 들여다 볼 수 있도록 만들어주었다. 결국 밀은 시의 예술적 감화력에 힘을 얻어 위기를 극복하고 학문에 더욱 매진하여 훌륭한 철학자가 되었다.[17)]

철학자의 예술교육론

고경화 교수는 플라톤을 그리스 철학자들 가운데 음악교육에 대해 구체적인 입장을 제시한 대표적인 학자라고 했다. 플라톤 당시의 음악은 예술에 속하지 않았고 인문학으로 분류되었다. 플라톤은 ≪국가론≫에서 이상국가를 형성하는 세 개의 계급에서 수호계급이 거쳐야 하는 교육과정에 음악과 체육을 포함시켰는데, 음악은 지혜와 사랑을 키워주는 교육이고 체육은 신체의 발달과 기개를 키워주는 교육이라는 것이 고교수의 설명이다. 수호계급에 해당하는 교육의 대상은 십 대 청소년들이었다. 청소년들은 앞으로 나라의 질서를 지키고 영토를 방어할 사람들이기 때문에 절제의 덕을 갖추고 사물과 자연에 대한 분별력을 갖추어야 했다. 이들에게 체육교육은 필수적이지만 신체훈련 쪽으로만 치우치면 균형 있는 발달에 지장을 초래하기 때문에 영혼을 정화하기 위해 효과적인 음악을 들려주었다는 것이다. 바로 음악이 영혼의 순화과정을 거쳐 한 인간이 국가로부터 부여 받은 임무를 수행할 수 있게 하는 중요한 교육적 역할을 맡았다는 것이다.[18)]

아리스토텔레스(Aristoteles)는 시詩가 인간을 즐겁게 해주고 행복에 기여한다고 보았다. 그의 저서 ≪시학詩學≫에는 예술에 대한 독특한 내용이 담겨있는데, 아리스토텔레스는 비극悲劇은 보는 사람들에게 카타르시스를 준다고 했다. 카타르시스는 감정을 순화시키는 것으로서 예술과 시는 감정에 관계하며 이를 통해 인간감정의 정화淨化에 기여한다는 것이다. 시는 감정을 격하게 만드는 것이 아니라 카타르시스를 통해 오히려 감정을 해방시킨다는 것이다. 고교수는 아리스토텔레스가 언급한 카타르시스를 두 가지로 해석했는데, 하나는 정화이고 다른 하나는 배설이다. 정화는 죄를 씻고 영혼을 정갈하게 한다는 의미로서 마음속에 있는 부정적이고 비극적인 감정들이 깨끗이 씻어짐을 뜻하고, 배설은 말 그대로 체내의 온갖 불순물들을 밖으로 배출하는 것을 뜻한다.[19]

한편 듀이(J. Dewey)는 "예술능력은 적절한 환경에서 충분히 표현될 수 있다고 보았다. 예술은 상상력을 전개하는 도구이며 의사소통의 비언어적인 수단이다. 교육과정에서 다른 교과와 연결하고 통합하는 활동분야로 예술을 지향한다. 산업활동의 수단으로서의 예술이 아닌 아동의 흥미에서 나오는 미술경험이 강조된다"라고 했다. 듀이의 이와 같은 견해에 바탕을 둔 예술교육은 아동 중심, 경험 중심, 생활 중심, 과정 중심, 창의성 중심, 통합 중심을 그 특징으로 한다고 고교수는 설명했다. 아동의 창의성과 조화로운 성장에 기여하기 위해 예술교육을 실시해야 한다는 듀이의 주장은 일반교육에서의 예술교육의 역할을 분명하게 밝힌 것이다.[20]

예술교육의 새로운 관점

한국예술종합학교 이동연 교수는 예술교육의 새로운 전환을 위해 중요하게 생각해야 할 미학적 관점으로 감성적 리터러시, 소통능력, 그리고 상상력 및 디지털 마인드를 제시했다. 첫째, 예술교육의 최종 목적은 개인의 탁월한 재능을 위한 것이 아니라 감성적 리터러시(emotional literacy)를 활성화하는 것이다. 감성적 리터러시는 사물을 미적으로 보는 힘, 몸의 자유로운 활력, 표현방식의 다양성을 통해 이루어질 수 있다고 했다. 둘째, 예술교육을 통해 사회

구성원과 소통(communication)하는 능력을 키울 수 있다. 예술교육을 통한 커뮤니케이션은 단순히 정보를 소통하는 방식을 넘어 상호 간 인격의 신뢰, 정서의 교감, 즐거운 사건들을 만들어낼 수 있는 장점을 가지고 있다는 것이다. 셋째, 예술교육은 다양한 표현력과 하나의 사물이나 주제를 다르게 생각할 수 있는 힘을 길러줌으로써 상상력을 풍부하게 해준다. 넷째, 유비쿼터스 시대에서는 디지털 테크놀로지를 통한 예술의 새로운 감수성을 확대하고, 디지털 기술에 대한 수용력을 높이는 디지털 마인드를 가져야 한다. 디지털 마인드란 디지털 기술 자체가 목적이 아니라 그것을 매개로 하여 다양한 표현방법을 익히는 것을 말한다.[21]

예술과 상상력

이동연 교수는 예술교육에서 상상력은 '창의성의 기본 자원'이라고 했다. 창의성은 상상력에서 출발하며 창의적인 예술은 상상력과 표현력에 의해 만들어진다는 것이다. 이교수는 상상력은 실제로 존재하는 사실들(facts)을 풍부하게 해석할 수 있는 감각의 힘, 우리 앞에 존재하지 않는 가상의 것을 실제 속에서 표현할 수 있는 재현의 힘을 뜻하기도 하고, 정신적으로 이미지를 시각화하고 독특하며 사회적으로 가치가 있는 사물들을 창조하는 능력을 의미한다고 했다. 그리고 이교수는 이러한 상상력을 공상적 상상력, 은유적 상상력, 목적형 상상력, 생산적 상상력, 직관적 상상력으로 구분하여 설명했다. 첫째, 공상적 상상력은 실현 가능성은 없지만, 막연하게 꿈꿔보는 일종의 백일몽과 같은 상상력으로 소아마비 장애인이 세계 복싱 챔피언을 꿈꾸는 것을 말한다. 둘째, 은유적 상상력은 특정 행동에 대해 상징적 의미를 부여하는 상상력으로 수영장에서 튜브를 탄 아이가 거대한 유람선을 탄 것으로 생각하는 것을 말한다. 셋째, 목적형 상상력은 특정한 목적을 상상하면서 그에 적합한 결과물을 만들어나가는 상상력으로 세상에서 가장 아름다운 도자기를 만들겠다고 결심하고 그 도자기를 상상하며 흙을 빚는 과정을 말한다. 넷째, 생산적 상상력은 예술·과학·발명과 같은 새로운 문제를 해결하기 위해 과거의 경험을 재구성하여 새로운 것을 만들어내는 행위로서의 상상력을 의미한다. 생산적 상상력은 단순하게 공상에서 그치는 것이 아니라 상상을 현실로 구현하는 것으로서 실제적 생산과정에 참여한다. 다섯째, 직관적 상상력은 초월적·초자연적 힘으로 작용하는 상상력으로 마치 꿈속의 환상처럼 무의식적 감각이 살아나 직관적 경험을 하게 만든다.[22]

예술과 교육정책

21세기는 '문화예술의 시대'라고 한다. 문화예술은 나라의 이미지를 높여줄 뿐만 아니라 그 자체가 고부가가치 상품으로서 국가의 부富를 안겨주고 있다. 그래서 세계 각국은 가장 중요한 경쟁전략으로 문화예술을 들고 있다. 영국은 총리 직속으로 미래를 생각하는 국가기관으로서 문화매체스포츠부를 설립하여 21세기 영국의 정체성 및 방향을 제시하는 중요한 역할을 담당토록 했다. 미국은 "예술과 인문학은 미국인 모두에게 속하는 것이다"라는 선언에 걸맞게 대통령이 직접 임명하는 문화예술 자문기구를 별도로 구성하여 문화예술의 발전을 촉진시키고 있다. 프랑스는 이미 세계에서 가장 강력한 문화정책을 추진하고 있는 나라로, 초대 문화부 장관인 앙드레 말로(Andre Malraux)가 천명한 것처럼 "국가는 예술을 지도하기 위해 존재하는 것이 아니고, 예술에 봉사하기 위해 존재한다"라는 문화예술정책을 일관되게 추진해오고 있다. 이렇듯 현 시대는 문화예술이 국가 발전의 중요한 원동력이 되는 시대이다.[23]

문화선진국들은 문화예술정책 중에서도 문화예술교육에 초점을 맞추어 정책을 추진하고 있다. 프랑스 정부의 문화부와 교육부가 맺은 '모든 사람을 위한 문화예술교육' 협약내용에서 문화예술교육을 강도 높게 주장하고 있으며, 영국 정부의 문화정책 핵심목표 4개 중에 하나가 '교육적 기능과 기회 제고'이다. 또한 미국 정부는 문화예술교육에 대한 집중적인 투자를 통해 모든 사람이 어릴 때부터 문화예술에 친숙하도록 환경을 만들어주고 특정 사회계층의 어린이들이 문화적 체험에서 배제되지 않도록 다양한 프로그램을 제공하고 있다. 이렇듯 문화선진국들은 어린 시절부터 문화예술교육을 체계적으로 가르치는 교육정책을 펼치고 있다. 어렸을 때부터 예술교육을 가르치는 것이 바로 '미래를 위한 교육적 투자'라고 생각하기 때문이다.[24)]

문화예술의 꽃을 피우는 교육이 문화예술교육이다. 문화예술교육은 국민교양교육으로서, 미래를 내다보는 조기 청소년교육으로서, 그리고 전문예술인을 양성하는 교육으로서 매우 중요하다. 또한 문화예술교육은 국가의 경쟁력을 높이는 교육이고, 국가의 부를 축적시키는 교육이며, 교육적 효과성과 효율성이 매우 높은 교육이다. 따라서 문화예술교육은 국가적 차원에서 전략적으로 접근해야 하는 국가전략교육이라고 할 수 있다. 그러나 우리나라는 이렇게 중요한 문화예술교육을 한동안 교육정책과 문화정책에서 소외시켜왔다. 교육정책 측면에서 보면 문화예술과목은 왜곡된 사회 분위기에 휩쓸려서 초등교육에서는 주변과목으로 홀대받고, 중등교육에서는 문화예술 관련 학과를 지망하는 학생들 외에는 대학입시에 도움이 되지 않는 과목으로 천대받으며, 대학에서는 전공과목을 더욱 중요시하기 때문에 냉대 받고 있는 실정이다.[25)]

우리나라는 다른 나라에 비해 부존자원이 절대적으로 부족한 나라이다. 그렇기 때문에 풍부한 인적자원으로 국가적 경쟁력을 높일 수밖에 없다. 그런데 다행스럽게도 우리 민족은 예로부터 문화예술적 재능이 뛰어났다. 이러한 사실은 중국의 역사책 ≪삼국지三國志≫의 〈위지동이전魏志東夷傳〉이 뒷받침하고 있다. 늘 흰옷을 즐겨 입고 몇 날 며칠을 가무歌舞로 지샌다고 서술되어 있다. 가무가 지금의 문화예술인 것이다. 이렇듯 예술혼의 유전자를 조상들로부터 물려받았기 때문에 삼국시대부터 조선시대까지 문화예술이 찬란히 꽃을 피울 수 있었다. 최근에 우리나라 문화예술이 세계적으로 빛을 발휘하고 있는 것도 이와 무관하지 않다.[26)]

이만규 선생은 ≪조선교육사≫에서 "새 나라의 교육은 3000만 명 모두 금강산 절벽에 거꾸로 선 소나무를 보고 시흥詩興이 날 수 있는 인간을 만들어야 한다"라고 했다. 그는 "국민의 건축, 조각, 공예, 의복, 음식, 시가 따위를 모두 예술적 가치가 있도록 향상시켜야 할 것은 물론이고, 언어, 예의, 도덕, 노동, 직장을 모두 예술화·취미화하여야 하며, 영화, 연극, 무용, 가요, 가극을 모두 대중적으로 발전시키는 것이 국가의 중요한 임무 중의 하나이다"

라고 주장했다. 이러한 '예술적 국가'를 만들기 위해서는 예술교육이 국가교육의 중요한 과제가 되어야 한다는 것이다.[27)]

예술교육의 성공사례

예술교육의 성공사례를 세 가지 제시한다. 첫 번째 사례는 우리나라 제주 한 시골마을 어린이들이 첼로 연주자의 꿈을 실현한 것이고, 두 번째 사례는 한 한국인이 전쟁으로 폐허가 된 아프리카 땅에서 이룩한 놀라운 예술교육의 성과이며, 마지막 사례는 전 세계적으로 유명해진 남미 베네수엘라의 엘 시스테마이다.

제주 시골마을의 꼬마 첼리스트들

제주도 시골의 한 작은 성당에서 성당 설정 50주년 축하 첼로연주회가 열렸다. 그 마을 어린이들은 첼로 소리를 처음 듣고는 첼로의 매력에 푹 빠졌다. 어린이들은 자기들도 저렇게 아름다운 연주를 하고 싶어졌다. 어린이들은 첼로를 배우겠다는 생각을 굳혔고 첼로를 사달라고 부모를 조르기 시작했다. 마을사람 대부분이 농사를 짓는 지역 여건상 첼로를 가르칠 길이 없었다. 부모들은 마을회의를 개최했다. 우선 첼로를 가르쳐 줄 봉사자가 필요했다. 제주시내에 연락하여 간신히 제주시립교향악단 첼로연주자를 구할 수 있었다. 그런데 정작 배워야 할 악기인 첼로가 없었다. 첼로는 어린이 숫자만큼 필요했다. 모든 어린이가 배우고 싶어 했기 때문이었다. 연주용 악기를 구입하려면 꽤 많은 돈이 필요했다. 그래서 연습용 악기를 구입하기로 했다. 구입비 마련을 위해 전 신자가 한마음이 되어 햇고사리를 채취하여 판매하기로 결정했다. 그 마을에는 고사리가 많이 자라고 있었다. 고사리 판매 가격은 인터넷 쇼핑몰보다 저렴한 200g에 1만2000원으로 정했지만, 판로가 없어 연습용 첼로 15대 구입비인 700만 원을 모으기가 쉽지 않았다. 이런 사연이 가톨릭 평화신문에 나갔고, 지역신문과 공중파 방송(KBS, MBC)을 통해 전국으로 퍼져나갔다. 안타까운 소식을 접한 사람들은 너도나도 햇고사리를 구입해주었다. 덕분에 첼로 10대를 구입할 수 있었다. 또한 첼로를 가르쳐주겠다는 봉사자도 9명이나 나섰다. 첼로교육은 매주 이틀씩 진행되었다. 배우고 싶은 어린이는 24명인데 첼로가 부족해서 2~3명이 한 조가 되어 연습을 했다. 부족한 악기는 다시 참깨를 수확하여 판매해 구입하기로 했다. 드디어 마을 어린이들의 첼로연주회가 제주시내에서 열렸다. 음악단체의 정기연주회에 게스트로 초청받은 것이었다. 어린이들이 첼로 활을 잡아 본 후 꼭 1년만이었다. 어린이들은 꿈인지 생시인지 모를 무대에 올랐다. 청중은 900여 명이나 되었다. 무대에 오른 10명의 어린이들은 첼로를 접한 지 1년밖에 되지 않는 어린이들이라고는 생각지 못할 정도의 놀라운 연주를 들려주었다. 듣는 이도 연주하는 이도 모두 하나가 된 감동의 무대였다.[28)]

아프리카 수단의 브라스밴드

한 한국인이 있었다. 그는 의과대학을 나와 장래가 보장된 의사의 길을 버리고 천주교 신부가 되어 아프리카 땅으로 떠났다. 아프리카에서도 가장 전쟁이 심하고 가난한 나라인 수단을 택했다. 그가 활동한 곳은 수단의 남쪽 지역에 있는 무척이나 가난한 마을인 톤즈였다. 그곳에는 환자들이 지천으로 깔려 있었다. 환자를 돌보는 것도 중요했지만 학교가 없어 거리를 헤매는 아이들을 위한 교육도 시급했다. 전쟁으로 폐허가 된 건물에 다시 벽을 쌓고 지붕을 얹어 교실을 만들었다. 그러고는 아이들에게 음악을 가르치기 시작했다. 그리하여 전쟁과 가난으로 감정이 말라버릴 대로 말라버린 아이들의 감정을 음악교육을 통해 온전히 되살려놓았다. 다음의 글은 고故 이태석 신부가 쓴 ≪친구가 되어 주실래요?≫에 적혀있는 내용이다.[29)]

> 장기간의 전쟁으로 건물뿐만 아니라 아이들의 마음도 상처받고 부서져 있었다. 음악을 통해 아이들 마음에 기쁨과 희망의 씨앗을 심을 수 있을 것 같아 악기를 가르치기 시작했다. 피리와 기타 그리고 오르간으로 시작했다. '도레미파솔라시도'를 생전 처음 들어 보는 아이들에게 악기를 가르치는 것이 많이 어려우리라고 생각했지만 예상 외로 속도가 상당히 빨랐다. 몇몇은 피리는

물론이고 기타를 배운 지 하루 이틀 만에 노래를 불러가며 제법 빠르게 쳐대기 시작했고, 천재적 재능을 지닌 아이들은 일주일 만에 오르간을 양손으로 연주하기 시작했다. 은인들의 도움으로 브라스밴드부 악기들을 준비했다. 트럼펫, 트롬본, 클라리넷 등의 악기들로 구성된 35명의 제법 큰 밴드였다. 첫 곡을 합주하려면 적어도 두세 달은 걸리리라 생각했다. 하지만 나의 예상은 빗나갔다. 대부분의 아이들이 하루 이틀 만에 적어도 한 옥타브 음계의 소리를 쉽게 불어 대고 있었다. 대단한 아이들이었다. 합주 연습 후 나흘 째 되는 날 첫 합주곡을 다 같이 연주해냈다. 그날의 그 감격을 어떻게 글로 표현할 수 있으랴! 그날은 이곳 톤즈에서 수십 년간 울려 퍼지던 총성 대신 클라리넷과 플루트 그리고 트럼펫의 아름다운 음악 소리가 처음으로 울려 퍼진 의미 깊은 날이었다. 연주가 끝난 후 "총과 칼들을 녹여 그것으로 클라리넷과 트럼펫을 만들면 좋겠다"라고 표현하는 아이들의 눈망울 속에서 음악을 통해 활동하시는 주님의 흔적을 진하게 느낄 수 있었다. 천상낙원의 음악이 바로 이런 것이리라는 생각이 들었다.

베네수엘라의 '엘 시스테마'

엘 시스테마(El Sistema)는 처음에는 클래식 음악을 공부해도 써먹을 데가 없던 젊은이들과 함께 엘리트 음악교육을 뒤집겠다는 혁명적 발상에서 비롯되었다. 그 기획이 자연스럽게 빈민층 아이들을 구원하는 거대한 사회적 프로젝트로 이어진 것은 클래식음악이 부유층의 전유물이 아니라 모든 사람의 것이라는 신념이 바탕에 있었기 때문이다. 엘 시스테마는 이제 베네수엘라를 뛰어넘는 국제적 프로젝트로 성장했다. 현재 세계 25개국 이상에서 엘 시스테마를 모델로 한 프로그램이 운영되고 있다. 1998년 유엔개발계획은 엘 시스테마가 빈곤 감소를 위한 사회운동에서 괄목한 만한 모범사례라고 추천하기도 했다. 엘 시스테마가 빈곤을 불러일으킨 경제 및 사회구조까지 파고들지는 않았지만, 가난을 대물림하는 빈곤의 문화에 맞서 싸워왔다. 엘 시스테마를 거쳐 간 아이들이 모두 음악가가 되는 것은 아니었지만, 아이들은 이 조직 안에서 스스로가 소중한 존재라는 것을 서서히 자각하고 미래를 꿈꾼다.[30] 다음은 ≪엘 시스테마, 꿈을 연주하다≫에 적힌 내용이다.

베네수엘라처럼 전국에 백 개 이상의 오케스트라가 있는 나라는 찾기 어려울 것이다. 2010년 현재 베네수엘라에는 취학 전 아동, 어린이, 청소년 레벨 등으로 나뉜 5백여 개 가량의 오케스트라와 음악 그룹이 활동 중이다. 25개 주에 221개의 지역 센터가 설립되었는데, 그중 스무 곳 이상은 전문 음악교육 시설과 기술지원시설을 갖추고 있다 지금까지 이 조직을 거쳐 간 베네수엘라 사람은 약 30만 명, 그들 중 다수는 다섯 살에서 스무 살 사이이며 60퍼센트가 빈곤층 출신이다. 다음은 베이스를 연주했던 사람의 이야기이다.

"엘 시스테마는 내가 사회 안에서 행복하게 살 수 있는 도구를 선물해주었습니다. 오케스트라에서 일했던 5년은 내 인생에서 가장 멋지고 건설적인 시기였죠. 엘 시스테마는 우리 마음속에 열심히 노력하면 원하는 것을 이룰 수 있다는 자각을 심어놓았습니다. 엘 시스테마 덕분에, 음악 덕분에 나는 완성된 인간이 되었습니다."[31)]

교육
17

생명과 교육

열일곱 번째 이야기

생명과 교육

생명과 교육에 대해 살펴본다. 이를 위해 인디언의 생명사상, 죽음의 게임, 벌레의 무덤, 가정에서의 생명교육, 죽음의 의미, 좋은 죽음, 죽음수용의 5단계, 죽음준비교육에 대해 알아본다.

생명교육

인디언의 생명사상

생명교육은 모든 생명이 제각기 떨어져 있는 것이 아니라 하나로 연결된 커다란 생명체임을 어린 시절부터 바르게 깨닫게 해주는 교육이다. 생명이 있는 동식물은 물론 무생물에게조차도 생명력을 부여하며 온 몸으로 기도하고 보살폈던 인디언들의 감사기도를 살펴보자. 이 짧은 기도는 생물과 무생물, 생물과 생물, 무생물과 무생물 모두가 한 생명으로 연결된 것임을 소중하게 일깨워주고 있다. 또한 생명교육의 맑은 지혜가 가득 담겨 있다.[1)]

> 밤과 낮을 쉬지 않고 운행하는 어머니 대지에게 고마움을 전합니다. 다른 별에는 없는 온갖 거름을 지닌 부드러운 흙에게 고마움을 전합니다. 이파리들과 섬세한 뿌리를 지닌 식물에게도 고마움을 전합니다. 새의 날개를 지탱시켜주는 공기에게도 고마움을 전합니다. 맑은 정신을 가져다주는 바람에게도 고마움을 전합니다. 우리의 형제자매인 야생동물들에게도 고마움을 전합니다.

죽음의 게임

동네에서 서너 명의 아이들이 옹기종기 모여 있었다. 무엇인지 무척 재미있어 하는 것 같아 가까이 다가가서 보니 줄을 지어 이동하는 개미떼를 발로 마구 짓밟고 있었다. 깜짝 놀라 말리면서 ‘너희들도 이렇게 짓밟히면 아프겠니, 안 아프겠니?’라고 알아듣게끔 타일렀다. 그러나 얼마 후에 다시 와서 보니 개미들은 새까맣게 죽어 있었다. 이와 같이 아이들이 다른 생명을 죽이는 모습을 종종 본다. 학교 정문 앞에서 파는 병아리를 아파트 옥상에 올라가 떨어뜨리는 게임이 있다. 일명 '죽음의 게임'인데, 떨어져 죽은 병아리를 갖고 있는 아이가 산 병아리를 갖고 있는 아이에게 떡볶이를 사주는 매우 잔인한 게임이다. 이런 일은 남의 생명을 하찮게 여기기 때문에 일어난다. 특히 요즘 아이들은 그야말로 '천상천하 유아독존天上天下 唯我獨尊' 시대에 태어난 아이들이라서 이기주의가 정도를 넘는다. 슬픈 영화, 슬픈 만화, 슬픈 이야기를 듣고 보아도 아이들은 눈물을 흘리질 않는다. 아이들이 여러모로 독해졌다. 인간에게서만 느낄 수 있는 촉촉한 감정이 사막과 같이 바짝 말랐다. 우리 사회가 아이들을 그렇게 키운 것이다.[2)]

벌레의 무덤

필자가 다녔던 초등학교 교정에는 '벌레의 무덤'이 있었다. 자연시간에 온몸이 해부당한 채 죽은 개구리, 물고기, 잠자리, 풍뎅이 등 작은 동물들의 넋을 달래주기 위하여 세운 무덤이다. 커다란 비석에는 '벌레여, 너의 희생은 영원하리라'라는 장엄한 글귀가 새겨져 있다. 우리들은 늘 그 무덤 앞을 지나다니며 묵념을 하곤 했다. 초등학교 때부터 그렇게 생명교육을 시킨 것이다. 우리 조상들은 살아 있는 생명체를 소중히 여기는 생명교육을 어려서부터 가르쳤다. 기어 다니는 개미를 죽이지 않으려고 나막신 대신 얼기설기한 짚신을 신고 다녔고 날벌레들을 죽이지 않으려고 아예 초롱불도 켜지 않았다. 벌레가 날아들어 타죽기 때문이었다. 생명교육은 어렸을 때부터 시작해야 한다. 특히 가정에서 부모는 아이들에게 따뜻한 사랑을 베풀어주고, 작은 동물과 식물들을 정성들여 키우고 가꾸는 모습을 보여줌으로써 아이들은 생명의 소중함을 배우게 된다.[3)]

가정에서의 생명교육

반려동물을 비롯하여 식물을 실내에서 키우는 가정이 늘고 있다. 가정에서 작은 동식물을 건강하게 잘 키우는 것이 바로 생명교육의 시작이다. 개와 고양이를 비롯하여 가정에서 키우는 소형 반려동물은 종류가 무척 많다. 어린 시절 누구나 동식물을 키워본 경험을 갖고 있다. 강아지, 고양이, 병아리, 예쁜 화초와 작은 나무들을 애써 키우다가 죽인 경험도 있을 것이다. 그때 어린 마음은 그 작고 귀여운 동물의 죽음을 보면서 얼마나 슬퍼했던가. 죽은 동물을 들고 공원에 올라가 나무 밑에 묻어주고 작은 십자가를 만들어주었다. 그 작은 동물을 잃은 슬픔은 어린 시절의 지워지지 않는 상처로 남아 있다. 가정에서 동식물을 키울 때 부모와 아이들이 지켜야 할 몇 가지 '생명교육의 원칙'이 있다.

첫째, 집에서 키우는 작은 동식물은 가족의 일원으로 생각하고 대접해주어야 한다. '애정과 사랑'으로 보살피고 키워야 한다. 둘째, 동식물 키우기에 대한 기본적인 지식과 기술을 공부하고 이를 실천해야 한다. 대개 작은 동물과 식물이 집에서 죽는 가장 큰 이유는 '키우고 치료하는 방법'을 몰랐기 때문이다. 셋째, 동식물의 마음을 헤아려볼 줄 알아야 한다. 몸이 더울까, 추울까, 몸 상태가 좋은가, 나쁜가, 배가 고플까, 화가 났을까 등 동식물의 마음을 사람이 아닌 동식물의 입장에서 헤아려보는 것이다. 넷째, 동식물은 어느 것이나 다 귀하다. 천 원짜리 금붕어든 10만 원짜리 열대어든 간에 생명은 단 하나로 매우 소중함을 부모나 아이들이 함께 인식해야 한다. 비싸다고 해서 잘 키우고 싸다고 해서 버려져서는 안 된다. 다섯째, 키우던 동식물이 죽었을 때는 아이들이 보는 앞에서 어떤 형식으로든지 '죽음의 예의'를 표해야 한다. 살아서 가족에게 기쁨과 즐거움, 행복을 주었던 그 동식물에게 경건한 예의를 표함으로써 생명의 소중함을 간직하게 해주어야 한다. 죽었다고 쓰레기통에 아무렇게나 집어던져서는 안 된다. 죽은 생명을 소중히 다룸으로써 살아 있는 생명을 바르게 보살필 수 있는 것이다.

우리 인간은 동물들을 보살피며 그 동물들로부터 병을 치료 받기도 한다. 외국에서는 자폐아 치료에 돌고래를 이용한다. 자폐아를 돌고래와 함께 물속에서 놀게 함으로써 아이는 동물과의 대화를 시작으로 인간과의 대화도 서서히 가능해진다. 우울증에 걸린 노인들도 작은 동물을 키우고 보살핌으로써 우울증을 치료하고 있다. 이렇듯 인간과 작은 동물들은 서로가 서로의 생명을 보살피며 함께 살아가고 있다.[4)]

죽음과 교육

죽음의 의미

천주교 이제민 신부의 죽음에 대한 설명을 들어보자. 이 신부는 "죽음은 인생을 종합하는 사건이다"라고 하면서, "죽음은 인생에서 가장 의미 있는 순간이며, 능동적으로 자신을 완성하는 시간"이라고 했다.[5)]

> 모든 인간은 다른 생물들과 마찬가지로 죽음으로써 생을 마감한다. 그러나 인간은 다른 생물들과는 달리 자신의 죽음을 정리하며 돌아볼 수 있는 존재다. 죽음의 순간이 되면 누구나 선한 마음으로 돌아가 모든 것을 용서하고 싶어 한다. 그래서 죽음의 순간은 남아 있는 사람에게 용서와 사랑이 담긴 유언을 남길 수 있는 '화해의 시간'이기도 하다. 평생 동안 맺어온 사랑의 관계가 마지막 고백의 언어로 종합되는 순간이기도 하다. 죽음은 사랑의 행위이다. 죽음은 모든 것을 절대 신비에 맡기고, 지금까지의 삶을 하느님께 맡기는 엄숙한 순간이다. 죽음의 순간에 인간은 사랑하는 분 앞에 가장 사랑스런 자세로, 절대 신비 앞에 가장 신비롭게 서게 된다. 죽음이 이처럼 사랑으로 한 인간에게 나타날 때, 죽음이 한 인생을 이런 신비와 하나가 되도록 관계를 맺어줄 때, 인간은 이기적 자아의 지옥에서 최종적으로 벗어나 구원을 맛볼 수 있다. 죽음은 인생을 종합하는 사건이다. 그런 의미에서 죽음은 인생에서 가장 의미 있는 순간이다. 죽음은 수동적으로 겪는 인생 여정의 끝이지만, 동시에 능동적으로 자신을 완성하는 시간이기도 하다. 생과 사는 인생에서 하나의 단어다. '죽음'을 잊고 산다는 것은 '삶'을 잊고 사는 것이다.

죽음의 정의

한국죽음학회 회장인 이화여대 최준식 교수는 죽음에 대해 생물학적 죽음과 의학적 죽음으로 나누어 설명했다. 보통 죽음이라고 하면 '생물학적인 죽음'을 말한다. 생물학적 죽음이란 문자 그대로 인간이 의학적으로 완전히 죽었음을 의미한다. 그런데 생물학적인 죽음에 대해서도 정의를 어떻게 내리는가에 대해 논란이 많다. 의학이 발달하면서 생명을 연장하는 새로운 기계가 나왔고 그에 따라 죽음에 대한 정의가 달라졌기 때문이다. 의학이 발달하기 전에는 의학적 죽음을 보통 호흡과 심장이 멈추는 것으로 정의했는데, 청진기나 심전도를 나타내는 기계가 나오면서 의사들은 이 기계들을 통해 훨씬 더 안전하게 죽음을 진단할 수 있게 되었다. 또한 심폐소생술이 발달하면서 호흡과 심장이 멈춘 인간을 살려낼 수도 있게 되었다. 그래서 그다음 대안은 뇌의 죽음, 즉 뇌사腦死로 인간이 죽었다는 징표를 삼는 것이다. 그러나 뇌사도 인간이 죽었다는 것을 확실하게 말해주는 기준이 될 수 없다. 왜냐하면 뇌사로 판정된 사람들도 며칠 뒤에 다시 살아나는 경우가 있었기 때문이다. 현재는 대체적으로 비가역적인 뇌사상태에 빠지면 그것을 죽음으로 보자는 견해가 주류를 이룬다. 비가역적 상태에 빠진다는 것은 뇌에 치명적인 손상이 생겨 의식이 소멸되고 그 결과 다시 의식상태로 돌아올 수 없는 경우를 말한다.[6)]

좋은 죽음

최준식 교수에 의하면 존엄사尊嚴死란 인간으로서 품위를 지키면서 죽은 가장 이상적인 죽음을 지칭한다. 이와 비슷한 개념으로 안락사安樂死가 있다. 안락사란 의학적으로 치료가 불가능한 환자에게 견디기 힘든 고통을 없애주기 위해 일정한 물질(약)을 투여하는 등의 인위적이고 적극적인 방법으로 자연적인 사망 시기보다 일찍 사망하게 하는 행위를 말한다. 좋은 죽음(well-ending)을 말할 때 항상 등장하는 것은 사랑하는 가족들 사이에서 편안하게 숨을 거두는 것이 가장 행복한 죽음이다. 그렇게 되려면 병원에 그런 장소가 마련되어야 하는데 우리나라에는 그런 방, 즉 영면실永眠室 혹은 임종실로 부를 수 있는 공간을 갖춘 병원이 별로 없다. 보통 중환자들은 여러 명이 같이 쓰는 방에서 죽음을 맞이하는데, 곁에 있는 환자는 나도 곧 저렇게 될 것이라는 생각이 들고 동시에 죽음에 대해 엄청난 공포심을 갖게 된다. 죽음을 피해 달아나고 싶지만, 병원에서는 보는 것은 인간의 죽음이다. 그래서 필요한 것이 영면실이라고 최교수는 주장한다. 그곳에서 환자는 자신이 일생동안 사랑했던 가족들

과 차분히 이승에서의 작별을 준비해야 한다는 것이다.[7)]

죽음수용의 5단계

죽음학의 세계적 대가인 엘리자베스 퀴블러 로스(Elizabeth Kubler-Ross) 박사가 쓴 책인 《죽음과 죽어감*On Death and Dying*》에는 불치의 병에 걸린 환자들이 죽음을 선고받았을 때 흔히 다섯 단계의 반응이 나타난다고 한다. 즉, '부인과 고립(否認 孤立, denial and isolation) → 분노(憤怒, anger) → 거래(去來, bargain) → 우울(憂鬱, depression) → 수용(受容, acceptance)'이다. 물론 모두 그런 것은 아니지만 대부분의 임종환자들은 이 단계를 거쳐서 마지막에 죽음을 받아들이게 된다. 최준식 교수는 퀴블러 로스의 5단계 이론에 대해 다른 견해도 있다고 했다. 마지막 단계인 수용의 다음 단계로 '기대와 희망'이라는 단계를 덧붙인다는 것이다. 임종환자들은 단지 수용이라는 소극적인 태도를 넘어서 영원한 미래를 적극적으로 희망하는 경우가 많기 때문이다.[8)]

죽음준비교육

암을 비롯한 각종 질병 등으로 사망하는 사람은 매년 24만5천 명이나 된다. 이 중에는 1만 명이 넘는 자살자도 포함되어 있다. 그리고 해마다 발생하는 암환자 13만 명, 치매환자 40만 명, 중풍환자 60만 명과 그 가족들까지 합치면 무려 600만 명이 늘 죽음을 생각하며 살아가고 있다. 죽음을 두려워하는 사람이 이뿐만이 아니다. 고시원에서 함께 생활하던 사람이 휘두른 칼에 찔려 죽기도 하고, 지하철에서 정신이상자에 의해 등이 떠밀리어 열차에 치여 목숨을 잃기도 한다. 이렇게 사람들은 매일매일 불안한 삶 속에서 살아가고 있다.

이렇듯 죽음을 가깝게 대하며 살고 있음에도 우리나라는 죽음준비교육이 전무한 실정이다. 가정에서도, 학교에서도 거의 이루어지지 않고 있다. 의과대학과 간호대학의 정규교육과정에조차 죽음준비교육은 포함되어 있지 않다. 단지 사회교육 차원에서 일부 종교단체가 임종을 앞둔 사람을 대상으로 실시하는 호스피스 교육과 죽음에 대해 묵상하는 '죽음체험 하루 피정' 정도가 고작이다.

≪해피 … 앤딩, 우리는 존엄하게 죽을 권리가 있다≫라는 책을 펴낸 최철주 씨는 선진국에서는 평생 동안 죽음준비교육을 한다고 했다. 미국에서는 청소년들에게 호스피스 병동에서 봉사를 하게 한다. 이는 죽음의 여러 모습을 보며, 품위 있는 죽음을 맞이할 각오를 하라는 것이다. 대학에서도 1960년대부터 죽음 과목을 개설했고, 죽음 관련 학회만도 10여 개가 넘는다고 한다. 일본에서는 4월 15일을 '유언의 날'로 정하고 각종 계몽활동을 한다. 변호사연합회가 주관이 되어 '유언' 캠페인을 하는데, 전국을 돌며 유언에 대한 강연을 하고 유언장 작성을 도와주며 상속에 대한 법률적 상담도 해준다는 것이다. 최근 일본에서는 '슈카쓰(終活, 임종을 준비하는 활동)'가 유행이다. 서점에서는 '엔딩노트(ending note)'를 판매한다. 이 노트는 병이 급격히 악화되어 의식이 없어졌을 때를 대비한 것이다. 일기를 쓰듯이 가볍게 작성하면서 자신의 노후와 죽음에 대해 생각하는 계기가 된다.[9)]

죽음준비교육은 평생교육차원에서 접근해야 한다. 가정과 학교, 그리고 사회에서는 유아기, 청년기, 장년기, 노년기의 특징을 잘 살펴 프로그램을 적용해야 한다. 유아기는 애완동물의 죽음 등으로 일종의 '상실감'을 처음으로 체험하는 시기이다. 청년기는 대학입시 실패, 취업 실패, 실연失戀 등으로 '작은 죽음'을 체험한다. 이럴 때 죽음의 의미와 죽음을 슬기롭게 극복하는 방법을 가르쳐야 한다. 장년기는 부모나 친척, 직장 동료 등의 죽음을 자주 보게 되고, 이혼, 경제적 파탄, 해고 등의 위기로 죽음을 '가깝게' 느낀다. 노년기는 질병과 배우자의 죽음, 경제적 빈곤 등으로 죽음을 '피부로' 느낀다. 그래서 죽음준비교육은 필요하다.[10)]

혼자서도 죽음준비교육을 할 수 있다. 우선 장기기증을 약속하는 것이다. 뇌사 시 장기와 각막을 기증하기로 사회와 약속하고, 장기기증등록증을 늘 휴대하고 다닌다. 그리고 종교단체에서 주관하는 죽음가상체험프로그램에 참여한다. 자신의 영정 사진이 걸린 방에 들어가 관 속에서 죽음을 체험하는 것이다. 비록 간단한 죽음 체험이지만 인생관이 근본적으로 바뀔 수 있다.

"죽음을 생각하는 것이 바로 모든 두려움에서 벗어나는 최고의 길이다. 하루하루를 인생의 마지막 날처럼 열심히 살아라." 애플 컴퓨터의 창업자이며,

췌장암 환자였던 고故 스티브 잡스(Steve Jobs)가 스탠퍼드대학 졸업식에서 졸업생들의 앞날을 축복하며 남긴 말이다.[11)]

엄마의 유언

네 살, 여섯 살, 두 아들을 두고 못내 세상을 떠났다. 겨우 35년 살았는데, 말기암이라고 했다. 필사적으로 버텼다. 허락된 시간은 고작 2년. 영국의 엄마 케이트 그린은 지난 1월 숨을 거뒀다.

열여섯 살 때 남편을 만났다. 서로의 사랑을 확인한 이듬해 동거에 들어갔고, 1996년 스위스 여행을 함께 갔을 때 청혼을 받았다. 2005년 둘째 임신 중 첫 아이 복부에서 악성 종양이 발견됐다. 집중 화학요법과 종양 제거 수술을 받았다. 수술은 다리 신경에 손상을 입혔다. 평생 걷지 못할지 모른다고 했다. 그러나 기적적으로 회복했다. 종양이 줄어들었다. 그 사이 가슴앓이를 해온 엄마의 가슴에 암이 생겼다, 왼쪽 가슴에 응어리가 만져졌다. 18개월간 화학요법 치료를 받았지만, 이미 너무 많이 전이가 됐다며 의사늘은 손을 놓았다. 그날 밤을 못 넘길 것을 이심전심 알고 있었다. 부부는 소원 목록을 만들었다. 아내는 이미 A4용지 세 장이 넘게 남편과 아이들에 대한 소원을 써놓았다.

"애들 잠자리 들기 전에 꼭 두 번씩 뽀뽀해주세요. 가족이 둘러앉아 먹을 수 있는 식탁 하나 사요. 나중에 커서 절대 담배 피우지 못하게 하고요. 언제나 약속시간 꼭 지키게 해주세요. 누구랑 다퉜더라도 꼭 화해하게 하시고, 여자 친구는 정중히 대하고 양다리 데이트하지 않게 가르쳐주세요. 큰 애 잠자리에 오줌 싸는 것 윽박지르지 마세요. 밤중에 오줌 줄이는 약 있어요. 이따금 해바라기를 키워보게 해주세요."

"너희들의 웃음, 엄지손가락 빠는 것, 귀 구부리는 것을 사랑했단다. 엄마를 껴안아주는 것이 더없이 행복했어. 엄마는 강둑 따라 걷는 것을 좋아했지 나비와 새 이름 배우는 것, 아이보리색 장미와 안개꽃을 좋아했단다. 엄마는 키 155cm, 체중은 55kg이었어. 문틀에 엄마 키를 새겨놓고 엄마를 기억해주렴."

남편은 아내가 남기고 간 소원 리스트를 하나하나 실행에 옮기고 있다. 아이들을 스위스에 데려가 아빠가 엄마에게 프러포즈했던 장소도 방문할 예정이다. 그런데 딱 한 가지는 이뤄주지 못할 것 같단다. "함께 살 다른 여자를 찾으세요. 아이들을 위해서라도요."[12] 〈조선일보〉

죽음에 대한 대비교육

죽음학의 전문가인 히구치 가츠히코樋口和彦는 '죽음준비교육' 대신에 '죽음에 대한 대비교육'이라는 용어를 사용했다. 가츠히코는 '죽음에 대한 대비교육'의 행동목표를 두 가지 들었다. 하나는 '삶과 죽음에 관한 정보의 제공'이다. 그는 죽음에 대한 대비교육 가운데 죽음에 관한 지식이나 정보를 전달하는 것은 중요한 부분을 차지하는데, 이를테면 유언장을 쓰는 방법이나 유산상속에 관한 법률지식, 장례식의 집행, 시체의 매장 절차, 묘지의 설정에 관한 지식, 장기기부 또는 병리해부를 위한 필요한 시체의 제공 여부, 말기의 의료조치에 대한 태도 등에 관한 법적 효력, 수속 절차 등을 알아야 한다는 것이다. 또 다른 목표로는 죽음에 직면한 사람이나 유족에게 죽음을 이겨낼 힘과 죽음에 대한 상처를 치유해주는 것이다. 히구치 가츠히코는 죽음에 직면한 사람이나 가족을 잃은 유족을 달래서 힘을 갖도록 하는 것은 매우 중요하다고 하면서 그들에게 위기개입의 수단으로서 죽음에 대한 대비교육을 실시해야 한다고 했다.[13]

미리 쓰는 유서

내가 죽을 때에는 가진 것이 없을 것이므로 무엇을 누구에게 전한다는 번거로운 일도 없을 것이다. 본래무일물本來無一物은 우리들 사문寺門의 소유

관념이니까. 그래도 혹시 평생에 즐겨 읽던 동화책이 내 머리맡에 몇 권 남는다면 아침저녁으로 "신문이요"하고 나를 찾아주는 그 꼬마에게 주고 싶다.

장례식이나 제사 같은 것은 아예 소용없는 일, 요즘은 중들이 세상 사람들보다 한술 더 떠서 거창한 장례를 치르고 있는데, 그토록 번거롭고 부질없는 검은 의식儀式이 만약 내 이름으로 행해진다면 나를 위로하기는커녕 몹시 화나게 할 것이다. 평소의 식탁처럼 간단명료한 것을 즐기는 성미니까. 내게 무덤이라도 있게 된다면 그 차가운 빗돌 대신 어느 여름날 아침부터 좋아하게 된 양귀비꽃이나 모란을 심어 달라 하겠지만, 무덤도 없을 테니 그런 수고는 끼치지 않을 것이다.

생명의 기능이 나가버린 육신은 보기 흉하고 이웃에게 짐이 될 것이므로 조금도 지체할 것 없이 없애준다면 고맙겠다. 그것은 내가 벗어 버린 헌옷이니까. 물론 옮기기 편리하고 이웃에게 방해되지 않을 곳이라면 아무 데서나 다비(茶毘 : 화장)해도 무방하다. 사리舍利 같은 것을 남겨 이웃을 귀찮게 하는 일을 나는 절대로 절대로 하고 싶지 않다.

육신을 버린 후에는 훨훨 날아서 가고 싶은 곳이 꼭 한 군 데 있다. '어린 왕자'가 사는 별나라. 의자의 위치만 옮겨 놓으면 하루에도 해지는 광경을 몇 번이고 볼 수 있다는 아주 조그만 그 별나라. 가장 중요한 것은 마음으로 보아야 한다는 것을 안 왕자는 지금쯤 장미와 사이좋게 지내고 있을까. 그 나라에는 귀찮은 입국사증 같은 것도 필요 없을 것이므로 가보고 싶은 것이다.[14)]

〈법정〉

교육
18

글로벌 리더와 교육

열여덟 번째 이야기

글로벌 리더와 교육

글로벌 리더와 교육에 대해 살펴본다. 이를 위해 글로벌 리더와 글로벌 리더십에 대한 의미를 알아보고, 글로벌 리더 교육방법을 사례 중심으로 찾아보고, 글로벌 리더의 덕목, 글로벌 리더가 되기 위한 원칙 등에 대해 살펴본다.

글로벌 리더

글로벌 리더를 연어에 비유한다. 연어는 물이 맑고 자갈이 깔려 있는 강의 상류에서 태어난다. 약 두 달이 지나면 수정된 알이 부화하며, 이듬해 봄이 오면 어린 연어는 멀고 먼 바다로 여행을 떠난다. 연어는 북태평양 지역에서 생활하다가 알을 낳을 때가 다가오면 다시 멀고 먼 여행을 떠나 자기가 태어난 강을 찾아가 그곳에 알을 낳고 죽는다. 연어는 독특하다. 연어가 독특한 것은 민물에서도 살 수 있고 바닷물에서도 살 수 있는 능력 때문이다. 대부분의 물고기는 양쪽에서 사는 것이 불가능하다. 그러나 연어는 민물과 바닷물 모두가 삶의 터전이다. 이는 다른 물고기가 흉내낼 수 없는 놀라운 적응력이며 생명력이다. 글로벌 리더는 연어를 닮은 사람이다. 자신의 고향이 아무리 좋다고 해도 계속 머물지 않는다. 때가 되면 고향을 뒤로하고 과감하게 큰 바다로 나간다. 거대한 세계로 뛰어드는 것이다.[1]

'글로벌 리더'는 '세계의', '지구촌의' 라는 뜻을 가진 글로벌(global)과 리더(leader)가 합성된 말이다. '세계화(globalization)'라는 말은 '지구촌화'와 같은 의미로 사용하고 있다. 지구촌地球村이라는 말에서 알 수 있듯이 세계는 넓지만 촌락村落과 같이 작은 마을에서 모두가 서로 잘 알고 가족처럼 지내는 것처럼 가깝게 되었다는 것을 말한다.[2] '글로벌 리더'란 글로벌 환경에서 리더십을 효과적으로 발휘할 수 있는 사람을 말한다. 즉, 글로벌 리더는 자기 나라를 떠나 문화적 배경이 다른 외국인들과 함께 일하면서 상대방으로 하여금, 같이 속해 있는 조직이나 팀을 위해 일할 때 강제로 하게 하는 것이 아

니라 스스로 동기를 부여하여 자발적으로 공헌할 수 있도록 능력을 발휘하는 사람이다.[3)]

글로벌 리더십

'글로벌 리더십'은 넓은 의미에서 초국가화(transnationalize)되어가는 미래사회에서 인종이나 문화를 초월하여 정부, 비정부, 국제기구, 영리법인 등을 포함한 조직을 이끌어나가고 구성원들에게 만족을 줄 수 있는 능력을 뜻한다. 글로벌 리더십을 구성하는 중요한 요소들로는 세계적 표준(global standard)을 몸에 체득하고 세계 비전(world vision)을 가지는 것, 국내외를 막론하고 모든 사람들과의 관계에서 건전하고 능동적인 영향력을 끼칠 수 있는 능력, 국가와 민족은 물론 전세계의 평화와 번영을 위해 이바지할 수 있는 능력, 다원주의적 문화이해와 수용능력 등을 들 수 있다.[4)]

글로벌 리더 교육방법

세계적 음악가 정트리오의 어머니

"어머니의 교육방법에는 세 가지 키포인트가 있어요. 먼저 아이들에게 맞는 것을 찾아주는 겁니다. 그런 다음 아이가 그것을 좋아하고 스스로 하겠다고 결정할 때까지 기다리는 겁니다. 마지막으로 아이가 결심을 하면 그때서야 아이가 그것을 공부할 수 있는 가장 효과적인 방법을 찾아내 지원해주셨습니다."

이 말은 세계적인 지휘자이며 피아니스트인 정명훈 씨가 자신의 어머니를 두고 한 말이다. 정트리오(첼리스트 정명화, 바이올리니스트 정경화, 피아니스트 정명훈)를 비롯한 7남매를 세계적인 음악가와 교수, 사업가, 의사로 키운 어머니 이원숙 씨의 교육 비결을 살펴보자. 이원숙 씨는 일곱이나 되는 자녀들을 키우면서 단 한 번도 아이들에게 자신의 욕심을 강요한 적이 없고, 자신의 조바심으로 아이들을 다그친 적도 없다고 했다. 그저 아이들이 자기 재능을 활짝 꽃피울 수 있도록 기회를 만들어주고 최선을 다해 뒷받침했을 뿐이라 한다.

그녀는 자녀를 잘 키운다는 의미가 자녀를 사회적으로 성공시키는 것은 결코 아니라고 말했다. 아이들 스스로가 좋아하는 일을 하면서 행복하게 살아가는 사람으로 키워내는 것이 바로 자녀교육의 궁극적인 목적이라고 믿었다.

이원숙 씨는 자녀들을 키우면서 세 가지는 절대로 하지 않겠다고 맹세했다고 한다. 첫째로 어떤 일이 있어도 자녀들에게 거짓말을 하지 않고, 둘째로 자녀들의 실수를 야단치지 않으며, 셋째로 칭찬거리가 아닌 것을 함부로 칭찬하지 않았다. 이원숙 씨가 자녀교육에서 가장 신경 썼던 부분은 고된 훈련을 감내할 수 있도록 자녀들의 체력을 길러주는 것과 매일 꾸준히 연습하는 습관을 붙여주는 것이었다. 음악을 전공으로 택한 사람이라면 특히나 뼈를 깎는 연습을 감수해야 한다. 이원숙 씨의 자녀들 역시 음악을 전공으로 택한 후에는 손이 아파서 더 이상 연습을 할 수 없을 정도로 고된 훈련을 계속했다.

그녀는 자녀들을 실수를 두려워하지 않는 사람으로 키웠다. 정명훈 씨가 열네 살 때 일이다. 미국 시애틀에서 독주회가 열렸다. 너무 많은 청중이 몰려 어린 정명훈 군은 무척 긴장을 했다. 드디어 연주회가 시작되었다. 정 군은 천천히 자리에 앉아 침착하게 바흐를 연주하기 시작했다. 그런데 갑자기 소리가 삐끗하고 말았다. 정명훈 군은 피아노 치던 손을 멈췄다.

그때 어머니 이원숙 씨는 "저 애가 저대로 주저앉으면 어쩌나…" 싶어, 그 짧은 순간동안 생애에서 가장 절실한 기도를 했다고 한다. 그때였다. 바흐의 첫 부분이 다시 들려오기 시작했다. 그런데 아까 그 부분에서 또 다시 소리가 삐끗했다. 이원숙 씨는 이젠 눈을 감고 말았다. 그러나 다음 순간, 바흐의 첫 부분이 다시 연주되었다. 다시 처음으로 돌아가 아무렇지 않게 연주를 시작한 정명훈 군은 침착하게 그 곡을 모두 끝마쳤다.

어머니는 아들에게 "오늘 네 실수는 아주 시기적절한 것이었다. 참 잘 틀렸다. 지금 이런 무대에서 틀렸으니 망정이지 나중에 큰 무대에서 실수했다면 어쩔 뻔했니? 오늘 이렇게 틀려보았으니 좋은 경험을 쌓은 셈이지"라고 격려해주었다고 한다.

정경화 씨가 세계 정상의 바이올리니스트로 이름을 날리기 시작할 때 일이다. 정경화 씨는 어머니와 함께 런던시내 식당에서 밥을 먹다 말고 엉엉 울음을 터뜨렸다. "엄마, 나 이제 못하겠어요. 너무 힘들어요. 바이올린 그만두고 싶어요"라고 말했다. 정경화 씨의 위치는 남들이 보기에는 화려한 자리, 음악을 하는 이들에게는 부러운 자리에 있었다. 어머니는 "그래, 지금 당장 바이올린 그만두렴. 사람이 먼저지 바이올린이 먼저냐? 너를 위해 바이올린을 해야지, 바이올린을 위해 바이올린을 해서야 되겠니? 우리가 소원했던 대로 한국인의 재능을 세계에 알리고 떨칠 수 있었으니 이제 이만하면 됐다. 너는 정말 넘치도록 이룬 거야. 엄마는 네가 정말 자랑스럽다. 우리 다음 일은 다음 아이들에게 맡기자"라고 따뜻한 위로의 말을 건넸다고 한다. 정경화 씨는 이때 일생에서 가장 큰 위로를 받았다고 한다.[5)]

세계적 축구스타 앙리의 아버지

프랑스 출신의 세계적 축구선수인 티에리 앙리(Thierry Henry)는 잉글랜드 프리미어리그 득점왕을 네 번이나 차지했다. 앙리는 명예와 함께 막대한 부도 누렸다. 그는 프랑스 빈민촌에서 가난한 이민 부부의 아들로 태어나 불우했던 청소년 시절을 딛고 성장했다. 앙리의 아버지는 프랑스령 서인도제도의 과달루프 출신이고, 어머니는 서인도제도 동부의 마르티니크 출신이다. 아버지는 경비원으로 일했고, 어머니는 근처 학교의 기숙사에서 일했다. 앙리 가족은 방 2개짜리 작은 아파트에 살았는데, 1층에는 세네갈, 2층에는 포르투갈, 3층에는 서인도제도의 음식냄새가 늘 풍겨 나왔다고 한다. 앙리의 아버지는 축구를 무척 좋아해서 선수가 되고 싶었지만, 부모의 반대로 꿈을 접었다. 대신에 아들을 낳으면 마음껏 축구를 할 수 있게 해주겠다고 다짐했다.

앙리는 여섯 살 때 처음으로 아버지를 따라 운동장에 가서 축구를 했다. 가난한 동네였지만 축구장은 있었다. 아버지는 골키퍼 역할을 하면서 축구공을 굴려주었다. 앙리 아버지는 다른 아버지들처럼 일부러 골을 먹어주지 않았다. 앙리도 고집이 있어서 골을 넣기 전까지는 먼저 집에 가자는 말을 하지 않았다. 앙리 아버지는 앙리를 위한 축구교육에 헌신적이었다. 경비원으로 일하던 아버지는 앙리를 축구경기에 데리고 다니느라 직장에서 해고되기까지 했다. 앙리 아버지는 "내 아들은 프랑스 대표팀에서 뛰게 될 것"이라고 늘 말

했다. 결국 앙리는 세계 최고의 축구선수가 되었다.[6)]

글로벌 리더의 덕목

판단력, 성실성, 민감성, 상상력

리더십 전문가는 리더가 갖추어야 할 자질로 몇 가지를 꼽는다. 첫째, 성숙한 판단력이다. 리더는 먼저 자신의 위치에 맞는 경험과 교육의 기본 자질을 갖추어야 한다. 경험은 문제의 해석방법과 영역을 설정하고 이를 해결해 나갈 때 중요하게 작용하며, 교육은 훌륭한 판단력과 의사결정을 하는 데 필요하다. 둘째, 성실성이다. 성실성은 리더에게 가장 중요한 자질이다. 이것은 다른 사람과 함께하는 목표에 대한 정직성이고, 자신에게 맡겨진 것에 대한 책임감을 의미한다. 셋째, 변화에의 민감성이다. 리더에게는 변화를 재빨리 감지할 수 있는 능력이 필요하다. 때때로 변화의 추이가 모호하게 나타나 변화의 중간에 이를 알아차리는 경우가 있다. 이러한 변화의 추이를 초기에 찾아 알맞은 시기에 대응하면 성공으로 이끌 수 있다. 넷째, 상상력이다. 조직의 성공은 리더의 창의성에 달려 있다. 리더가 문제해결을 위해 상상력을 얼마나 그리고 어떻게 발휘하는지가 매우 중요하다.[7)]

언어 · 비전 · 자세 · 가치

경영전문가 공병호 박사는 글로벌 인재에게 네 가지 요소가 필요하다고 말한다. 첫째, 언어(Language)이다. 국내 유수 기업들은 주로 외국 출신의 CEO를 영입한다. 이는 세계를 무대로 활동하는 경영인에게 필수적인 언어 능력 때문이다. 둘째, 비전(Vision)이다. 목표를 정하여 도전하고 성취하는 것은 크든지 작든지 간에 사람에게 성장을 유도한다. 목표의식 없이는 성공하기 힘들다. 비전을 가질 수 있는 계기를 만들어주어야 한다. 셋째, 자세(Attitude)이다. 글로벌 인재가 되기 위해서는 진지함과 성실성과 같은 기본적인 자세를 갖추어야 한다. 아무리 능력이 뛰어나도 기본자세가 갖추어지지 않으면 다른 사람과 함께 주어진 목표를 달성할 수 없다. 넷째, 가치(Value)이다. 무엇이든 자신이 지키고 추구해야 할 가치를 스스로 찾아야 한다. 가치의 부여는 자신의 인생을 행복하게 할 수 있는 비결이 된다. 이와 함께 특정 분야에서 전문성을 갖추고 창의적인 사고를 한다면 시대가 원하는 글로벌 인재로 성장할 수 있다.[8)]

경청과 실천

미국 화폐 1센트 동전에는 미국 사람들이 제일 존경하는 인물인 링컨(Abraham Lincoln, 1809-1865)의 얼굴이 새겨져 있다. 구리 동전 속의 링컨의 얼굴에서 수북한 수염은 매우 인상적인데, 이 수염은 링컨의 상징이다. 링컨의 수염과 관련된 재미있는 일화가 있다. 1860년 10월, 미국 대통령 선거전이 한창 열기를 뿜고 있을 무렵이었다. 시골 조그만 마을에 살고 있는 한 소녀가 한 장의 사진을 들여다보고 있었다. 수척한 얼굴모습과 움푹 들어간 두 볼은 무시무시했다. 두려운 생각이 들 정도였다. 그림의 주인공은 바로 공화당 대통령 후보인 링컨이었다. 소녀는 펜을 들어 편지를 썼다. 링컨의 얼굴이 너무 홀쭉해서 수염을 기른다면 지금보다 인상이 훨씬 좋게 보여 틀림없이 대통령에 당선될 것이라는 내용이었다. 편지는 링컨의 선거본부로 전달되었고, 링컨은 바로 시골소녀에게 답장을 보냈다. 지금 새삼스럽게 수염을 기른다면 사람들이 자신을 바보 같은 사람이라고 흉볼 것이라는 내용이 담긴 답장이었다.

대통령 선거는 그해 겨울에 있었고, 링컨은 선거에서 승리하여 대통령이 되었다. 이듬해 백악관으로 향하는 특별열차가 새로 대통령으로 선출된 링컨을 싣고 그 소녀가 살고 있는 동네 가까운 정거장에 잠시 머무른다는 소식이 전해졌다. 소녀는 벅찬 흥분 속에 아침 일찍 정거장으로 나갔고, 대통령을 실은 열차는 플랫폼으로 들어왔다. 대통령의 즉석연설이 시작되었다. 소녀는 키가 작아서 대통령의 모습을 보지 못한 채 말만 들을 수밖에 없었다. "이 마을에는 나와 편지를 주고받은 소녀가 있습니다. 그 소녀는 이 못생긴 제 얼굴을 어떻게 하면 좀 더 낫게 보이게 할까를 알고 있었습니다. 만일 그 소녀가 여기 이 자리에 있다면 만나서 이야기를 나누고 싶습니다. 소녀의 이름은 '그레이스 베델'입니다." 이 말을 들은 소녀는 가슴이 마구 뛰었다. 미국 대통령과 같은 위대한 사람이 이 조그만 마을에 찾아와 자기 이름을 잊지 않고 불러준 것에 크게 감격하였다. 소녀는 아버지의 손을 꼭 잡고 대통령 앞으로 나갔다. 대통령의 얼굴을 들여다보았다. 대통령의 두 뺨과 턱은 무성한 수염으로 덮여 있었다.[9)]

5C 지수

한국 최초의 국제회의 통역사인 한국외대 통역번역대학원의 최정화 교수는 30여 년 동안 국제통역 현장에서 수많은 글로벌 리더를 만났고, 그 경험을 바탕으로 ≪엔젤 아우라≫라는 책을 펴냈다. 최교수는 '엔젤 아우라'를 다섯 가지 CQ(협력, 소통, 문화, 집중, 창의력 지수)로 나눠 '성공의 법칙'을 소개했다. 김수환 추기경은 영어, 프랑스어, 독일어, 이탈리아어, 일어 등 여러 나라의 언어에 능통했다. 그런데 독일이나 이탈리아 기자의 질문에는 그 나라 말로 직접 답변을 하지만 프랑스어로 질문이 나오면 통역자인 최정화 교수를 통해 답변한다고 한다. 이는 상대를 포용하고 배려하는 협력지수(Cooperation Quotient)가 높음을 의미한다.

반기문 유엔 사무총장, 자크 시라크 전 프랑스 대통령, 빌 게이츠 마이크로소프트사 회장, 나루히토 일본 왕세자, 주룽지 전 중국 총리도 협력지수가 높은 리더이다. 소통지수(Communication Quotient)가 높은 인물로는 순간순간 적절한 비유를 사용하는 이어령 전 문화부장관과 빌 클린턴 전 미국 대통령을 꼽는다. 세계적인 디자이너 피에르 가르뎅(Pierre Cardin)은 다른 사람의 장점과 조언을 수용하여 자신을 발전시키는 문화지수(Culture Quotient)가 높은 리더이다. 무대의 삶과 일상의 삶 간의 균형을 유지하는 지휘자 정명훈, 말년을 아내와 지내기 위해 대통령 선거 불출마를 선언한 자크 들로르 전 유럽연합(EU) 집행위원장은 한 가지에 몰두하는 집중지수(Concentration Quotient)가 높은 리더이다. 메모 습관이 몸에 밴 한승수 평창동계올림픽유치위원장과 프랑수아 미테랑 전 프랑스 대통령은 창의력 지수(Creativity Quotient)가 높은 리더이다.[10)]

글로벌 리더가 되기 위한 원칙

세상을 넓게 바라보기

우주에는 수많은 별이 떠 있다. 우리가 살고 있는 은하계만 해도 수천 억 개의 별들로 이루어져 있다. 우주에서 지구를 내려다보면 푸른 별로 보인다. 다른 별들은 흰색이나 빨강색, 노란색으로 밖에 빛을 내지 못한다. 지구만 푸른색을 낸다. 이 아름다운 별에는 갖가지 인종들이 다양한 종교를 가지며 살고 있다. 그런데 지구의 부富는 소수만이 지배하고 있으며 인류의 반 이상이 극악한 환경 속에서 살고 있다.

동화작가 위르겐 푹스(Juergen Fuchs)는 이러한 지구의 모습을 작은 마을로 그렸다. "지구를 인구가 1000명밖에 안 되는 작은 마을이라고 하자. 이 마을에는 564명의 아시아인과 210명의 유럽인, 86명의 아프리카인, 80명의 남아메리카인, 그리고 60명의 북아메리카인인 살고 있다. 1000명 중 300명이 기독교인인데 그중 183명은 가톨릭, 84명은 개신교, 33명은 정교회 신자들이다. 1000명 중에는 물론 다른 종교를 믿는 사람들도 있다. 175명은 이슬람교도들이고, 128명은 힌두교, 75명은 불교, 47명은 정령 숭배자들이며 나머지는 아무런 종교도 가지지 않고 있다. 여기까지만 보면 이 마을은 다양한 문화와 종교가 공생하는 아주 정상적인 마을로 보인다. 조금만 더 자세히 들여다보자. 이곳에 사는 1000명의 주민 중 60명이 전체 수입의 절반 이상을 차지하고 있다. 940명이 나머지 절반을 나눠가지는 것이다. 1000명 중 500명은 기근에 시달리고 있고, 600명은 슬럼 지역에 살고 있으며 글을 읽거나 쓸 줄 모르는 사람도 700명에 달한다."[11] 글로벌 리더는 자기 민족, 자기 국가, 자기 이웃나라에만 관심을 가져서는 안 되며, 전 인류를 생각하는 전 지구적 사고를 해야 한다.

구체적으로 꿈꾸기

우리나라 청소년들에게 '꿈이 무엇이냐?'라고 물으면 막연하게 대답한다. 케이블채널 '투니버스'에서 열두 살 이하 어린이 4700명을 대상으로 조사한 결과, "연예인이 되고 싶다"라는 어린이가 67%나 되었다. 리서치기업 엠브레인에서 중·고교생 520명을 대상으로 조사를 한 결과, 장래에 희망하는 직업을 묻는 질문에 교사(12.3%), 공무원(8.3%), 회사원(5.8%), 연예인(5.2%) 순으로 응답했다. 청소년들은 꿈꾸는 교육을 제대로 받지 못했다. 꿈을 어떻게 꾸어야 하는지를 모른다.

우리나라 청소년들의 꿈은 비교적 단순한 반면에 미국 청소년들의 꿈은 매우 구체적이다. 미국 초등학생의 경우 의사가 되고 싶은 학생은 막연히 의사라는 직업군을 선택하기보다 '큰 농장에 집을 짓고 많은 가축을 기르면서 수의사를 하고 싶다'는 식으로 해당 분야의 전문가가 되겠다는 목표를 분명하게 드러낸다. 또한 '이민 변호사가 되어 미국에 오려는 이민자들을 돕고 싶다' 등과 같이 구체적으로 미래를 꿈꾼다.[12)]

성공한 사람들의 중요한 특징 중 하나는 '시간을 효율적으로 사용한다'라는 것이다. 일단 목표를 세우면 세부 계획을 세운다. 계획은 보통 연간 계획, 월간 계획, 일일 계획으로 구분하는데, 성공한 사람들은 일일 계획 다음에 별도로 '시간별 계획'을 세운다. 더욱 철저한 사람은 시간을 분으로 쪼개어 사용한다. 글로벌 리더가 되기 위해서는 꿈을 꾸되 구체적으로 꾸고, 계획을 세우되 치밀하게 세워야 한다.

건강한 자아 만들기

글로벌 리더는 자신을 건강하게 바라볼 줄 알아야 한다. 자신의 꿈에 대한 확신과 자신의 현재 모습에 대한 믿음을 가져야 한다. 이것이 바로 '건강한 자아상'이다. 글로벌 리더는 자신을 긍정적으로 바라볼 줄 알아야 한다. 자신을 긍정적으로 볼 줄 아는 사람만이 글로벌 리더가 될 수 있다. 글로벌 리더를 꿈꾸는 사람의 얼굴은 희망과 자신감으로 가득 차 있다. 또한 글로벌 리더는 자신의 미래와 현실을 정확하게 접목시킬 줄 알아야 한다. 나의 미래는 무엇이며, 공부라는 현실과는 어떻게 접목시킬 것인지를 깊이 생각하고 실천에 옮겨야 한다.

불경 〈숫타니파타〉에는 글로벌 리더가 될 사람들이 꼭 명심해야 할 가르침이 나온다. 부처님께서 출가자가 처신해야 할 생활태도에 대해 하신 말씀으로 지금도 수도자로 살아가는 사람들이 늘 가슴속에 지니고 사는 경구警句이기도 하다. 글로벌 리더를 지향하는 사람은 이 간단한 가르침 속에서 자기 모습을 건강하게 정립해야 한다. 가르침은 "소리에 놀라지 않는 사자처럼, 그물에 걸리지 않는 바람처럼, 진흙에 더렵혀지지 않는 연꽃처럼, 무소의 뿔처럼 혼자서 가라"이다.

하고 싶은 일, 마음껏 하기

자기가 좋아하는 일을 하면서 인생을 살아가는 사람이 가장 행복한 사람이다. 자기가 좋아하는 일을 할 때는 아무리 고생스러워도 비관적인 생각을 하지 않는 법이다. 글로벌 교육에서 중요한 것은 '무엇이 되고 싶다'보다 '무엇을 하고 싶다'라는 꿈을 키워주는 것이다. 이어령 교수가 지은 〈일등을 시키려면〉이라는 짤막한 글이 있다. 이 글은 하나의 답에만 매달리고 있는 우리 부모들에게 아이가 좋아하는 방향에 따라 여러 개의 답이 나올 수 있다는 것을 깨닫게 해준다. "같은 방향으로 뛰면 일등은 하나밖에 없어요. 그러나 동서남북으로 뛰면 네 사람이 일등을 해요. 360도 둥근 원으로 뛰면 어때요? 360명의 일등이 나오잖아요. 왜 꼭 그 학교라야 하나요. 왜 꼭 그 직업이라야 하나요. 판사, 검사가 아니라도 의사, 변호사가 아니라도 길은 많아요. 틀림없이 있을 거예요. 남들이 가지고 있지 않은 내 아이만의 재능, 그것이 경쟁에서 일등을 할 수 있는 지름길이에요. 남들이 남쪽으로 뛰어갈 때 혼자서 동쪽으로 가고 싶어 하면, 그곳으로 뛰게 하세요. 거기에는 아무도 먹지 않은 탐스러운 과일이 열려 있어요."[13)]

올바른 고집쟁이 되기

글로벌 리더는 고집이 있어야 한다. 고집이 있어야 한다는 말은 뚜렷한 자기주장이 있어야 한다는 것이다. 목숨과도 바꿀 수 있을 정도로 강력한 신념이 있는 자기주장을 말한다. 음악가 헨델(Georg F. Händel)의 이야기는 고집스런 아이가 결국 크게 성공한다는 교훈을 들려준다. '음악의 어머니'로 불리는 헨델은 음악과 전혀 관련이 없는 집안에서 태어났다. 아버지는 외과 의사였다. 옛날에는 귀족에게 속해 있던 이발사가 외과 의사를 겸했는데 헨델의 아버지가 바로 그런 사람이었다. 헨델은 어릴 때부터 음악을 하고 싶어 했으나 아버지는 허락하지 않았다. 음악을 좋아하지 않았던 아버지는 아들을 법관으로 키우고 싶어 했다. 아버지는 음악을 배우고 싶어 하는 헨델에게 '음악은 굶어 죽기 딱 좋은 짓'이라고 말하곤 했다.

그러나 이 같은 아버지의 반대도 음악을 향한 그의 열정을 막을 수 없었다. 어린 헨델은 아버지의 눈을 피해 한밤중에 다락방으로 올라가 달빛을 불빛 삼아 악보를 읽고 연주법을 익혔다. 마침내 헨델의 재능은 주위사람들의 눈에 띄었고, 그들은 아버지를 설득했다. 그는 아홉 살 때부터 작곡법과 오르간 연주법을 배우게 된다. 헨델은 한때 아버지의 뜻에 따라 법과대학에 진학하기도 했지만, 결국 1년 만에 그만두고 말았다. 비록 아버지의 소원대로 법률가가 되지는 않았지만, 헨델은 '음악을 하면 굶어죽기 십상'이라는 아버지의 걱정을 비웃기라도 하듯 많은 돈을 벌었다. 헨델은 단순히 음악을 만드는 데에만 만족하지 않고 사업으로 연결시켰다. 그는 대규모 연주회를 열고, 나중에는 직접 오페라단까지 만들어 대규모 극장에서 공연하는 등 음악사업을 벌여서 흥행에 자주 성공했다. 그리하여 헨델은 음악으로 돈을 번 최초의 음악가가 되었다.[14)]

자신에게 엄격하기

글로벌 리더들의 공통점은 자기 자신에게 매우 엄격하다는 것이다. 남에게는 관대하게 대하면서 자신에게는 조금도 용서를 허락하지 않는다. 내유외강 內柔外剛이라는 말이 이에 해당한다. 자신에게 매우 엄했던 대표적인 사람이 바로 벤자민 프랭클린(Benjamin Franklin, 1706-1790)이다. 프랭클린은 가장 열악한 환경 속에서 갖가지 고난과 역경, 그리고 시련을 겪으면서 자신의 꿈을 이룬 사람으로 미국 사람들이 가장 존경하는 인물이다. 또한 미국인들이 성공하기 위한 모델로 삼고 있는 인물이기도 하다. 그래서 미국인들은 프랭클린 얼굴을 가장 고액의 화폐인 백 달러짜리 한가운데 자랑스럽게 새겨놓고 있다. 프랭클린은 자신의 삶에 대한 원칙과 기준을 명확히 세워놓고 이를 엄격하게 지켜나갔다. 자신이 개발한 독특한 자기관리기법을 적용한 것이다. 자기관리는 13가지 덕목德目을 매일매일 지키는 것에서부터 시작한다. 13개 덕목은 '절제, 침묵, 질서, 결단, 절약, 근면, 정직, 정의, 중용, 청결, 평정, 순결, 겸손'으로 프랭클린이 그동안 수많은 삶을 겪으면서 발굴한 지혜이기도 하다. 덕목의 내용은 매우 청교도적이지만 그 정신만은 글로벌 리더가 될 사람들이 꼭 배워야 한다. 프랭클린은 매일매일 자기 자신을 철저하게 관리해 나갔기에 가장 존경 받는 인물이 되었다.[15)]

커뮤니케이션 능력 키우기

고려대에서 국제화 프로젝트를 주도했던 어윤대 전 총장은 글로벌 인재에게 요구되는 절대적인 자질로 국제적인 의사소통 능력을 꼽았다. 그는 "일본은 대국이지만 영어 구사능력에서 떨어지기 때문에 국제적인 리더십을 갖지 못한다. 우리는 초등학교 때부터 어학교육을 본격화해야 한다"라고 말했다. 서울대 노경수 교수도 같은 주장을 하고 있다. "우리 인구의 최소 10%는 아주 능숙하게 외국어를 구사해야 하며, 이들이 바로 국제경쟁의 최전선에서 뛰어야 할 사람들이다"라는 것이다.[16)]

한국을 방문한 리콴유李光耀 전 싱가포르 총리는 "만약 내가 지금 한국의 학생이라면 글로벌 교육을 받기 위해 노력할 것이다. 지금 같은 국제화시대에 한국인끼리만 알고 지낸다는 것은 불행한 일이다. 글로벌 인재가 되기 위해서는 무엇보다 영어를 공부하고, 가능하다면 중국어나 일본어를 더 공부해야 한다"라고 말했다. 리 전 총리는 작은 도시에 불과했던 싱가포르를 세계적인 금융과 물류의 중심지로 탈바꿈시켰고, 지속적인 교육을 통해 시민의식을 선진국 수준으로 끌어올린 대표적인 글로벌 리더이다.[17)] 글로벌 인재에게 커뮤니케이션 능력은 매우 중요하다. 언어적 소통능력뿐만 아니라 국제적으로 인적 네트워크를 구축하는 데 필요한 능력이기 때문이다. 글로벌 사회는 커뮤니케이션 능력이 있는 인재를 원한다. 이제 경쟁사회에서는 침묵은 곧 패배를 의미한다.

알맞은 환경 꾸며주기

자녀를 글로벌 리더로 키우고 싶으면 이에 알맞은 환경을 마련해주어야 한다. 교육에 있어서 환경이 갖는 의미는 매우 각별하다. 노벨상을 만들고, 노벨상을 수상한 사람들의 어린 시절 이야기 속에서 환경이 얼마나 중요한지 알 수 있다.

> "초등학교 2학년이던 알프레드 노벨은 아버지의 실험실을 가장 좋아했다. 아버지는 건설현장에서 쓰는 폭약을 개발하는 일에 관심이 많았다. 아버지는 공장 일을 하면서도 틈틈이 여러 가지 화학재료들을 가지고 폭약실험을 하곤 했다. 비커와 플라스크를 들고 실험에 열중하고 계신 아버지의 모습은 마치 동화책에 나오는 마법사 같았다. 어린 알프레드는 이렇게 조금씩 과학의 세계로 빠져들었다. 그 후 알프레드는 시련과 고난 끝에 다이너마이트를 발명하였고, 이와 함께 큰 명성과 부를 누리게 되었다. 알프레드는 이 세상을 떠나기 전에 '나의 재산을 인류의 행복과 평화를 위해 노력하는 사람들에게 수여하라'라는 유언을 남겼다. 이에 따라 1901년에 노벨상이 만들어졌다."[18]
>
> "어린 마리 퀴리에게 아버지의 서재는 정말 신기했다. 흔들리는 안락의자와 오래된 가구, 루이 18세의 얼굴이 새겨진 찻잔과 북처럼 생긴 추시계, 장기판 모양의 둥근 테이블 등 온갖 물건이 다 있었다. 그중에서 특히 어린 마리의 눈길을 끈 것은 우아하고 아름답게 생긴 유리상자였다. 그 속에는 작은 저울과 시험관, 광물의 표본, 금박을 입힌 감전기 등이 들어 있었다. 학교에서 물리와 수학을 가르치던 아버지가 실험을 할 때 쓰는 기구였다. 어린 마리는 틈만 나면 아버지의 서재에서 실험 기구를 구경하며 놀았다. 학교수업이 없는 날이면 아버지는 어린 딸을 앉혀 놓고 실험하는 모습을 보여주었다. 훗날 마리는 라듐이라는 새로운 방사능 원소를 발견했고, 1898년에는 노벨물리학상을 받았다."[19]

글로벌 매너 갖추기

글로벌 매너는 어렸을 때부터 가르쳐야 한다. 어린 시절에 가장 중요하게 가르쳐야 할 글로벌 매너는 '질서 지키기', '기다리기', 그리고 '남에게 폐 안 끼치기'이다. 글로벌 시티즌 여부를 가늠하는 기본적 잣대가 바로 이 세 가지이다. 그런데 우리나라 어린이에게 가장 부족한 부분이 바로 이 세 가지이기도 하다. 선진국을 여행하다보면 길거리에서 사람들이 질서를 지키며 기다리고 있는 모습을 쉽게 볼 수 있다. 레스토랑에서, 공연장에서, 미술관에서, 하다못해 길거리 가게에서도 줄을 서서 기다린다. 기다린다는 것은 자기 차례가 올 때까지 인내심을 갖고 차분히 견디는 가장 도덕적 행위이다. 남에게 폐 안 끼치기 교육은 일본 부모가 혹독하게 시킨다. 대중들이 있는 곳에서 자녀가 불편을 주는 행동을 하면 그 자리에서 눈물이 핑 돌 정도로 혼을 내준다. 아이는 그 자리에서 다시는 그런 행위를 하지 않을 것을 결심한다.

글로벌 매너는 국제적 행위이기도 하다. 대전 프랑스문화원 박한표 원장은 '국제매너는 다른 문화에 대한 배려이고, 좋은 국제매너는 서로 다른 문화 사이에서 올바른 커뮤니케이션이 이루어질 때 나오는 것'이라고 말한다. 즉, 문화의 상대주의를 이해하는 사람이 국제매너를 잘 알고 있는 사람이라는 것이다. 국제사회에서는 외국어만 잘한다고 해서 모든 것이 해결되지 않는다. 그 나라의 문화나 사람들의 관습, 생각하는 방식을 이해해야만 그들과 쉽게 통할 수 있다. 글로벌 리더가 될 사람들에게 이러한 태도는 필수적이다.[20)]

교육
19

미래와 교육

열아홉 번째 이야기

미래와 교육

미래와 교육에 대해 살펴본다. 미래학자들(엘빈 토플러, 피터 드러커, 호르크스)이 전망한 미래교육과 유엔보고서에 나타난 미래교육, 그리고 우리나라 미래학자가 내다본 미래교육에 대해 살펴본다. 또한 루트번스타인의 미래교육 방향에 대해서도 알아본다.

토플러의 미래교육 전망

미래학자인 토플러(Alvin Toffler, 1928-)는 다양한 미래예측서를 썼다. ≪미래의 충격*Future Shock*≫(1970)을 비롯해서 ≪제3의 물결*The Third Wave*≫(1980), 그리고 ≪권력의 이동*Power Shift*≫(1991)과 ≪부의 미래*Revolutionary Wealth*≫(2006)이다. 네 권의 책 속에 담긴 미래교육의 전망에 대해 살펴보자.

미래의 충격

산업화가 시작된 이래, 서양의 교육 특히 미국의 교육은 기본적으로 규격화된 교육내용을 대량생산하도록 조직화되어 있었다. 따라서 학생이 지니고 있는 기본적인 불만의 하나는 그가 한 개인으로 대우받지 못한다는 데 있다. 산업은 소비자의 욕구에 민감하게 반응하고 있는데, 교육은 학생의 요구에 전적으로 무관심하다는 것이다. 따라서 소비자인 학생은 교육기관이 학생의 다양한 요구를 받아들이게 하기 위해 투쟁할 수밖에 없다는 것이다. 교육자들은 다양한 과정을 마련하여 선택 가능성을 늘리고 있지만, 2000년이 되기 이전에 학위나 전공, 학점 등 낡아빠진 구조는 와해되어 두 학생이 똑같은 교육과정을 밟는 경우는 없게 될 것이다. 학생들은 고등교육을 탈 규격화시켜 초산업화적인 다양성으로 나아가도록 압력을 행사하고 있고, 이러한 투쟁에서 학생들은 틀림없이 승리할 것이다. 제도 '안에서' 교육을 다양화시키는데 실패하면, 제도 '밖에서' 다른 교육의 기회가 자라나게 된다. 대량생산의 유물인 강의실이 중요성을 상실해갈 것이다. 마치 대량생산량이 많은 공장에 노동자들을 집중 배치하는 것이 필요했듯이, 교육에서의 대량생산 역시 많은 학생들을 학교에 배치하는 것이 필요했다. 이러한 사실 자체는 곧 획일적인 규율, 규칙적인 시간, 출석점검 등을 요구함으로써 규격화를 이루는 하나의 힘이었다. 그러나 미래의 진보된 기술과학은 이러한 일을 불필요하게 만들 것이다. 교육은 거의 학생의 집 공부방이나 기숙사에서 자기 스스로가 택하는 시간에 이루어질 것이기 때문이다.[1)]

미래의 충격을 피하려면 초산업화 시대에 알맞은 교육제도를 만들지 않으면 안 된다. 미래의 학교들이 학생들의 생활 적응력을 길러주려고 한다면, 학생들로 하여금 보다 다양한 조직체에 참여하여 경험해볼 수 있게 해주어야 한다. 몇 명의 교사와 한 명의 학생으로 이루어지는 교실, 몇 명의 교사와 한 그룹의 학생들로 이루어지는 교실, 학생들을 공동작업에서 개별작업으로 또는 그 역逆으로 이동시키는 일 등 이러한 모든 일과 그 배합은 학생들이 훗날에 직면하게 되는 일들을 앞당겨 경험하도록 하기 위해 필요한 것들이다. 교육에서의 미래주의 운동은 모든 학생이 역사와 수학, 생물, 문학, 문법, 외국어 등 똑같은 자료원資料源을 가지고 배우는 표준화된 초·중등학교 교과목 대신에 보다 다양한 자료가 제시되지 않으면 안 된다. 이를 위해 '불확정 교과', 즉 현재 존재하지 않을 뿐 아니라 현실화하지 않을 수도 있는 문제를 다루도록 훈련시키는 교육프로그램을 개발해야 한다. 예를 들면 행성이나 항성으로부터의 역오염逆汚染, 외계 생명체와의 교신의 필요성, 유전자 실험과정에서 잘못 만들어진 괴물 등 실제로 일어나지 않을지도 모르지만 어쩌면 일어날 수도 있는 우발적 재난에 대처하기 위해서는 관련 전문가를 길러야 한다.

인간자원연구기구의 심리학자 거조이(Herbery Gerjuoy)는 "새로운 교육은 스스로를 가르치는 방법을 가르치지 않으면 안 된다. 내일의 문맹자란 읽지 못하는 사람이 아니라 배우는 방법을 배우지 못한 사람"이라고 했다. 그런데 학교는 내일에 관해서는 침묵을 지키고 있다. 학생은 미래보다는 과거에 초점을 맞추고 있다. 미래는 교실에서 금지되고 있듯이 학생의 의식 속에서도 금지되고 있다. 미래는 마치 없는 것과 같다. 어린이들에게 역사과목은 가르치고 있으면서 어째서 '미래학' 과목은 없는가? 어린이들에게 개개인의 미래적 역할 이미지를 길러내려면 학생들에게 '미래 자서전'을 쓰도록 해서 그들로 하여금 미래의 5년이나 10년 또는 20년 동안의 자신을 그려보게 할 수 있다. 호기심을 불러일으키는 일이 교육의 기본 임무이다. 교육은 미래의 시제로 옮겨가지 않으면 안 된다.[2)]

제3의 물결

새로운 문명의 출현은 1만 년 전 농업의 시작에 따라서 일어난 '제1의 물결' 그리고 산업혁명이 도화선이 되어 순식간에 지구를 휩쓴 '제2의 물결'과 같이 사회를 밑바닥으로부터 변혁하는 대사건이다. 우리는 이 두 개의 변혁에 버금가는 '제3의 물결' 시대에 살고 있다. 이 엄청난 변혁의 시대를 우주시대(Space Age), 정보화시대(Information Age), 전자공학시대(Electronic Era)라고 부른다.[3)]

'제2의 물결' 사회에 공통된 주요한 구조는 대중교육(Mass Education)이다. 공장을 모델로 해서 만들어진 대중교육은 초보적인 읽기와 쓰기, 산수를 비롯해서 역사와 그 밖의 과목도 간단하게 가르쳤다. 그러나 이것은 표면상의 교과과정일 뿐 그 배후에는 눈에 보이지 않는 숨은 교과과정이 있었다. 이것은 산업사회의 기반으로서 매우 중요했다. 이 교과과정은 세 개의 덕목으로 되어있는데, 시간 엄수, 복종, 기계적인 반복 작업에 익숙해지는 것이다. 공장 노동자에게 우선적으로 요구되는 것은 정해진 시간에 출근하는 것이다. 그리고 상사인 관리자의 명령에 복종하는 노동자여야 했고, 남녀에 상관없이 기계나 책상 앞에서 싫증내지 않고 기계적인 반복작업을 착실히 할 수 있는 인내력을 길러야 했다. 이렇게 해서 19세기 중반 이후 '제2의 물결'이 닥친 국가에서는 교육제도가 빠른 속도로 발달했다. 취학연령은 계속 내려가고 재학 햇수는 길어졌다. 그리고 의무교육 연한도 연장되었다. 1829년 뉴욕의 어느 기계공과 직공그룹이 선언한 것처럼 "교육은 생명과 자유 다음으로 인류에게 주어진 축복"으로 간주되었다. 그러나 '제2의 물결'이 닥친 이후의 학교는 여러 세대에 걸쳐 젊은이를 규격화해서 일관된 작업에 적합한 획일적 노동자를 양성해왔다.[4)]

'제2의 물결'의 인간은 본능적으로 6원칙(규격화 standardization, 분업화 specialization, 동시화 synchronization, 집중화 concentration, 극대화 maximization, 중앙집권화 centralization)을 적용해서 자기들의 문명을 뒷받침하고 있는 것들을 지키려는 반면, '제3물결'의 인간은 거기에 도전하고 이 6원칙 자체를 공격한다.[5)]

'제3의 물결'로 해서 창출되는 새 문명의 대부분은 낡고 전통적인 산업중심주의가 낳은 문명과는 맞지 않는다. 그것은 고도의 과학기술에 의지하는 동시에 반反 산업주의라는 성격을 띠고 있다. 닥쳐올 문명은 규격화, 동시화, 중앙집권화라는 산업사회의 제약을 뛰어넘어 에너지, 부, 권력의 집중화를 넘어서는 길을 열어준다.[6)]

다가올 '제3의 물결'의 사회를 얼음처럼 차갑고 가슴에 구멍 뚫린 사회로 만들지 않으려면 우선 공동체의 원점인 '가족'을 재발견해야 한다. 잃어버린 가족의 기능을 되살리고 확대시켜야 하는 것이다. 또한 가정은 청소년을 교육하는 자리로서 더욱 적극적인 역할이 기대된다. 가정에서 자기 자식을 교육시키려는 부모는 의무교육법을 위반했다는 비난보다는 학교로부터 원조를 받아야 마땅하다. 부모는 자식을 학교에 떠맡겨버리는 것이 아니라 학교교육에 대해 자주 발언하고 요구해야 한다. 아울러 학교도 귀속의식을 키우는 데 여러 가지 가능성을 가진 곳이 될 수 있다. 상상력이 풍부한 교육자라면 조금만 머리를 써도 공동체의식을 키우는 교육방법을 얼마든지 생각해낼 수 있다.[7)]

장기적인 안목에서 보면 교육도 분명히 바뀔 것이다. 학습활동은 교실에서보다는 밖에서 더욱 활발히 진행될 것이다. 의무교육 연한은 단축되기는 해도 연장되지는 않을 것이다. 엄격한 연령별 학년편성 대신 젊은이와 나이 든 사람이 한 교실에서 공부하게 된다. 교육내용에도 변화가 생겨 교육과 노동이 서로 관계를 맺게 되어 사람들은 일생을 통하여 교육을 받게 된다.[8)]

권력 이동

≪미래의 충격≫은 변화의 '과정' 즉, 변화가 인간과 조직체에 어떠한 영향을 미치는가에 초점을 맞추어 살펴보았다. ≪제3의 물결≫은 변화의 '방향' 즉, 오늘날의 변화가 우리를 어디로 데려가는가에 초점을 맞추었다. ≪권력이동≫은 앞으로 다가올 변화의 '통제' 즉, 누가 어떻게 변화를 통제할 것인가라는 문제를 다뤘다.[9)]

미국의 실패 분야는 마약·폭력 및 정신장애로 피폐화된 공장식 교육제도이다. 불행하게도 미국 이외의 나라에서도 도심지역의 학교들은 곤경에 처해 있다. 미국 학교가 온갖 문제에도 불구하고 앞서 있는 것은 유럽이나 일본의 학교보다 중앙집권화의 정도가 덜하며, 교육부의 지시를 받지 않는다는 점에 있다. 이로 인해 미국 학교들은 적어도 잠재적으로는 실험과 혁신에 개방적이다. 미국에서는 아직도 다양한 문화적 흐름이 세계로 흘러가고 있다. 예컨대 미국 출판사가 번역하는 외국서적보다 외국에서 번역되는 미국 서적이 더 많다는 것이다.[10)]

부는 앞으로도 계속 가공할 만한 권력의 수단이 될 것이다. 그러나 여러 가지 예외와 불규칙성, 모순과 혼란에도 불구하고 지금 권력의 역사상 가장 중요한 한 가지 변화가 목격되고 있다. 최고급 권력의 원천인 지식이 시시각각으로 그 중요성을 더해가고 있음은 아무도 부인할 수 없다. 그러므로 가장 중요한 '권력이동'은 한 개인이나 정당·제도 또는 국가에서 다른 곳으로 이동하는 것이 아니다. 그것은 사회가 미래와의 충돌을 향해 달려감에 따라 폭력·부·지식 간의 관계에서 일어나는 숨겨진 이동이다. 이것이야말로 아슬아슬하고 마음을 흥분시키는 '권력이동 시대'의 비밀이다.[11)]

부의 미래

'제1의 물결'의 부富 창출 시스템은 키우는(growing) 것을 기반으로 했고, '제2의 물결'은 만드는(making) 것을 기반으로 했다. '제3의 물결'의 부의 창출 시스템은 서비스하는(serving) 것과 생각하는(thinking) 것, 아는(knowing) 것, 경험하는(experiencing) 것이 기반이다.[12)]

사회에는 시간에 맞춰 달리는 제도가 필요하다. 변화의 속도에 초점을 맞춰 고속도로를 달리고 있는 자동차를 상상해보자. 각 자동차는 그 기관이 실제 변화하는 속도에 상응하는 속도로 달린다. 시속 100마일로 질주하는 자동차는 가장 빠르게 변화하는 기관으로 '기업'이다. 다음 두 번째 빠른 속도로 달리는 자동차는 시속 90마일의 '시민단체(NGO : nongovernmental organization)'이다. 시속 60마일로 달리는 세 번째 자동차는 '가족'이다. 그 뒤로 시속 30마일로 노동조합이 달리고 있다. 이들은 1930년대 대량생산 시대의 조직, 방법, 모델을 그대로 고수하고 있다. 소리만 요란한 정부 관료조직과 규제 기관들은 시속 25마일로 달리고 있다. 하지만 정부 관료조직보다 훨씬 뒤처져 있는 자동차가 있다. 타이어는 펑크가 나서 흔들거리고, 라디에이터에서는 연기가 뿜어져 나온다. 이 자동차는 뒤따라오는 차까지 속도를 낼 수 없게 만든다. 이 자동차가 바로 '학교'이다. 학교들은 대량생산에 맞게 디자인되어 공장처럼 가동되고, 관료적으로 관리되며, 강력한 교원노조와 교사들의 투표권에 의지하는 정치인들로부터 보호받는다. 기업들이 속도 경쟁을 벌이며 변화에 매진하는 동안 공교육 체제는 독점의 특혜를 누리며 보호받고 있다. 학부모와 개혁적인 교사들, 언론은 강력하게 변화를 요구하고 있다. 그럼에도 불구하고 공교육의 핵심 부문은 여전히 산업시대에 맞게 만들어진 공장식 학교로 남아 있다. 10마일로 기어가는 교육체제가 100마일로 달리는 기업에 취업하려는 학생들을 과연 준비시킬 수 있겠는가? 정부 간 국제기구들은 5마일로 달리고 있다. 이들의 관료구조와 활동은 예전 그대로이다. 그런데 이보다 더 느리게 변화하는 곳이 있다. 바로 의회와 정당인 정치조직이다. 이들은 수많은 단체들의 요구에 시달리고 있다. 마지막으로 가장 느리게 변화하는 것은 법이다.[13]

교육의 경우를 살펴보자. 교육이 직업을 준비시키는 역할만 하는 것은 아니지만, 학생들이 원하지도 않는 직업에 대비시키려고 한다면 이는 학생들을 기만하는 것이다. 하지만 실제 경제와 조화를 이루지 못하는 오늘날의 대량생산 학교들은 아직도 기계적·반복적인 공장식 학습방법을 강조하고 있다.[14] 오늘날 새로운 물결 분쟁이 지평선을 뒤덮고 있다. 기존의 공장과 같은 교육체제가 방어자의 입장이 될 것이다. 즉 공장식 교육체제를 대체하기 위해 점차 그 세력을 키워가고 있는 반대운동에 대항해야 할 것이다. 그 새로운 반대운동은 교사, 학부모, 학생, 기업이 주도한다. 성난 학부모와 실망한 교사, 실무 인재에 목마른 기업, 교육 혁신가, 온라인 교육자 그리고 학생들 스스로가 공장식 학교의 단순한 개혁이 아니라 완전 대체를 위한 새로운 동맹을 형성하고 있다.[15)]

교사

오늘날 학교 내에서 창조성이 고갈된 수백만 명의 교사들이 정년이 될 때까지 자신의 근무연한을 때우고 있다. 하지만 교육체제에 대한 투쟁을 전개하고 있는 다수의 영웅적인 교사들도 있다. 그들은 여러 가지 제약에도 불구하고 제자들을 위해 괄목할 만한 성과를 올리기도 했다. 그들은 산업화 시대를 벗어나기 위한 교육의 진보에 도움이 되는 각종 아이디어를 제공한다.

학부모

많은 학부모들이 점점 더 그 수가 증가되고 있는 차터 스쿨(Charter School)과 마그넷 스쿨(Magnet School) 등을 비롯하여 지금의 공교육 내에서 수행되는 변화를 지지한다. 실패한 산업화 시대의 학교체제가 지식기반 경제와 괴리가 커지면 학부모들의 저항은 물리적 형태를 띨 가능성이 크다. 분노한 행동주의 부모들은 인터넷을 통해 이웃 간 학부모 모임의 범위를 뛰어넘어 지역이나 국가, 심지어는 전 세계적 운동으로 조직화하고 완전히 새로운 교육방식과 내용 및 기관을 요구할 것이다.

학생

학생들은 이미 대중교육체제에 대항해 무정부적 투쟁을 시작했다. 오늘날 많은 학생들이 현재의 학교가 자신에게 내일이 아니라 어제를 준비시키고 있다는 사실을 확실하게 인식하고 있다. 학생들은 이에 대해 반항하는데, 가장 쉽게 찾아볼 수 있는 사례가 학업을 포기하는 것이다. 일단 학교를 떠나면 그들은 극빈 계층에 합류할 가능성이 높다. 다른 변화는 교실 내부에서 일어난다. 교사들은 교도소 교도관처럼 어떤 규율에 대해서나 반항적인 학생들과 늘 대면하고 있다. 일부 학교는 폭력이 만연되어 경찰이 학교를 순찰해야 할 정도이다. 학생들이 펼쳐놓은 책 뒤에는 게임기와 휴대전화가 숨겨져 있다. 교사들이 단조로운 목소리로 수업을 진행하고 있는 동안 현란한 문자 메시지가 오간다. 학생들은 그곳을 탈출해 사이버 세계를 기웃거리고 있는 것이다.

기업

20세기 중반 새로운 부의 창출 시스템이 확산되면서 기존과 다른 새로운 직무기술이 필수 자격요건이 되었다. 이는 기존의 교육체제로는 가르칠 수 없는 기술이다. 교육과 현실의 격차가 급속도로 벌어졌다. 신문의 기사는 그런 내용들로 늘 채워진다. 결국 빌 게이츠가 다음과 같은 글을 발표했다. "미국의 고등학교는 무용지물無用之物이다. 무용지물이라는 말을 통해 나는 단순히 학교가 붕괴됐다거나 결함이 있다거나 혹은 예산이 부족하다는 사실을 말하고자 하는 것이 아니다. 무용지물이란 말은 우리의 고등학교가 설사 설정된 목적에 따라 정확하게 운영되더라도 학생들에게 오늘날 알아야 할 지식을 가르칠 수 없다는 사실을 말하는 것이다."

드러커의 미래교육 전망

지식사회의 도래를 예견하고, 지식사회에서는 지식만이 사회적 지위를 얻고 경제적 성과를 얻을 수 있는 유일한 생산수단이 될 것이라고 주장해온 미국의 경영학자 피터 드러커(Peter F. Drucker, 1909-2005)는 ≪프로페셔널의 조건≫에서 미래사회에서는 '교육받은 사람'이 더욱 필요하다고 전망했다.[16)]

지식사회 이전의 모든 사회에 있어서 '교육받은 사람'은 한갓 장식품에 지나지 않았다. 그러나 지식사회에서는 교육받은 사람이 사회의 표상이자 상징이며 또한 사회의 표준이다. 이들에 의해 사회의 실행 능력이 결정된다. 또한 이들에 의해 사회적 가치, 신념, 헌신이 구체화된다. 지식사회에서는 교육받은 사람이 중심이 되어야 한다. 지식사회는 교육받은 사람에 대한 보편적인 개념을 가져야만 하는데, 그 이유는 지식사회는 전문지식의 사회이고 또한 범세계적인 사회이기 때문이다. 지식사회에 있어서는 통화, 경제, 직업, 기술 중심 이슈 그리고 무엇보다도 정보가 세계적이다. 교육받은 사람은 비록 미래를 만들기 위한 것까지는 아니더라도 현재에 영향을 미칠 수 있는 지식을 항상 갖고 다닐 수 있어야 한다. 아무리 위대한 전통이라고 해도 그것이 현재에 영향을 미칠 수 없는 것이라면 먼지 쌓인 골동품에 지나지 않는다.

교육받은 사람은 자신이 속하지 않은 다른 세계의 문화와 전통에 대해서도 올바른 인식을 가질 수 있어야 한다. 예를 들어 서구의 교육받은 사람은 중국과 일본 그리고 한국의 위대한 유산에 대해서도 이해할 수 있어야 한다. 그리고 동양과 이슬람의 종교와 철학에 대해서도 다 같은 종교와 문화로서 동등하게 평가할 수 있어야 한다. 미래 사회는 '탈脫 서구'가 될 수도 있고 '반反 서구'가 될 수도 있다. 그러나 미래 사회는 '비非 서구'가 될 수는 없다. 미래 사회의 물질문명과 지식은 모두 서구의 지적 기초, 즉 서구의 과학, 서구의 도구와 기술, 서구의 생산체제, 서구의 경제학, 서구적 화폐제도와 은행관습들에 의존한다. 서구의 사상 그리고 서구의 전통에 대한 이해와 수용 없이는 이와 같은 것들을 전혀 이용할 수 없다. 미래의 교육받은 사람은 글로벌화된 세상, 즉 서구화된 세계에서 살아갈 준비를 해야 한다. 또한 교육받은 사람은 더욱더 민족주의화된 세상에서 살게 될 것이다. 비전과 시야 그리고 정보에 있어서 그들은 '세계의 시민'이 되어야만 한다. 또한 교육받은 사람은 자신이 뿌리내리고 있는 지역에서 영양분을 흡수하여 지역 문화를 풍성하게 가꾸어나가야 한다.

자본주의 이후 사회는 지식사회임과 동시에 조직의 사회이다. 그러므로 교육받은 사람은 두 개의 문화 속에서 동시에 일할 수 있는 준비를 해야 한다. 두 개의 문화는 언어와 사상에 초점을 두는 '지식인(intellectual)'의 문화 그리고 사람과 일에 초점을 두는 '경영자(manager)'의 문화이다.

호르크스의 미래교육 전망

독일어권 유럽에서 가장 영향력 있는 미래·트랜드 전문가인 호르크스(Matthias Horx)는 저널리스트 출신의 미래학자이다. 그는 독일 프랑크푸르트에 '미래연구소'를 설립하고 현대사회의 메가트렌드 등을 연구하고 있다. ≪미래에 관한 마지막 충고≫, ≪미래에 집중하라≫, ≪위대한 미래≫ 등의 저서가 있다. 다음은 그의 저서인 ≪미래를 읽는 8가지 조건≫에서 교육에 대해 설명한 내용이다.[17)]

산업시대에 지식은 전반적으로 정체 상태에 빠져 있었으나 지식 경제시대에는 지식 자체가 빠르게 변한다. 교사는 언제나 교사로만 머물러 있는 것이 아니라 학생이 되기도 한다. 그럼으로써 교사는 제자들과 새로운 상호작용을 하는 관계를 맺는다. 학습은 일방적인 것이 아니라 상호작용을 하는 과정으로 이루어지고, 이러한 과정은 시시각각 변하는 주변 세계와 결합되기 때문에 천태만상의 방식으로 진행된다. 지식 경제시대에는 점점 더 많은 사람들이 자신의 직업과 생산공정을 직접 창출하고 끊임없이 새롭게 개발한다.

교육이 비참한 상태에 빠지게 된 원인은 초·중·고등학교와 대학이 상아탑의 전통에 젖어 시장에서 평가받을 필요가 전혀 없었다는 단순한 사실에서 찾을 수 있다. 그러나 21세기의 학교는 벤치마킹 학교가 될 것이며, 이를 통해 오늘날 기업문화가 지닌 기본적 특성들을 수용하게 될 것이다.

교육의 미래는 문화의 다원성을 지향하며, 인종적인 특색과 지식전달이 아닌 교육학적인 성격을 지닌다. 앞으로 초등학생들은 학교에서 피부색이 다른 인종과 낯선 문화를 점점 더 많이 체험하게 될 것이다. 외국인 학생이 없는 명문대는 상상하기 힘들다. 또한 학교는 단순하게 수업만을 진행하는 장소가 아니라 사회생활, 기업활동 및 사회복지 증진을 위한 사업도 이루는 다원적인 공간으로 탈바꿈하게 될 것이다.

21세기에 기업문화와 교육문화는 서로에게 유익한 자극제가 될 것이다. 두 영역의 초점을 따라가 보면, 스스로에 대해 책임의식을 지닌 새로운 인간형을 궁극적으로 만날 수 있기 때문이다. 주어진 일만 수동적으로 처리하면 되는 산업시대의 낡은 직장인 스타일은 자기를 스스로 경영하는 스타일로 바꾸고 있는 것이다.

호르크스는 우리나라 한 일간지와 가진 인터뷰에서 "미래사회에서는 지식을 아는 것보다 지식과 정보를 새로운 방식으로 연결하여 부가가치를 창출하는 것이 더 중요하다"라고 하면서 "급변하는 미래에 자본주의를 지속 가능하게 하는 핵심은 교육에 있다"라고 주장했다. 또한 그는 "현재 한국의 교육시스템은 사무실과 공장에서 경쟁적으로 일을 하던 산업화 초기단계에 머물러 있다"라고 보았다. 호르크스는 지금의 한국 교육으로는 자본주의 위기를 극복하기 힘들 것이라고 지적했다. 그는 "초등학교 때부터 극심한 경쟁을 시키는 한국식 교육에서는 최고가 아니면 기회를 놓치고 낙오한다"라고 하면서 "서구의 기업들도 지금 학교성적이 한 인간의 능력을 제대로 반영하지 못하고 있다는 것을 깨닫고 있다"라고 말했다. 이어 "한국의 경우 모든 학생이 똑같은 목표(대학진학)를 향해 달려가는 지나치게 단순화된 교육모델에 머물러 있다"라고 하면서 "다양한 재능과 능력을 가진 학생들에게 '다양한 트렉(진로)'을 만들어줌으로써 재능을 발휘할 수 있도록 하는 것이 자본주의 4.0시대에 맞는 교육"이라고 했다. 그는 한국의 주입식 위주 교육이야말로 자본주의 3.0시대 교육의 '우울한 단면'이라고 비판하면서 "문제풀이에 매몰되어있는 교육은 절대 안 된다"라고 했다. 그는 "객관적 사실과 공식은 인터넷에 널려 있고 이런 정보를 얻는 것은 앞으로 더 쉬워진다"라고 하면서 "학생들을 그런 단편적 지식을 묻는 것으로 평가한다면 미래사회의 변화 추세와 거꾸로 가는 것"이라고 말했다. 그러면서 "교육은 구태의연한 정답을 학생들에게 가르치는 것이 아니라, 젊은이들에게 새로운 영감과 질문을 던져주는 역할을 해야 한다"라고 했다. 공부 잘하는 학생은 '복종 잘하는 사람', '제도에 순응 잘하는 사람'을 의미할 뿐이라고 보았다. 광고・디자인・기술 등 미래의 창의적인 산업분야를 이끌어갈 인재가 꼭 학교 모범생 출신일 필요는 없다는 것이다.

호르크스는 "학교가 꾸준히 개혁・개선될 때 자본주의 위기에 대한 해답을 찾을 수 있다"라고 했다. 그는 "스웨덴・덴마크・노르웨이 등 북유럽 국가들의 경우에 교육이 그 사회의 부가가치를 창출해내고 있다"라고 하면서 "단, 교육시스템이 소수의 부자富者들에게만 유리하게 작동하지 않고, 모든 사회구성원에게 다양한 기회와 창의적인 교육콘텐츠를 제공하는 것이 중요하다"라고 말했다. 또 그는 '교사의 역할'을 강조했다. 교사가 지식전달자에 그친다면 미래의 사회는 암울하다는 것이다. 그는 "지금의 교사들은 아이들 재능을 키우고 있다고 스스로 생각하고 있는지 모르지만 실제로는 아이들 재능을 다 망치고 있다"라고 하면서 "교사는 아이들에게 호기심과 창의력을 키워주는 사람이 되어야 한다"라고 말했다.[18)]

유엔의 미래교육 전망

유엔미래보고서는 유엔의 미래연구 싱크탱크이며, 오랜 역사를 자랑하는 세계적 미래연구단체인 '밀레니엄 프로젝트'가 발표한 2025년 미래의 모습이다. 이 보고서는 밀레니엄 프로젝트 내의 전문가들이 각 분야별로 10년 후를 예측하여 유엔 등에 보고하며, 매년 개최되는 세계미래학회 연례 컨퍼런스에서 발표된다. 나음은 보고서 내용 중에 교육과 관련된 부분을 추린 것이다.[19)]

> 교육에서 지식 전수의 역할이 디지털 교과서나 인터넷 포털사이트, 위키피디아 등에게 넘어가고, 학교에서는 인성교육, 팀워크, 창의성, 의사소통능력, 문제해결능력, 분석적 사고 등을 중점적으로 가르치게 된다. 이때 필요한 것이 창조적 사고로 통하는 문화예술이다. 결국 정부 차원에서 교과과정에 쓰일 문화예술 콘텐츠를 개발하는 데 적극 나설 것이다. 특히 문화예술은 특정 계층이나 연령대를 구분하지 않고 누구에게나 유익한 교육과정이 될 수 있다.
>
> 미래사회에는 이공계열의 학문이 부상할 것이다. 반면 인문계열의 학문은 학교 교과과정으로 배우기보다는 기초 교양으로 배우게 되며, 평생교육원 등에서 온라인으로 수강하는 형태로 변할 것이다. 빌 할랄(Bill Halal) 조지워싱턴대 교수는 '철학과 문학을 포함한 인문학은 30~40대에 온라인으로 공부하는 평생학습 개념으로 변할 것'이며 '2030년이 되면 평균수명이 백삼십 살이 되고 영원한 수명 연장도 가능해질 수 있기 때문'이라고 했다. 과학기술, 공학, 수학은 어렸을 때 가르치고 철학, 사회학, 인문 계통의 학문은 스스로 배

울 수 있도록 해야 한다는 주장이다. 철학은 사실상 사회경험이 더해져야 이해가 쉬우며, 사회학이야말로 지역사회활동을 경험한 뒤에 배워야 공감할 수 있다. 인문학은 평생교육으로 진화될 것이다. 또한 미래학자 윌리스 하먼(Willis W. Harman) 박사는 앞으로 대학의 교육이 대부분 이공계 혹은 의료보건, 생활과학, 기후변화, 사회복지 등 현실에서 사용되는 기술에 치중하게 된다고 예측했다. 이를 증명이라도 하듯 미국의 초·중등학교에서는 과학(S)·기술(T)·공학(E)·수학(M)에 집중하고 있다. 이제는 한두 명의 과학자가 아니라 국민 모두가 전문 분야를 가지고 있어야 할 만큼 과학기술의 변화는 빠르게 이루어지고 있으며 사회변화를 이끌고 있다.

박영숙의 미래교육 전망

박영숙 교수는 현재 유엔미래포럼 대표이며, 연세대학교와 대구사이버대학교 미래예측 담임교수로 재직 중이다. 박교수는 30년 전 영국 정부 훈련 시 미래예측을 접하고 지금까지 미래예측 관련 18개국 국제기구의 한국대표를 겸하고 있다. 박교수는 ≪2020 미래교육보고서≫에서 미래학자들의 미래교육 전망을 다음과 같이 설명한 바 있다.

> "2020년이면 정보의 시대(Information Age)가 끝나고 지식 이상의 가치와 목표를 중시하는 영감의 시대(Spiritual Age)가 올 것이다."(윌리엄 할랄, 조지워싱턴대 교수), "2015년이 되면 정보화 사회가 끝나고 후기정보화 사회인 인지공학(Conscious Technology) 시대가 오며 사이버나우라는 옷과 안경을 쓰고 24시간 접속한다."(제롬 글렌, 세계미래연구기구협의회장, 유엔미래포럼 회장), "아이콘과 심미적인 경험들로 이루어진 '꿈의 사회(Dream Society)가 정보화·지식사회 이후의 미래모습일 수 있다."(짐 데이토, 하와이대 교수)[20)]

박교수는 미래에는 인간의 두뇌, 즉 한 사람이 저장할 수 있는 지식보다 수십억 배에 달하는 지식이 '오픈 소스'로 무료로 제공된다고 예측했다. 따라서 미래의 대학은 똑똑한 학생보다 인간 두뇌 용량의 수천, 수만 배에 달하는 지식을 밤새도록 찾아다니는 부지런한 학생들을 우선 선발하게 될 것이다. 그리고 미래교육은 집단지성, 적시학습, 개별화교육 방향으로 환경변화를 크게 겪을 것으로 전망했다.[21)]

세계미래회의에서 '20개의 미래트렌드'를 발표했는데 교육과 직접적인 관련이 있는 예측 내용은 두 가지이다. 첫째, 〈예측 9〉에서 특이점(싱귤래리티) 컴퓨터가 현실이 된다. 싱귤래리티는 기계가 인간의 지능을 따라잡는 시기를 뜻한다. 인간 고유의 본성인 풍부한 표현과 다양한 사고의 뉘앙스를 갖춘 인간 수준의 인공지능을 보유한 기계를 발명하는 사람과 회사는 엄청난 부자가 된다. 인공지능을 보유한 컴퓨터는 학습과 사고능력을 갖추고 자동차의 내비게이션이나 복잡한 질병을 진단하는 등 어려운 임무를 수행한다. 둘째, 〈예측 19〉에서 2015년에는 가상교육이 주류를 이룬다. 현재는 대학교육의 10%만이 온라인상에서 이루어진다. 그러나 산업체에서는 e-교육이 30%에 이르고 있으며, 곧 50%를 돌파할 것으로 보인다. 1억 명의 미국인들이 계속교육을 받는다는 사실은 온라인상의 대학교육 시장이 건강하게 성장하고 있음을 말해준다.[22)]

하버드대 · MIT 무료 온라인강의 시작

미국 명문대학들이 무료 온라인강의 프로젝트를 잇달아 선보이고 있다. 정보와 지식의 무료화·평준화라는 인터넷시대의 흐름이 무료 온라인 대학 강의로 나타나고 있는 것이다.

하버드대학과 매사추세츠공과대학(MIT)은 2일 "전 세계 학생들에게 새로운 배움의 기회를 제공하겠다"라고 하면서 무료 온라인 강의 프로그램 '에드엑스(edX)'를 발족한다고 밝혔다. 두 대학이 총 6000만 달러(680억 원)를 출연해 만든 edX는 오는 가을학기부터 컴퓨터공학과 사회과학, 인문학 분야 등 총 5개 강좌를 개설하기로 했다. 현직 교수진이 수만 명의 수강생을 상대로 온라인 강의와 토론, 시험과 실습을 진행한다. 강의를 듣고 시험을 치러도 정식 학점을 인정받지는 못하지만 대신 인증서와 성적표를 받는다.

> 지난 3월 MIT가 시범 실시한 온라인강의 '회로와 전자공학'은 전 세계에서 12만 명이 등록했고 이 중 1만 명이 중간고사를 본 것으로 집계됐다.
>
> 이에 앞서 스탠퍼드대학·프린스턴대학·펜실베이니아주립대학과 미시간대학도 연합하여 '코세라(Coursera.org)'라는 무료 온라인강의 프로젝트를 4월부터 선보였다. 코세라는 실리콘밸리의 벤처캐피탈에서 조달한 1600만 달러의 자금으로 마련됐고, 그리스신화부터 신경학, 미적분학까지 40여개의 현장 강의를 중계한다.
>
> 크리스찬사이언스모니터는 "명문대들이 먼저 자신들의 장벽을 깨뜨리면 고액 등록금의 살인적인 부담을 완화하는 계기가 될 수 있으며, 중위권 대학들도 영향을 받게 될 것"이라고 전망했다.[23)] 〈조선일보〉

박교수는 미래로 다가갈수록 사회과학 분야에서의 지식·정보의 변화는 가속도가 붙어 1년 이상 된 책이나 교과서는 틀린 정보를 가르치게 된다고 했다. 그러므로 수리나 언어영역 이외에 사회나 과학영역은 '집단지성'이라는 대형 네트워크에 들어가 적시적소에 최신 업데이트된 정보를 가지고 공부해야 경쟁에서 뒤처지지 않는다는 것이다. 이러한 변화에 대해 전통적인 종이책으로는 대응이 불가능하고 전 세계가 하나로 연결되어 있는 온라인 웹에서나 가능하다고 했다. 집단지성은 개개인들이 스스로 정보를 물어 나르고 업데이트하며 정제하고 관리·감독하는 거대한 개미군단과 같은 협업으로 이루어진다.[24)]

박교수는 2020년이 되면 대부분의 교육은 온라인 포털에서 업데이트된 정보를 가지고 공부하며, 학교에서는 팀워크·공동체생활·지역사회 자원봉사 등의 커뮤니티 활동을 중심으로 가르치게 된다고 했다. 앞으로 교사는 일대일 혹은 교실에서 학생들에게 교육을 시키는 것이 아니라, 교육기기를 들고 또는 교육포털에서 정보를 가지고 와서 학생들끼리 학습하거나 온라인으로 배우는 사이버교육 등이 대세가 된다. 교사의 역할은 더 이상 정보나 지식전달자가 아니라는 것이다. 정보는 교육포털에서 학생들이 검색해오고, 교사는 그 정보를 가지고 배우는 아이들에게 helper, assistant, monitor, guide, facilitator 등의 역할을 하게 된다.[25] 의사소통전문가인 자나 앤더슨(Janna Anderson)은 "전통적인 개념의 선생님들은 미래에는 큰 도움이 되지 못하는데, 이것은 전통적인 도서관이 큰 구실을 하지 못하는 것과 같다"라고 했다.[26]

스마트스쿨

세종시 첫마을에 문을 연 스마트스쿨은 모두 4개다. 유치원(참샘유치원)·초등학교(참샘초등)·중학교(한솔중)·고등학교(한솔고) 등 마을 내에 위치한 학교가 전부 스마트스쿨로 지정됐다. 참샘초등은 그중에서도 '선도학교'로 가장 완벽한 유비쿼터스 교육환경을 자랑한다. 학급당 학생 수는 25명, 학급 수는 24개이며 수용 가능 인원은 총 675명이다. 스마트스쿨에 대한 관심 덕분인지 개교 이틀 만에 525명이 '참샘' 이름표를 달았다. 이곳 학생들은 전원 전자학생증을 소지하고 있다. 등교하는 순간, 교문에 설치된 무선주파수 인식기술(RFID · Radio Frequency Identification) 리더기가 학생증을 인식해 출석처리가 자동으로 이뤄진다. 그와 동시에 학부모에겐 자녀의 등교 메시지가 전달된다.

참샘초등 학생들은 입학과 동시에 전자칠판, 전자교탁, 스마트패드, 메시지 보드, 무선 안테나(AP)가 설치된 교실에서 수업을 받는다. 전자칠판 옆에 설치된 메시지보드는 그날치 학사일정과 교내행사를 알려준다. 교실 입구에 설치된 스마트보드에 학생증을 갖다 대면 시간표와 자신의 상벌점, 그 날의 점심급식 식단까지 한눈에 볼 수 있다.

스마트스쿨의 위력은 수업시간에 더욱 잘 발휘된다. 일례로 교사가 전자칠판에 문제를 쓰면 학생들의 패드에도 동일한 내용이 떠오른다. 문제 푼 학생의 답안이 칠판으로 재전송돼 문제풀이 과정이나 정보를 학생 전체가 공유할 수 있다는 것도 장점. 사회시간엔 지도를, 음악시간엔 관련 악보와 동영상을 각각 띄울 수 있다. 수업에 방해되는 각종 유해 사이트는 스마트패드에서 자동으로 걸러낸다.

참샘초등학교엔 특별한 공간이 곳곳에 숨겨 있다. 동작인식마당, 가상현실체험관, 화상학습실, 스마트월(Smart Wall) 등이 그것. 이 중 학생들 사이에서 최고의 인기를 얻고 있는 곳은 단연 2층과 4층에 마련된 '동작인식마당'이다. 이곳에선 천장에 설치된 센서가 인체의 움직임을 감지해 바닥에 시뮬레이션 공간을 만들어낸다. 학생들은 이곳에서 축구·농구 등 다양한 활동을 즐길 수 있다.

가상현실체험관에선 교과서에 등장하는 우주공간, 해외 유명 박물관 등 실제 체험이 어려운 곳을 3D 환경으로 구현해놓았다. 특히 이곳은 공항 입·출국, 외국 지하철 승·하차 등 영어교과의 이해를 도울 수 있는 학습 체험공간으로 각광 받고 있다. 화상학습실도 인기 만점 공간 중 하나. 이곳에선 참샘초등과 자매결연 관계를 맺은 국내 5개교, 해외 3개교 학생들과의 화상수업이 가능하다. 6학년 교실 벽면에 설치된 스마트월도 참샘초등만의 자랑거리다. 빔 프로젝터 대신 사용할 수 있는 이 시설엔 유리창과 비슷한 신소재 '스모그 글라스'가 설치돼 눈길을 끈다.

대부분의 학교에서 '권위의 상징'으로 여겨지는 교장실·교무실·행정실 문턱도 대폭 낮아졌다. 유리벽을 활용한 '열린 공간'으로 연출, 학생과 교사 간의 원활한 의사소통을 시도한 것. 학부모를 포함, 지역 주민과 소통할 수 있는 공간도 크게 늘었다. 실제로 참샘초등은 독서실·강당·식당·컴퓨터실 등 교내 주요 공간을 개방, 지역주민과 함께할 수 있는 프로그램을 다양하게 운영하고 있다.[27) 〈조선일보〉

루트번스타인의 통합교육론

로버트 루트번스타인(Robert Root-Bernstein)과 미셸 루트번스타인(Michele Root-Bernstein)은 부부로 《생각의 탄생*Spark of Genius*》이라는 책을 공동으로 펴냈다. 로버트 루트번스타인은 미시건 주립대학 생리학과 교수로 재직 중이며 미셸 루트번스타인은 역사학자이다. 《생각의 탄생》 속에 담긴 미래교육의 바람직한 방향에 대해 살펴보고자 한다. 루트번스타인은 현대사회는 지식의 풍요 속에서 오히려 암흑기를 맞고 있다고 진단했다. 이러한 암흑기는 오로지 새로운 방식으로 지식을 재통합하고, 이 통합을 이끌어낼 수 있는 '신르네상스인'을 양성할 때 이겨낼 수 있다고 했다.[28] 루트번스타인은 교육의 목적을 '전인全人'을 길러내는 데 있다고 보았다. 전인은 축적된 인간의 경험을 한 곳에 집약하여 '전인성(wholeness)'을 통해 한 조각 광휘光輝로 타오르게 할 수 있는 사람을 뜻한다. 통합교육이 이루고자 하는 것은 바로 전인을 길러내는 것뿐이라고 했다.[29] 통합교육은 가르치는 방법의 변화를 뜻하는데, 루드번스타인은 통합교육의 여덟 가지 기본목표를 다음과 같이 제시했다.[30]

첫째, 학생들이 각 과목의 지식을 획득하도록 하는 일 외에 보편적인 창조의 과정을 가르치는 일에 중점을 두어야 한다. 교육의 목표는 이해에 있지, 단순한 지식의 습득에 있는 것이 아니다. 학생들은 창조적 사고의 결과물들을 베끼고 모방해야만 한다. 그럼으로써 그것들을 창조하는 감각적· 종합적인 과정을 배울 수 있다.

둘째, 창조과정에 필요한 직관적이고 상상적인 기술을 가르쳐야 한다. 자신이 받아들인 시각적, 청각적, 기타 감각적인 자극을 상상력을 동원해서 공감각 이미지로 만들어내는 법을 배워야 한다. 직관적 앎의 형식을 말이나 수, 조형, 동작, 소리 등의 형식으로 변환시키는 법을 배워야 한다.

셋째, 예술과목을 과학과목과 동등한 위치에 놓는 다학문적(multi-disciplinary) 교육을 수행해야 한다. 예술과 과학이 대단히 유용한 방식으로 상호작용하고 있다는 사실을 간과하고 있다. 유치원생부터 대학생까지 모든 학생들은 과학이나 인문학, 수학을 공부하는 것만큼이나 철저하게 예술을 공부해야 한다.

넷째, 혁신을 위해 공통의 언어를 사용함으로써 교과목을 통합해야 한다. 지식을 파편화시키고 자신의 분야 밖에서는 소통할 수 없는 전문가만 양성하는 교양과목과 과학과목을 가르치는 일은 아무 의미가 없다. 같은 언어, 용어가 과목들 간에 공유될 때 학생들은 다른 과목과 수업들을 연결시킬 수 있게 된다.

다섯째, 한 과목에서 배운 것을 여러 분야에 응용할 수 있도록 해야 한다. 지식을 한 과목에만 고립시키는 명칭은 무시해야 한다. 어떻게 하면 한 가지 교육재료를 많은 과목에 사용할 수 있느냐에 초점을 맞춰야 한다. 학생들이

화가이자 과학자로, 음악가이자 수학자로, 무용수이자 공학자로 사고하도록 도와주어야 한다.

여섯째, 과목 간의 경계를 성공적으로 허문 사람들의 경험을 창조성의 본보기로 활용해야 한다. 최선의 수업방식은 다른 사람들을 관찰하고 그들의 기법과 통찰, 창조과정을 모방하는 것이다. 새로운 방식으로 지식을 통합한 사람들이 어떻게 상상하는 기술을 배우고 또 창조작업을 했는지 알아야 한다.

일곱째, 정신의 영역을 최대한 확장시키기 위해서는 모든 과목에서 해당 개념들을 여러 형태로 발표하는 방법을 가르쳐야 한다. 한 가지 상상기술이나 창조기법만으로는 사고에 필요한 모든 것을 충족시켜줄 수 없다. 학생들이 한 가지 개념을 놓고 더 많은 방법으로 생각할수록 더 나은 통찰을 얻을 가능성도 높아진다.

여덟째, 개척자적인 교육방법을 개발해야 한다. 그 목적은 상상력이 풍부한 만능인(generalist)들을 양성하는 데 있다. 그들이 우리를 미지의 미래로 인도해줄 수 있기 때문이다. 창조적인 사람은 개척자이다. 그들은 융통성이 뛰어난 마음과 만능 생각도구들을 갖고 있어야 한다. 그것으로 새로운 지식을 창출해낼 수 있다.

미 주

01 | 교육의 의미

1) 신기철 · 신용철(1974). 새 우리말 큰사전. 삼성출판사. 14.
2) 신기철 · 신용철(1974). 위의 책. 61.
3) 신기철 · 신용철(1974). 위의 책. 3322.
4) 신기철 · 신용철(1974). 위의 책. 516.
5) 신기철 · 신용철(1974). 위의 책. 1384.
6) 김언종(2001). 한자의 뿌리 1, 2. 문학동네. 710-711.
7) 김언종(2001). 위의 책. 879-880.
8) 김정환 · 강선보(1997). 교육학개론. 박영사. 4.
9) 장상호(2012). "교육본위론과 스승다운 교사". 한국교원대 특강자료
10) 김재웅(2010). 홈스쿨링의 정치학. 민들레. 52-53.
11) 신기철 · 신용철(1974). 앞의 책. 292.
12) 네이버 지식iN
13) 이재운 · 박숙희(1994). 뜻도 모르고 자주 쓰는 우리말 1000가지. 예담. 85.
14) 대한불교조계종포교원(2011). 불교입문. 조계종출판사. 183-184.
15) 법정(2006). 맑고 향기롭게. 조화로운삶. 20.
16) 이어령(2008). 젊음의 탄생. 생각의나무. 230-231.
17) 한국방송(KBS TV). 도올 논어 제13강 '공부(工夫)란 무엇인가?'
18) 백형찬(2011). "배우고 또 익히면 기쁘지 아니한가." 전원생활, 3월호.
19) 신기철 · 신용철(1974). 앞의 책. 3629.
20) 김언종(2001). 앞의 책. 115.
21) 이어령(2008). 앞의 책. 199-200.
22) 이어령(2008). 앞의 책. 202-203.
23) 김용옥(2011). 중용 인간의 맛. 통나무. 248-251.
24) 김용옥(2011). 위의 책. 254-257.
25) 김용옥(2011). 위의 책. 278-279.
26) 민들레 편집실(2010). 교육 통념 깨기. 민들레. 56-57.
27) 전성은(2011). 왜 학교는 불행한가. 메디치. 168.
28) 장상호(2012). 앞의 글.
29) 이장우 · 우재호 · 장세후 역(2007). 고문진보. 을유문화사. 43.

30) 신기철・신용철(1974). 앞의 책. 352.
31) 김언종(2001). 앞의 책. 135-137.
32) 이어령(2008). 앞의 책. 97.
33) 법정(2006). 앞의 책. 10.
34) 김언종(2001). 앞의 책. 83-85.
35) 윤재근(2004). 맹자3 나를 버린다는 말은 거짓이다. 나들목. 205-206.
36) 법정(2006). 앞의 책. 133-135.

02 | 한국철학과 교육

1) 조현규(2009). 동양교육사상. 학지사. 237.
2) 이만규(2010). 다시 읽는 조선교육사. 살림터. 331.
3) 조현규(2009). 앞의 책. 244-245.
4) 노상우(2011). 교육의 역사와 사상(제3판). 교육과학사. 275.
5) 신귀현(2001). 퇴계 이황, 예 잇고 뒤를 열어 고금을 꿰뚫었소. 예문서원. 20.
6) 이문원(2002). 한국의 교육사상가. 문음사. 122-123.
7) 이문원(2002). 위의 책. 122-123.
8) 신귀현(2001). 앞의 책. 27-28.
9) 신귀현(2001). 앞의 책. 28-29.
10) 신귀현(2001). 앞의 책. 34.
11) 이만규(2010). 앞의 책. 335-337.
12) 조현규(2009). 앞의 책. 247-250.
13) 신득렬(2000). 교육사상사. 학지사. 555-556.
14) 조현규(2009). 앞의 책. 274-275.
15) 이문원(2009). 앞의 책. 151-152.
16) 노상우(2011). 앞의 책. 279-280.
17) 조현규(2009). 앞의 책. 281.
18) 조현규(2009). 앞의 책. 283.
19) 조현규(2009). 앞의 책. 285-287.
20) 조현규(2009). 앞의 책. 288.
21) 이만규(2010). 앞의 책. 350-352.
22) 이문원(2009). 앞의 책. 153.
23) 박희병(1998). 선인들의 공부법. 창작과비평사. 125-126.

24) 임석진 외(1987). 철학사전. 중원문화. 607.
25) 진교훈 외(2007). 인격. 서울대학교출판문화원. 61.
26) 정민(2011). 다산의 재발견. 휴머니스트. 53.
27) 진교훈 외(2007). 앞의 책. 61-72.
28) 정민(2011). 앞의 책. 144-147.
29) 정민(2011). 앞의 책. 62-67.
30) 정민(2011). 앞의 책. 67.
31) 정민(2011). 앞의 책. 72-77.
32) 정민(2007). 앞의 책. 79-84.
33) 정민(2007). 앞의 책. 84-89.
34) 정민(2007). 앞의 책. 89-98.
35) 서울대학교 교육연구소(1997). 한국교육사. 교육과학사. 341.
36) 교육부(1998). 교육50년사. 52-53.
37) 교육부(1998). 위의 책. 58-59.
38) 한국교육개발원(1999). "교육이념, 홍익인간의 재음미". 창립 27주년 기념 학술토론회 결과보고서. 15-26.
39) 한국교육개발원(1999). 위의 책. 34-39.
40) 한국교육개발원(1999). 위의 책. 40-43.
41) 한국교육개발원(1999). 위의 책. 52-53.
42) 전성은(2011). 왜 학교는 불행한가. 메디치., 159-160.

03 | 동양철학과 교육

1) 임석진 외(1987). 철학사전. 중원문화. 47-48.
2) 안병욱(2010). 논어 인생론. 철학과현실사. 23, 69.
3) 안병욱(2010). 위의 책. 191-193.
4) 안병욱(2010). 위의 책. 233-242.
5) 안병욱(2002). 위의 책. 293-295.
6) 조무남(2008). 교육과 사상의 발달. 교육과학사. 7-8.
7) 안병욱(2010). 앞의 책. 73.
8) 안병욱(2010). 앞의 책. 73-74.
9) 안병욱(2010). 앞의 책. 76-81.
10) 조현규(2009). 동양교육사상. 학지사. 37.

11) 안병욱(2010). 앞의 책. 71.
12) 이어령(2008). 젊음의 탄생. 생각의나무. 198-199.
13) 안병욱(2010). 앞의 책. 282-283.
14) 임석진 외(1987). 앞의 책. 203.
15) 조현규(2009). 앞의 책. 53-54.
16) 傅佩榮. 정광훈 역(2010). 맹자교양강좌. 돌베개. 54.
17) 홍인표(1992). 孟子. 대학고전총서8. 서울대학교출판부. 373.
18) 홍인표(1992). 위의 책. 432-433.
19) 홍인표(1992). 위의 책. 437.
20) 윤재근(2004). 맹자1 백성의 것을 억지로 빼앗지 마라. 나들목. 224-225.
21) 조현규(2009). 앞의 책. 59.
22) 傅佩榮. 정광훈 역(2010). 앞의 책. 52-54.
23) 조현규(2009). 앞의 책. 58.
24) 이혜경(2008). 맹자, 진정한 보수주의자의 길. 그린비. 33.
25) 傅佩榮. 정광훈 역(2010). 앞의 책. 15.
26) 홍인표(1992). 앞의 책. 28.
27) 임석진 외(1987). 앞의 책. 95.
28) 조현규(2009). 앞의 책. 125. 130-132.
29) 조현규(2009). 앞의 책. 136-138.
30) 노자. 오강남 풀이(1995). 도덕경. 현암사. 7.
31) 노자. 오강남 풀이(1995). 위의 책. 27-30.
32) 노자. 오강남 풀이(1995). 위의 책. 147-148.
33) 노자. 오강남 풀이(1995). 위의 책. 207-208.
34) 노자. 오강남 풀이(1995). 위의 책. 239-240.
35) 노자. 오강남 풀이(1995). 위의 책. 300-302.
36) 임석진 외(1987). 앞의 책. 638.
37) 김학주 역주(2006). 대학(개정판). 서울대학교출판부. 9.
38) Wm. Theodore de Bary. 표정훈 역(1998). 중국의 '자유' 전통. 이산. 56.
39) 조현규(2009). 앞의 책. 188-189.
40) Wm. Theodore de Bary. 표정훈 역(1998). 앞의 책. 59-60.
41) 김학주 역주(2006). 앞의 책. 5-6.
42) 김학주 역주(2006). 앞의 책. 40-43.

43) 이기동 역(1991). 大學・中庸 講說. 성균관대학교출판부. 19-26.

44) 진교훈 외(2007). 인격. 서울대학교출판문화원. 55.

45) 조현규(2009). 앞의 책. 191-193.

46) Wm. Theodore de Bary. 표정훈 역(1998). 앞의 책. 67-69.

47) 임석진 외(1987). 앞의 책. 493.

48) 조현규(2009). 앞의 책, 219.

49) 조현규(2009). 앞의 책. 217-218.

50) 김흥호(2000). 양명학 공부 3. 김흥호 전집. 솔. 229-233.

51) 方立天. (김학재 역(1998). 중국 철학과 지행의 문제. 예문서원. 155-156.

52) 杜維明. 권미숙 역(1994). 한 젊은 유학자의 초상. 통나무. 220.

53) 杜維明. 권미숙 역(1994). 위의 책. 221.

54) 조현규(2009). 앞의 책. 220-221.

55) 임석진 외(1987). 앞의 책. 9.

56) Mahatma Gandhi. 고병헌 역(2006). 간디, 나의 교육철학. 문예출판사. 236, 242.

57) Mahatma Gandhi. 고병헌 역(2006). 위의 책. 5.

58) Mahatma Gandhi. 고병헌 역(2006). 위의 책. 5-6.

59) Mahatma Gandhi. 고병헌 역(2006). 위의 책. 44-45.

60) Mahatma Gandhi. 고병헌 역(2006). 위의 책. 6.

61) Mahatma Gandhi. 고병헌 역(2006). 위의 책. 7-8.

62) Mahatma Gandhi. 고병헌 역(2006). 위의 책. 8.

63) 보리 편집부(1997). 작은 학교가 아름답다. 보리. 31-32.

64) 보리 편집부(1997). 위의 책. 43.

04 | 서양철학과 교육

1) 임석진 외(1987). 철학사전. 중원문화., 750-751.

2) 장영란(2009). 플라톤의 교육. 지식총서370. 살림출판사. 4-6.

3) 장영란(2009). 위의 책. 22-24.

4) Decker F. Walker & Jonas F. Soltis. 허숙・박승배 공역(2004). 교육과정과 목적. 교육과학사. 33-37.

5) 조무남(2008). 교육과 사상의 발달. 교육과학사. 67-70.

6) 장영란(2009). 앞의 책, 66-67.

7) 장영란(2009). 앞의 책, 28-32.

8) 장영란(2009). 앞의 책, 35-37.
9) 임석진 외(1987). 앞의 책, 175.
10) 한국교육학회 교육사연구회(1987). 교육사상가평전(서양편). 교학연구사. 143.
11) Decker F. Walker & Jonas F. Soltis. 허숙·박승배 공역(2004). 앞의 책. 35.
12) 한국교육학회 교육사연구회(1987). 앞의 책. 141-142.
13) 장 자크 루소. 김종웅 역(2012). 에밀. 미네르바. 98-99.
14) 한국교육학회 교육사연구회(1987). 앞의 책. 144-145.
15) 루돌프 슈타이너. 김성숙 역(2001). 교육은 치료다. 물병자리. 10.
16) 크리스토프 린덴베르크. 이정희 역(1998). 슈타이너. 한길사. 237.
17) 루돌프 슈타이너. 김성숙 역(2001). 앞의 책. 49, 282.
18) 루돌프 슈타이너. 김성숙 역(2001). 앞의 책. 20.
19) 루돌프 슈타이너. 김성숙 역(2001). 앞의 책. 53-54.
20) 루돌프 슈타이너. 김성숙 역(2001). 앞의 책. 49-50.
21) 김희동(2001). "내 아이의 기질을 아는 법". 정신세계, 통권 18호. 66-69.
22) 루돌프 슈타이너. 김성숙 역(2001). 앞의 책. 100.
23) 조선일보(2012.3.14). "책걸상·컴퓨터 없는 학교".
24) 박미숙(2001). "교육, 위기에서 희망을 노래하라". 정신세계, 통권 18호. 15-19.
25) 박미숙(2001). 위의 책, 19-21.
26) 임석진 외(1987). 앞의 책.
27) 조무남(2008). 앞의 책. 160-161.
28) 조무남(2008). 앞의 책. 161-162.
29) 한국교육학회 교육사연구회(1987). 앞의 책. 307, 310.
30) 한국교육학회 교육사연구회(1987). 앞의 책. 310.
31) 한국교육학회 교육사연구회(1987). 앞의 책. 311.
32) 한국교육학회 교육사연구회(1987). 앞의 책. 313.
33) 임석진 외(1987). 앞의 책. 799-800.
34) 화이트헤드. 오영환 역(2004). 교육의 목적. 궁리. 17-18, 34.
35) 화이트헤드. 오영환 역(2004). 위의 책. 37.
36) 화이트헤드. 오영환 역(2004). 위의 책. 14.
37) 화이트헤드. 오영환 역(2004). 위의 책. 39-40.
38) 화이트헤드. 오영환 역(2004). 위의 책. 48.
39) 화이트헤드. 오영환 역(2004). 위의 책. 38.

40) 화이트헤드. 오영환 역(2004). 위의 책. 66-68.
41) 화이트헤드. 오영환 역(2004). 위의 책. 69-72, 84-85.

05 | 심리와 교육

1) 최정훈 외(1993). 인간 행동의 이해. 법문사. 32.
2) 최정훈 외(1993). 위의 책. 33.
3) 최정훈 외(1993). 위의 책. 33-34.
4) 이성주(2003). 인체의 신비. 지식총서022. 살림출판사. 76-78.
5) 임규혁 · 임웅(2007). 교육심리학(2판). 학지사. 233.
6) 최정훈 외(1993). 앞의 책. 96-97.
7) 이어령(2008). 젊음의 탄생. 생각의나무. 217.
8) 최정훈 외(1993). 앞의 책, 87.
9) 한국천주교주교회의. 매일미사(2011, 10월호), 85.
10) 황정규 · 이돈희 · 김신일(2011). 교육학개론(제3판). 교육과학사. 299-301.
11) 조선일보(2007.10.31). "만물상"(유전 대 환경)
12) 임규혁 · 임웅(2007). 앞의 책. 210-211.
13) 오시마 기요시. 서덕빈 역(2004). 죽어가는 뇌를 자극하라. 평단문화사. 95-96.
14) 조벽(2010). 조벽 교수의 명강의 노하우 & 노와이. 해냄. 100.
15) 조선일보(2011.8.24). "기억력 감퇴 원인".
16) 조선일보(2011.8.24). "기억력 강화 이렇게".
17) 조선일보(2011.8.24). "'이건 말이야.' 친구에게 설명하면 더 기억에 남아요".
18) 이동연(2008). 예술교육을 넘어서. 한길아트. 24.
19) 황정규 · 이돈희 · 김신일(2011). 앞의 책. 313.
20) 권석만(2008). 긍정 심리학. 학지사. 192-193.
21) 황정규 · 이돈희 · 김신일(2011). 앞의 책. 314.
22) 권석만(2008). 앞의 책. 193, 194-195.
23) 이동연(2008). 앞의 책. 25.
24) 권석만(2008). 앞의 책. 196.
25) 권석만(2008). 앞의 책. 101-117.
26) 요하힘 바우어. 이미옥 역(2009). 학교를 칭찬하라. 궁리출판. 8-10.
27) 요하힘 바우어. 이미옥 역(2009). 위의 책. 15-21.
28) 조선일보(2012.1.2). "서울대 의대 소아청소년과 김붕년 교수가 본 왕따 현상".

06 | 지능과 발달

1) 이성주(2003). 인체의 신비. 지식총서022. 살림출판사. 78-79.
2) 이성주(2003). 위의 책. 79-80.
3) 오시마 기요시. 서덕빈 역(2004). 죽어가는 뇌를 자극하라. 평단문화사 15-17.
4) 오시마 기요시. 서덕빈 역(2004). 위의 책. 97-98.
5) 송기원(2011). 못난이 老子. 녹색평론사. 58-70.
6) 이성주(2003). 앞의 책. 80.
7) 김재은(2006). 생각의 기술. 태웅출판사. 200-202.
8) 김재은(2006). 위의 책. 185, 194-197
9) 김재은(2006). 위의 책. 203-204.
10) 오시마 기요시. 서덕빈 역(2004). 앞의 책. 102-103.
11) 조벽(2010). 조벽 교수의 명강의 노하우 & 노와이. 해냄. 125.
12) 황정규・이돈희・김신일(2011). 교육학개론(제3판). 교육과학사. 307.
13) 조벽(2011). 앞의 책. 125-126.
14) 민들레 편집부(2010). 교육 통념 깨기. 민들레. 18-19.
15) 조벽(2010). 앞의 책. 124-125.
16) 토마스 암스트롱. 심재훈・마희식 공역(2008). 8가지 지능의 재발견. 범우사. 12.
17) 토마스 암스트롱. 심재훈・마희식 공역(2008). 앞의 책. 37-279.
18) 임규혁・임웅(2007). 교육심리학(2판). 학지사. 157.
19) 임규혁・임웅(2007). 위의 책. 159-161.
20) 최정훈 외(1993). 인간 행동의 이해. 법문사. 114.
21) 최정훈 외(1993). 위의 책. 122.
22) 임규혁・임웅(2007). 앞의 책. 163-164.
23) 임규혁・임웅(2007). 앞의 책. 165-166.
24) 최정훈 외(1993). 앞의 책. 137.
25) 임규혁・임웅(2007). 앞의 책. 59.
26) 최정훈 외(1993). 앞의 책. 286-287.
27) 임규혁・임웅(2007). 앞의 책. 59-61.
28) 앤서니 기드슨. 김미숙 외 역(2011). 현대사회학. 을유문화사. 267-268.

07 | 영성과 교육

1) 루돌프 슈타이너. 김성숙 역(2001). 교육은 치료다. 물병자리. 17.

2) 방효익(1996). 뜬구름 잡기. 가톨릭출판사. 15-19.
3) 한영란(2004). 교사와 영성교육. 내일을여는책. 80-81.
4) 한국천주교주교회의(2012). 매일미사, 2월호. 106-107.
5) 송광사 수련원(1989). 수련교재. 불일출판사. 125.
6) 대한불교조계종포교원(2011). 불교입문. 조계종출판사., 149.
7) 대한불교조계종포교원(2011). 위의 책. 151-154.
8) 대한불교조계종포교원(2011). 위의 책. 159-160.
9) 대한불교조계종포교원(2011). 위의 책. 163-165.
10) 이종승(2001). "21세기 새로운 공모, 영성교육." 정신세계, 11-12월호, 통권 18호. 28-29.
11) 박미숙(2001). "영성교육, 이렇게 시작하자." 정신세계, 11-12월호, 통권 18호. 56.
12) 정재걸(2001). "아이들은 종이 한 장에서 만물을 본다." 정신세계, 11-12월호, 통권 18호. 94.
13) 파커 팔머. 이종태 역(2006). 가르침과 배움의 영성. 이종태 역. 한국기독학생회출판부. 35- 37.
14) 파커 팔머. 이종태 역(2006). 위의 책. 10-11.
15) 생텍쥐페리. 김화영 역(2007). 어린 왕자. 문학동네. 7-9.
16) 박미숙(2001). 앞의 글. 13.
17) 이철국(2001). "교실에서 꽃피는 아이들." 정신세계, 11-12월호, 통권 18호. 37.
18) 김종철 편(1993). 녹색평론선집1. 녹색평론사. 16-18.
19) 한영란(2004). 앞의 책. 6.
20) 이철국(2001). 앞의 책. 32-33.
21) 한영란(2004). 앞의 책. 214-215.
22) 이철국(2001). 앞의 책. 34-35.
23) 이철국(2001). 앞의 책. 33-34.
24) 한영란(2004). 앞의 책. 7.
25) 윤학(2011). 교육, 영성만이 답이다. 흰물결. 90-147.
26) 디팍 초프라. 정재겸 역(2001). "부모와 자녀를 위한 7일 영성 프로그램." 정신세계, 11-12월호. 통권 18호. 76-83.
27) 박미숙(2001), 앞의 책. 57.

08 | 가정과 교육

1) 김언종(2001). 한자의 뿌리1. 문학동네. 17-18.

2) 안병욱(1993). 인생론. 철학과현실사. 1993. 62-71.
3) 대한불교조계종포교원(2011). 불교입문. 조계종출판사. 266-267.
4) 대한불교조계종포교원(2011). 위의 책. 267.
5) 김정환·강선보(1997). 교육학개론. 박영사. 83-85.
6) 한국천주교주교회의(2012). 매일미사, 3월호. 74-75.
7) 홍인표(1992). 孟子. 대학고전총서8. 서울대학교출판부. 246-247.
8) 傅佩榮. 정광훈 역(2010). 맹자교양강의. 돌베개. 55-57.
9) 김정환·강선보(1997). 앞의 책. 88-92.
10) Mahatma Gandhi. 고병헌 역(2006). 간디, 나의 교육철학. 문예출판사. 59-60.
11) 보리 편집부(1997). 작은 학교가 아름답다. 보리. 12-13.
12) 정범모(2000). 한국의 교육세력. 나남신서 783. 나남출판. 94-101.
13) 조선일보(2012.3.27). "더 타임스 10대 양육법 소개".

09 | 학교제도와 교육

1) 한영우(2004). 다시 찾는 우리 역사(전면개정판). 경세원. 129.
2) 이만규(2010). 다시 읽는 조선교육사. 살림터. 79.
3) 이만규(2010). 위의 책. 80.
4) 서울대학교 교육연구소 편(1997). 한국교육사. 교육과학사. 47-48.
5) 한영우(2004). 앞의 책. 129.
6) 노상우(2011). 교육의 역사와 사상(제3판). 교육과학사 265.
7) 브리태니커(1994). 브리태니커 세계대백과사전. 24권 한국브리태니커. 417.
8) 서울대학교 교육연구소 편(1997). 앞의 책. 53.
9) 이원호(2002). 그림과 사진으로 보는 교육의 역사. 문음사. 151-152.
10) 이만규(2010). 앞의 책. 86-88.
11) 한영우(2004). 앞의 책. 153-154.
12) 이만규(2010). 앞의 책. 117.
13) 한영우(2004). 앞의 책. 171.
14) 변태섭(1996). 韓國史通論(4판). 三英社. 177.
15) 이만규(2010). 앞의 책, 133.
16) 한영우(2004). 앞의 책, 202-203.
17) 이만규(2010). 앞의 책, 138-139.
18) 변태섭(1996). 앞의 책, 198.

19) 노상우(2011). 앞의 책, 267.

20) 한영우(2004). 앞의 책, 302-303.

21) 노상우(2011). 앞의 책, 269.

22) 한영우(2004). 앞의 책, 303-304, 354.

23) 이만규(2010). 앞의 책, 175-176.

24) 중앙Sunday(2012.4.8). "漢字, 세상을 말하다 '成均'".

25) 한영우(2004). 앞의 책. 303.

26) 한영우(2004). 앞의 책. 475-476.

27) 한영우(2004). 앞의 책. 514.

28) 변태섭(1996). 앞의 책. 426.

29) 한영우(2004). 앞의 책. 514-515.

30) 김정환·강선보(1997). 교육학개론. 박영사. 106.

31) 김정환·강선보(1997). 앞의 책. 108-110.

32) 이원호(2002). 앞의 책. 19-22.

33) 이원호(2002). 앞의 책. 23-24.

34) 이원호(2002). 앞의 책. 24-26.

35) 이원호(2002). 앞의 책. 36-37.

36) 이원호(2002). 앞의 책. 60-62.

37) 이원호(2002). 앞의 책. 91-93.

38) 김정환·강선보(1997). 앞의 책. 110-111.

39) C. H. 해스킨즈(1978). 大學의 起源. 삼성문화문고 114. 삼성미술문화재단. 11.

40) 이광주(2008). 대학의 역사. 지식총서317. 살림. 24-25.

41) 김성식(1987). 대학사/독일학생운동사. 제3기획. 65.

42) 이광주(2008). 앞의 책, 7-8.

43) 이광주(2008). 앞의 책, 77-78.

44) 김정환·강선보(1997). 앞의 책, 111-112.

45) 연세대 교양교육위원회(1979). 대학의 뜻. 연세대학교 출판부. 9.

46) 연세대 교양교육위원회(1979). 위의 책. 9-10.

47) 이광주(2008). 앞의 책. 17-20.

48) 이광주(2008). 앞의 책. 26-31

49) 이광주(2008). 앞의 책. 53-55.

50) 연세대 교양교육위원회(1979). 앞의 책. 11-12.

10 | 교육과정과 교육

1) 황정규 · 이돈희 · 김신일(2011). 교육학개론(제3판). 교육과학사. 262.
2) 김정환 · 강선보(1997). 교육학개론. 박영사. 190.
3) 김정환 · 강선보(1997). 위의 책, 191-192.
4) 황정규 · 이돈희 · 김신일(2011). 앞의 책, 251-260; 홍후조(2011). 알기 쉬운 교육과정. 학지사. 406-410.
5) 홍후조(2011). 앞의 책. 406-410.
6) 이어령(2008). 젊음의 탄생. 생각의나무., 182.
7) Decker F. Walker & Jonas F. Soltis. 허숙 · 박승배 공역(2004). 교육과정과 목적. 교육과학사. 47.
8) Decker F. Walker & Jonas F. Soltis. 허숙 · 박승배 공역(2004). 위의 책. 43-44.
9) Decker F. Walker & Jonas F. Soltis. 허숙 · 박승배 공역(2004). 위의 책. 106-107.
10) Decker F. Walker & Jonas F. Soltis. 허숙 · 박승배 공역(2004). 위의 책. 109.
11) Decker F. Walker & Jonas F. Soltis. 허숙 · 박승배 공역(2004). 위의 책. 84-85.
12) Decker F. Walker & Jonas F. Soltis. 허숙 · 박승배 공역(2004). 위의 책. 86.
13) 임규혁 · 임웅(2007). 교육심리학(2판). 학지사., 272-273.
14) Decker F. Walker & Jonas F. Soltis. 허숙 · 박승배 공역(2004). 앞의 책. 91.
15) Decker F. Walker & Jonas F. Soltis. 허숙 · 박승배 공역(2004). 앞의 책. 91-92.

11 | 교사와 교육

1) 대한불교조계종포교원(2011). 불교입문. 조계종출판사. 268-269.
2) 傅佩榮. 정광훈 역(2010). 맹자교양강좌. 돌베개. 38-44.
3) 정재걸(2001). "아이들은 종이 한 장에서 만물을 본다". 정신세계, 11-12월호. 99-100.
4) 전창운(2003). 긋고 지우고 긋고 지우고. 미네르바. 200-201.
5) Mahatma Gandhi. 고병헌 역(2006). 간디, 나의 교육철학. 문예출판사. 77.
6) Mahatma Gandhi. 고병헌 역(2006). 위의 책. 83-84.
7) Mahatma Gandhi. 고병헌 역(2006). 위의 책. 42.
8) 보리 편집부(1997). 작은 학교가 아름답다. 보리. 27-29.
9) 요하힘 바우어. 이미옥 역(2009). 학교를 칭찬하라. 궁리출판. 61-62.
10) 요하임 바우어. 이미옥 역(2009). 위의 책. 63-65.
11) 요하임 바우어. 이미옥 역(2009). 위의 책. 78-80.
12) 요하임 바우어. 이미옥 역(2009). 위의 책. 88.

13) 김정환 · 강선보(1997). 교육학개론. (박영사., 238-240.
14) 장상호(2012). "교육본위론과 스승다운 교사." 한국교원대 특강자료.
15) 전성은(2011). 왜 학교는 불행한가. 메디치. 193-199.
16) 민들레 편집실(2010). 교육 통념 깨기. 민들레. 41-42.
17) 조벽(2010). 조벽 교수의 명강의 노하우 & 노와이. 해냄. 14-15.
18) 조벽(2010). 위의 책. 42 43.
19) 법정(2006). 맑고 향기롭게. 조화로운삶. 136.

12 | 사회와 교육

1) 김언종(2001). 한자의 뿌리1. 문학동네. 455-456.
2) 김신일(2009). 교육사회학(4판). 교육과학사. 55-56.
3) Anthony Giddens. 김미숙 외 역(2011). 현대사회학. 을유문화사. 706-707.
4) Anthony Giddens. 김미숙 외 역(2011). 위의 책. 269-271.
5) 김신일(2009). 앞의 책. 78-79.
6) Anthony Giddens. 김미숙 외 역(2011). 앞의 책. 707.
7) 이계삼 외(2011). 교육 미래를 위한 확실한 대안. 한국출판마케팅연구소. 80.
8) 황정규 · 이돈희 · 김신일(2011). 교육학개론(세3판). 교육과학사. 163.
9) 김신일(2009). 앞의 책. 225-230.
10) 임규혁 · 임웅(2007). 교육심리학(2판). 학지사., 111-112.
11) 조선일보'(2012.3.2). "서울대 등 명문대생 30~40%는 소득상위 10% 자녀".
12) 이희승 편(1997). 국어대사전. 민중서림
13) 브리태니커(1994). 브리태니커 세계대백과사전. 한국브리태니커. 417.
14) 김정환 · 강선보(1997). 교육학개론. 박영사. 105.
15) 김재웅(2010). 홈스쿨링의 정치학. 민들레. 47-50.
16) 권석만(2008). 긍정심리학. 학지사. 551-552.
17) 안병욱(2010). 논어 인생론. 철학과현실사. 81-82.
18) 傅佩榮. 정광훈 역(2010). 맹자교양강의. 돌베개. 45-51.
19) Mahatma Gandhi. 고병헌 역(2006). 간디, 나의 교육철학. 문예출판사. 60.
20) 황정규 · 이돈희 · 김신일(2011). 앞의 책. 165-168.
21) 헤르만 헤세. 김이섭 역(1997). 수레바퀴 아래서. 헤세 선집4. 민음사. 265-267.
22) 헤르만 헤세. 김이섭 역(1997). 위의 책. 72.
23) 헤르만 헤세. 김이섭 역(1997). 위의 책. 172-173.

24) 전성은(2011). 왜 학교는 불행한가. 메디치미디어. 65-66.
25) 전성은(2011). 위의 책. 79-80, 111-112.

13 | 정치와 교육

1) 보리 편집부(1997). 작은 학교가 아름답다. 보리. 41.
2) Bertrand Russell. 차경수 역(1978). 교육의 사명. 중앙신서19. 중앙일보사. 18-19, 28.
3) Bertrand Russell. 차경수 역(1978). 위의 책. 198-199.
4) 강무섭(1994). "교육정치학적 관점에서 본 한국교육정책." 교육정치학연구, 창간호. 81-84.
5) 정일환(2004). "교육정치학의 학문적 정체성 탐색." 교육정치학연구, 제11집. 3-4.
6) 김재웅(2010). 홈스쿨링의 정치학. 민들레. 26-27.
7) 송희식 · 송한식(1994). 교육대개혁과 국가경쟁력. 모색. 232-240.
8) 김재웅(2010). 앞의 책. 31-39.
9) 정범모 외(1999). 21세기를 향한 교육개혁. 민음사. 22-40.
10) Decker F. Walker & Jonas F Soltis. 허숙 · 박승배 공역(2004). 교육과정과 목적. 교육과학사. 157-158.
11) 조벽(2010). 조벽 교수의 명강의 노하우 & 노와이. 해냄. 16-22.
12) 박영숙 · 반상진(2005). "한국 교육개혁에 나타난 정치적 담론의 변화추이." 교육정치학연구, 제12집, 2호. 65-66.
13) 가리야 다케히코. 김미란 역(2004). 교육개혁의 환상. 북코리아. 6-8.
14) 조선일보(2012.3.20). "사회 적응 못하는 日 유토리 세대의 비극".

14 | 법과 교육

1) 김언종(2001). 한자의 뿌리1. 문학동네., 354-356.
2) 신현직(2003). 교육법과 교육기본권. 청년사. 22-23.
3) 신현직(2003). 위의 책. 96-98.
4) 김신일(2009). 교육사회학(제4판). 교육과학사. 479-480, 481-482.
5) 김환식(2010). 새로 쓰는 교육과 교육학. 범신사. 55.
6) 김환식(2010). 위의 책. 53-55.
7) 김환식(2010). 위의 책. 58-60.
8) 김환식(2010). 위의 책. 62-63.
9) 황정규 · 이돈희 · 김신일(2011). 교육학개론(제3판). 교육과학사. 196.

10) 국가법령정보센터 http://www.law.go.kr
11) 국가법령정보센터 http://www.law.go.kr
12) 국가법령정보센터 http://www.law.go.kr
13) 국가법령정보센터 http://www.law.go.kr
14) 국가법령정보센터 http://www.law.go.kr

15 | 직업과 교육

1) 강일규 외(2008). 직업의 이해. 북코리아., 95-96.
2) 김언종(2001). 한자의 뿌리1,2. 문학동네. 858, 937.
3) 강일규 외(2008). 앞의 책. 99.
4) 김태길 외(1992). 삶과 일. 고려원. 272-279.
5) 김태길 외(1992). 위의 책. 169-171.
6) 김태길 외(1992). 위의 책. 173-175.
7) 하워드 가드너 외. 문용린 역(2003). GOOD WORK. 생각의나무. 48.
8) 김태길 외(1992). 앞의 책, 177-180.
9) 조선일보(2008.10.3). "내 바이올린 소리는 재일동포의 눈물과 한".
10) 조선일보(2008. 11.10). "'좋아하는 일' 아닌 '잘 하는 일' 직업 삼아라".
11) 조선일보(2012.3.12). 만물상 "어린이가 꿈꾸는 직업".
12) 권석만(2008). 긍정심리학. 학지사. 106.
13) 조선일보(2012.3.22). 만물상 "초등학교 교장선생님".
14) 余英時. 김병환 역(2007). 동양적 가치의 재발견. 동아시아. 172-173.
15) 백형찬(2008). "論語에 나타난 孔子의 직업관 고찰." 職業教育研究, 27(3). 43-60.
16) 이원호(1991). 한국기술교육사. 문음사., 126.
17) Joseph Agassi. 이군현 역(1990). 현대문명의 위기와 기술철학. 민음사 62.
18) John Dewey. 이홍우 역(1987). 민주주의와 교육. 교육과학사 282, 327.
19) 화이트헤드. 오영환 역(2004). 교육의 목적. 궁리출판. 116-117.
20) 화이트헤드. 오영환 역(2004). 위의 책. 124-125.
21) 화이트헤드. 오영환 역(2004). 위의 책. 128.
22) 화이트헤드. 오영환 역(2004). 위의 책. 129-130.
23) 화이트헤드. 오영환 역(2004). 위의 책. 137.
24) 백형찬(1993). "기술과 교육의 의미분석을 통한 기술교육 개념 연구." 공업기술교육, 제68호. 97-100.

25) 이무근(2003). 직업교육학원론(제3판). 교육과학사. 55-59.

26) 김환식(2010). 새로 쓰는 교육과 교육학. 범신사. 190-192.

16 | 예술과 교육

1) 김언종(2001). 한자의 뿌리2. 문학동네. 635-636, 687; 조선일보(2012.5.31). "신문으로 배우는 실용한자 '藝術'".

2) 정순목(1974). 예술교육론. 교육과학사. 127-128.

3) 정순목(1974). 위의 책, 33.

4) 고경화(2003). 예술교육의 역사와 이론. 학지사. 18.

5) 정순목(1974). 앞의 책. 127-128, 131.

6) 정순목(1974). 앞의 책, 33.

7) 이만규(2010). 다시 읽는 조선교육사. 살림터. 699.

8) 김재은(1985). "예술교육에 있어서의 가능성과 한계." 예술교육과 창조. 특수연구 제4논문집. 서울예술전문대학. 180.

9) 고경화(2003), 앞의 책. 18.

10) 백기수(1985). 예술의 사색. 서울대학교출판부. 245, 248.

11) 임범재(1987). "미학·예술학의 실천적 과제로서의 예술교육론." 예술교육과 창조, 특수연구 제6논문집. 서울예술전문대학. 25.

12) 백기수(1985). 앞의 책. 241-242.

13) 백기수(1985). 앞의 책. 239-241.

14) 정순목(1974). 앞의 책. 31-34.

15) 톨스토이. 동완 역(2007). 예술이란 무엇인가. 신원문화사. 162-163.

16) 마사 누스바움(Martha C. Nussbaum). 우석영 역(2011). 공부를 넘어 교육으로. 궁리출판. 174-176.

17) 마사 누스바움. 우석영 역(2011). 위의 책. 173.

18) 고경화(2003). 앞의 책. 59-61.

19) 고경화(2003). 앞의 책. 61-62.

20) 고경화(2003). 앞의 책. 151-152.

21) 이동연(2008). 예술교육을 넘어서. 한길아트. 98.

22) 이동연(2008). 위의 책. 106-108.

23) 백형찬(2005). "국가전략교육으로서 문화예술교육정책에 관한 연구." 한국전문대학교육연구학회논문집, 6(3). 383.

24) 백형찬(2005). 위의 글. 383-384.
25) 백형찬(2005). 위의 글. 383-384.
26) 백형찬(2005). 위의 글. 384.
27) 이만규(2010). 앞의 책, 698-700.
28) 평화신문. 2007.5.27, 2007.8.19, 2008.9.14.
29) 이대석(2009). 친구가 되어 주실래요?. 생활성서사. 34-39.
30) 체프 보르사치니. 김희경 역(2010). 엘 시스테마, 꿈을 연주하다. 푸른숲. 267- 268.
31) 체프 보르사치니. 김희경 역(2010). 위의 책. 32-33, 44.

17 | 생명과 교육

1) 백형찬(2008). 문화의 힘 교육의 힘. 서현사. 262-263.
2) 백형찬(2008). 위의 책. 258.
3) 백형찬(2008). 위의 책. 259.
4) 백형찬(2008). 위의 책.259-261.
5) 이제민(2001). 우리가 예수를 사는 이유는?. 바오로딸. 71-72.
6) 최준식(2006). 죽음, 또 하나의 세계. 동아시아. 57-59.
7) 최준식(2006). 위의 책. 69-72.
8) 최준식(2006). 위의 책. 81-82.
9) 최철주(2008). 해피...앤딩, 우리는 존엄하게 죽을 권리가 있다. 궁리. 126-127; 조선일보(2012.5.29). "죽기 전에 내 삶을 되돌아본다".
10) 히구치 가츠히코. 이원호 역(1995). 죽음에의 대비교육. 문음사. 186-187.
11) 조선일보(2008.11.11). "스티브잡스 죽음의 축사".; 최철주(2008). 앞의 책, 35.
12) 조선일보(2012.3.14). "엄마의 안내서".
13) 히구치 가츠히코. 이원호 역(1995). 앞의 책. 183-187.
14) 법정(1976). 無所有. 범우사.

18 | 글로벌 리더와 교육

1) 남상훈(2006). 글로벌 리더. 인물과사상사. 126-127.
2) 이민희 · 윤철경 · 김안아(1999). 청소년 글로벌 리더십 프로그램 모형 개발. 문화관광부 · 한국청소년개발원. 39-41.
3) 남상훈(2006). 앞의 책, 35.
4) 이민희 · 윤철경 · 김안아(1999). 앞의 책. 121.

5) 이원숙(2005). 통 큰 부모가 아이를 크게 키운다. 동아일보사. 5-161.
6) 조선일보(2007.6.9). "프랑스 축구스타 앙리를 만나다".
7) 박내회(1987). 현대리이더쉽론. 법문사. 358-361.
8) 우먼센스(2007). "글로벌 리더가 되기 위해 지녀야 할 5가지 원칙". 5월호. 683.
9) 오천석(1975). 노란손수건. 샘터사. 138-145.
10) 한국경제신문(2007.6.13). "세계적 리더는 상대 감동시키는 힘 있어".
11) 위르겐 푹스. 강희진 역(2004). 리더의 지혜를 담은 동화책. 새론북스. 187.
12) 조선일보(2007.8.13.). "정미선의 미국 초등학교 이야기"-'너무나도 구체적인 미국 아이들의 꿈'.
13) 이어령(2000). 천년을 만드는 엄마. 삼성출판사. 18.
14) 금난새(2003). 금난새와 떠나는 클래식 여행. 생각의나무. 28-34.
15) YBM sisa 편집국(1986). 프랭클린 자서전. 135-139.
16) 조선일보(2007.4.6). "글로벌 인재 육성 위해 교육의 틀 완전히 새로 짜야".
17) 박하식(2006). 이젠 세계인으로 키워라. 글로세움., 87.
18) 햇살과나무꾼(2000). 노벨상 수상자들의 어린 시절. 서울문화사. 11-12.
19) 햇살과나무꾼(2000). 위의 책. 18-19.
20) 박한표(2006). 글로벌 매너. 살림출판사. 39-42.

19 | 미래와 교육

1) 앨빈 토플러. 장을병 역(1986). 미래의 충격. 범우사. 292-296.
2) 앨빈 토플러. 장을병 역(1986). 위의 책, 425-456.
3) 앨빈 토플러. 유재천 역(1981). 제3의 물결. 주우. 27.
4) 앨빈 토플러. 유재천 역(1981). 위의 책. 49-50.
5) 앨빈 토플러. 유재천 역(1981). 위의 책. 67-82.
6) 앨빈 토플러. 유재천 역(1981). 위의 책. 297.
7) 앨빈 토플러. 유재천 역(1981). 위의 책. 401-402.
8) 앨빈 토플러. 유재천 역(1981). 위의 책. 418.
9) 앨빈 토플러. 이계행 역(1990). 권력이동. 한국경제신문사. 7.
10) 앨빈 토플러. 이계행 역(1990). 위의 책. 539-540.
11) 앨빈 토플러. 이계행 역(1990). 위의 책. 563-564.
12) 앨빈 토플러. 김중웅 역(2006). 부의 미래. 청림출판. 48-49.
13) 앨빈 토플러. 김중웅 역(2006). 위의 책. 62-70.

14) 앨빈 토플러. 김중웅 역(2006). 위의 책. 335-336.

15) 앨빈 토플러. 김중웅 역(2006). 위의 책. 522-526.

16) 피터 드러커(Peter F. Drucker). 이재규 역(2001). 프로페셔널의 조건. 청림출판. 327-340.

17) 마티아스 호르크스. 백종유 역(2006). 미래를 읽는 8가지 조건. 청림출판. 260-281.

18) 조선일보(2011.12.7). "지금 한국교육으론 자본주의 위기 넘을 힘 못 만들 것".

19) 박영숙 외(2011). 유엔미래보고서2025. 교보문고. 77, 106, 109.

20) 박영숙(2010). 2020 미래교육보고서. 경향미디어. 145.

21) 박영숙(2010). 위의 책. 4.

22) 박영숙(2010). 위의 책. 96-100.

23) 조선일보(2012.5.4). "하버드대, MIT 무료 온라인강의 시작".

24) 박영숙. 앞의 책, 234-235.

25) 박영숙(2010). 앞의 책, 136-137.

26) 박영숙(2010). 앞의 책, 280.

27) 조선일보(2012.3.12). "국내 최초 '스마트스쿨' 충남 연기 참샘초에 가다".

28) 로버트 루트번스타인·미셸 루트번스타인. 박종성 역(2007). 생각의 탄생. 에코의서재. 5-6.

29) 로버트 루트번스타인·미셸 루트번스타인. 박종성 역(2007). 위의 책. 429.

30) 로버트 루트번스타인·미셸 루트번스타인. 박종성 역(2007). 위의 책. 416-420.

참고문헌

◎ 국내문헌

강무섭(1994). "교육정치학적 관점에서 본 한국교육정책." 교육정치학연구, 창간호.
강일규 외(2008). 직업의 이해. 북코리아.
고경화(2003). 예술교육의 역사와 이론. 학지사.
교육부(1998). 교육50년사.
국가법령정보센터 http://www.law.go.kr.
국립중앙박물관 웹사이트
권석만(2008). 긍정 심리학. 학지사.
금난새(2003). 금난새와 떠나는 클래식 여행. 생각의나무.
김신일(2009). 교육사회학(제4판). 교육과학사.
김언종(2001). 한자의 뿌리 1. 문학동네.
김언종(2001). 한자의 뿌리 2. 문학동네.
김용옥(2011). 중용 인간의 맛. 통나무.
김재웅(2010). 홈스쿨링의 정치학. 민들레.
김재은(1985). "예술교육에 있어서의 가능성과 한계." 예술교육과 창조. 특수연구. 제4논문집. 서울예술전문대학.
김재은(2006). 생각의 기술. 태웅출판사.
김정환·강선보(1997). 교육학개론, 박영사.
김종철 편(1993). 녹색평론선집1. 녹색평론사.
김태길 외(1992). 삶과 일. 고려원.
김환식(2010). 새로 쓰는 교육과 교육학. 범신사.
김흥호(2000). 양명학 공부 3. 김흥호 전집. 솔.
김희동(2001). "내 아이의 기질을 아는 법." 정신세계(통권 18호).
남상훈(2006). 글로벌 리더. 인물과사상사.
노상우(2011). 교육의 역사와 사상(제3판). 교육과학사.
대한불교조계종포교원(2011). 불교입문. 조계종출판사.

민들레 편집실(2010). 교육 통념 깨기. 민들레.
박내회(1987). 현대리이더쉽론. 법문사.
박미숙(2001). "교육, 위기에서 희망을 노래하라." 정신세계. 11-12월호(통권 18호).
박미숙(2001). "영성교육, 이렇게 시작하자." 정신세계. 2001. 11-12월호(통권 18호).
박영숙 외(2011). 유엔미래보고서2025. 교보문고.
박영숙(2010). 2020 미래교육보고서. 경향미디어.
박영숙·반상진(2005). "한국 교육개혁에 나타난 정치적 담론의 변화추이." 교육정치학연구, 제12집 2호.
박하식(2006). 이젠 세계인으로 키워라. 글로세움.
박한표(2006). 글로벌 매너. 살림출판사.
박희병(1998). 선인들의 공부법. 창작과비평사.
방효익(1996). 뜬구름 잡기. 가톨릭출판사.
백기수(1985). 예술의 사색. 서울대학교출판부.
백형찬(1993). "기술과 교육의 의미분석을 통한 기술교육 개념 연구." 공업기술교육, 제68호.
백형찬(2005). "국가전략교육으로서 문화예술교육정책에 관한 연구." 한국전문대학교육연구학회논문집, 제6권 제3호.
백형찬(2007). 글로벌 리더. 살림지식총서312. 살림.
백형찬(2008). "論語에 나타난 孔子의 직업관 고찰." 職業教育研究, 27권 3호.
백형찬(2008). 문화의 힘 교육의 힘. 서현사.
백형찬(2011). "배우고 또 익히면 기쁘지 아니한가." 전원생활, 3월호.
법 정(1976). 無所有. 범우사.
법 정(2006). 맑고 향기롭게. 조화로운삶.
변태섭(1996). 韓國史通論(4정판). 三英社.
보리 편집부(1997). 작은 학교가 아름답다. 보리.
브리태니커(1993). 브리태니커 세계대백과사전. 한국브리태니커.
브리태니커(1994). 브리태니커 세계대백과사전. 한국브리태니커.

서울대학교 교육연구소(1997). 한국교육사. 교육과학사.
송광사 수련원(1989). 수련교재. 불일출판사.
송기원(2011). 못난이 老子. 녹색평론사.
송희식·송한식(1994). 교육대개혁과 국가경쟁력. 모색.
신귀현(2001). 퇴계 이황, 예 잇고 뒤를 열어 고금을 꿰뚫었소. 예문서원.
신기철·신용철(1974). 새 우리말 큰사전. 삼성출판사.
신득렬(2000). 교육사상사. 학지사.
신현직(2003). 교육법과 교육기본권. 청년사.
안병욱(1993). 인생론. 철학과현실사.
안병욱(2010). 논어 인생론. 철학과현실사.
연세대 교양교육위원회(1979). 대학의 뜻. 연세대학교출판부.
오천석(1975). 노란손수건. 샘터사.
윤 학(2011). 교육, 영성만이 답이다. 흰물결.
윤재근(2004). 맹자1 백성의 것을 억지로 빼앗지 마라. 나들목.
윤재근(2004). 맹자3 나를 버린다는 말은 거짓이다. 나들목.
이계삼 외(2011). 교육 미래를 위한 확실한 대안. 한국출판마케팅연구소.
이광주(2008). 대학의 역사. 지식총서317. 살림.
이동연(2008). 예술교육을 넘어서. 한길아트.
이만규(2010). 다시 읽는 조선교육사. 살림터.
이무근(2003). 직업교육학원론. 제3판. 교육과학사.
이문원(2002). 한국의 교육사상가. 문음사.
이민희·윤철경·김안아(1999). 청소년 글로벌 리더십 프로그램 모형 개발. 문화관광부·한국청소년개발원.
이성주(2003). 인체의 신비. 살림지식총서022. 살림출판사.
이어령(2000). 천년을 만드는 엄마. 삼성출판사.
이어령(2008). 젊음의 탄생. 생각의나무.
이원숙(2005). 통 큰 부모가 아이를 크게 키운다. 동아일보사.
이원호(1991). 한국기술교육사. 문음사.
이원호(2002). 그림과 사진으로 보는 교육의 역사. 문음사.

이재운·박숙희(1994). 뜻도 모르고 자주 쓰는 우리말 1000가지. 예담.
이제민(2001). 우리가 예수를 사는 이유는? 바오로딸.
이종승(2001). "21세기 새로운 공모, 영성교육." 정신세계, 11-12월호(통권 18호).
이철국(2001). "교실에서 꽃피는 아이들". 정신세계, 11-12월호(통권 18호).
이태석(2009). 친구가 되어 주실래요? 생활성서사.
이혜경(2008). 맹자, 진정한 보수주의자의 길. 그린비.
이희승 편(1997). 국어대사전. 민중서림.
인명사전편찬위원회. 인명사전. 민중서관.
임규혁·임 웅(2007). 교육심리학(2판). 학지사.
임범재(1987). "미학·예술학의 실천적 과제로서의 예술교육론." 예술교육과 창조. 특수연구 제6논문집. 서울예술전문대학.
임석진 외 편저(1987). 철학사전. 중원문화.
장상호(1990). "교육의 정체혼미와 교육학과 과제." 교육이론, 제5권 제1호.
장상호(2012). "교육본위론과 스승다운 교사." 한국교원대 특강자료.
장영란(2009). 플라톤의 교육. 살림지식총서370. 살림출판사.
전성은(2011). 왜 학교는 불행한가. 메디치.
전창운(2003). 긋고 지우고 긋고 지우고. 미네르바.
정 민(2011). 다산의 재발견. 휴머니스트.
정범모 외(1999). 21세기를 향한 교육개혁. 민음사.
정범모(2000). 한국의 교육세력. 나남신서 783. 나남출판.
정순목(1974). 예술교육론. 교육과학사.
정일환(2004). "교육정치학의 학문적 정체성 탐색." 교육정치학연구, 제11집.
정재걸(2001). "아이들은 종이 한 장에서 만물을 본다." 정신세계, 11-12월호(통권 18호).
조무남(2008). 교육과 사상의 발달. 교육과학사.
조 벽(2010). 조벽 교수의 명강의 노하우 & 노와이. 해냄.
조병남(2006). 우리 아이 리더 만들기. 물푸레.
조선일보(2007.10.31). 만물상 "유전 대 환경"
조선일보(2007.4.6). "글로벌 인재 육성 위해 교육의 틀 완전히 새로 짜야."

조선일보(2007.6.9). "프랑스 축구스타 앙리를 만나다"
조선일보(2007.8.13). 정미선의 미국 초등학교 이야기 "너무나도 구체적인 미국 아이들의 꿈"
조선일보(2008.11.10). "'좋아하는 일' 아닌 '잘 하는 일' 직업 삼아라."
조선일보(2008.11.11). "스티브잡스 죽음의 축사"
조선일보(2011.8.24). "'이건 말이야...' 친구에게 설명하면 더 기억에 남아요."
조선일보(2011.8.24). "기억력 감퇴 원인"
조선일보(2011.8.24). "기억력 강화 이렇게"
조선일보(2011.12.7). "지금 한국교육으론 자본주의 위기 넘을 힘 못 만들 것"
조선일보(2012.1.2). 조선인터뷰 "서울대 의대 소아청소년과 김붕년 교수가 본 왕따 현상"
조선일보(2012.3.2). "서울대 등 명문대생 30~40%는 소득상위 10% 자녀"
조선일보(2012.3.12). "국내 최초 '스마트스쿨' 충남 연기 참샘초에 가다."
조선일보(2012.3.14). "엄마의 안내서"
조선일보(2012.3.14). "책걸상·컴퓨터 없는 학교"
조선일보(2012.3.20). "사회 적응 못하는 日 유토리 세대(경쟁 없는 교육받은 세대)의 비극"
조선일보(2012.3.22). 만물상 "초등학교 교장선생님"
조선일보(2012.3.27). '더 타임스 10대 양육법 소개'
조현규(2009). 동양교육사상. 학지사.
중앙Sunday(2012.4.8). "漢字, 세상을 말하다 '成均'"
중앙일보(2006.9.26). "어릴 때 정명훈 지휘봉 사며 거장 꿈 꿔."
진교훈 외(2007). 인격. 서울대학교출판문화원.
최정훈 외(1993). 인간 행동의 이해. 법문사.
최준식(2006). 죽음, 또 하나의 세계. 동아시아.
최준식(2011). 죽음의 미래. 소나무.
최철주(2008). 해피…앤딩, 우리는 존엄하게 죽을 권리가 있다. 궁리.
파커 팔머(2006). 가르침과 배움의 영성. 이종태 역. 한국기독학생회출판부.
평화신문(2007.5.27). (2007.8.19). (2008.9.14).

한국 천주교 주교회의(2011). 매일미사. 2011. 10월호.
한국경제신문(2007.6.13). "세계적 리더는 상대 감동시키는 힘 있어"
한국교육개발원(1999). "교육이념, 홍익인간의 재음미." 창립 27주년 기념 학술토론회 결과 보고서.
한국교육학회 교육사연구회(1987). 교육사상가평전(서양편). 교학연구사.
한국방송(KBS TV). 도올 논어 제13강 '공부(工夫)란 무엇인가?'
한국천주교주교회의(2012). 매일미사. 2월호.
한국천주교주교회의(2012). 매일미사. 3월호.
한영란(2004). 교사와 영성교육. 내일을 여는 책.
한영우(2004). 다시 찾는 우리 역사(전면개정판). 경세원.
햇살과나무꾼(2000). 노벨상 수상자들의 어린 시절. 서울문화사.
홍인표(1992). 孟子. 대학고전총서8. 서울대학교출판부.
홍후조(2011). 알기 쉬운 교육과정. 학지사.
황정규・이돈희・김신일(2011). 교육학개론(제3판). 교육과학사.

◎ 외국문헌

Anthony Giddens(2011). 현대사회학. 김미숙 외 역. 을유문화사.
Armstrong Thomas(2008). 8가지 지능의 재발견. 심재훈・마희식 공역. 범우사.
Bertrand Russell(1978). 교육의 사명. 중앙신서19. 차경수 역. 중앙일보사.
Decker F. Walker & Jonas F. Soltis(2004). 교육과정과 목적. 허 숙・박승배 공역. 교육과학사.
Giddens Anthony(2011). 현대사회학. 김미숙 외 역. 을유문화사.
John Dewey(1987). 민주주의와 교육. 이홍우 역. 교육과학사.
Joseph Agassi(1990). 현대문명의 위기와 기술철학. 이군현 역. 민음사.
Mahatma Gandhi(2006). 간디, 나의 교육철학. 고병헌 역. 문예출판사.
Wm. Theodore de Bary(1998). 중국의 '자유' 전통. 표정훈 역. 이산.
YBM sisa 편집국(1986). 프랭클린 자서전.
가리야 다케히코(2004). 교육개혁의 환상. 김미란 역. 북코리아.
김학주 역주(2006). 대학(개정판). 서울대학교출판부.

노자(1995). 도덕경. 오강남 풀이. 현암사.
杜維明(1994). 한 젊은 유학자의 초상. 권미숙 역. 통나무.
디팍 초프라(2001). "부모와 자녀를 위한 7일 영성 프로그램." 정재겸 역. 정
로버트 루트번스타인 · 미셸 루트번스타인(2007). 생각의 탄생. 박종성 역. 에코의 서재.
루돌프 슈타이너(2001). 교육은 치료다. 김성숙 역. 물병자리.
마사 누스바움(Martha C. Nussbaum)(2011). 공부를 넘어 교육으로. 우석영 역. 궁리출판.
마티아스 호르크스(2006). 미래를 읽는 8가지 조건. 백종유 역. 청림출판.
方立天(1998). 중국 철학과 지행의 문제. 김학재 역. 예문서원.
傅佩榮(2010). 맹자교양강의. 정광훈 역. 돌베개.
생텍쥐페리(2007). 어린 왕자. 김화영 역. 문학동네.
앨빈 토플러(1981). 제3의 물결. 유재천 역. 주우.
앨빈 토플러(1986). 미래의 충격. 장을병 역. 범우사.
앨빈 토플러(1990). 권력이동. 이계행 역. 한국경제신문사.
앨빈 토플러(2006). 부의 미래. 김중웅 역. 청림출판.
余英時(2007). 동양적 가치의 재발견. 김병환 역. 동아시아.
오시마 기요시(2004). 죽어가는 뇌를 자극하라. 서덕빈 역. 평단문화사.
요하힘 바우어(2009). 학교를 칭찬하라. 이미옥 역. 궁리출판.
위르겐 푹스(2004). 리더의 지혜를 담은 동화책. 강희진 역. 새론북스.
이기동 역(1991). 大學 · 中庸 講說. 성균관대학교출판부.
체프 보르사치니(2010). 엘 시스테마, 꿈을 연주하다. 김희경 역. 푸른숲.
크리스토프 린덴베르크 Christoph Lindenberg(1998). 슈타이너. 이정희 역. 한길사.
톨스토이(2007). 예술이란 무엇인가. 동완 역. 신원문화사.
피터 드러커(Peter F. Drucker). 프로페셔널의 조건. 이재규 역(2001). 청림출판.
하워드 가드너 외(2003). GOOD WORK. 문용린 역. 생각의 나무.
헤르만 헤세(1997). 수레바퀴 아래서. 헤세 선집4. 김이섭 역. 민음사.

화이트헤드(2004). 교육의 목적. 오영환 역. 궁리출판.
황 견 편(1983). 고문진보. 신장판 세계사상전집9. 최인욱 역. 을유문화사.
황 견 편(2007). 고문진보(전집). 이장우·우재호·장세후 역. 을유문화사.
히구치 가츠히코(1995). 죽음에의 대비교육. 이원호 역. 문음사.

저자 소개

백형찬

교육학자, 서울예술대 교수

서울에서 태어나 제물포고등학교를 졸업하고 고려대학교에서 생명과학을 공부하였다. 졸업 후 학군단(ROTC) 장교로 임관하여 강원도 철원에서 철책소대장으로 근무했다. 우수 교육장교로 선정되어 사단장 표창을 받았다. 제대 후에는 삼성에 입사하여 교육팀에서 일했다. 국립서울과학기술대학교 산업교육연구소에서 책임연구원으로 근무하면서 세종대 일반대학원에서 교육학 박사학위를 받았다. 청강문화산업대학교 유아교육과에서 유치원 교사가 될 학생들을 가르쳤으며 현재는 서울예술대학교 예술창작기초학부에서 예술가를 꿈꾸는 학생들에게 교양과목과 교직과목을 가르치고 있다. 그리고 대통령자문 교육개혁위원회 연구위원, 한국문화예술교육진흥원 평가위원, 서울대 일반대학원 외래교수(직업교육), 한국교육정치학회 선임위원, 한국직업교육학회 편집위원을 역임했다. 또한 수필가로 등단하여 문학 전문지에 글을 쓰고 있다. 저서로는 《빛나는 꿈의 계절아》, 《예술가를 꿈꾸는 젊은이에게》, 《예술혼을 찾아서》, 《예술예찬》, 《문화의 힘 교육의 힘》, 《글로벌 리더》, 《한국예술의 큰 별 동랑 유치진》, 《공업입문(직업윤리)》, 《공업일반(직업윤리)》 등이 있다.

한 교육학자가 들려주는
열아홉 가지 교육이야기
교육

2012년 6월 25일 1판 1쇄 발행
2016년 2월 25일 2판 1쇄 발행

지은이 백 형 찬
펴낸이 조 재 성

펴낸곳 서현사
(10-447)경기도 고양시 일산동구 중앙로 1055번지 레이크하임 206호
전 화 031-919-6643 팩 스 031-912-6643
등 록 2002년 8월 14일 제 03-01392호
ISBN 978-89-94044-80-4 93370
정 가 15,000원

〈이 책은 2011년도 서울예술대학교 연구비 지원에 의하여 발간되었습니다〉